대한민국 교육트렌드 2026

대한민국 교육트렌드 2026

초판 1쇄 발행 2025년 10월 20일
　2쇄 발행 2025년 10월 31일

지은이 교육트렌드2026 집필팀

발행인 김병주
기획위원회 이광호 홍창남 김용 유재
편집위원회 김춘성 방나희
디자인 정진주　　**마케팅** 진영숙
에듀니티교육연구소 이문주 백헌탁

펴낸 곳 (주)에듀니티교육연구소
도서문의 1644-5798
일원화 구입처 031-407-6368 (주)태양서적
출판사 신고번호 제 2025-000072
주소 서울특별시 중구 남대문로 117, 동아빌딩 11층
출판 관련 문의 book@eduniety.net
홈페이지 www.eduniety.net
페이스북 www.facebook.com/eduniety
인스타그램 www.instagram.com/eduniety/

투고안내

ISBN 979-11-995055-0-6

값은 뒤표지에 있습니다.

- 이 책은 저작권법에 따라 한국 내에서 보호를 받는 저작물이므로 무단 전재 및 복제를 금합니다.
- 잘못된 책은 구입한 곳에서 바꿔드립니다.

대한민국 교육 트렌드 2026

교육트렌드2026 집필팀

에듀니티

교육이 있기에
우리의 미래는 밝습니다

천창수 * 울산광역시교육감

어떤 질문을 던지는지가 중요한 시대가 됐습니다.

"우리 아이들이 어떻게 자라길 바라세요?"라는 물음에는 우리가 바라는 교육의 미래가 있다고 생각합니다. 이 물음에 답을 찾으려면 우리의 교육이 현재 잘 나아가고 있는지, 방향을 잘 찾아서 가고 있는지, 지금의 위치를 돌아보고 미래를 함께 고민하는 지혜가 필요합니다.

그런 의미에서『대한민국 교육트렌드 2026』은 우리에게 많은 생각을 하게 합니다. 유보통합 추진, 인공지능 교육 확대, 학생맞춤통합지원 사업 전면 시행, 교원의 정치기본권 보장, 지방교육재정의 안정적 확보, 맞춤형 공교육 강화 등 이 책에서는 다양한 교육정책과 교육 현안을 다루고 있습니다.

학교는 사회의 축소판이라고 합니다. 학교 공동체 안에서 일어나는 일은 우리의 미래인 아이들이 보고 듣고 배우게 됩니다. 그러기에 우리는 더 나은 교육으로 나아가려는 노력을 한시도 게을리할 수 없습니다.

앞서 말한 질문은 "어떻게 해야 우리 아이들이 행복하게 자랄 수 있을까요?"라는 물음으로 바꿀 수 있습니다. 평화로운 학교 공동체 속에서 아이들이 민주시민의 자질을 배우고, 공동의 문제에 함께 머리를 맞대고 참여하면서 함께 성장해 갈 수 있도록 돕는 것이 공교육 역할이라고 한다면, 거대한 변화의 흐름 속에 놓인 우리 교육이 그 길을 제대로 찾을 수 있도록 하는 것이 더 나은 사회, 더 나은 공동체로 나아가는 데 큰 힘이 될 것입니다.

추천사

시대가 변해도 교육의 본질은 변하지 않습니다. 인공지능이 발달할수록 역설적으로 협동하고, 사유하고, 공감하는 인간 고유의 능력을 키우는 것이 중요해질 것입니다. 질문과 토론이 있는 교실로 수업을 변화시키고, 관계 중심의 공감 교육으로 학생들이 미래 시대를 살아갈 역량을 기를 수 있도록 뒷받침해야 합니다.

교육재정을 안정적으로 확보해 교육의 질을 획기적으로 높여 모두가 동등한 출발선에서 꿈을 향해 나아가며 아이들 스스로 미래의 삶을 탐구하고 준비할 수 있도록 도와야 합니다.

2026년은 공교육의 국가책임을 더 강화하고, 아이들 한명 한명을 위한 맞춤형 지원 체계가 안정적으로 정착되는 원년이 되기를 바랍니다. 어려운 문제일수록 답은 현장에 있다고 했습니다. 현장의 다양한 목소리를 담은 이 책이 우리의 길을 밝혀주기를 기대합니다.

아이들이 더 나은 환경에서 즐겁게 배우며 성장할 수 있도록 우리 교육을 앞서 고민하시는 많은 분이 있기에 우리의 미래는 밝습니다. 질문을 던지고 답을 찾는 우리 모두의 노력이 꿈을 찾고, 키우고, 이루려는 아이들에게 도움이 되기를 바랍니다.

이 책이 나오기까지 힘을 모아주신 모든 분께 감사드립니다. 교육 현장에서 내일의 디딤돌을 놓고 계시는 모든 분께도 고마운 마음을 함께 전합니다.

2026 대한민국 교육,
난제를 풀 용기

한성준 * 좋은교사운동 공동대표

미뤄 둔 숙제에는 그만한 이유가 있습니다. 막상 과제를 꺼내 보면 과제가 너무 어렵고, 끝까지 해낼 자신도 없어집니다. 지금껏 하지 못한 숙제를 꺼내기보다 눈앞의 과제를 풀기에도 마음이 급해집니다. 교육 문제가 이와 같습니다. 교육 문제 하나하나에 많은 이해관계가 얽혀 있고, 그렇다 보니 잘못 건드렸다가는 표만 떨어집니다. 눈앞의 교육 이슈도 가득한데 미뤄 둔 숙제를 꺼낼 여력이 없습니다. 그렇다 보니 교육 문제는 사회적 난제가 되었고, 정권이 바뀌어도 풀어내는 교육 문제는 찾아보기 어려웠습니다.

새 정부는 다를 수 있을까요? 새 정부가 교육 난제를 풀어가려면 어떻게 해야 할까요? 제대로 된 방향 설정과 난제를 풀 용기가 있어야겠지요. 적어도 이 책은 새 정부가 오랜 숙제를 풀어갈 방향을 짚어 주고 있습니다. 그리고 이 책이 짚어 주는 방향에는 힘이 있습니다. 왜냐하면 이 책에는 교육 현장에서 대한민국 교육에 대해 오래 고민하고 그 고민을 실천으로 이어가는 현장 전문가들의 목소리가 들어 있기 때문입니다. 현장에서 걷어 올린 저자들의 해법 속에는 이론과 현실의 틈을 메울 지혜도 있습니다.

새 정부가 마주한 2026년의 교육 현실은 녹록하지 않습니다. 사교육비 상승은 멈출 줄 모르고, 학생들의 마음 건강 수치들은 구조 신호를 보내고 있습니다. 교육공동체의 신뢰는 끝없이 추락하고 있습니다. 앞선 정부가 벌려 놓은 고교학점제의 왜곡, AI 디지털교과서와 늘봄 정책 수습, 국가교육위원회의 비

추천사

정상화 등도 풀어야 할 숙제들입니다.

어려운 숙제를 쉽게 풀 수는 없습니다. 교육 난제를 단박에 풀 묘안은 없습니다. 어려운 문제를 쉽게 풀 요량으로 접근하면 문제에 문제를 더할 뿐입니다. 『대한민국 교육 트렌드 2026』이 교육 난제를 풀어갈 모퉁잇돌이 되면 좋겠습니다. 또한 새 정부의 교육 난제 해결 방향 제시를 넘어 새로운 용기가 될 수 있기를 기대합니다.

교육의 본질을 묻고,
새로운 길을 열어가자는 초대장

박영환 * 전국교직원노동조합 위원장

『대한민국 교육 트렌드 2026』은 우리 교육이 직면한 현실과 미래를 가감 없이 드러내고, 해법을 모색하는 귀한 기록입니다. 이 책은 이재명 정부 출범 이후 이어진 교육정책의 변화, AI와 디지털 전환, 고교학점제와 입시 문제, 교사 정치기본권과 같은 중대한 쟁점을 심층적으로 다루고 있습니다. 무엇보다 교육정책의 방향과 쟁점이 단순한 제도 논의에 그치지 않고, 교실 속 아이들의 삶과 교사의 일상, 학부모의 불안과 희망을 어떻게 담아낼 것인가에 초점을 맞추고 있다는 점에서 큰 의미가 있습니다.

교육은 늘 개혁을 말하지만, 현장은 여전히 무겁고 혼란스럽습니다. 그러나 이 책이 보여주듯, 해답은 현장에 있습니다. AI 혁명과 같은 기술 변화 속에서도, 결국 아이들을 가르치고 돌보는 것은 교사의 역할이며, 공교육의 책임을 강화하는 길만이 사회의 지속가능한 미래를 보장할 수 있습니다. 나아가 핀란드 사례가 보여주듯, 신뢰와 민주적 합의 위에 세워진 교육만이 위기를 넘어설 수 있습니다.

전교조는 교사와 학생이 존중받는 학교, 모두의 배움과 성장이 보장되는 사회를 위해 싸워왔습니다. 이 책이 던지는 질문과 제안들은 우리 모두에게 다시금 교육의 본질을 묻고, 새로운 길을 열어가자는 초대장입니다. 교육의 미래를 고민하는 모든 분들께 일독을 권합니다.

추천사

어떻게 생각하세요?

천경호 * 실천교육교사모임 회장, 교사

　아이들을 가르치고 있는 현직 교사이자 실천교육교사모임의 회장으로서 교육에 대해 여러 곳에서 종종 이런 질문을 받습니다. 학교폭력, 아동학대, 교권침해, 늘봄학교, 자유학기제, 고교학점제, 유보통합, 학생맞춤통합지원, 통합교육, 특수교육, 교원양성 과정, 교원자격제도 등등 너무나 많은 교육현안이 존재하고 그에 대한 의견을 물어올 때마다 식은땀이 납니다. 그래서 관련 서적을 읽고, 논문도 찾고, 각종 세미나와 포럼 등에 참석하며 배우고 배웁니다. 어쩌면 오래된 지식과 제 개인적 경험을 바탕으로 학교 현장의 의견이라고 말하는 잘못을 저지를지도 모르니까요.

　『대한민국 교육트렌드』가 어느덧 5년째를 맞이하고 있습니다. 많은 전문가들이 학교 현장 혹은 교육계 곳곳에서 쌓아온 경험과 지식을 바탕으로 정리된 의견을 글로 남겨 교육이란 두 글자에 담긴 넓고 깊은 속내를 '대한민국 교육트렌드'라는 이름 아래 샅샅이 살펴볼 기회를 주고 있습니다. '대한민국 교육트렌드'가 전국의 많은 교사들을 비롯하여 우리나라 교육을 걱정하시는 많은 시민들이 함께 읽고 같이 고민하며 실타래처럼 얽히고설킨 교육의 문제를 더불어 해결하는 밑거름이 되리라 생각합니다. 멀리 보고 깊이 생각하며 함께 머리를 맞대고 더 나은 교육을 위해 같이 노력하시는 많은 분들에게 이 책을 추천합니다.

현장의 문제를 고민하는 교사의
학습서이자 길잡이

허승대 * 새로운학교네트워크 이사장

요즘 학교에서 느끼는 변화는 구성원들 사이에 대화가 점차 줄어들고 있다는 것입니다. 교사들의 교육적 대화를 권하지 않는 학교의 문화도 있겠지만, 학교의 사법화에 따른 대화의 단절이 더 큰 이유라 생각합니다. 선생님들 사이에선 대화를 통한 문제 해결 대신 지침과 매뉴얼에 따른 절차가 문제 해결 방안으로 자리 잡고 있습니다. 그렇지 않으면 언제든지 위험에 처할 수 있다는 것을 잘 알고 있기 때문입니다. 교사들은 이제 더 이상 학교가 가르치는 공간으로서 안전하지 않다고 느낍니다. 이 문제를 어떻게 풀어야 할까요?

학교에서 나타나는 많은 현상은 정책의 결과물이거나 연관된 경우가 많습니다. 연결고리가 명확하게 드러나 보이는 경우도 있지만, 그렇지 않은 경우도 많습니다. 지난 몇 년 동안 출판된 『교육트렌드 시리즈』는 항상 현장의 문제를 고민하는 저 같은 교사에게는 문제의 본질에서 해법까지 통찰하게 만드는 소중한 학습서였습니다. 『교육트렌드 시리즈』를 통해 학교에서 부딪히는 교육적 현상을 이해하고 문제의 본질을 살필 수 있었습니다. 『대한민국 교육트렌드 2026』에서도 여전히 교육 현장의 변화를 일구어 갈 교사들에게 의미 있는 길잡이가 되리라 확신합니다.

교육의 변화를 이끄는 핵심 트렌드를 찾는 일이 결코 쉬운 일이 아닐진대, 매년 그 결실을 보여주기까지 얼마나 많은 분들의 노고가 들어 있을지 짐작만 할 따름입니다. 이 책이 나오기까지 애써주신 모든 분들께 감사드립니다.

추 천 사

미래사회를 위한 논의의 마중물

이보미 * 교사노동조합연맹 위원장

저출생으로 인한 축소사회라는 소용돌이 앞에, 대한민국의 교육은 길 위에 서 있습니다. 경쟁교육에 뛰어들 수 있는 상위 20% 학생이 아니라, 수업시간에 자는 아이들 그리고 교육하고 싶어도 교권의 하락으로 인해 가르칠 수 없는 선생님들에 대한 이야기를 본격적으로 시작하는 한 해가 되었으면 하는 바람입니다.

그래서 『대한민국 교육트렌드 2026』의 고민이 참으로 반갑습니다. 민주주의 위기 극복, 지방소멸, AI 혁명, 교사 정치기본권, 어느 것 하나 시급하지 않은 의제가 없습니다. 책에 담긴 내용은 미래사회를 위한 논의의 마중물이 될 것입니다. 급변하는 사회 속에서 우리는 어떤 민주시민을 길러내야 하는지, 교사노동조합연맹도 함께 고민해나가겠습니다.

차 례

추천사.

교육이 있기에 우리의 미래는 밝습니다 _천창수 4
2026 대한민국 교육, 난제를 풀 용기 _한성준 6
교육의 본질을 묻고, 새로운 길을 열어가자는 초대장 _박영환 8
어떻게 생각하세요? _천경호 9
현장의 문제를 고민하는 교사의 학습서이자 길잡이 _허승대 10
미래사회를 위한 논의의 마중물 _이보미 11

1부. 2026 교육트렌드 분석의 조건

2025년, 이재명 정부 출범과 교육정책 환경의 변화 _이광호 25
이재명 정부 교육정책 분석과 전망 _한만중 67

2부. 2026년 한국교육이 직면한 10대 쟁점과 과제

AI 시대, 교육의 인공지능 대전환(AX) _장상현 95
플랫폼이 만들어내는 새로운 형태의 교육과 쟁점 _김송희 119
고교학점제, 미래 교육의 문을 열 수 있을까? _백승진 147
서울대 10개 만들기 정책의 과제와 실현 가능성 _홍창남 175
위기의 지역교육 살리기와 지방교육자치 _김용 203

교사 정치기본권, 금기의 권리에서 보편의 권리로 _장경주 229
학교를 위험하게 만드는 것들 _'위험사회론'으로 본 학교 _김영식 255
평균이 사라진 교실, 모두를 품는 학생맞춤통합지원 _최지윤 285
국가교육위원회 재설계, 사회적 합의를 가능하게 하는 조건 _김범주 317
윤석열 정부가 남긴 이재명 정부의 과제 _김승호 343

3부. 더 나은 교육을 위한 현장의 모색과 실천

정책과 현실 사이, 교사가 말하는, 지금 교육이 나아가야 할 길 _유재 369
고흥 작은학교 공동교육과정
  _지역소멸에 대응하는 작은학교들의 유쾌한 연대 _고일석 407
도시형 마을교육공동체 _해밀교육마을의 도전과 가능성 _유우석 435

특별기획.

핀란드 교육, 신뢰의 힘과 위기의 그림자 _김은지 461

서문에 대신하여…

이광호 * 전 국가교육회의 기획단장

2021년부터 출간해 온 『대한민국 교육 트렌드 시리즈』는 우리 교육이 직면한 현실과 미래를 가감 없이 드러내고 진단하며, 그 해법을 모색하는 귀한 기록이 되고 있습니다.

2026년 대한민국은 새 정부 출범과 함께 교육정책 역시 큰 변화가 예상됩니다. '교육트렌드 2026'은 이 변화를 15가지 주제로 분류하고, 주제별 전문가가 필자로 참여해 분석하여 전망하고 있습니다. 독자들께서는 아래 각 주제의 개요를 먼저 살펴보시고 더 관심이 가는 주제부터 살펴보시기를 권합니다. 특히, '서울대 10개 만들기'와 '지역균형발전과 교육' 등 이재명 정부의 국정과제를 심층적으로 분석한 내용은 깊이 살펴볼 필요가 있습니다.

전체적으로 1부는 이 책의 '서론'에 해당합니다.

2025년 조기 대선으로 등장한 이재명 정부의 출범 조건과 국정운영 방향, 교육정책 등을 통해 2026년 교육트렌드를 분석하는 데 있어 가장 중요한 배경을 제시하고 있습니다.

「2025년, 이재명 정부 출범과 교육정책 환경의 변화」에서는 이재명 정부 출범의 조건, 그리고 이재명 정부가 내건 국가 비전과 성장전략 등에 대해 분석합니다.

전 세계적인 민주주의 위기 확대, 트럼프 이후 글로벌 공급망 재편에 따른 혼란 속에서 등장한 이재명 정부 출범의 조건을 분석합니다. 특히 유럽 복지국가 모델의 쇠퇴, 그리고 MAGA로 집약되는 미국 민주주의 위기의 원인에 대해 분석하면서, 그것이 한국에 어떤 영향을 미칠지 설명하고 있습니다. 또한 현재 상황을 극복하기 위한 이재명 정부의 국가 비전과 성장전략에 대해서 논의합니다. 그리고 그 비전과 연관된 교육계의 과제도 제시합니다.

독자들은 마치 높고 먼 곳에서 점차 가까운 곳으로 이동하며 촬영하는 화면을 보듯이, 오늘 우리가 마주하고 있는 위기 상황의 뿌리를 탐험하듯이 확인할 수 있을 것입니다. 그리고 당면한 과제뿐 아니라 중장기적인 교육개혁의 방향을 고민해 보는 시간이 될 것입니다.

「이재명 정부의 교육정책 분석과 전망」은 이재명 대통령의 후보 당시 발표한 공약, 그리고 이재명 정부 출범 후 국정기획위원회에서 정리한 국정과제를 중심으로 이재명 정부 교육정책을 분석합니다.

또한 평면적 분석에 그치지 않고 그 정책들이 이전 정부(문재인, 윤석열 정부 등) 정책과 어떤 연관성을 갖고 있는지 설명함으로써 정책을 보다 입체적으로 이해할 수 있도록 합니다. 나아가 이재명 정부 교육정책이 성공하기 위해서는 어떤 조건을 갖추고 어디에 집중해야 하는지도 제시하고 있습니다.

이 글을 통해 2026년뿐 아니라, 향후 5년간 이재명 정부 교육정책의 방향을 가늠하면서, 더 나은 교육을 위한 실천의 의지를 스스로 확인해 보시기 바랍니다.

2부에서는 2026년 한국교육이 직면한 10대 과제와 쟁점을 다룹니다.

10개의 주제는 정권 교체에 따른 정책 변화와 관련된 과제도 있지만, 이미 오래전부터 형성된 쟁점도 포함됩니다. 사실, 양자는 칼로 무 베듯이 구별하기 어려운 측면이 있습니다. 교육계의 누적된 문제가 정권 교체를 계기로 전면화되어 해결을 기다리고 있기 때문입니다. 독자들은 2부 주제 중 가장 관심 있는 것부터 읽어도 무방할 것입니다.

「AI 시대, 교육의 인공지능 대전환(AX)」에서는 AI 혁명이 가져올 미래 사회 변화를 폭넓게 조망하면서 새로운 교육의 변화를 그립니다.

필자는 오랫동안 교육의 디지털 전환을 담당하는 국책연구소(한국교육학술정보원, KERIS)에서의 연구와 실천을 바탕으로, AI 혁명이 가져올 교육의 변화를 입체적이면서도 매우 현실적으로 제시하고 있습니다. 그런데 기존의 교육시스템, 특히 학교와 교사의 수업을 중심으로 교육을 이해하는 입장에서는 다소 당황스러운, 혹은 수용하기 어려운 내용도 포함되었습니다. 그만큼 AI 혁명이 몰고 올 변화의 폭은 넓고 속도는 빠릅니다.

그럼에도 불구하고, 독자들은 "AI는 결코 교육의 목적이 될 수 없다. 그것은 인간다운 삶과 민주적 공동체를 가능하게 하는 수단"이며, "우리에게 다시 인간 중심의 새로운 교육체제를 구축하는 제2의 르네상스를 여는 촉매제가 될 것이다."라는 필자의 말에 고개를 끄덕일 것입니다.

「플랫폼이 만들어내는 새로운 형태의 교육과 쟁점」에서는 IT 혁명과 교육의 디지털 전환 과정에서 핵심 쟁점으로 떠오른 교육 플랫폼화를 종합적으로 다룹니다.

앞의 'AI 혁명이 가져올 교육의 변화'에서 AI를 피할 수 없는 도전과제로 설명한 것처럼, 이 글에서는 교육의 플랫폼화가 이미 교육 현장에 깊숙이 들어와 있으며, AI 기술 발달로 그 속도가 더욱 빨라질 것으로 예측합니다. 또한 교육의 플랫폼화가 불러올 미래 교육의 새로운 가능성과 위험성도 제시합니다. 그리고 '플랫폼'이라는 개념과 명칭은 민간 기업과 공공 교육기관(교육청) 모두에게 적용된다는 점도 깨닫게 될 것입니다.

독자들은 다소 생소한 개념인 '교육의 플랫폼화'가 무엇을 의미하는지, 그리고 '플랫폼화'라는 개념 속에 담긴 우리 교육의 미래를 가늠하는 시간이 될 것입니다.

「고교학점제, 미래 교육의 문을 열 수 있을까?」에서는 2025년 우리 학교 현장에서 가장 뜨거운 쟁점이 되었던 고교학점제, 그리고 그것과 직접 연관된 대입 제도 관련한 내용을 다루고 있습니다.

쟁점이 발생하게 된 이유는 일차적으로 정부의 무능, 무책임입니다. 그리고 그 부담을 고스란히 학교와 교사가 떠안게 되었습니다. 이 상황에서 고교학점제 폐지냐, 보완이냐 하는 논쟁이 학교 현장에서 불거졌고 현재도 진행 중입니다. 이 글에서는 그 과정에 대한 설명과 함께 현재 상황을 뛰어넘기 위한 대안을 제시합니다.

　아마도 교육부는 2025년 가을에 고교학점제 보완 방안을 내놓을 것입니다. 하지만 그 방안으로 그동안의 논란이 모두 해소되기는 어려울 것입니다. 2026년에도 우리 교육계가 고교학점제와 대입 제도에 대한 토론을 지속해야 하는 이유입니다.

　「서울대 10개 만들기 정책의 과제와 실현 가능성」은 이재명 대통령 교육 공약 중 언론에서 가장 많이 다룬 공약인데, 이 정책을 실제 설계했던 당사자(국정기획위원회 사회2분과장 홍창남 부산대 교수)가 직접 썼다는 점에서 주목해야 하는 글입니다.

　'서울대 10개 만들기'는 김종영 교수가 2021년 발간한 책으로 널리 알려졌는데, 2024년 더불어민주당이 총선공약으로 채택하면서 현실 정책으로 전환되었고, 2025년 대선공약에도 포함되었습니다. 그런데 국정기획위원회에서 최종 정리한 '서울대 10개 만들기' 정책은 그 책의 내용과 일정한 차이점을 보입니다. 이미 서울대 10개 만들기 책을 읽어보신 분들은 그 차이점을 발견해 가면서 이 글을 읽을 수 있을 것입니다.

　필자의 말대로 서울대 10개 만들기는 "지역대학의 회생을 위한 마지막 기회"일 수 있습니다. 마지막 기회를 잘 살려, 지역대학을 살릴 뿐 아니라 지나친 입시 경쟁으로 인한 초·중등 교육의 왜곡을 막고, 새로운 국가 성장의 동력이 만들어지기를 간절히 기원합니다.

　「위기의 지역교육 살리기와 지방교육자치」는 오랫동안 지속되어 온 지역교육의 위기를 분석하면서, 이재명 정부의 '지역균형발전 정책(5극 3특)'과 '지역 실정에 맞는 다양한 학교'로 표현된 농산어촌 교육정책에 대해 설명합니다.

　필자는 지역교육이 소멸 직전의 임계점에 와 있다는 절박한 위기의식으로 그간의 정부 정책 및 교육 지방자치에 대해 평가합니다. '살기 좋은 지방시대'를 국정목표로 내걸었던 윤석열 정부는 제대로 된 정책의 "첫 걸음도 떼지 못"했고, 교육감직선제 도입 이후 본격화된 교육 지방자치가 실상은 "교육분권이었지 교육자치는 아니었다"고 평가합니다. 그러면서 교육자치 단위를 광역에서 기초자치단체로 전환하자는 의견도 제시합니다.

2026년은 지방선거가 있는 해입니다. 교육감 선거와 함께 새로운 지방교육자치가 시작됩니다. 이 글을 계기로 지방교육자치와 관련한 풍성한 논의가 진행되기를 기대합니다.

「교사 정치기본권, 금기의 권리에서 보편의 권리로」는 2025년 대통령선거에서 가장 화제가 되었던 이재명 대통령의 '교사 정치기본권 보장' 공약과 관련된 글입니다.

이 글에서는 '교원의 정치적 중립'이라는 헌법 조항이 생성된 배경과 그것이 어떻게 '교원의 장치 기본권 박탈'을 가져왔는지 설명합니다. 그러면서 다양한 해외 사례와 함께 교원의 정치기본권 확보 방안을 제시합니다.

2026년에는 지방선거와 함께 헌법 개정 논의가 본격화될 것으로 예상됩니다. 더불어 교원의 정치기본권 관련한 우리 사회의 활발한 토론이 진행될 것입니다. 독자 여러분도 그 토론과정에 참여해 보시기 바랍니다.

「학교를 위험하게 하는 것들_ '위험사회론'으로 본 학교」는 독일의 저명한 사회학자 울리히 벡(Ulrich Beck)의 눈으로 우리 학교의 현실을 진단하고 해법을 모색합니다.

『위험사회(Risk Society)』가 출간된 지 한 세대가 훨씬 지났지만, 우리 사회는 여전히 '위험'에서 벗어나지 못하고 있습니다. 오히려 더 크고, 더 새로운 위험들이 쏟아지고 있습니다. 그만큼 현재 학교를 고통스럽게 하는 요인들은 뿌리가 깊고 완고합니다. 그래서 짐짓 '위험'을 외면하거나 '나 홀로 탈출'을 꿈꾸기도 합니다.

하지만 그렇게 해서 이 위험사회를, 이 위험한 학교와 교육을 극복할 수는 없습니다. 결국 '모여서 대화하기'를 시작으로 우리 스스로 성찰과 연대를 통해 새롭게 출발하는 수밖에 없습니다. 그것이 오랜 기간 교사단체와 혁신학교에서 누구보다 열정적으로 실천해 온 필자의 '소박한 결론' 입니다, 독자 여러분도 이 글에서 위험사회를 함께 헤쳐 나가는 지혜를 엿보시기 바랍니다

「평균이 사라진 교실, 모두를 품는 학생맞춤통합지원」은 최근 급증하고 있는 위기 학생의 증가 현황과 그 원인, 그리고 해법을 모색하는 글입니다.

지금의 기성세대, 혹은 학부모들이 기억하는 학교는 '평균'에 의해 작동했습니다. 그만큼 개별 학생에 대한 관심이 부족했습니다. 그런데 우리 사회가 변화하면서 다양한 위기 학생들이 급증했습니다. 학생 수는 줄어드는데, 학교가 감당해야 하는 위기 학생은 늘어난 상황입니다. 이 글에서는 그러한 현상에 대한 분석과 함께 필자가 교장으로 있는 학교의 사례를 함께 제시하면서 해법을 모색합니다.

아마도 교사들은 이 글에서 위기 학생 문제로 힘겨웠던 자신의 '경험'을 떠올릴 것입니다. 그리고 학부모라면 현재 학교와 교사들이 겪는 고통에 대해 '공감'하게 될 것입니다. 그 '경험'과 '공감'이 만날 때, 우리 학교는 이 문제에 대한 해답을 찾을 것입니다.

「국가교육위원회 재설계, 사회적 합의를 가능하게 하는 조건」은 지난 3년간 1기 국가교육위원회의 실패를 분석하고, 2기 출범에 따른 정상화와 개선 방안을 제시합니다.

이 글에서는 지난 1기의 실패가 어디로부터 왔는지, 그리고 진정한 교육정책의 사회적 합의를 실현하기 위한 제도 개선(법률 개정 포함) 방안을 종합적으로 제시합니다. 특히 필자는 교사 경험을 가진 국회 입법조사관으로서, 이 주제에 대한 전문적인 분석과 현실적 대안 제시가 돋보입니다.

국가교육위원회는 우리 교육의 중장기 방향을 결정할 뿐 아니라 교육계 현안에 대한 사회적 합의를 위해 만든 조직입니다. 교육계 모두가 깊은 관심을 갖고 국가교육위원회 정상화를 지켜봐야 하는 이유입니다.

「윤석열 정부가 남긴 이재명 정부의 과제」에서는 정권 교체에 따른 기존 정책의 수정, 혹은 재구성의 방향을 논의합니다. 정권이 교체되어도 기존 정권의 정책을 무조건 '백지화'할 수 없습니다. 기존 정책의 관성뿐 아니라 그 정책과 관련된 이해관계자들을 설득하면서 정책의 전환이 이루어져야 하기 때문이다.

이 글에서는 AIDT, 유보통합, 늘봄학교, 국가교육위원회 등 윤석열 정부가 남긴 교육정책(주로 초·중등 분야)의 한계를 어떻게 극복할 것인지 분석합니다. 또한 그러한 한계를 극복하고 새로운 방향으로 나아가기 위해서는 '민주적 거버넌스', '현장 주도형 정책 학습 시스템', '지역 교육자치 성공 모델 확산' 등이 필요하다고 제시합니다.

독자들은 필자가 제시하는 방안과 자신의 생각을 비교하면서 읽으면 더욱 의미 있는 독서 체험이 될 것입니다.

<u>3부는 더 나은 교육을 위한 현장의 모색과 실천을 담고 있습니다.</u>

우리의 삶과 교육은 항상 더 나은 미래를 위한 지난한 모색과 실천을 통해 진화해 왔습니다. 3부에서는 그 지난한 과정에서 분투하는 학교와 교사들의 피와 땀, 그리고 좌절과 희망을 느끼실 겁니다.

「정책과 현실 사이, 교사가 말하는, 지금 교육이 나아가야 할 길」은 학교 현장의 주요 교원단체 대표들의 간담회 내용을 정리한 것입니다. 전국교직원노동조합, 교사노동조합연맹, 새로운학교네트워크, 실천교사모임, 좋은교사운동 등 학교 현장에서 치열하게 노력하는 분들이 현재 교육 현장의 쟁점들에 대해 깊이 있는 토론을 했습니다.

토론은 1) AI 디지털 전환과 교사의 역할은 무엇인가?, 2) 현장체험학습은 여전히 필요한가?, 3) 고교학점제, 보완할 것인가? 폐지할 것인가?, 4) 늘봄·돌봄, 학교와 교육의 문제로 떠넘겨서는 안 돼, 5) 이재명 정부에 바란다 등의 순서로 진행되었고, 각 주제에 대한 교육 현장의 다양한 의견이 제시되었습니다.

독자 여러분은 이 글을 읽는 동안 각 단체 대표들의 의견과 자신의 생각을 비교하게 될 것입니다. 그리고 그 문제를 어떻게 해결할 것인지 고민하게 될 것입니다.

「도시형 마을교육공동체」와 「고흥 작은학교 공동교육과정」은 더 나은 학교교육을 위해 분투하는 학교와 교사, 지역 사회의 노력을 담고 있습니다. 전자가 세종이라는 신도시의 대규모 학교 사례라면, 후자는 전남 고흥의 작은 학교를 살리기 위한 교육 주체들의 노력과 그 성과를 담고 있습니다.

전혀 다른 조건 속의 학교지만, 몇 가지 공통점을 보입니다. 우선 학교 내부의 변화입니다. 세종에서는 '학교 운영 전반을 공동체적 협력 구조로 짜겠다는 비전을 세우는' 것에서 출발했고, 고흥 역시 교사들의 적극적인 참여와 협력을 이끌었습니다. "학교 교장과 교사의 마음이 움직였다는 것은 절반의 성공이다"라고 필자는 말합니다.

두 번째는 교육을 단위학교의 담장에 가두지 않고, 지역 사회와의 적극적인 협력을 모색했다는 점입니다. 마지막으로 행정기관(교육청, 지자체)의 적절한 지원이 이루어졌다는 점입니다.

현재 우리 학교교육은 신도시의 '과밀'과 농산어촌의 '과소' 문제를 동시에 해결해야 하는 과제를 안고 있습니다. 그 과제는 결코 학교 혼자 해결할 수 없습니다. 독자 여러분들도 두 사례를 통해 해법을 찾아보시기 바랍니다.

4부는 우리 교육이 참조해야 할 해외 사례입니다. 『대한민국 교육트렌드 2025』의 독일 편에 이은 기획으로, 이번에는 핀란드 사례를 다루고 있습니다.

「핀란드 교육, 신뢰의 힘과 위기의 그림자」는 우리가 막연히 알고 있던 핀란드 교육의 상황을 핀란드의 정치·경제 상황, 국제질서의 변화 등과 연계하여 종합적으로 서술하고 있습니다. 지난 몇 년간 핀란드는 러시아의 우크라이나 침공, 우파 정당의 집권 등으로 많은 변화를 경험했습니다. 이 글에서는 그러한 변화 상황에서 교육정책의 변화를 추적하고 있습니다. 무엇보다 한국 교사 출신의 눈으로 바라본 핀란드 교육의 변화는 한편으로 충격적이면서도 희망을 포기하지 않으려는 집요함을 엿볼 수 있습니다.

특히 핀란드 교육개혁의 상징처럼 우리에게 알려진 국가교육위원회의 존폐를 둘러싼 논쟁, 교육 예산의 삭감은 우리에게 충격을 줍니다. 그럼에도 '미래 종합학교 프로젝트'를 통해 미래 교육에 대한 사회적 합의를 시도한다는 점에서 우리는 그들의 교육에 대한 믿음을 발견합니다. 이 글에서 핀란드의 경험을 한국과 비교하면서 읽어보시기 바랍니다.

2026 교육트렌드 분석의 조건

— **2025년, 이재명 정부 출범과 교육정책 환경의 변화**
이광호 * 전 국가교육회의 기획단장

— **이재명 정부 교육정책 분석과 전망**
한만중 * 전국교육자치혁신연대 정책위원장

01.

2026 교육트렌드
분석의 조건

2025년, 이재명 정부 출범과 교육정책 환경의 변화

이 광 호
전 국가교육회의 기획단장

01

민주주의 위기 극복과
이재명 정부

세계적인 민주주의 위기 확대

전 세계적으로 민주주의의 후퇴, 혹은 위기를 우려하는 목소리가 커지고 있다. 스웨덴 민주주의다양성연구소^{Varieties of Democracy Institute}의 2025년 보고서에 따르면, 관련 통계가 시작된 이후 처음으로 권위주의 국가(91개국)가 민주주의 국가(88개국)보다 많아졌으며, 2024년 세계 자유민주주의 지수는 1985년 이래 가장 낮은 수준을 기록했다.[1]

우리는 흔히 권위주의 혹은 독재정치를 '가난하고 못 사는' 나라의 전유물로 인식해 왔다. 저소득 국가에서 빈번하게 발생하는 군부 쿠데타가 먼저 떠오르는 것이다. 반면 경제 선진국(특히 유럽과 미국) 민주주의가 안정적으로 발전한다고 믿어 왔다.[2]

그런데 민주주의 연구의 권위자인 스톡스^{Susan C. Stokes}는 20세기 민주주의의 주된 위협이 군부 쿠데타였다면, 21세기에는 오히려 '선출된 행정수반^{elected presidents and prime ministers}'에 의해 민주주의가 약화되고 있다고 강조한다.

또한 그녀는 방대한 국가 간 데이터를 분석하여 경제적 불평등이 민주주의

---

1) 세계의 '트럼프'화? 지구엔 이제 권위주의 국가가 더 많다, 머니투데이, 2025.3.16.
2) 한국의 기성세대는 오랜 권위주의(군사독재) 시절의 고통을 감내하고 민주화와 산업화를 동시에 성공시켜 선진국에 진입했다는 인식이 강하다. 당연히 '저개발국가=권위주의, 선진국=민주주의'라는 인식을 공유한다. 그 인식은 단지 20세기 대한민국을 경험한 기성세대만의 것이 아니다. 21세기 '선진국' 대한민국에서 태어나고 성장한 젊은 세대 역시 유사한 인식 체계를 공유하는 듯하다. 그들에게 박정희의 유신독재는 '가난했던 부모 세대의 역사적 경험(조부모 세대의 '일제강점기' 같은)'으로 이해될 수 있다. 젊은 세대들에게 윤석열 전 대통령의 비상계엄 선포는 대한민국을 '가난하고 못 사는' 나라로 되돌리는 행위로 받아들여질 수 있는 것이다.

후퇴의 핵심 요인임을 입증했다. 소득 불균형이 클수록 민주주의가 후퇴할 가능성이 높으며, 이는 저소득 국가뿐 아니라 부유하고 민주주의 전통이 깊은 국가에도 똑같이 적용된다는 것이다.[3]

결국 민주주의 위기의 뿌리는 경제적 불평등이다. 그런데 1980년대 이후 신자유주의 경제 체제가 확산되고, 세계화를 통한 자본과 상품의 국가 간 이동이 자유로워지면서 불평등은 지속적으로 확대되었다.[4] 피케티 Tomas Piketty 의 분석에 따르면, 인도·미국·러시아·중국·유럽 국가의 총소득에서 상위 10%의 점유율은 1980년 25~35%에서 2018년 35~55%로 늘었다. 반면에 하위 50%의 경우 20~25%에서 15~20%로 줄었다고 한다.[5]

여기에 인공지능 AI 과 첨단기술의 발전, 자본소득 증가 등은 불평등을 더욱 확대하는 방향으로 귀결될 가능성이 높다. 그만큼 민주주의 위기 또한 지속될 수밖에 없을 것이다.

민주주의 위기와 유럽복지국가 모델의 미래

한국의 기성세대, 그중에서도 진보적 사회개혁을 꿈꾸는 사람들에게 유럽은 '모방하고 싶은' 선진국이었다. 유럽은 산업 고도화와 경제 성장, 좌파·진보 정당 주도의 분배 및 복지정책, 코포라티즘 corporatism 이라 불리는 사회적 합의 문화 등으로 인류 역사상 '가장 인간적인' 복지국가 모델을 구축했다. 교육계가 부러워하는 '선진적 교육시스템' 역시 북유럽과 독일, 프랑스 등 유럽 복지국가의 교육모델이다.

그런데 최근 유럽에서 극우 포퓰리즘 정당의 약진이 두드러지고 있다. 유럽

---

3) Eli G. Rau & Susan C. Stokes, 「Income inequality and the erosion of democracy in the twenty-first century」, PNAS(Proceedings of the National Academy of Sciences), 2024.12.
4) 이강국 외, 「세계화와 소득불평등」, 한국보건사회연구원, 2007.12.
5) 토마 피케티 지음, 안준범 옮김, 『자본과 이데올로기』, 문학동네, 2020, p.37

의 저명한 정치학자 포르타Donatella della Porta는 유럽의 극우 정당들이 "불평등을 심화시키는 정책뿐 아니라 사회통합을 무너뜨릴 위험이 있는 인종차별적 메시지를 낸다.… 민주주의에 대한 위협은 자유 언론, 독립적인 사법부, 활발한 시민사회 등 민주적 절차와 제도를 경멸하는 데서 나온다. 이들은 적극적으로 비자유주의를 조장하고 민주주의를 위협하고 있다"고 말한다.[6]

흔히 유럽연합EU 3대 강국으로 알려진 국가들에서도 극우 정당의 약진은 예외가 아니다. 예컨대 2018년 총선에서 불과 4%의 득표율을 기록했던 '이탈리아 형제들Fdi'은 2022년 총선에서 26%의 득표로 제1당이 되었다.[7] 3대 강국 중 최초로 극우가 제1당이 된 것이다. 평론가들은 유럽에서 가장 낮은 이탈리아의 경제 성장과 높은 청년실업을 그 배경으로 지목하고 있다.

2024년 프랑스 총선의 1차 투표에서 극우 정당인 '프랑스 국민연합RN'이 37%를 얻어 1위를 기록했고, 2025년 2월의 독일 총선에서는 극우정당 '독일을 위한 대안당AfD'이 20.8%의 득표로 2위 정당이 되었다. 우리는 조만간 유럽의 많은 나라에서 극우 정당이 제1당이 되어 연립내각 구성을 주도하고 국가정책을 좌우하는 상황을 보게 될 것이다.

유럽 극우 정당의 약진에는 불평등 확대 외에 정당 정치의 변화도 작용했다. 전통적으로 유럽의 가난한 다수, 즉 저학력·저소득 노동계층은 좌파·진보정당을 지지했다. 좌파·진보정당은 그 지지를 바탕으로, 임금 인상, 고용 안정, 복지 확대를 추진했다. 노동계층과 좌파·진보정당의 굳건한 연대는 유럽 복지국가 형성의 중요한 한 축이었다.

그런데 1980년대 이후 신자유주의 세계질서가 확산되면서 좌파·진보정당도 민영화, 규제 완화, 고용 유연화와 같은 신자유주의 정책을 일부 수용했다. 영국 노동당의 '제3의 길', 독일 사회민주당의 '아젠다 2010' 개혁, 프랑스 사회당

---

6) 민주적 절차와 제도 경멸…극우정당이 더 위험하다, 중앙일보, 2024.10.5
7) 伊 총선 우파연합 승리, 극우 정권 탄생…EU와의 갈등 우려, KBS, 2022.9.26.

의 긴축·민영화 정책이 그 대표적 사례다.

그 결과 좌파·진보정당의 전통적 지지층인 노동계층이 이탈했고, 그 빈자리를 고학력·전문직 엘리트 계층이 채웠다. 피케티가 '브라만 좌파Brahman Left'[8]로 명명한 이들은 경제적 불평등이나 고용 안정보다는 교육, 인권, 환경, 성평등과 같은 사회문화적 이슈에 깊은 관심을 보인다. 이는 자연스럽게 좌파·진보정당의 성격과 정책의 변화로 이어졌다.

결국 저학력·저소득 노동계층은 자신이 지지할 정당도, 자신의 경제적·정치적 권리를 보호해 줄 정당도 잃어버린 셈이다. 고학력·전문직 엘리트에 대한 노동계층의 불신이 커지고, 엘리트가 주도하는 기존 정당과 정치체제, 나아가 세계화와 자유무역 체제에 대한 반감과 분노가 확산되었다, 그 분노를 극우 포퓰리즘 정치인들은 자신의 정치적 기반으로 삼았다.

1960년대 영국 노동계층의 60%는 노동당을 지지했지만 2015년에는 20% 수준으로 하락했고, 절반 넘게 투표조차 하지 않았다.[9] 1980년대 프랑스 노동계층의 70% 이상이 사회당과 공산당을 지지했지만, 2007년 총선 이후 20% 미만으로 떨어졌다. 대신에 극우정당 RN이 노동자 밀집 지역에서 과반수를 득표했다. RN이 노동계층의 정당이 된 것이다.[10]

노동계층 대부분이 사회민주당을 지지했던 독일도 예외는 아니다. 2024년 동부지역 주의회 선거에서 작센주 노동계층의 5%만이 사회민주당을 지지했고 40%는 극우정당 AfD를 선택했다.[11] 이처럼 좌파·진보정당의 약화, 노동계층의

---

8) '브라만'은 인도 카스트 제도의 최상위 계급으로 지식인 계층을 의미하고, '좌파'란 진보적 가치를 의미한다. 두 단어의 합성으로 탄생한 브라만 좌파는 고학력 전문직 엘리트이면서 진보적인 정치 성향을 가진 사람들을 지칭하는 용어이다. 피케티의 저서 『자본과 이데올로기』를 통해 널리 알려진 개념이다. 한국에서는 '강남 좌파'라는 용어가 유사하게 사용된다.
9) 옥스퍼드대학교, 「Why the working class voter may be turning away from Labour」, Oxford News&Events, 2017. 2.22.
10) On the brink of power: how France's National Rally reinvented itself?, 가디언(The Guardian), 2024.6.25.
11) SPD verliert Kern-Klientel - Diese Zahlen tun dem Kanzler richtig weh, BILD.de, 2024.9.1.

극우정당 지지는 민주주의 위기를 확대할 뿐 아니라 복지국가의 근간을 흔들고 있다.

그러나 더 근본적인 것은 20세기 유럽복지국가를 가능하게 했던 경제적 기반이 무너지고 있다는 점이다. 월스트리트 저널은 "유럽이 지고 있다Europe Is Losing"는 특집 기사에서 유럽이 과거처럼 세계를 선도하는 힘을 유지하지 못하고 경제·군사·지정학적 영향력에서 미국과 중국에 뒤처진다고 지적했다. 특히 첨단기술 분야에서 경쟁력을 상실하면서 경제 성장이 둔화하였고, 높은 에너지 비용과 복지 부담, 인구 노령화 등으로 한계에 도달했다는 것이다.

또한 현재 같은 상황이 지속된다면 결국 "더 많은 세금을 부과하거나 복지를 줄여야 한다"고 주장한다.[12] 바로 그다음 날, 마치 기사에 응답하듯이 독일 메르츠Friedrich Merz 총리는 "독일 복지국가는 더 이상 재정을 감당할 수 없다"고 선언했다.[13]

EU의 고민도 깊어지고 있다. 드라기Mario Draghi 전 유럽중앙은행 총재가 EU의 의뢰로 작성한 「EU 경쟁력의 미래」 보고서에서는 노동생산성 저하에 의한 경제성장 둔화, 생산가능인구의 감소, 첨단분야 투자 부족 등을 유럽이 직면한 '실존적 위기'로 진단한다. 또한 유럽이 추구해 온 번영, 평등, 민주주의와 같은 핵심 가치 자체가 흔들릴 수 있다고 경고한다.[14]

유럽의 현재 상황을 가장 압축적으로 보여주는 건 독일이다. EU에서 경제 규모가 가장 크면서 세계 최고의 제조업 강국인 독일은 2023~2024년 연속 마이너스 성장을 기록했다. 러시아-우크라이나 전쟁으로 인한 에너지 비용 급등과 국방예산 증가가 직접적인 원인으로 지목되지만, 더 근본적으로 전통적인

---

12) Europe Is Losing, 월스트리트 저널(The Wall Street Journal), 2025.8.22.
13) German welfare state "can no longer be financed" — Merz, AFP, 2025.8.23.
14) 마리오 드라기(Mario Draghi), 「The future of European competitiveness」, EU집행위원회(European Commission), 2024.9.

제조업 강국의 위상이 약화되고 있다는 점이다.[15]

세계 경제에서 유럽의 위상은 지속적으로 하락하고 있다. 세계 GDP에서 유럽이 차지하는 비중은 2000년대 초반 25%에서 2023년 17.5%로 감소했다. 2000년대 초반 시가총액 상위 100대 기업 중 유럽 기업은 41개였지만, 2024년 기준으로는 15개에 불과하다. 유럽 기업의 자리를 미국과 중국 기업이 빠르게 대체하고 있는 것이다. 그만큼 유럽의 민주주의와 복지국가를 가능하게 했던 경제적 기반이 위협받고 있는 것이다.

이처럼 유럽의 민주주의와 복지국가를 지탱하던 요소들이 모두 위협받고 있는 상황에서, 우리는 유럽 민주주의 위기를 복지국가 모델의 지속가능성과 연계하여 바라볼 필요가 있다. 그리고 우리가 지향해야 하는 미래 대한민국의 모델을 새롭게 구상해야 한다. '유럽 모방주의'에서 벗어나야 한다.

2025년, 한국과 미국의 엇갈린 운명, 그리고 한국의 민주주의 회복력

앞서 언급한 스웨덴 민주주의다양성연구소 보고서에서 한국의 민주주의 지수가 2021년 16위로 역대 최고를 기록한 뒤 2023년 28위, 2024년 47위로 급락했다. 또한 한국을 '권위주의 체제로 이동하는 국가 a country undergoing autocratization'로 분류했다. 2025년 3월에 발간된 보고서에는 비상계엄에 반대하는 시위대의 사진을 통째로 싣고 있다. 윤석열 정부 3년과 비상계엄에 대한 국제적인 평가라고 할 수 있다.

또한 미국에 대해서는 "민주주의 붕괴가 진행 중인가? A Democratic Breakdown In The Making?"라고 묻는다. 이 질문은 트럼프 Donald John Trump 대통령의 재집권

---

15) 예컨대 '독일 제조업의 심장'이라 불리는 자동차산업에서 독일의 위상은 점차 낮아지고 있다. 이는 내연기관 중심의 하드웨어 기술에서 자율주행 전기차 중심의 소프트웨어 기술로의 전환과 관련이 깊다. 독일은 미국뿐 아니라 중국, 한국에 비해서도 디지털 전환이 늦다. 그리고 AI, 반도체 등 첨단분야에서도 독자적인 생태계를 구축하지 못하고 있다.

에 따른 우려를 의미한다. 보고서 제목의 'Democracy Trumped'도 중의적(重義的) 의미로 해석된다.[16]

2024년 말부터 2025년에 이르기까지 한국과 미국의 민주주의는 엇갈린 운명을 보여주었다. 2024년 11월 5일의 시행된 제47대 미국 대통령선거에서 트럼프가 당선되었다. 트럼프의 재등장에 대해 노벨상 수상자 30명을 포함한 세계 400명 이상의 학자들은 "파시즘의 위협이 다시 찾아왔다"고 경고했다.[17]

트럼프는 제45대 대통령 재임(2017.1.20.~2021.1.20.) 중 행정명령을 남발하고 사법부와 언론을 공격하는 등 민주주의 제도와 가치를 위협하는 행위를 반복했다. 특히 2020년 제46대 대통령선거에서 바이든 J. Biden 에게 패배한 직후 그는 '부정선거'를 주장했고 그의 지지자들은 국회의사당을 난입했다. 유례없는 정치폭력이자 민주주의에 대한 심각한 위협이었다.[18] 학자들의 경고는 이런 배경에서 나왔다.

한국에서는 2024년 12월 3일, 윤석열 전 대통령의 갑작스러운 '비상계엄' 선포로 민주주의가 심각한 위험에 빠졌다. 비상계엄은 한국뿐 아니라 전 세계를 경악시켰다. '정치적 롤러코스터'(워싱턴포스트), '정치적 도박'(뉴욕타임즈, 가디언, 파이낸셜타임즈), '최악의 정치적 오류(CNN)' 등이 당일 세계 언론의 표현이다. 케임브리지대학의 라이트 John Nilsson-Wright 교수는 "기괴하다 bizarre"고 표현했다.

하지만 비상계엄 반대와 대통령 탄핵, 내란 극복과 민주주의 회복을 내세운 이재명 정부가 탄생함으로써, 2024년 12월 3일 비상계엄 선포로 촉발된 민

---

16) V-Dem Institute, 「Democracy Report 2025: 25 Years of Autocratization - Democracy Trumped?」, 2025.3.6.

17) Fearing Trump, academics worldwide issue anti-fascist manifesto, The Washington Post, , 2025.6.13.)

18) 트럼프 지지자들의 국회의사당 습격에 대해 워싱턴포스트는 "1814년 영국군이 국회의사당을 불태운 이후 가장 심각한 모독(worst desecration of the complex since British forces burned it in 1814)"이라고 논평했고, 뉴욕타임즈는 "전면적인 헌법 위기가 가까워졌다(hours away from a full-blown constitutional crisis)"고 우려했다. 반면에 트럼프는 그들을 '애국자'라고 추켜세웠고, 대통령 취임 첫날 국회의사당 습격에 가담했던 범죄자 1500명을 사면했다.

주주의 위기는 극복되었다. 국제사회는 한국의 '민주주의 회복력Democratic resilience'에 대해 감탄과 찬사를 보냈다.[19] 뉴욕타임즈NYT는 한국 민주주의가 고문, 투옥, 유혈 사태를 거쳐 쟁취한 결과물이며, 비상계엄에 대한 시민사회의 즉각적이고 대규모 대응, 특히 젊은 층의 열정이 두드러졌다고 보도했다.[20]

반면, 미국은 더욱 심각한 민주주의 위기에 빠졌다. 2025년 6월 LA에서 시작된 반(反)트럼프 시위는 계속 확산되고 있다. 시위대는 "미국에 왕은 없다No King"를 외쳤다.[21] 어쩌면 미국인들은 손바닥에 왕(王)자를 쓰고 TV 토론에 참석했던 한국의 전 대통령을 염두에 두었는지 모른다. 시위에 참여한 미국인들은 그 대통령을 탄핵하고 민주주의를 회복한 한국을 진심으로 부러워할 것이다.

2025년 한국과 미국의 엇갈린 운명은 민주주의에 대한 우리의 기존 관념을 재정립할 필요성을 제기한다. 우선, 우리가 오랫동안 믿어 왔던 '경제 선진국= 민주주의 국가'라는 관념이 더 이상 현실에 부합하지 않는다는 점을 생각해야 한다. 오히려 한국 민주주의 회복력은 어디로부터 왔는지 따져 보는 게 필요해 보인다.

우선, 국회 다수 의석을 가진 더불어민주당과 이재명 대표의 리더십을 꼽을 수 있다. 2022년 대통령선거에서 불과 0.73% 차이로 윤석열에게 패배하고, 윤석열 정부로부터 끊임없이 탄압을 받아 온 이재명 대통령은 그 자체로 2025년 민주주의 회복의 '동의어'라 할 수 있다.

또한 한국의 독특한 역사, 민주주의에 대한 일반적인 인식도 작용했다. 권위주의 독재에 맞서 투쟁한 경험이 있는 기성세대는 물론 K-POP 응원봉을 들고 탄핵 시위에 참석한 젊은 세대는 모두 과거 '가난했던 독재 시절'로 되돌아가는 걸 용납할 수 없었다.

---

19) G7 정상들 입 모아 "한국 민주주의 회복력 대단", 경향신문, 2025.6.17.
20) How South Korea's Democracy Prevailed Over a Reckless Leader, NYT, 2025.4.6.
21) Organizers of the "No Kings" demonstrations said millions had marched in hundreds of events., AP, 2025.6.15.

이러한 특수한 조건 외에 객관적 데이터로 설명할 수도 있다. 한국은 불평등이 확대되고 있지만, '아직' 미국만큼은 아니다.[22] 안정적 일자리와 중산층 형성의 기반이 되는 제조업 비중은 한국(25~27%)이 미국(11%)에 비해 월등히 높다. 한국의 고등학교 졸업률은 미국에 비해 약 10% 높고, 25~34세 청년층의 고등교육(대학교육) 이수율은 미국보다 20% 높다.

민주시민 양성을 목표로 하는 보통교육(유·초·중등) 단계 교육의 질도 한국이 높다. OECD의 PISA 평가에서 한국은 읽기, 수학, 과학, 창의적 사고력 등 전 영역에서 미국을 훨씬 앞선다. 19세기 토크빌 Alexis de Tocqueville 부터 20세기 립셋 Seymour Martin Lipset 에 이르기까지 정치학의 고전(古典)에서 민주주의 발전과 안정의 필수적 조건으로 제시하는 '교양있는 중산층'이 한국은 미국보다 두터운 것이다.

결국 지속적인 경제 성장과 중산층의 확대, 불평등의 축소, 교육의 질 제고 등이 민주주의를 유지, 강화하는 길이다. 교육영역으로 국한하면, 경제 성장을 위한 인재양성은 물론 민주주의를 유지·발전시켜 나갈 '민주시민'의 육성이 요구된다.

한 언론은 2024년 12월 3일 비상계엄 선포로 인한 경제적 손실을 150조 원으로 추산했다.[23] 이는 계엄 선포 직후의 주가 하락, 환율 상승 등 명시적 경제지표를 중심으로 계산한 수치다. 그러나 소비심리 위축, 투자 의욕 상실, 국민의 정신적 고통 등을 포함하면 실제 손실은 그 몇 배에 이를 것이다.

결국 민주주의가 '돈'이다. 이는 학생 수 감소를 이유로 교육 예산 감축을 주장하는 경제 효율성 논리에 대한 강력한 반론이 될 수 있다.

---

22) 2021년 기준, 미국의 지니계수는 0.379, 한국은 0.329다. 미국 상위 10%의 자산은 하위 50%의 236배이고, 한국은 50배이다.("미국은 부유층 자산 집중 극심…한국은 소득불평등 심해", 한겨레신문, 2022.2.2.)
23) 계엄의 비용 150조 원?…사고는 대통령이 대가는 국민이, SBS뉴스, 2024.12.7.

국제통상 질서의 변화와 통상국가 한국의 위기

트럼프의 보호주의무역, 그리고 MAGA

트럼프의 재등장은 미국의 민주주의 위기만 불러온 게 아니다. 전 세계 경제 질서의 불안과 혼돈을 불러왔다. 트럼프 대통령이 '해방의 날Liberation Day'이라고 명명한 2025년 4월 2일, 미국은 보편관세 10%와 국가별 상호관세를 발표했다. 트럼프는 '미국 산업이 다시 태어난 날, 미국의 운명을 되찾은 날'이라고 선언했다.

전 세계는 충격과 혼돈에 빠졌다. 불과 4일 만에 뉴욕증시 시가총액의 5조 8,000억 달러(약 8,516조 원)가 사라졌다.[24] 당연히 유럽과 아시아 등 전 세계 주식시장도 폭락했다. 그러자 돌연, 트럼프는 4월 9일 SNS에 "관세 부과를 90일 유예한다"고 발표했다. 유예 발표 후 주식은 반등했다. 미국의 나스닥은 12%, S&P500 지수는 9.5% 급등했다. 한국 역시 코스피 3.8%, 코스닥 4.2% 상승했다. 이 과정에서 트럼프의 장남은 6,041억 원의 수익을 챙겼다고 한다.[25]

이후 전 세계는 미국이 개별 국가와 맺는 관세 협정에 모든 관심이 집중되었다. 아마도 관세 협정이 진행되는 모든 국가에서 뉴스 첫 화면은 트럼프 얼굴이었을 것이다. 한국은 기존의 한미 FTA에 따른 무관세에서 15% 관세율이 확정되었다. 또한 한국은 약 487조 원 규모의 대미 투자와 139조 원 규모의 LNG(액화천연가스) 구매를 약속했다.

이쯤 되면 한국을 비롯한 전 세계인들은 지난 미국 대통령선거에서 트럼프를 선택한 미국인이 원망스러울 법하다. 그렇다면 왜 미국인들은 트럼프를 선

---

[24] 트럼프, 10년 관세 수입 6조달러?…이틀간 6조달러 증시 증발, 조선일보, 2025.4.8.
[25] 美USTR도 몰랐던 '관세 유예'…트럼프 장남은 6,041억 벌었다, 중앙일보, 2025.4.10.

택했을까? 미국이 쌓아 온 민주주의 전통을 하루아침에 무너뜨리고(국회의사당 습격) 온갖 기행과 말 바꾸기를 일삼는 트럼프를 미국인이 선택한 이유를 이해하는 건 미국 민주주의의 미래뿐 아니라 국제통상 질서를 예측하기 위해 필요해 보인다.

트럼프는 보호무역주의를 강조하면서 기존 글로벌 공급망 global supply chain 의 개편을 꿈꾼다. 중국 등을 제외한 우호적 동맹국을 중심으로, 이른바 프렌드쇼어링 Friendshoring 을 구축하려는 것이다.

미국은 1930년대 대공황 극복을 위한 수출 확대와 경제 회복 정책을 추진하면서 보호무역에서 자유무역으로 패러다임을 전환한 후 지속적으로 자유무역을 확대해왔다. 특히 1990년대 소련 해체 후 미국 중심의 세계화를 주도하면서 국제자유무역을 전 지구적으로 확장시켰다.

그런데 오늘날 트럼프와 그 지지자들은 자유무역이 미국의 산업 기반을 무너뜨려 일자리 감소와 불평등 확대, 무역적자를 가져왔다고 굳게 믿고 있다.[26]

---

26) 트럼프 1기(2017~2021년) 내각에서 미국 무역대표부(USTR) 대표로 재직한 라이트하이저(Robert Lighthizer)는 자유무역이 가져온 미국의 변화를 이렇게 요약한다.
- 미국은 대일본 50년 연속 무역적지와 더불어, 중국과는 수년간 연간 3천억 달러 이상의 무역적자를 기록하고 있으며, 대유럽(주로 독일과 아일랜드) 무역적자 규모 역시 날로 증가하고 있다. 또한 베트남 전체 경제의 무려 27%가 대미 수출에 의존한다.
- 1976년 애플에서 출시된 최초의 개인용 컴퓨터는 미국에서 제작되었다. 오늘날 대부분의 개인용 컴퓨터는 수입품이며, 소수의 국내 생산품조차 수입 부품으로 조립된 상품이 태반이다. 2020년 기준 약 900억 달러 상당의 컴퓨터가 수입되고 있다.
- 1995년 미국은 전 세계 생산량의 45%를 점유하는 세계 최대 태양전지 생산국이었다. 그런데 오늘날 전 세계 태양전지 생산량의 78%가 중국산이며 미국산은 거의 없는 실정이다.
- 1960년대부터 80년대까지 미국은 캘리포니아의 마운틴 패스 광산의 채굴을 통해 회토류의 주요 공급원이었다. 오늘날 중국은 적극적인 산업 정책을 통해 전 세계 생산량의 62%를 차지하는 반면, 미국은 단지 12%만을 점유하고 있다.
- 노스캐롤라이나에는 가구 제조업이 활발에 9만 개의 중산층 일자리가 있었다. 중국이 WTO에 가입한 지 10년 이내에 수입품이 넘쳐나 노동력의 절반이 일자리를 잃었다. 현재 미국에서 판매되는 가구의 73%가 수입품이다.
- 1990년 미국은 400억 달러의 자동차를 수입했다. 이 수치는 2020년에는 1,800억 달러로 폭발적으로 증가했으며, 미국에서 판매되는 자동차의 절반 정도가 중국에서 조립되는 것으로 추정된다.
- 1970년대와 80년대에 미국은 세계 최고의 핵심 반도체 생산국이었다. 오늘날 미국은 전 세계 공급량의 12%만 생산하며, 최첨단 반도체 칩의 생산 기술도 크게 낮아졌다.
- 미국 역사상 처음으로 식량의 수입량이 수출량을 상회하고 있다.
(로버트 라이트하이저 지음, 이현정 번역, 『자유무역이라는 환상』, 마르코폴로, 2024, p.9~10)

그들은 또한 엘리트 계층이 여전히 자유무역을 지지한다고 생각한다. 엘리트 계층이 이끄는 월가의 금융자본, 실리콘밸리의 IT 기업은 대부분 기존의 글로벌 공급망과 자유무역에 의존하기 때문이다. 그리고 엘리트 계층은 주로 민주당을 지지한다.[27] 특히 실리콘밸리가 위치한 캘리포니아는 민주당의 굳건한 아성(牙城)이다. 트럼프가 '기존 자유무역=엘리트=민주당'을 하나로 묶어 공격하는 이유다.

트럼프는 글로벌 공급망을 미국 중심으로 재구성하고 미국의 산업(특히 제조업)을 부흥시키고자 한다. 이를 가리켜 그는 "미국을 다시 위대하게 Make America Great Again, MAGA"라는 슬로건으로 표현하고 있다.

MAGA에 열광하는 미국인의 눈에 비친 세계

미국에서 MAGA라는 용어를 처음 사용한 정치인은 레이건 Ronald Reagan 대통령이다. 용어뿐 아니라 오늘날 MAGA 열풍의 근원을 따지다 보면 레이건을 만나게 된다. MAGA에 열광하는 지지자들의 고통과 분노 역시 레이건 정부로부터 출발한 측면이 있다.

1970년대 스태그플레이션 충격 이후 등장한 레이건은 감세(減稅)와 규제완화, 노동조합 약화, 사회복지 축소 등 신자유주의 경제 체제를 구축했다. 이른바 레이거노믹스 Reaganomics의 등장이다. 또한 소련과의 군비경쟁을 가속화하면서 국방비를 두 배 이상 증액했다. 1979년 소련의 아프가니스탄 침공은 미국 군비 확대의 명분을 제공했다.

레이건 집권 기간(1981~1989년) 동안 최고 소득세율은 70%에서 28%로 인하되

---

[27] 1960년대까지 고학력일수록 공화당 지지가 두드러졌다. 그런데 2000년대와 2010년대로 넘어오면서 이 상황은 뒤집혔다. 고졸자에 비해 학사학위 이상 엘리트의 민주당 지지가 두드러진다.(피케티. 앞의 책, p.867) 이들은 미국의 '브라만 좌파'라고 할 수 있다.

었다. 상위 10%가 차지하는 소득은 늘어나고 하위 10%는 줄어들어, 양자의 소득 격차는 9.4배에서 13.7배로 확대되었다.

또한 늘어난 국방비는 기존 재래식 무기의 증강뿐 아니라 소련이 발사한 핵미사일을 공중에서 요격하는 첨단무기 개발에 투입되었다. '스타워즈 계획'이라 불리는 전략방위구상 SDI 이 그것이다. SDI는 1960년대 아폴로 계획에 버금가는 대규모 국가 프로젝트였다.[28] 또한 미국형 국가혁신체제 National Innovation System, NIS 의 특징을 고스란히 보여준다.

SDI에는 국방부 방위고등연구계획국 DARPA 주도로 막대한 연구·개발 R&D 예산이 투입되었다. R&D에는 다양한 국가연구소뿐 아니라 보잉, 록히드마틴 등 민간기업, 그리고 MIT, 스탠퍼드, 버클리, 하버드, 캘리포니아공과대학 등 대학들이 참여했다.

그 결과 '완벽한 미사일 방어 체계'를 구현하지는 못했지만 스텔스와 정밀 타격 기술 등 첨단 군사기술이 개발되었다. 더욱 중요한 것은 그 과정에서 오늘날 우리에게 익숙한 인터넷, 고성능 컴퓨터 칩과 반도체, 위성항법시스템 GPS, 자기공명영상 MRI, 유전자 염기서열 분석 기술 등 수많은 첨단 과학기술이 스핀오프 Spin-off [29]로 탄생했다.

즉, 국가가 '거대한 미션'을 제시하고 그것을 주도했으며 혁신생태계를 구축

---

[28] 아폴로 계획은 1957년 소련의 인공위성(스푸트니크) 발사에 따른 미국의 위기의식에서 출발했다. 미국은 1958년 미국항공우주국(NASA)을 설립했고, 1961년 취임한 케네디 대통령은 "10년 안에 인간을 달에 보내겠다."고 선언했다. 아폴로 계획에는 NASA를 중심으로 MIT, 퍼듀, 미시간, 라이스 대학 등이 연구 및 인력 배출에 참여했다. 그리고 마침내 1969년 아폴로 11호가 달 착륙에 성공함으로써 소련과의 우주 경쟁에서 승리했다. 뿐만 아니라 아폴로 계획 추진과정에서 집적회로(IC) 소형화 등 수많은 첨단기술이 발명되었고, 이는 오늘날 첨단산업발전의 모태가 되었다.
세계적인 혁신경제학자 마추카토(Mariana Mazzucato)는 아폴로 계획을 정부 주도 혁신의 성공적인 사례로 평가한다. 정부가 시장 실패를 보완하는 소극적 역할이 아닌, '거대한 미션'을 설정하고 주도적 역할을 수행했다는 것이다. 또한 위험을 감수하는(실패 가능성이 높은) 장기 연구과제를 정부가 주도하고, 국가연구기관과 대학의 협업을 통해 시스템적 혁신을 이끌었기 때문에 아폴로 계획이 성공했다고 평가한다.(마리아나 마추카토 지음, 이가람 옮김, 『미션 이코노미』, 이음, 2025, p.82~125)

[29] 우주개발이나 군사 등 특정 목적을 위해 개발된 기술이 상용화되어 민간에서 활용되는 경우를 지칭한다.

했다. 그 과정에서 탄생한 첨단과학과 기술은 이후 산업 전반에 확산되어 오늘날 미국의 기술 패권이 형성된 것이다.

그런데 미국 NIS 체제는 '위험의 사회화'와 '보상의 사유화'라는 특징을 지닌다. 정부가 위험을 감수하며 기초 연구에 투자했는데, 그 성공의 열매를 기업이 독점하는 것이다.[30] 이는 미국의 전형적인 신자유주의 경제 원리와 연관된다. 우리가 반면교사로 삼아야 할 대목이다.

다른 한편으로 레이건 정부가 주도한 군비 경쟁은 소련 경제에 막대한 부담을 주었고, 이는 결국 소련 해체와 냉전 종식, 공산권 몰락으로 이어졌다. 이로써 미국 주도의 새로운 국제질서가 구축되고, 세계화가 가속화되면서 전 세계가 하나의 시장으로 통합되었다.

이러한 배경에서 정보통신기술ICT과 첨단과학의 급속한 발전은 생산 방식을 혁신적으로 바꾸었다. 컴퓨터 지원 설계CAD 기술과 인터넷 덕분에 '제품의 설계와 디자인을 담당하는 공간'과 실제로 '제품을 조립·생산하는 공간'의 분리가 가능해진 것이다. 즉, 제품 생산의 모든 과정이 한 국가에서 이루어지는 대신, 설계, 부품 생산, 조립이 공간적으로 분리되어 각각의 장점을 극대화하는 형태로 진화했다.

이처럼 제품 생산이 여러 나라에 걸쳐 이루어지는 국제 분업 체계를 '글로벌 가치 사슬GVC'이라 한다. GVC의 대표적인 사례가 바로 애플Apple이다. 애플은 미국 캘리포니아 본사에서 기획, 개발, 디자인 등 고부가가치 활동에 집중하고, 한국, 일본, 대만 등 기술력이 뛰어난 국가에서 반도체, 디스플레이 등 핵심 부품을 공급받는다. 최종 조립은 인건비가 상대적으로 저렴한 중국, 인도의 폭스콘Foxconn이 담당한다.

---

30) 마추카토는 애플과 같은 기업의 사례를 통해 정부의 막대한 투자가 어떻게 민간 기업의 이익으로 연결되는지 분석한다. 따라서 정부가 혁신 과정에 참여한 만큼 성과(이익)의 일부를 보상받아 그것을 공공의 목적(교육, 환경 복지 등)에 맞게 활용해야 한다고 주장한다.(마리아나 마추카토 지음, 김광래 번역, 『기업가형 국가』, 매일경제신문사, 2015, p.154~192, 274~29

이처럼 GVC는 개별 국가, 혹은 기업이 가장 잘하는 분야에 집중함으로써 생산성을 높이는 동시에 국제 무역을 활성화한다. 또한 세계무역기구 ᵂᵀᴼ와 자유무역협정 ᶠᵀᴬ이 관세 장벽을 완화하며 GVC를 제도적으로 뒷받침했다.

이러한 조건에서 미국 기업의 해외 이전 ᴼᶠᶠˢʰᵒʳⁱⁿᵍ이 급속도로 확대되었다. 전통적인 제조업은 물론 첨단분야 기업의 경우에도 설계와 디자인 등 고급 인력을 제외한 생산 공정을 인건비가 저렴한 해외로 이전했다. 1950년대 미국 GDP의 약 25~30%를 차지했던 제조업 비중은 2020년 11%로 감소했다. 이 과정에서 노동계층의 안정적인 소득과 일자리는 줄어들고, 불평등은 심화되었다. 이처럼 공장이 해외로 이전하면서 제조업이 쇠퇴한, 이른바 '러스트벨트 ᴿᵘˢᵗ ᴮᵉˡᵗ'를 중심으로 트럼프 지지가 싹텄다.

때로 사태의 본질을 명확하게 인식하기 위해서는 문제를 '당사자의 입장'에서 단순화할 필요가 있다. 미국 산업과 생산 방식의 변화를 러스트벨트 지역 트럼프 지지자의 시각으로 재구성할 필요가 있다는 것이다.

미국이 자랑하는 첨단기술은 대부분 정부 예산이 투입된 R&D 과정에서 탄생했다. 하지만 그 기술을 활용해 제품(혹은 서비스)을 만들고 수익을 창출한 것은 민간기업이었다. 오늘날 세계 경제를 좌우하는 글로벌 테크 기업 ᵍˡᵒᵇᵃˡ ᵗᵉᶜʰⁿᵒˡᵒᵍʸ ᶜᵒᵐᵖᵃⁿʸ이 그들이다.[31] 더구나 첨단기술은 미국 제조업의 공동화를 가져왔다. 즉, 자신(의 부모)들이 낸 세금(정부 예산)으로 개발된 첨단기술이 자신의 일자리를 빼앗은 것이다.

러스트벨트 트럼프 지지자의 눈으로 세상을 읽다 보면 그들이 왜 MAGA에 열광하는지 알 수 있다. 그들은 미국의 민주주의를 심각하게 위협한 트럼프에 대한 우려보다는 자신의 처지와 고통을 대변하는 트럼프에 대한 기대가 큰 것이다.

---

31) 미국 10대 기업의 대부분은 엔비디아, 마이크로소프트, 애플, 알파벳(구글), 아마존, 메타(페이스북), 테슬라 등 글로벌 테크 기업(전 세계적으로 막대한 영향력을 행사하는 거대 기술 기업)이다.

그런데 GVC는 미국 러스트벨트에만 영향을 준 게 아니다. GVC의 확대는 미국뿐 아니라 전 세계 경제의 지형을 바꿔 놓았다. 특히 중국은 WTO 가입과 함께 풍부한 노동력과 값싼 임금을 기반으로 '세계의 공장'이자 '조립 허브'의 역할을 확대하며 급속한 경제 성장을 이뤘다. 그 결과 2010년에는 미국에 이어 세계 2위(G2) 경제 대국이 되었다. 그 결과 2010년에는 미국에 이어 세계 2위(G2) 경제 대국이 되었고, 이제는 세계 최강대국(G1)이 되기 위한 중국몽(中國夢)을 말한다.

현재 중국은 인공지능, 전기차 및 배터리, 반도체, 우주항공 등 첨단분야에서 미국과 경쟁하고 있다. 특히 중국의 오픈소스 AI 모델인 딥시크 DeepSeek는 저비용 고효율을 앞세워 미국 중심의 AI 생태계에 도전장을 내밀었다.[32] 일각에서는 딥시크를 1957년 소련의 스푸트니크 충격에 비유할 정도다.

중국의 부상과 도전이 미국의 전통적 제조업 몰락뿐 아니라, 첨단산업의 지위를 흔들 수 있다는 위기감이 닥쳐온 것이다. 이제 러스트벨트 외에 도시 중산층 지역에서도 중국의 위협을 인식하게 되었다. 이는 미국의 보호무역주의가 상당 기간 지속될 수 있다는 의미이기도 하다.

사실, 중국에 대한 견제와 무역 제재는 민주당 바이든 정부에서도 강력하게 추진되었다. 바이든 정부가 주로 첨단기술과 부품의 중국 수출 통제 중심이었다면, 트럼프 정부는 거기에 중국에서 수입되는 제품에 대한 높은 관세 부과를 더했다. 그런데 중국을 제외하고 글로벌 공급망을 새롭게 구축하겠다는 목표는 바이든과 트럼프가 완전히 일치한다.

---

32) 85년생 中 천재가 눌러버린 美 콧대… '딥시크', 챗GPT도 위협, 조선일보, 2025.1.31.

MAGA는 성공할 것인가?

그러면 트럼프의 MAGA, 그리고 글로벌 공급망의 재편은 성공할 수 있을까? 우선, 관세 정책은 일시적으로 미국의 쌍둥이 적자(재정 적자와 무역 적자) 해소에 일부 기여할 수 있으며, 외국산 제품에 대한 높은 관세는 국내 제품의 경쟁력을 높여 국내 생산을 촉진하는 효과가 있다.

그러나 높은 관세는 생활필수품 가격 상승을 초래하고, 이는 곧 물가 인상 압력으로 작용한다. 저소득층이 주로 값싼 수입품에 의존하는 만큼, 그 피해는 고스란히 그들에게 돌아갈 것이다. 부모세대가 낸 세금(국방예산)이 자신의 일자리를 빼앗았다면, 그들이 지지한 MAGA는 자녀들에게 더욱 궁핍한 생활을 안겨줄 수도 있다.[33]

또한 제조업 경쟁력 회복 가능성에 대해서도 회의적인 시각이 많다. 한국의 비교정치학자 권형기의 분석에 따르면, 미국은 이미 '산업공유재 Industrial Commons'가 붕괴된 상태이며 거기에 임금 수준도 높다. 미국 제조업의 경쟁력 확보가 쉽지 않다는 것이다.[34]

오바마 대통령 이후 미국은 해외 진출 기업의 국내 복귀 Reshoring를 적극 추진해 왔으나, 기대만큼의 성과를 거두지 못하고 있다. 이는 미국의 높은 임금 등 생산 비용의 한계 외에도 잃어버린 '산업공유재'의 복원이 얼마나 어려운지 보여준다.

---

33) 트럼프 관세 여파 '본격화'…미 소비자 생계 압박 가중, YTN, 2025.8.23.
34) 권형기는 GVC가 각국의 국민경제에 미치는 영향을 분석했는데, 미국의 경우 독일, 일본, 한국 등에 비해 국내 산업이 공동화되고 불평등이 심화되는 방식으로 전개되었다고 한다. 이는 미국의 신자유주의 경제 체제(국가의 역할 축소)와 깊게 연관된다. 또한 미국의 금융자본과 주주자본주의의는 단기 이윤 추구를 중시한다. 수익을 창출할 수 있다면 "반도체 칩과 포테이토 칩이 차이가 없다"는 인식이 강하다. 그 결과 '산업공유재(공동의 지식과 기술, 숙련된 노동력, 제도적 기반 등)' 축적이 안 되고 생산혁신이 불가능한 상황이 되었다는 것이다. 즉, 첨단기술과 아이디어가 있지만 그것을 미국 내에서 생산하고 산업화하는 역량이 떨어졌다는 것이다.(권형기, 『세계화와 국민경제의 재구성』, 사회평론아카데미, 2022, p.70~177)

신자유주의 경제학의 대표적 인물인 맨큐^Greg Mankiw는 "트럼프의 무역 정책은 단기적으로 고통을 초래하고 장기적으로도 문제"라고 평가했다. MIT의 저명한 노동경제학자 오터^David Autor 역시 "단순한 관세 부과만으로는 제조업 경쟁력 회복이 어렵다"고 지적했다. 대다수 경제학자는 "소비자 부담 커지고 제조업에도 부정적 영향을 준다"고 입을 모은다.[35]

글로벌 공급망 재편도 쉽지 않은 과제이다. 현재 세계 제조업의 31%를 차지하는 중국을 제외한 글로벌 공급망의 재편이 현실적으로 가능한지는 의문이다. 또한 중국에 대규모 생산시설을 갖고 있거나, 중국과의 교역량이 많은 국가는 미국의 요구를 전적으로 따르는 데 한계가 있을 것이다.

트럼프의 MAGA, 구체적으로 관세 정책이 앞으로 어떻게 전개될지 불투명하다. 아마도 2026년 11월로 예정된 미국 중간선거^Midterm Elections가 그 분기점이 될 것이다.

통상국가(通商國家) 한국의 위기 확대

한국은 수출 중심의 경제구조를 바탕으로 성장한 국가이고, 2024년 수출액은 세계 8위 수준이다. 또한 자유무역협정^FTA에도 적극 참여한다. 한마디로 한국은 '수출을 통해 먹고사는' 전형적인 통상국가(通商國家)다.

그리고 반도체가 전체 수출의 약 20%를 담당하며 30년이 넘게 1위 자리를 차지한다. 그 뒤를 이어 자동차 약 10%, 석유화학 약 7% 순이다. 2020년 기준 반도체 수출의 40%는 중국, 20%는 홍콩이었다. 홍콩으로 수출된 반도체 대부분 중국 본토로 재수출된다는 점을 고려하면, 결국 한국 반도체 수출의 60%가 중국으로 수출되는 셈이다.

---

[35] 트럼프 관세 정책, 단기·장기 모두 경제 부담 우려, 월간조선, 2025년 3월호

이런 상황에서 미국과 중국의 패권전쟁으로 인한 미국의 중국 수출 통제가 강화되었다. 특히 고성능 반도체와 장비에 대한 중국 수출이 제한되었다. 2023년 삼성전자는 반도체 사업 부문에서 14.88조 원의 영업 손실을 기록했다. 2008년 글로벌 금융위기 이후 처음이다. 메모리 반도체 시장의 불황에 미국의 중국 수출 통제가 겹친 탓이다.

반도체뿐 아니라 전체 교역에서도 큰 타격을 입었다. 한국은 1992년 중국과의 수교 이후 30년 동안 꾸준히 무역수지 흑자를 기록했다. GVC는 중국을 경제 대국으로 급부상시켰는데, 중국과 인접한 한국에게도 경제 성장의 촉매제[36]가 된 것이다.

그런데 미국의 중국 견제가 확대되면서 2022년 이후 중국 무역수지는 적자로 돌아섰다. 2023년에는 적자가 181억 달러에 달했다. 이러한 중국 무역수지 적자는 전체 재정 적자와 무역수지 적자에도 큰 영향을 미쳤다.

2025년 트럼프 정부의 관세 부과로 통상국가의 위기는 더욱 심화되었다. 중국에 대한 무역 적자에 더해 미국 수출은 감소[37]하고 이에 따라 경제성장률도 하락이 예상된다.[38] 수출 주도형 경제 구조에서 수출 감소는 곧 내수 경제의 위축으로 연결된다. 고용 감소와 투자 위축, 그에 따른 세수(稅收) 감소가 예상된다.

교육계로 국한하면, 세수 감소는 교육재정의 축소로 연결된다. 특히 내국세(內國稅)의 20.79%로 고정된 지방교육재정교부금(이하 교육교부금)은 세수 규모에 따라 변동될 수밖에 없다. 이미 교육교부금은 2022년 80.7조 원으로 최고치를 기록한 뒤 2023년 69.7조, 2024년 73조, 2025년 75.3조 원으로 변화해 왔다. 임태희 경기도 교육감은 "지방교육재정은 최근 몇 년간의 세수 감소 등으로 최소

---

36) 1993~2022년 중국과의 무역을 통해 누적된 흑자 규모는 6,817억 달러로 같은 기간 한국 전체 무역흑자(8,103억 달러)의 약 84%에 이른다(무역 상대 중국 비중 얼마나 되나?, 뉴스톱, 2025.6.29.)
37) 트럼프 發 관세 폭탄에⋯한국 수출 '불안한 여름', 뉴시스, 2025.6.30.
38) 한은 "트럼프 관세, 올해 성장률 0.45%P·내년 0.60%P 낮춰", 글로벌이코노미, 2025.9.11.

20조 원 이상의 결손이 누적돼 2021년 이전 수준으로 후퇴한 상황"으로 "필수 교육사업조차 유지하기 어려운 심각한 위기 국면"이라고 하소연하고 있다.[39]

문제는 앞으로도 사정이 개선될 여지가 적다는 것이다. 오히려 교육교부금은 더욱 축소될 수도 있다. 교육청은 그러한 가능성을 염두에 두고 만반의 준비를 해야 할 것이다.

미국의 MAGA, 그리고 미국과 중국의 패권 갈등이 지속되는 한 통상국가 한국의 위기는 지속될 것이다. 이 위기를 어떻게 극복할 것인지는 이재명 정부뿐 아니라 그다음 정권에서도 핵심적인 과제가 될 것이다.

---

[39] 학생 수 줄었다고 교육재정 감축 안 돼…안정적 확보 필수, 이투데이, 2025.8.12.

이재명 정부 출범 조건과 국정운영 전략

복합 위기와 심각한 국가재정 상황

흔히 이재명 정부의 출범은 문재인 정부와 비교된다. 전임 대통령의 탄핵에 의해 인수위 없이 출범했다는 점, 민주주의 회복과 사회 전반의 개혁 요구가 확대된다는 점, 최악의 남북관계 등 지정학적 위기가 고조된 상황이라는 점 등에서 두 정부의 출범 조건은 유사하다. 무엇보다 대통령 취임 직후 미국 트럼프 대통령을 상대로 외교·통상 정책을 수립해야 한다는 점도 그렇다. 문재인 정부와 마찬가지로 심각한 복합 위기 상황에서 이재명 정부가 출범한 것이다.

그런데 국가재정 상황은 문재인 정부와 사뭇 다르다. 박근혜 정부는 이명박 정부의 지속적인 감세(減稅)로 2013~2014년 연속 세수 결손을 경험했다. '증세 없는 복지'를 내세운 박근혜 정부는 2015년 비과세·감면 정비, 담뱃세 인상 등으로 대응했지만, 세수 부족을 해소하기에는 한계가 있었다.

이런 상황에서 박근혜 정부를 구한 것은 '반도체 슈퍼사이클'이었다. 2016년부터 반도체 가격이 급등하고 수출이 급증하면서 삼성전자와 SK하이닉스 등의 법인세 수입이 크게 늘어, 2016년 19.6조 원, 2017년 상반기 12조 원의 초과 세수가 발생했다.

2017년 5월 출범한 문재인 정부는 박근혜 정부가 남긴 초과 세수와 반도체 호황으로 확보된 재원을 활용하여 아동수당, 기초연금 인상, 공무원 증원, 최저임금 인상 보완 대책, 일자리안정자금, 청년 일자리 정책 등을 시행할 수 있었다. 2016년 시작된 반도체 슈퍼사이클은 2018년까지 지속되었고, 여기에 문재인 정부의 혁신 성장전략이 결합되면서 2017년과 2018년 연속 초과 세수가 발생했다. 이는 2020년 이후 코로나19 대응에 활용되기도 했다.

반면, 이재명 정부는 최악의 국가재정 상황에서 출범했다. 윤석열 정부는 지속적인 감세 정책을 시행했다. 2022년 7월 21일 법인세 최고세율 인하, 종합부동산세 등을 담은 세제 개편안에 대해 언론에서는 5년간 60조 원의 세수가 감소한다고 예측했다.[40]

그 후에도 윤석열 정부는 두 차례의 세제 개편안을 더 발표했는데, 그때마다 "투자와 성장 기반을 확충하는 것이기 때문에 시간을 두면서 세수 확대로 나타날 것"[41]이라는 주장을 덧붙였다. 더불어민주당 안도걸 의원의 분석에 따르면 윤석열 정부의 세 차례 세제 개편안으로 인한 세수 결손이 5년간 80조 원이 넘는다고 한다.[42]

이러한 감세 외에 미·중 패권전쟁에서 미국 주도 글로벌 공급망에 깊숙이 편입되면서 중국과의 무역수지 적자가 발생했다. 2022년 전체 무역수지는 472억 달러로 역대 최대 규모의 적자를 기록했다. 2023년은 105억 달러 적자였다.

감세와 무역수지 적자는 세수 결손으로 나타났다. 2023년 56.4조 원, 2024년 30.8조 원의 세수 결손이 발생했다. 당연히 재정 적자 규모도 늘어났다. 관리재정지수를 기준으로 이명박 정부 5년간 1년 평균 22.2조 원의 적자가 발생했다. 박근혜 정부가 29.2조 원, 문재인 정부가 59.8조 원이었다. 문재인 정부에서는 코로나19에 대응한 역대급 재정 지출로 적자 규모가 늘어났다. 그런데 윤석열 정부 3년간 재정 적자 평균은 102.6조 원이다. 한 마디로 비유

---

[40] 부자·재벌 더 큰 감세…세수 5년간 60조 원 감소, MBC뉴스, 2022.7.22.
[41] 1차 세제 개편안 당시 추경호 경제부총리의 설명이다. 이 말은 신자유주의 경제학의 핵심 논리 중 하나인 '낙수효과(trickle-down effect)'에 근거한 발언이다. 부자 감세가 새로운 투자로 연결되고 결국 모든 계층이 골고루 잘살게 된다는 것이 이 논리의 핵심이다. 하지만 이 논리가 현실에서 구현된 사례는 없다. 미국의 레이거노믹스뿐 아니라 한국의 이명박 정부에서도 '부자 감세'로 경제가 살아나서 그 혜택이 골고루 돌아갔다는 증거는 없다. 다만 불평등을 확대하고, 차기 정부에 '세수 결손'의 고통을 안겨주었을 뿐이다.
[42] 안도걸, 5년간 세수 284조 원 사라져…정부, 국민 속인 대규모 세수 펑크 초래, 한국세정신문, 2024.9.24.

하면 이재명 정부는 '부도난 기업'을 인수한 셈이다. 김민석 국무총리는 현재 상황을 'IMF보다 어려운 상황'이라고 진단했다.[43]

여러모로 경제 성장이 핵심과제가 된 것이다. 이재명 정부가 잠재성장률 3% 달성을 국정운영의 최우선 과제로 설정[44]한 것도 그 때문이다. 문제는 그 성장을 어떻게 실현할 것인지, 즉 어떤 성장전략을 선택할 것인지가 남는다.

새로운 성장전략의 모색

이제까지 대한민국은 선진국을 모방하고 추격하는 방식으로 압축 성장을 이뤘다. 이제 우리 스스로 선진국 반열에 들어섰지만, 우리의 성장 방식과 인식 체계는 추격 시대의 관행에서 크게 벗어나지 못하고 있다. 그런데 더 이상 모방하고 추격할 모델이 우리 앞에 없다. 이제 우리 스스로 새로운 성장 방식과 경로를 개척해야 하는 것이다.

우리가 부러워하고 모방하고 싶어 하던 유럽 복지국가 모델은 혁신의 지체와 생산성 저하로 복지국가의 경제적 기반이 위협받고 있다. 어쩌면 지난 20세기에 인류 역사상 '가장 인간적인' 모델 구축에 성공했던 유럽 복지 국가들은 자신의 성공 경험에 취해 스스로 혁신에 게을렀는지도 모른다.

또한 엄청난 영업이익을 자랑하는 글로벌 테크 기업과 일자리를 빼앗긴 수많은 노동계층이 나란히 존재하는 미국식 신자유주의 모델은 더 이상 우리가 추격할 대상이 아니다. 거기에 '위험의 사회화'가 '보상의 사유화'로 귀결되는 미국형 NIS 체제는 반면교사로 연구할 가치가 있을 뿐이다.

더구나 미국과 유럽 선진국에서 민주주의가 위기에 빠졌다는 사실은, 이제 우리 스스로 민주주의를 새롭게 가꿔야 한다는 생각을 들게 한다. 누구도 소외

---

[43] 김민석 총리 후보자 "제2의 IMF보다 어려운 상황… 민생 적극 챙길 것", 한국일보, 2025.6.5.
[44] 새 정부 경제 청사진 발표…AI·초혁신경제로 "잠재성장률 3%" 달성, 대한민국 정책브리핑, 2025.8.22.

되지 않고, 모두가 참여해서 의견을 개진하고, 의사결정에 함께 참여하는 21세기 민주주의 모델을 우리가 직접 만들어야 한다.

그 민주주의 모델은 국가 성장전략에도 적용되어야 한다. 일부만 혁신에 참여하고 다수가 변화에 뒤처지거나, 혹은 혁신의 성과를 소수가 독점하고 나머지는 소외당하는 그런 성장전략에서 벗어나야 한다. 지속적인 혁신과 성장이 민주주의와 복지국가 모델을 유지하듯이, 진정한 민주주의는 혁신과 성장을 가능하게 만든다.

그렇다면, 우리는 어떤 성장전략을 선택할 것인가? 제도주의 경제학 분야의 자본주의 다양성 Varieties of Capitalism, VoC 이론에서는 선진국 자본주의를 자유시장경제 Liberal Market Economies, LME 와 조정시장경제 Coordinated Market Economies, CME 로 구분한다.[45]

LME는 시장 메커니즘을 통해 기업과 이해관계자(노동자, 주주 등)의 관계를 조율한다. 기업은 시장 경쟁을 통해 자원을 확보하고(주로 주식시장을 통한 자본 조달), 노동시장은 유연하고(유연한 채용과 해고, 시장원리에 따른 임금 결정), 급진적인 혁신이 파괴적 방식으로 진행된다. 미국, 영국 등 신자유주의 성격의 국가들이 주로 여기에 해당된다.

반면에 CME는 강력한 노조와 사용자 단체 간의 협상을 통해 임금이 결정되고, 국가는 조정 역할을 담당한다. 또한 직업 훈련 시스템이 잘 갖춰지고 숙련공이 우대받는다. 혁신은 점진적이며 협력적인 방식으로 진행된다. 독일을 비롯한 대부분의 유럽복지국가, 그리고 일본이 CME로 분류된다.

자동차, 기계 공학 등 전통적인 제조업 분야에서 CME는 장점을 지닌다. 하지만 AI와 첨단산업 등 급진적 기술 분야에서는 LME가 유리하다고 평가된다. 내연기관 자동차가 CME를 상징한다면 자율주행 전기 자동차는 LME의 산물이

---

45) Peter A. Hall & David Soskice, 『Varieties of Capitalism : The Institutional Foundations of Comparative Advantage』, Oxford University Press, 2001

다. 최근 미국 경제의 '나 홀로 성장'과 유럽 경제의 쇠퇴도 이 개념으로 설명된다.[46] LME는 CME에 비해 혁신의 속도가 빠르고 생산성이 높다.

VoC 이론을 연구하는 김석관은 한국이 CME에서 LME로 전환되어 가는 중이라고 분석한다. 달리 말하면 CME와 LME의 성격을 모두 가진 '혼종hybrid' 자본주의라고 할 수 있다.[47]

우리는 앞으로 혼종의 특징을 더욱 살리는 성장전략을 고민할 필요가 있다. 전통적인 제조업이 없이는 중산층을 두텁게 유지하기 어렵고, 미·중 패권전쟁으로 인한 글로벌 공급망의 위기에 능동적으로 대처하는 게 불가능하다. 또한 AI와 첨단산업은 우리 경제의 지속적인 혁신과 성장을 위해 앞으로도 집중적인 투자가 필요한 분야다.

더 나아가, 전통적 제조업에 AI를 결합시키면 새로운 산업의 발전과 경제 성장의 밑거름이 될 수도 있다. 이를 위해서는 모든 국민이 AI를 사용할 수 있는 환경이 구축되어야 한다, 이재명 정부가 'AI 기본사회'와 '소버린 AI Sovereign AI'[48] 개발을 국정 목표로 제시한 것도 그 때문이다.

---

[46] 전 세계 경제가 침체를 지속하는 가운데 미국은 G7 국가 중 가장 높은 성장률을 기록하고 있다. "사실상 세계에서 거의 유일하게 미국 경제만 빠르게 성장을 지속하고 있다."(왜 미국은 '나 홀로 경제 성장' 이어갈까, 시사저널, 2024.4.27.) 국제통화기금(IMF)이 예측한 미국의 2025년 경제성장률은 1.9%로 G7 국가 중 가장 높다. 독일 0.1%, 프랑스 0.6%, 일본 0.7% 등과 비교하면 그 차이가 분명해진다.(IMF, 「World Economic Outlook Update, July」, 2025.7.29.)

[47] "한국은 1997년까지 조정시장경제(CME)에 가까운 제도적 배경을 가지고 제조업 성장 모델을 택해 제조업 강국으로 발전했지만, 제조업 경쟁력의 가장 핵심이 되는 장기적 숙련 축적 시스템과 장인적 중소기업의 전통이 없었기 때문에 독일이나 일본 수준의 제조 역량을 축적하지는 못했다. 소재·부품·장비 부문의 취약성이 그 결과이다. 그런 상황에서 외환위기를 맞았고, 외환위기를 계기로 자유시장경제(LME)로의 전환을 시작했다. 노동시장 유연화, 모험자본 생태계 구축, 규제 개혁에 집중한 결과 코스닥 활성화, 스타트업 생태계 발달, 콘텐츠 분야의 글로벌 시장 진출 등 가시적 성과들이 나타나고 있다. 한국이 조정시장경제에서 자유시장경제로 이동하고 있음을 보여주는 단적인 지표는 국내 시가총액 10대 기업에 네이버, 카카오, 셀트리온 등 스타트업 출신의 기업이 진입한 것이다. 지난 50년간 전통 제조업체와 금융기관이 시총 10위권을 채우고 있으면서 변화가 없는 독일, 일본과 비교해 보면 한국의 제도적 전환이 상대적으로 많이 진전되었음을 알 수 있다."(김석관, 「미국만큼 혁신적이고 유럽만큼 보호적인 성장 모델은 가능할까」, 과학기술정책연구원, Future Horizon+ 제58호, 2024.6.)

[48] 소버린 AI는 기존 글로벌 테크 기업이 개발한 AI를 활용하는데 머물지 않고 국가가 자국의 데이터, 언어, 문화, 가치관을 기반으로 독자적인 AI 기술을 구축하고 활용하는 전략을 의미한다. 이는 기술 주권 확보와 데이터 보호, 공공 영역의 활용을 목표로 한다.

통상적으로 CME는 복지국가 모델을, LME는 신자유주의 경제 체제를 기반으로 발전했다. 이는 최근 경영 위기 극복을 위한 인원 감축 과정에서 적나라하게 구별된다. 미국 테슬라의 일론 머스크는 이메일을 통한 일방적 해고 통보[49]로 유명한데, 독일 폭스바겐은 노사 간의 합의를 통해 인원을 감축했다.[50]

그래서 미국 LME의 급진적·파괴적 혁신과 유럽 CME의 복지국가 모델은 서로 길항 관계trade-off에 있는 것으로 간주되었다. 즉 AI와 첨단분야의 혁신적 성장을 위해 LME 요소를 확대하는 것은 유럽식의 복지국가를 포기하는 의미로 이해되곤 했다.

그런데 슘페터주의 경제학자 아기옹Philippe Aghion은 이 두 가지가 길항 관계가 아니고 양자를 동시에 성취하는 것이 가능하다고 주장한다. 국가가 교육과 지식 창출에 투자하는 '투자국가'의 역할과 사회적 안전망을 강화하는 '보장국가'의 역할을 동시에 추구한다면 이것이 가능하다는 것이다.[51]

결국, 국가의 역할이 중요하다. 국가는 성장을 시장에 맡겨 손을 놓거나 시장의 실패를 보완하는 소극적 역할에서 벗어나야 한다. 마추카토가 주장하듯이 국가가 직접 '거대한 미션'을 설정하고 주도적 역할을 수행해야 한다. 실패 가능성이 높아 개별 기업이 뛰어들기 어려운 연구과제를 정부가 직접 책임지고, 기업과 연구소, 대학 등 모든 연구 역량의 협업을 이끌어내고 효율적인 생태계를 구축해야 한다. 설사 국가가 설정한 미션이 완수되지 못하더라도 그 과정에서 새로운 혁신과 성장의 가능성이 열릴 것이다.

또한 그러한 혁신의 성과는 특정 기업의 이익으로 독점되지 않고, 공공의 성과로 남아야 한다. 그래서 든든한 사회보장, 사회복지정책의 재원이 되어야 한다.

---

49) 머스크, 한달 넘게 이메일 해고 통보 계속… 직원들 "오징어 게임 같다", 조선일보, 2024.5.21.
50) 폭스바겐 노사 '극적 협의'…2030년까지 3.5만명 감원·공장 폐쇄 철회, 한국경제신문, 2014.12.22.
51) 필리프 아기온·셀린 앙토냉·시몽 뷔넬 지음, 이민주 옮김, 『창조적 파괴의 힘』, 에코리브르, 2022, p.431~471

공약과 국정과제에서 눈여겨봐야 할 것들

대통령선거 기간 중 유권자의 가정으로 배달되는 선거공보(총 16쪽)[52]에서, 이재명 후보는 5대 강국과 균형발전국가를 비전으로 제시했다. 또한 총 376쪽에 달하는 정책공약집[53]에서도 똑같이 5대 강국 비전을 제시했다. K-이니셔티브 세계를 선도하는 '경제 강국', 세계질서 변화에 실용적으로 대처하는 '외교안보 강국', 세계 문명을 선도하는 소프트파워 '문화 강국', 통합과 상생의 가치를 실현하는 '민주주의 강국', 기본이 튼튼한 '복지 강국'이 그것이다.

또한 회복·성장·행복의 3대 영역에 15대 정책과제를 제시했다. '회복'이 윤석열 정부 3년의 '후퇴'로부터 국가를 정상화시키는 것이라면, '성장'은 대한민국의 미래를 위한 성장전략을 담고 있다. 또한 '행복'은 우리 사회가 궁극적으로 도달해야 하는 목표이자, 당장의 고통을 해소해야 하는 과제를 담고 있다.

'성장'에서 가장 강조된 것은 'AI 등 신산업 육성'이다. 특히 AI에 대한 집중적 투자와 대전환으로 AI 3대 강국으로 도약하겠다는 비전과 과제를 제시하고 있다.

3대 비전과 15대 정책과제

회복	성장	행복
• 내란극복과 민주주의 회복 • 경제안보와 한반도 평화 • 국민생활안전 및 재난대응	• AI등 신산업 집중육성 • 성장 기반 구축 • 공정경제 • 국가균형발전 • 기후위기대응	• 생활안정 • 생활비절감대책 • 가계·소상공인 부담완화 및 활력제고 • 노동존중 및 권리보장 • 저출생·고령화 대응 • 초등학생, 어르신 돌봄 • 의료대란해결 및 의료개혁

---

52) 더불어민주당, 「제21대 대통령선거 책자형 선거공보」
53) 더불어민주당, 제21대 대통령선거 정책공약집 「이제부터 진짜 대한민국」

교육 관련해서는 '교육혁신으로 AI 인재강국 도약', '사람 중심의 인공지능 미래교육 강화'를 제시하고 있다. 또한 지역균형발전과 관련하여 '5대 초광역권과 3대 특별자치도 추진'을 약속했다. 지방자치단체의 행정 통합을 추진하겠다는 의미로 보인다.

또한 공약집에는 '대한민국 진짜 성장'이라는 이름으로 새로운 성장전략을 제시한다. "인위적 경기부양이나 모방을 통한 가짜성장, 반짝성장이 아니라, 체질 개선과 창조를 기반으로 성장잠재력을 업그레이드하는 지속적 성장, 일부만이 혁신하고 소수가 과실을 차지하는 성장이 아니라 국민 모두가 혁신과 가치 창출에 참여하고 과실을 더불어 누리는 체감형 성장"이라고 그 의미를 설명한다.

즉, 기존의 선진국 추격형이 아닌 선도형 국가로 나아가겠다는 것이고, 일시적인 재정 투입이 아닌 창조적 혁신을 통해 성장하고, 소수의 참여와 성과 독점이 아닌 모든 국민의 참여와 성과 배분을 지향하겠다는 것이다. 또한 진짜 성장의 목표로 AI 3대 강국, 잠재성장률 3%, 국력 세계 5강을 설정했다.

이재명 정부 출범 후 국정기획위원회는 '국민이 주인인 나라, 함께 행복한 대한민국'이라는 비전 아래 5개의 국정 목표와 123개의 국정과제를 제시했다.[54] 공약이 성장을 강조하고 5대 강국의 목표를 제시한 데 비해, 국정과제는 다소 '밋밋한' 느낌이다. 공약이 유권자를 '유혹하는' 거라면 국정과제는 '책임지고 수행해야 하는' 과제다. 아마도 그런 이유로 밋밋한 비전이 제시된 게 아닐까 한다.

---

54) 국정기획위원회, 「이재명 정부 국정운영 5개년 계획」, 2025.8.

▨ 이재명 정부 국정과제

국가비전	국민이 주인인 나라, 함께 행복한 대한민국				
국정원칙	경청과 통합, 공정과 신뢰, 실용과 성과				
국정목표	국민이 하나되는 정치	세계를 이끄는 혁신경제	모두가 잘사는 균형성장	기본이 튼튼한 사회	국익 중심의 외교안보
추진전략	1. 국민주권과 민주주의의확립 2. 정의로운 국민통합의 실현 3. 문제를 해결하는 유능한 정부	1. AI 3대 강국 도약 2. 기초가 탄탄한 과학기술 3. 혁신으로 도약하는 산업 르네상스 4. 기후위기 대응과 지속가능한 에너지 전환 5. 성장을 북돋는 금융혁신	1. 자치분권 기반의 균형성장 2. 활력이 넘치는 민생경제 3. 협력과 상생의 공정경제 4. 희망을 실현하는 농산어촌	1. 생명과 안전이 우선인 사회 2. 내 삶을 돌보는 복지 3. 국민건강을 책임지는 보건의료 4. 인구위기를 극복하는 대전환 5. 누구나 존중받는 일터 6. 내 삶에 기회를 여는 성평등 7. 각자의 가능성을 키우는 교육 8. 함께 누리는 창의적 문화국가	1. 국민에게 신뢰받는 강군 2. 평화 공준과 번영의 한반도 3. 세계로 향하는 실용외교
123대 국정과제	19개 과제	29개 과제	23개 과제	37개 과제	15개 과제

국정과제에서는 민주주의 회복과 통합이 강조되었다. 비상계엄과 민주주의 위기를 극복한 이재명 정부는 진정한 민주주의 실현을 가장 중요한 과제로 설정한 것이다. 특히 맨 앞의 '국민주권과 민주주의 확립' 첫 번째 과제가 '헌법 개정'이다. 현재의 헌법은 1987년 체제의 산물인데, 그동안 개정 필요성이 지속적으로 제기되었고 실제 개헌안이 발의된 적도 있다.

만약 헌법 개정이 진행된다면, 교육 관련한 부분(헌법 제31조)을 어떻게 수정할 것인지 논의해야 한다. 그 논의는 교육계 내부뿐 아니라 사회 전체적으로 진행될 필요가 있다. 필요하다면 국가교육위원회 중심으로 사회적 협의 과정을 거칠 수도 있을 것이다.

또한 '세계를 이끄는 혁신경제'에서는 AI 3대 강국이 다시 한번 강조되었다. GPU·데이터·인재를 집중 지원해 '글로벌 수준의 독자 AI 모델'을 확보하고, 모든 영역에서 활용하도록 한다는 계획이다. 초격차 AI 선도기술과 인재확보, AI 고속도로 구축, 세계에서 AI를 가장 잘 쓰는 나라, 세계 1위 AI 정부 실현 등 정책 목표는 모두 '글로벌 수준의 독자 AI 모델' 확보에 달려있는 것처럼 보인다. 독자 AI 모델은 소버린 AI를 의미한다. 즉 소버린 AI 개발이 마추카토가 말하는 '거대한 미션'이 된 것이다.

그런데 그 미션의 성공 여부는 불투명하다. 우선, 심각한 국가 재정 위기와 경기 침체 상황에서 막대한 재정 투자가 어려울 수 있다. 정부는 5년간 150조 원 규모의 국민성장펀드를 조성해 AI, 반도체 등 10대 첨단 산업에 투자하겠다는 계획이다. 그런데 현재 국가의 재정 상황과 경제 여건을 고려하면 쉽지 않은 상황이다.

더구나 다른 선진국에 비해 투자 규모가 작다. 예컨대 일본은 AI 산업에만 10년간 500조 원을 투자한다는 계획이다. 한국보다 훨씬 큰 규모의 투자가 이루어지는 것이다. 게다가 챗GPT를 만든 오픈AI, 마이크로소프트, 제미나이라는 생성형 AI를 내놓은 구글 같은 미국 AI 선도 기업의 투자 규모도 100조 원을 훌쩍 넘긴다.

이 밖에도 정부가 목표로 내건 GPU 5만 장 확보의 어려움, 충분한 양질의 데이터 확보 한계, AI 인재 확보 등에서도 난항이 예상된다. 그래서 일각에서

는 '무모한 계획'이라며 위험성을 경고한다.[55]

    그럼에도 소버린 AI 개발은 추진되어야 한다. 마치 미국 레이건 정부의 SDI가 원래 목표에 도달하지 못했어도 R&D 결과로 얻은 다양한 과학기술이 스핀오프되어 첨단 산업 발전을 가져왔듯이, 소버린 AI 개발과정에서도 새로운 첨단기술의 혁신이 일어날 것이다. 무엇보다 국가 R&D 역량을 체계화하고 혁신적 생태계를 새롭게 구축할 수 있을 것이다. 이러한 국가 역할의 확대는 AI 개발뿐 아니라 국정과제의 모든 영역에서 이루어져야 한다.

    이밖에 눈여겨봐야 할 것은 국가균형발전전략이다. 지역불균형과 지역소멸 위기가 심각한 상황에서 역대 정부는 균형발전을 강조했다. 그런데 이재명 정부는 현재의 수도권 1극 체제를 '5극 3특'의 초광역권 중심으로 재편하고 연방제 수준의 분권형 국가를 지향한다는 것이다. 5극은 수도권, 동남권(부산·울산·경남), 대경권(대구·경북), 중부권(대전·세종·충청), 호남권(광주·전남·전북)을 의미하고 3특은 강원·제주·전북 특별자치도를 가리킨다.

    이와 관련한 교육계의 논의가 시작되어야 한다. 한국 교육은 여전히 '중앙집중적 시스템'을 유지한다. 국가교육과정이 그렇고, 교원의 양성과 임용도 그렇다. 대학에 대한 국가의 관리와 통제도 마찬가지이다. 우리가 진정으로 분권형 국가를 지향한다면 기존 교육시스템을 전면적으로 재검토해야 하는 것이다.

---

55) 이재명의 소버린 AI는 "고위험 실험"인가, 신동아, 2025.8.1.

이재명 정부 이후 교육개혁의 방향 모색

5·31 교육개혁 30주년, 다시 생각하는 개혁의 조건

2025년은 '5·31 교육개혁'이 발표된 지 꼭 30년이 되는 해이다. 그동안 교육계는 물론 역대 정부에서도 '5·31 교육개혁'을 뛰어넘는 새로운 교육개혁 비전의 필요성이 꾸준히 제기되었지만, 실제 5·31을 대체할 만한 개혁안은 제시되지 않았다. 마치 대한민국이 1987년에 만들어진 제6공화국 헌법에 의지해 국가가 운영되듯이, 현재 우리 교육은 5·31 개혁안에서 크게 벗어나지 못하고 있다.

그렇다면 왜 우리는 여전히 5·31 개혁안을 극복하지 못하는가? 왜 새로운 교육개혁 비전을 만들지 못하고 있는가? 이 질문의 해답을 찾기 위해서는 5·31 교육개혁이 가능했던 조건을 분석할 필요가 있다.

김영삼 정부에서 교육부 장관을 지낸 안병영은 5·31 교육개혁에 대해 세계화와 정보화, 탈산업사회로의 전환이라는 당시의 국가적 과제를 정면으로 의제화하고, 한국 최초로 '종합적인 교육 청사진'을 제시했다고 평가한다.[56] 또한 1기 교육개혁위원회를 주도한 이명현(서울대 철학과 교수, 당시 교육개혁위원회 상임위원), 박세일(서울대학교 법과대학 교수, 당시 청와대 정책기획수석비서관, 교육개혁위원회 무임소 운영위원), 김정남(청와대 교육문화수석, 교육개혁위원회 간사) 등의 역할을 강조한다.

그들은 대통령의 오랜 동지로 오랫동안 자문 역할을 수행했으며, '신(新)한국'(이명현), '세계화'(박세일) 등 국가의 비전과 성장전략을 대통령에게 제시한 인

---

56) 안병영·하연섭, 『5·31. 교육개혁 그리고 20년』, 다산출판사, 2015년, p.298

물이다.[57] 당연히 5·31 개혁안에는 국가의 비전이 반영되었다. 즉 5·31 교육개혁은 개혁을 주도하는 핵심 인물에 대한 대통령의 신뢰와 더불어 교육개혁의 과제를 국가의 비전으로부터 도출했기 때문에 가능했다.

그런데 5·31 이후 교육개혁 논의는 주로 각 분야, 혹은 영역의 개혁과제를 '취합'하는 방식으로 진행되었다. 예컨대 유아교육, 초등교육, 중등교육, 고등교육, 직업교육, 평생교육 등 각 분야의 전문가들이 요구하는 개혁과제를 모으는 방식이었다. 교육계는 그렇게 작성된 개혁안을 5년마다 치러지는 대통령선거에서 공약과 국정과제에 반영하기 위해 노력해 왔다. 5·31 교육개혁 당시의 개혁안이 '연역'의 과정이었다면, 그 이후는 주로 '귀납'의 결과였다고 볼 수 있다.

또한 교육계가 요구하는 개혁안은 국가의 재정 상황, 권력자원의 한계에 대한 고려가 부족한 경우가 많다. 예컨대 2024년 12월 비상계엄 사태 이후 교육계의 많은 단체와 전문가들이 모여 구성한 '비상시국 교육원탁회의'에서 제시하는 11대 정책과제[58]를 보면, 개별 과제의 필요성과 타당성에도 불구하고 그것들을 합쳤을 때 필요한 예산 규모를 국가가 감당하기 어렵다. 교육계가 요구하는 재정 규모와 국가의 재정 여력 사이의 간극이 클수록 개혁안은 사장(死藏)될 가능성이 높은데, 이재명 정부의 심각한 국가재정 상황을 고려하면 그 간극은 더욱 벌어진다.

그 간극을 줄이고 실행 가능성을 높이려면 국가재정과 권력자원을 고려한

---

57) "(이명현, 박세일) 두 사람 다 민주화 및 시민운동에 경험이 많은 참여적 지식인으로, 사회개혁 의지와 열정이 남다르다. 그런가 하면 이들은 한국 최초의 문민정부의 대통령인 김영삼과는 오랜 동지로서 이미 장기간 정치적 자문역을 수행했다. 〈…중략…〉 그 때문에 5·31 교육개혁은 교육학자들이 주도했던 그 이전, 그리고 그 이후의 교육개혁과는 시관(時官)과 스케일, 그리고 전략에 있어서 차이가 난다. 같은 맥락에서 만약 이 두 사람의 위치에 교육 전공자가 자리했더라면, 5·31 교육개혁이라는 한국 역사상 전대미문의 대개혁 청사진이 창출될 수 있었을까 회의적으로 의문을 제기하는 이들이 적지 않다."(안병영·하연섭, 앞의 책, p.24)
2024년에 출간된 이명현의 자서전에서는 1992년 김영삼 대통령의 출마선언문 초안을 자신이 작성했다고 회고한다. "변화와 개혁으로 신한국을 창조하자"는 제목의 출마선언문 작성 이후 이명현은 김영삼 후보와 수 차례의 토론을 거쳐 '신한국'의 비전을 구체화했다. 당시 두 사람의 토론 내용은 대통령 취임 직후 『2000 신한국』이라는 단행본으로 출간되었다.(이명현, 『돌짝밭에서 진달래꽃이 피다』, 21세기북스, 2024, p.92~95)
58) 비상시국 원탁회의, 「교육·사회 대개혁을 위한 11개 정책 제안서」, 2025.4.11.

개혁과제의 우선순위와 단계적 추진 전략을 마련하는 것이 요구된다. 나아가 이재명 정부가 제시하는 국가의 비전, 성장전략을 반영한 교육개혁의 논리를 제시해야 한다. "교육은 백년지대계"라는 원론을 반복하거나 "교육을 근본적으로 개혁해야 한다", "대전환이 필요하다"는 식의 막연한 논리로는 부족하다.

국가의 비전, 혹은 성장전략과 연계한 교육개혁과 학교교육의 과제

이재명 정부가 제시하는 국가의 비전, 혹은 성장전략 중 교육과 가장 연관이 많은 건 AI이다. '세계에서 AI를 가장 잘 쓰는 나라'가 되기 위해서는 학교교육에서 AI 교육이 확대되어야 한다. 이재명 정부 출범 후 2025년 9월까지 학교 교육과정의 결정 권한을 가진 국가교육위원회는 '개점휴업' 상황이었고, 교육부 장관은 공석이었다. 그 상황에서 AI 교육은 주로 구윤철 경제부총리의 발언으로 세상에 알려졌다.[59] 구윤철 부총리의 발언에 대해 실천교육교사모임은 강한 유감을 표시했다.[60]

1960년대 미국은 아폴로 계획을 추진하면서 수학과 과학, STEM 교육을 대폭 강화하였다. 소련과의 우주 전쟁에서 뒤떨어지는 이유 중 하나로 미국 교육의 문제점이 지적되었기 때문이다. 당시의 교육과정 개편에 대한 평가는 양면적이다. 당시 개편으로 미국이 기술 경쟁에서 우위를 차지하는 데 기여했다는 긍정적 평가와 더불어 수학교육이 추상화되고 교육 불평등이 확대되었다는 비

---

59) 구윤철 경제부총리는 2024년에 출간한 『레볼루션 코리아』에서 대한민국을 혁신하기 위한 전 영역의 과제를 제시했고, 2025년 쓴 『AI 코리아』에서는 AI를 활용한 국가혁신전략을 제시했다. 공약과 국정과제에 등장하는 AI 관련 여러 개념이 그 책에도 등장한다. 그는 전 국민을 'AI 전사'로 양성해야 한다고 주장하고("전 국민 'AI 전사'로" 승부수 띄운 구윤철, 서울경제, 2025.8.11.), AI 핵심인력 양성 방안을 제시하고(구윤철, "4대 과기원, AI 박사 학위 6년 만에 따게 한다", 조선일보, 2025.8.13.), 모든 국민이 AI를 쉽게 배우고 활용하는 'AI 한글화'를 약속하고 ("수학 몰라 R&D 안 된다"는데, 'AI 한글화'는 필요한가, 중앙일보, 2028.8.27.), EBS를 통해 초등 1학년부터 AI 교육을 시행하겠다고 발표했다.("초1부터 교육해 AI 승자 돼야…세계 10등 1000만개, 1등 못 이겨", 서울신문, 2015.9.5.)

60) 기재부가 AI 교육과정 직접 만들겠다?…실천교육교사모임 "명백한 월권", 교육플러스, 2025.9.7.

판도 존재한다.

AI 3대 강국 실현이 국가의 비전으로 설정된 상황에서 AI 교육을 어떻게 할 것인지 서둘러 논의해야 한다. 단지 교육과정뿐 아니라, 교원, 시설과 인프라 등 논의할 게 많다. 2기 국가교육위원회가 출범하고 정상화된다면, 현재 문제가 되고 있는 고교학점제, 대학입시제도와 함께 AI 교육과정 논의를 최우선의 사회적 협의 과제로 설정해야 한다.

AI와 관련하여 빼놓을 수 없는 게 핵심 인재 확보다. 현재 한국은 이공계 인재 유출이 매우 심각한 상황이다. 최근 10년간(2013~2022) 해외로 떠난 이공계 인재는 약 34만 명이고, 석·박사급 고급 두뇌만 약 9만6천 명에 이른다.[61] 이들을 어떻게 국내에 남겨 AI 등 첨단과학을 연구하도록 여건을 조성할 것인지 구체적인 해답을 내와야 한다.

또한 현재 한국의 인재만으로는 세계 3대 AI 강국을 실현하기 어렵다. 해외 우수 인재를 영입해야 한다. 당연히 그들은 가족과 함께 올 것이고, 그러면 그 자녀들의 교육을 어떻게 할 것인지 고민이 되어야 한다. 송도, 제주의 국제학교만으로 해외 영입 인재 자녀 교육을 모두 감당할 수 없다.

자칫 자녀 교육 때문에 영입 인재가 다시 해외로 나갈 수도 있다. 실제 우리나라 기업에서 영입한 해외 인재들이 자녀 교육 문제로 본국으로 돌아가거나, 아니면 국제학교가 많은 중국, 싱가포르의 글로벌 기업으로 옮기는 사례가 많다. 한국 기업의 입장에서는 심각한 인재 손실이자, 기술 유출의 우려도 있는 것이다.

AI 관련 해외 영입 인재 자녀의 교육은 기존 다문화 교육과는 질적으로 다른 과제다. 기존 다문화 교육이 주로 중국과 동남아 출신 부모를 둔 저소득층 학생에 대한 복지 지원의 성격이 강했다면, AI 관련 해외 영입 인재의 자녀들은

---

61) 이공계 인재, 한국 '탈출 러시'…10년간 34만 명 떠났다, 머니투데이, 2024.1.2.

전혀 다른 관점에서 접근해야 한다.

수도권의 정치인 중에 국제학교와 외국인학교 설립을 교육부(교육청)에 강하게 요구하는 경우가 많았다. 앞으로 그러한 요구가 더욱 늘어날 수 있다. 그 요구를 어떻게 공교육 내부에서 수용할 것인지 실질적인 고민과 대책이 필요하다.

국가균형발전, 분권형 국가로의 전환에도 수많은 교육개혁의 과제가 도출된다. 이재명 정부의 '5극 3특' 균형발전 전략은 광역자치단체 간 통합 논의로 이어질 수 있는데, 그에 따른 일반자치와 교육자치의 관계 설정도 쟁점이 될 것이다. 예컨대 부산·울산·경남이 동남권 메가시티로 통합된다면 3개의 광역 교육청이 현재대로 유지되기는 어려울 것이다.

나아가 지역의 자율성이 확대된 분권형 국가로 전환한다고 할 때, 현재와 같은 일반자치와 교육자치의 분리가 지속될 가능성이 적다. 즉, 일반자치와 교육자치의 통합이 수면으로 떠 오를 것이다. 이는 헌법 제31조(교육의 자주성) 개정과도 연관된다.

일반자치와 교육자치의 통합은 교육교부금 제도와도 연관된다. 지방자치단체에 교부하는 지방교부세와 교육청의 교육교부금을 통합해 지방재정의 효율성과 자율성을 높이자는 의견이 대두될 것이다.[62]

또한 국가교육과정은 물론 학교 시스템, 교원 양성과 임용, 승진 방식도 지방 분권화에 맞게 변화될 필요가 있다. 이에 대한 논의를 시작해야 한다. 다만, 현실의 이해관계가 첨예한 만큼 논의의 속도를 조절할 필요는 있겠다.

차제에 일반자치와 교육자치의 통합, 그에 따른 교육감 선출 방식 개선, 교

---

[62] 이미 학생 수 감소에 따른 교육교부금 감축 요구는 오랫동안 지속되었다. 교육청의 입장에서는 임태희 교육감의 발언(주 39)에 공감하지만, 교육청을 벗어나면 그 주장은 설득력을 거의 잃은 게 현실이다. 특히 임태희 교육감은 총 372억원의 예산으로 '운전 면허비' 30만원을 경기도 고등학교 3학년(12만4000명)에게 나눠주겠다고 발표해서 빈축을 산 적이 있는데(경기 '고3 운전면허비' 30만원, 광주는 모든 중고생이 97만원 / 내년 선거 앞둔 교육감들 현금 살포…"세금 수백억씩 써", 조선일보, 2025.9.15.), "필수 교육사업조차 유지하기 어려운 심각한 위기 국면"이라는 그의 말에 동의할 사람은 거의 없을 것이다.

육교부금 개편 방안 등을 묶어서 사회적 논의를 진행해야 한다. 이 논의는 법률 개정이 필요한 만큼 국가교육위원회와 국회가 함께 사회적 협의 과정을 거쳐야 할 것이다.

이재명 정부 교육공약의 핵심 중 하나인 '서울대 10개 만들기' 역시 지역균형발전 전략 중 하나이다. 최근 수도권 집중은 정보통신기술ICT과 첨단과학의 발전에 의한 생산 방식 혁신으로 더욱 심화되었다. 즉 설계와 생산의 공간 분리가 지역의 젊은 고급 인력을 수도권으로 빨아들이고 지역 산업 생태계를 황폐화시키고 있다.

마치 애플이 미국 캘리포니아 본사에서 설계와 디자인을 맡고, 중국·인도·대만의 폭스콘에서 최종 생산·조립을 하듯이, 현대자동차는 경기도 용인의 연구소에서 R&D를 수행하고 울산·아산·전주 등의 현지 공장에서는 연구소에서 작성한 설계 도면에 따라 생산·조립을 한다. 현대조선도 마찬가지이다. 고학력의 젊은 개발자들은 대부분 분당의 연구소에 근무한다.[63]

지역 대학을 국가 R&D와 지역 산업생태계의 중심으로 재구조화해야 한다. 박정희 대통령은 중화학공업의 육성을 위해 지역 산업과 연계한 국립대 특성화를 추진한 바 있다.[64] 예컨대 부산대학교는 기계공학부를 집중 육성해서 창원의 기계·금속산업 에 필요한 인재를 공급했다. 경북대학교의 전자공학부는 인근 구미 전자산업 단지 형성의 토대가 되었을 뿐 아니라 한국 전자산업 전반에 지대한 공헌을 했다. 전남대학교의 화학공학부는 여수 석유화학단지를 세

---

63) 이에 대해서는 양승훈의 『울산 디스토피아, 제조업 강국의 불안한 미래』(부키, 2024)에 잘 표현되어 있다. 울산은 한국의 산업화를 상징할 뿐 아니라, 고졸 생산직 노동자의 중산층 진입 가능성을 입증한 도시이다. 그 도시가 황폐화되어 간다는 것이다. 이는 두터운 중산층을 기반으로 유지되는 민주주의에 대한 위협이기도 하다.
"생산기지로 전락하고 있는 울산은 지속 가능하지 않다. 일단 가장 큰 부가가치를 만드는 3대 산업에서 정규직을 거의 뽑지 않으니 청년은 울산의 공장을 더 이상 찾지 않는다. 아버지 세대의 고임금과 복리 후생을 경험한 청년 세대는 현재의 비정규직 하청 노동을 감내하기 힘들다. 덩달아 정규직에 기초한 노동자 가족의 남성 생계 부양자 경제가 작동하지 않으면 여성도 지역을 떠난다. 지역의 인구가 줄고 특히 청년 인구가 줄어드니 도시의 활력이 떨어질 수밖에 없다."(p.191)
64) 박영구, 「중화학공업화선언과 1973년 공업교육제도 변화」, 『한국민족문화』 40, 2011.7, p.347-388

계 최고 수준으로 발전시키는 데 밑거름이 되었다.

과거 중화학공업에 필요한 인재는 학부 수준으로 충분했지만, 현재의 첨단 기술과 산업은 석·박사 수준의 전문성과 연구역량을 요구한다. 그 역량을 거점 국립대 중심으로 구축하도록 해야 한다. 즉, 국가 핵심 R&D 과제와 지역별 특성을 고려하여, 거점국립대의 2~3개 학과(혹은 학부) 대학원을 국가연구소로 지정하고 집중 지원할 필요가 있다. 또한 거점국립대의 국가연구소는 국가과학기술연구회NST 산하의 관련 연구소 뿐 아니라 민간 기업의 연구소와도 협업 체계를 구축해야 한다. [65]

이를 통해 교육과 연구, R&D와 지역 산업 생태계의 선순환구조를 만들어야 한다. 또한 수도권으로 집중되는 젊은 엔지니어, 개발자들이 지역의 대학(국가연구소)에서 연구하고 지역 산업 생태계의 핵심 역할을 하도록 해야 한다. 다른 식으로 표현하면 한국형 실리콘밸리를 전국 곳곳에 만드는 것이다. 현재는 그것이 분당과 판교 중심으로 밀집되어 있다.

이는 분권화 시대에 지역균형발전을 위한 절박한 과제이며, 고등교육에 대한 권한을 국가(교육부)로부터 지역 주민과 산업 생태계에 되돌려주는 것이기도 하다. 또한 지속적인 혁신과 성장이 가능한 국가 R&D 시스템의 전면적인 개편을 의미한다.

'5극 3특'으로 표현되는 이재명 정부의 국가균형발전 정책 역시 성공 가능성이 불투명한 과제이다. 하지만 국가는 '거대한 미션'을 제시하고 주도해야 한다. 그 과정에서 새로운 혁신의 가능성이 열릴 것이다.

---

65) 김용 외 「글로벌 초격차 10개 국립대학 구상 및 경기도 대응 전략」, 경기연구원 정책연구, 2024

민주주의 위기 시대, 새로운 교육개혁의 모색

학교 현장에서 정상적인 교육활동이 불가능한 상황이라는 진단이 제기된 지 꽤 오래되었다. 입시경쟁이 치열하고 각자도생의 자세가 고착된 상황에서 모든 교육적 갈등을 사법화[66]한 까닭이다.

여기에 전 세계적인 청년 세대의 극우화 현상 역시 한국을 피해가지는 않는다. 연세대 복지국가연구센터와 한국리서치가 공동으로 조사한 보고서에 따르면, 전체 응답자 중 21%가 극우 성향이고 20대 남성의 경우 33%에 이른다고 한다.[67] 10대들에게는 혐오와 조롱의 방식으로 극우가 번져가고 있다.[68]

정신과 의사 김현수는 "저성장, 저출생, 높은 자살률, 높은 청년 실업률은 지금 우리 사회의 큰 병폐이고 자기 위축을 가져오는 사회적 변화다. 불안과 불신의 사회에서 각자도생을 한 결과" 극우 청년이 늘어났다고 분석한다.[69]

결국 한국에서도 불평등 확대는 극우 포퓰리즘의 자양분이다. 국가 전체의 성장 동력을 확보하고 불평등을 줄여나가는 노력이 없이는 청년들의 극우화를 막을 수 없다. 특히 좋은 일자리를 얼마나 만들어낼 수 있느냐가 관건이 된다.

그런데 학교교육 현장으로 국한하면, '교육 불가능'과 '극우화' 현상은 별개로 존재하는 듯하지만, 해결책은 한 가지로 모아진다. 학교가 진정 다양한 교육주체들의 참여와 소통을 통해 민주적으로 운영되고, 학교 교육과정에서 민주주의를 제대로 배우고, 학생들이 학교의 일상생활에서 민주주의의 가치와 원리가 가진 장점을 체험한다면 두 가지 현상은 동시에 해결할 수 있을 것이다.

이를 위해서는 첫째, 학교 구성원의 역할, 권리와 책임을 새롭게 규정할 필요가 있다. 학생회·교사회·학부모회 등을 제도화하고 학교 구성원들이 학교 운영과 의사결정 과정에 민주적으로 참여할 수 있는 시스템을 만들어야 한다. 학

---

66) 김용, 「법화사회의 진전과 학교 생활세계의 변용」, 교육행정연구 35권 1호, 2017.4
67) 한국리서치 주간리포트, 「수면 위로 떠오른 극우 : 한국 사회 극우의 현주소」, 2025.5.28
68) 10대 일상으로 침투한 '극우'…조롱과 혐오가 놀이?, MBC뉴스, 2025.8.12.
69) 김현수, 「극우 청년의 심리적 탄생」, 클라우드나인, 2025, p.9

부모 등 학교 구성원들이 각자도생의 개별화된 민원인 입장이 아니라, 민주적 공동체의 일원으로 학교교육에 의견을 제시하고 참여하도록 해야 한다.

둘째, 민주시민교육의 강화는 아무리 강조해도 지나치지 않는다. 특히 AI 시대 디지털 리터러시 등의 교육은 더욱 확대되어야 한다. 무엇보다 교과로서의 민주시민교육뿐 아니라 학교 생활 전반에서 민주주의의 원리와 가치가 실현되어야 한다. 학생들이 민주주의의 '효능감'을 학교에서 경험해야 한다. 즉, 학교가 '민주주의 정원'이 되어야 한다.

마지막으로, 민주주의 교육을 위해서도 교원의 정치 기본권이 확대되고, 학교에서 정치교육이 이루어져야 한다. 독일 사례[70]에서 보듯이 학생들에게 극우정당 AfD의 위험성을 알리고 민주주의의 가치를 가르치는 건 교사의 몫이다. 그 역할을 수행하기 위해서는 교사의 정치 기본권이 보장되어야 한다.

이재명 정부는 AI 3대 강국을 목표로 내걸었지만, 민주주의는 세계 1위를 목표로 할 수도 있다. 세계 1위 민주주의 국가에서, 국민 모두가 참여하는 혁신과 성장을 실현하고, 그 성과를 모든 국민이 골고루 나누는 사회를 만들어야 한다. 그것이 '국민주권정부' 제일의 목표여야 한다. 그리고 그 출발은 학교를 민주주의 정원으로 만드는 것에서 시작해야 한다.

나아가 교육정책 결정 과정 역시 한국의 민주주의와 국민 통합을 한층 발전시키는 방식으로 진행되어야 한다. 우리 사회는 뿌리 깊은 이념 대립과 갈등으로 민주적 토론과 사회 통합을 이루지 못하고, 그만큼 국가의 혁신 역량도 제한되었다. 이는 '다수제 민주주의'의 소선거구제와 양당제 등 한국 정치제도와도 연관된다. 그래서 우리가 부러워하는 유럽 복지국가의 코포라티즘은 한국에서 실현이 불가능할 것으로 인식됐다.

유럽의 교육개혁은 '합의제 민주주의(다당제, 연립내각제 등)'에 기초한 사회적 합

---

70) 극우 협박에도 학생 선도 독일 교사들…"학교 떠나지만 패배 아냐", 한겨레신문, 2023.7.26.

의 문화, 즉 코포라티즘의 전통 위에서 가능했다. 즉, 정치·경제 영역의 사회적 합의 경험이 교육개혁의 동력으로 활용된 것이다.

　이제 우리는 그 반대의 경로를 구상해야 한다. 우리는 교육영역에서 사회적 합의 경험을 축적해 그것을 정치·경제 등 사회 각 영역으로 확산시켜 사회 전체의 민주주의 수준을 높이겠다는 '원대한 포부'를 갖고 '거대한 미션'을 수립해야 한다.

　원래 그 역할을 하도록 국가교위원회가 설계되었다. 그런데 지난 3년 국가교육위원회는 그 역할을 전혀 수행하지 못하고 오히려 사회적 갈등과 대립을 증폭시키는 역할을 했다. 이제 국가교육위원회를 정상화시키고, 교육 분야에서 사회적 합의의 성공적인 경험을 축적해야 한다. 그 경험이 축적될수록 우리 사회의 소모적인 대립과 갈등은 줄어들고 진정한 민주주의와 사회통합이 가능해질 것이다. 그만큼 혁신 역량은 배가되고 성장의 가능성이 열릴 것이다.

　　민주주의와 혁신적 성장은 우리 사회를 앞으로 진전시키는 두 바퀴다. 성장이 없이는 민주주의의 경제적 기반이 무너진다. 그런데 민주주의가 성숙되지 않은 조건에서 이뤄지는 성장은 불평등을 확대하고 결국 민주주의를 무너뜨린다.

　혁신적 성장에 필요한 창의적 인재, 그리고 성숙한 민주주의를 구현하는 민주시민은 하나의 인격체여야 한다. 그 인격체는 교육을 통해 길러진다. 2026년 현재, 여전히 교육이 가장 중요한 이유다.

이재명 정부 교육정책 분석과 전망

한 만 중
전국교육자치혁신연대 정책위원장

02

국민이 주인인 나라, 함께 행복한 대한민국, 각자의 능력을 키우는 교육

이재명 대통령 후보는 대통령선거에서 "내란 위기 극복을 통해 헌정질서를 회복하고 급변하는 대외환경, 저출생, 저성장을 극복하기 위한 경제 성장에 집중하여 국민 모두가 행복한 삶을 살아갈 수 있는 진짜 대한민국"을 만들겠다고 약속하였다. 2025년 8월 15일에는 "광복 80년, 국민주권으로 미래를 세우다"를 주제로 국가의 주인은 국민임을 천명하고 대통령으로서 주권자의 뜻을 받들겠다는 취지로 국민임명식을 개최하였다. 인수위원회의 역할을 대신한 국정기획위원회는 "국민이 주인인 나라, 함께 행복한 대한민국"을 국가 비전으로 제시하였다. "대한민국의 주권은 국민에게 있고 모든 권력은 국민으로부터 나온다(헌법 제1조 제2항)"와 "모든 국민은 인간으로서의 존엄과 가치를 가지며, 행복을 추구할 권리를 가진다(헌법 제10조)"가 이 비전의 바탕을 이루고 있다.

성공적인 경제 성장과 정치 민주화를 달성했음에도 불구하고 한국 사회는 불평등 구조화 저출생·고령사회 가속화, 공동체 해체 등으로 인한 불안, AI 시대 개막, 기후위기 심화, 탈진실 시대 도래 등으로 인한 불확실성이 증가하는 새로운 시대적 현실에 직면하고 있다. OECD 국가 중 자살률과 노인 빈곤율이 가장 높고, 산업 재해 사망률도 매우 높은 수준이며, 합계 출산율은 세계 최저 수준으로, 지속 가능성의 토대가 무너져 있는 상황이다. 경제지표 세계 순위는 상위권에 해당하지만, 행복 지수는 2025년 세계 순위에서 58위, 긍정적 감정은 111위 수준이다. '내가 도움이 필요할 때 언제든 도와줄 친척 친구가 있는가?'를 묻는 사회적 지지 항목도 84위를 차지하고 있다.

우리 교육도 이러한 한국 사회의 현실과 맞물려 있다. 출산율이 최저점인 0.6 수준에서 0.7 대로 나아지고 있지만, 2025년에 신입생이 한 명도 없는 학교가 전국에 189곳에 이르고 153개 유치원이 문을 닫았다. 하지만 저출생의 주요 요인으로 작용하고 있는 사교육비는 오히려 증가하고 있다. 통계청의 공식 발표인 30조 원과 영·유아 사교육비 통계 추정치 3조2천억 원과 고등학교 중퇴생의 증가로 더욱 커져가는 N수생 사교육비를 합치면 40조 원을 상회하고 있다. 무상급식과 무상교육의 확대로 교육 기회의 평등에서 개선을 이루었지만, 더 필요한 학생과 지역에 더 많은 지원을 통해 교육 조건의 평등을 이루어내는 것은 여전히 태부족한 상황이다. 이를 위해 필요한 교육재정은 안정성조차 확보하지 못하고 있다. 인천시교육청 관내 학교에서 에어컨을 틀지 못하는 일이 벌어지고, 2026년에는 인천, 전남, 울산, 제주, 충남 5개 교육청은 지방채를 발행해야 하는 상황이다. 2023년도에 청소년 인구 10만 명당 자살 사망자 수는 11.7명으로 사망 원인 1위를 차지하고 있다.[1]

모든 국민이 주권을 실현하면서 행복하게 살 수 있는 나라에서는 모두를 위한 포용적이고 공평한 양질의 교육 보장 및 평생학습 기회를 증진하는 교육을 지향해야 한다. 한때 한국 사회에서 희망의 영역이었던 교육은 고통의 영역에 자리 잡고 있다. 이재명 정부의 교육정책은 이러한 교육 현실에 발을 딛고 '모두를 위한 행복한 교육'으로 한 단계 발전시켜 나가는 역할을 담당해야 할 것이다.

---

1) 이재명 정부 국정운영 5개년 계획(안) p18. 국정기획위원회. 2025.8.

이재명 정부 교육정책은 무엇을 담고 있나?

이재명 대통령 후보는 2025년 5월 15일 스승의 날에 "교육의 국가 책임 강화! 모두가 안전하고 행복한 학교를 만들겠습니다"를 슬로건으로 내세운 8대 공약을 발표하였다.

이재명 대통령 후보 8대 공약 (2025.5.16. 스승의 날)

1. **유아·초등교육의 국가책임 강화**: 유아교육-보육비 지원 5세부터 단계적 확대, 교사 대 아동 비율 OECD 수준까지 개선, 국가, 지자체, 학교가 함께하는 '온동네 초등돌봄 체계' 구축

2. **기초학력 향상, 학습역량 강화**: 학습 결손 조기 발견 전문교사 개별지도 확대, 지역 '자기주도학습센터' 설치 통한 사교육비 부담 경감

3. **학생 정서·신체·디지털 건강 증진**: 정서·행동 위기 학생에 대한 검사, 상담 치료 맞춤형 지원, 디지털 과의존 청소년 지원 프로그램 운영, 체육교육 활성화, 체험학습 안전관리 전문화 추진

4. **초·중·고 시민교육 강화**: 청소년 대상 민주주의, 인권, 환경, 역사 교육 활성화, 스스로 생각하고, 실천하는 힘, 공동체 이해하는 힘 기르는 교육

5. **고등교육 혁신, 미래인재 양성**: '서울대 10개 만들기' 추진, 지역거점국립대 집중 육성 통한 대학 서열 완화 및 국가균형발전 달성, 지역 혁신과 성장을 위해 지역 사립대와 협력 강화

6. **직업교육 강화, 평생교육 확대**: 직업계고와 전문대, 대학 간 연계 강화를 통한 직업교육 질 향상, 고졸 후 학습자 국가장학금(고등학교 졸업 후 취업한 재직자 등이 학습을 이어갈 수 있도록 지원하는 장학 제도) 지원 확대, 성인과 중장년 인생 이모작 도전을 지원하는 전환교육 강화, 평생학습 체계 재고도화

> 7. **'국가교육위원회' 중심 숙의와 사회적 합의 존중**: 과도한 유아 사교육 문제에 대한 해법 마련
> 8. **교권 보호 향상**: 불필요한 행정업무 경감, 민원 처리 시스템 체계화, 교사 '마음돌봄휴가' 도입, 교사 근무시간 외 직무와 무관한 정치활동의 자유 보장(헌법이 보장한 권리 회복)

국정기획위원회에서는 위의 대선 공약과 정책자료집 등에 담았던 교육 공약을 재구성하여 국정 과제의 [모두가 잘사는 균형성장] 항목 중에 〈지역교육 혁신을 통한 지역 인재 양성〉 항목에 서울대 10개 만들기, RISE 재구조화 추진, 열린 평생-직업교육 지원과 유연한 학교 체제 마련에 관한 내용을 담고 있다. 또한 대통령 과제라 할 수 있는 중점 전략과제로 〈국가의 성장을 이끄는 인재강국〉이 포함되어 있다. 교육부 주관 국정 과제는 123개 과제 중에 [기본이 튼튼한 사회] 37개 항목 중 〈전략 7. 각자의 가능성을 키우는 교육〉에 4개 과제가 배치되어 있다. 국토부와 국조실 등과 함께 [청년의 정책 참여 확대와 기본 생활 지원으로 함께 만드는 미래] 항목의 맞춤형 취업 창업 지원을 통한 청년의 일할 기회 확대와 공공주택 확대 등 청년 주거 안전 보장, 청년 교육 복지 등 기본생활 지원 확대 과제를 공동으로 주관하게 된다.

▨ 교육부 주관 국정 과제 4개 과제 주요 내용

국정 과제	주요 내용
AI 디지털 시대 미래인재 양성	• (초·중·고 AI 역량 강화) STEAM 교육 내실화 등을 통해 학교 AI 교육 강화, 과학고·영재학교·마이스터고를 중심으로 AI 인재를 조기 발굴·육성 • AI 디지털교과서 교육자료화에 따른 후속 조치 추진, 학습데이터 분석·활용 체계 구축 미래교육 시스템 기반 마련 • (AI 인재 양성 지원) 대학(원) 대상 AI 융복합(AI+X) 교육과정 확산 및 산업·기업 수요에 기반한 AI 교육·연구 지원을 통해 AI 인재 양성 지원 • (생애주기별 AI 교육 지원) 성인학습자 대상 온오프라인 AI 재교육 확대 및 사이버대 교육환경 고도화, 전문대를 통한 기초역량 제고 지원 • (글로벌 AI 인재 유치) 정부초청장학생(GKS), 국제 학생교류 프로그램(CAMPUS Asia 등), 과학기술 비자·영주권 패스트트랙 등을 통해 해외 우수 인재 유치 확대 • (기초학문 및 인문학 교육 확대) 초·중·고 인문학 및 독서 교육 강화
시민교육 강화로 전인적 역량 함양	• (시민·헌법·기후환경·생태전환교육 강화) 교육활동 전반에서 토의·토론, 프로젝트 학습 등을 통해 학생의 자기주도성 및 공동체 역량 강화 • (역사 교육 강화) 민주시민 의식 함양을 위해 역사적 사실에 기반한 역사 교육을 강화하고 심화되는 주변국 역사 왜곡에 대해 효과적 대응 방안 추진 • (문화예술·체육교육 확대) 모든 학생의 예술 감수성 함양 및 신체활동 참여 기회 확대 • (경제·금융·노동교육 활성화) 초·중·고부터 대학 진학-사회 진출-출산 퇴직-시니어 등 생애주기별 맞춤형 경제·금융·노동교육 활성화
교육격차 해소를 위한 공교육 강화	• (국가책임 공교육 강화) 기초학력 선도학교 확대, 기초학력 전담교원 확충, 이주배경학생 한국어 교육 등으로 기초학력 보장 강화 • (방과후·돌봄체계 구축) 방과후 프로그램 이용권 제공 교육비 부담 완화, 프로그램·강사 검증을 강화 방과후학교 체제 확립 • 지자체 중심의 돌봄교육모델을 마련·확산하고, (가칭)온동네 돌봄센터를 확충하여 돌봄교육의 질 제고 • (정부책임형 유보통합 추진) 0세 반부터 교사 대 아동 비율 개선, 3~5세 단계적 무상교육·보육 실현, 틈새돌봄 확대 및 수요 맞춤 교육·방과후 과정 등 교육·돌봄체계 구축 • (특수교육 개선) 특수학급 신·증설, 특수학교 20개교 설립, 특수교사 정원 확충, 통합학급 협력교사 배치 확대 • (마음건강 지원) '사회정서교육' 활성화, 선별검사 내실화, 전문기관 연계 확대 등 예방-발견-상담-치료 전 단계를 아우르는 학생 마음건강 지원 강화

학교 자치와 교육거버넌스 혁신	• (민주적 학교 운영 기반 마련) 교사·학생·학부모가 존중 협력하는 학교 운영 기반 마련 • 학부모회 기능 권한 강화 학교운영위원회 제도 개선 추진 및 가정-학교 협력을 위한 학부모 역량 강화 지원 • (교권보호 및 정치기본권 확대) 교원의 직무 특성과 학교 실정을 반영한 민원 대응 지원 및 교원의 시민으로서의 권리 보장 추진 • (모두가 안전한 학교 조성) 학교 안팎 위기 요인 제거 모두의 안전을 확보 • (국가교육위원회의 사회적 합의 기능 강화) 국가교육위원회 확대 및 구성·운영방식을 개선하고, 국가교육발전계획 수립 등에 국민 참여 확대

이재명 정부의 교육정책의 특징은 첫째, 시대적 과제인 내란 종식과 민주주의 회복 차원에서 민주주의 교육과 헌법교육, 역사 교육의 강화. 둘째, 전임 윤석열 정부가 국정 과제로 추진해 온 유보통합과 늘봄학교, 디지털교과서, RISE 정책 등에 대한 재검토와 대안 제시. 셋째, 국가균형발전과 지역 소멸 문제해결 차원의 서울대 10개 만들기, 농산어촌형 하이브리드형 학교 정책 등이 중심을 이루고 있다. 또한 AI 3대 강국 실현을 위한 AI 교육 기반 확대와 전문 인력 양성도 큰 비중을 차지하고 있다. 국정기획위원회에서는 "진짜성장을 위한 제도 개혁 4대 과제로 규제개혁, 금융개혁, 행정개혁, 교육개혁"을 설정하면서 이러한 관점에서 교육 공약을 다음과 같이 정리한 바 있다.

▨ **교육개혁 관련 주요 공약** [2]

- 초·중·고 디지털 문해력 강화 교육, AI 관련 계약학과 및 대학원 확대, 지역거점대학의 AI 단과대학 설립 등을 통한 전문인재 양성
- 지역거점국립대에 대한 전략적 투자와 체계적 육성 추진(서울대 10개 만들기)
- AI 부트캠프를 통한 전문기술인력 양성, 생애주기별 맞춤형 AI 교육체계 구축 등을 통해 산업 인력 재교육
- 지역 맞춤형 학교 체제 구축
- 누구나 일하면서 학습할 수 있는 열린 직업교육 체계 구축
- 생각하는 힘, 질문하는 능력, 인간다운 상상력을 키우는 인문학 교육을 확대
- 국가책임 공교육으로 사교육비 부담을 절감

---

2) 교육개혁은 '모두의 성장' 전략 차원에서 모든 국민의 역량 강화와 지식확산을 촉진하고 공평한 참여 기회를 보장하는 한편, 실패 이후에도 재도전할 수 있게 함으로써 성장의 기회와 그 과실을 국민 전체가 실질적으로 누리도록 전 국민에게 새로운 기술을 배울 기회를 제공하는 방향으로 추진하여 국민의 창의성과 역량을 강화하면서 동시에 기술에 대한 접근성 격차로 인한 불평등도 완화해야 한다. 고 규정하고 있다. 대한민국 진짜성장을 위한 전략 국정기획위원회. 2025.6.17. p102

이재명 정부 교육정책 어떻게 볼 것인가?

정책이란 바람직한 사회상태를 이룩하려는 정책 목표와 이를 달성하기 위해 필요한 정책 수단에 대하여 권위 있는 정부 기관이 공식적으로 결정한 기본 방침이라 할 수 있다(정정길, 1990). 정책이 성공적으로 목표를 달성하기 위해서는 적합한 목표와 실효성 있는 수단과 대상자들의 참여와 협력을 충분조건으로 하고 있다. 이러한 관점에서 이재명 정부의 교육정책을 국정기획위원회에서 국정 과제로 설정한 과제와 2026년 교육부가 편성한 예산안을 중심으로 살펴보자.

AI 디지털 시대 미래인재 양성

이재명 정부는 AI 3대 강국 건설과 관련한 AI 디지털 시대 미래인재 양성을 교육 부문에서도 최우선적인 과제로 설정하고 있는 것으로 보인다. "모든 학교에서 AI를 내실 있게 교육할 수 있는 기반을 마련하고, 전 국민의 AI 이해·활용 역량 향상을 위한 생애주기 맞춤형 AI 교육 지원 확대"와 "AI 기반 고등교육 혁신을 가속화하고, 기초학문 및 인문학의 교육·연구 강화를 통해 국제 수준의 경쟁력을 갖춘 AI 인재를 양성"하는 것을 목표로 하고 있다. 이재명 대통령이 수석보좌관 회의에서 이와 관련한 방안을 마련할 것을 지시하기도 하였다.[3]

---

3) 이 대통령 "AI 인재 육성 특목고 지방 설치, 지역 균형 발전 연계 방안 마련을". 경향신문. 2025.9.4.

2026년 교육부 예산안에는 이와 관련하여 3,336억 원이 편성되어 있다.

하지만 이러한 과제를 달성하기 위한 전제로서, 윤석열 정부에서 추진해온 디지털교과서 정책의 문제점을 해결하고 이재명 정부의 디지털 교육에 대한 종합적인 청사진이 마련되어야 한다. AI 디지털교과서 교육 자료화에 따른 후속 조치 추진과 학습데이터 분석·활용 체계 구축과 미래 교육 시스템 기반 마련은 녹록하지 않은 과제이다.

윤석열 정부에서 이주호 장관이 취임하면서 본래 국정 과제이던 '디지털 기반 교육 혁신'이 '디지털교과서' 전격 도입으로 바뀌게 된다. 디지털 기반 교육 혁신은 교육과정의 운영, 교수 학습 방법의 변화를 가져오는 사업으로 교육적 효과에 대한 엄정한 평가를 바탕으로 학교 현장에 적용되어야 한다. 하지만 윤석열 정부는 이와 관련한 제대로 된 논의도 없고 연구 결과도 거의 전무한 상태에서, 디지털교과서가 채 만들어지기도 전에 교과서 선정을 강행하는 등 속도전이 벌어졌다.

쿰스Coombs의 정책불순응론[4])의 정책 실패의 전형을 보여주는 이러한 추진 방식은 교원 학부모단체들이 중심이 되어 [AI 디지털교과서 중단 공동대책위원회를 결성하게 만들고 국회 청원 운동이 전개된다. 2024년 12월 26일에 국회 본회의에서 디지털교과서를 교육자료로 하는 초중등교육법 개정안이 통과되었지만, 윤석열 정부에서 대통령이 거부권을 행사하였다. 이재명 대통령 후보는 "윤석열 정부의 성급한 AI 디지털교과서 정책을 바로잡기 위해 AI 디지털교과서는 '교육자료'로 규정하고 학교 자율선택권을 보장한다는 공약을 내세웠다.

이러한 문제를 해결하기 위해서는 인공지능 시대의 디지털 교육의 역할과 목표, 교수 학습 방안, 디지털 리터러시와 격차 문제 해결 등을 담은「디지털 교

---

4) 정책불순응이란 정책결정자의 의도나 정책 내용에 대하여 정책집행자나 대상 집단이 일치되지 않는 행동을 하는 것을 말하는 것으로 F Coombs는 정책불순응의 원인을 의사 소통, 자원의 결핍, 정책 목표, 행동, 권위 관련 다섯 가지 유형으로 분류하였다.

육 종합계획」을 조속히 마련하여야 한다. 이와 함께 디지털 문해력 강화를 위한 한국형 과학, 기술, 공학, 예술, 수학 교육 강화와 인문학 교육 강화 정책이 유기적으로 결합하고 교육과정 운영에서 구현되는 방안도 마련해야 할 것이다. 인공지능 기술 개발에 대한 놀라움 속에서도 놓치지 않아야 할 것은 끊임없는 질문을 통한 방향성이다. 더구나 그것이 학교 현장 적용을 위한 것이라면 더더욱 필요하다. 수많은 질문 중에서 가장 우선해야 할 것은 "인공지능 기술을 활용한 '그' 교육은 정말 학생들에게 도움이 되는가?"이다(주정훈 2022).

시민교육 강화로 전인적 역량 함양

민주사회 구성원으로서 필요한 전인적 역량을 함양하기 위한 교육을 강화하는 과제이다. '시민·헌법·기후환경·생태전환교육 강화'는 교육활동 전반에서 토의·토론, 프로젝트 학습 등을 통해 학생의 자기주도성 및 공동체 역량을 강화와 관련한 학교시민교육 프로그램을 헌법교육(법제처), 기후환경 생태전환교육(환경부), 범부처 협업을 통해 개발하겠다고 밝히고 있다. 민주주의 회복을 위한 역사바로세우기 차원에서 역사 교육을 강화하고, 문화예술, 체육교육 확대를 위하여 학생예술동아리와 학교스포츠클럽 활동을 지원하고, 초·중·고 체육전담교사 지정을 확대한다는 방안도 담고 있다. 또한 생애주기별 경제, 금융, 노동교육을 활성화하여 올바른 시민 의식, 균형 잡힌 역사 인식, 예술적 감수성 및 신체적 소양, 합리적인 경제관 등 '민주시민으로서의 전인적 소양 및 공동체 역량 증대'를 하겠다는 것이다.

이재명 정부는 친위 쿠데타로 무너진 민주주의의 토대를 재건해야 하는 시대적 과제를 부여받고 있다. 윤석열 정부에서 교육부에 있던 민주시민교육과를 폐지하고, 뉴라이트 역사관을 가진 인사들을 중용하고 역사 왜곡을 시도하는 등의 잘못된 정책을 바로잡는 것은 내란극복 차원에서도 반드시 이루어져야 할 과제이다. 이러한 차원에서 민주주의와 헌법교육, 역사교육은 보다 구체적인 정책 방안을 마련하는 것이 필요하다. 공약에서 제시한 독일의 보이텔스바흐 합의에 준하는 정치교육 원칙에 대한 사회적 합의를 도출하고, 학교 내에서 합의된 원칙에 따른 정치교육과 우리 사회에 당면한 문제에 대한 토론교육을 활성화하는 방안이 마련되어야 한다. 예컨대 범교과 학습 주제를 시민교육의 범주로 통합하여 시민교육 교육과정을 만들고, 이를 바탕으로 사회·도덕 과에서는 시민교육 교육과정을 주도적으로 반영, 개발, 적용하며 교과명 변경도 추진[5]하는 방안 등을 적극적으로 고려해야 할 것이다.

기후·환경·생태전환 교육 강화와 관련하여 국정 과제에는 햇빛 연금, 바람 연금으로 주민참여형 모델을 제시하고 있으나, RE100 등을 교육 부문과 연관하여 제시한 구체적인 방안은 제시하지 않고 있다. 유네스코의 녹색교육과정과 피사PISA 2025의 환경 과학 역량[6]을 기준으로 하는 생태전환교육을 강화하고, 학교 에너지 자립학교 모델인 '태양과 바람과 물의 학교'[7]를 모든 학교로 확대하는 방안 등을 보완해야 할 것이다.

2016년 '손바닥 헌법책'을 보급하는 '우리 헌법 읽기 국민운동'이 시작되었다. 헌법교육 강화는 교육 시민 사회와 함께 이러한 구체적인 방안을 학교를 비롯한 교육 현장에서 실천하는 가운데 활성화될 수 있다. 또한 2026년 6월 지방자치 선거나 2028년 국회의원 선거와 함께 개헌 국민투표를 하게 된다면, 헌법 31조 등 교육 관련 조항의 개정도 함께 이루어져야 할 것이다. 문재인 정부는 2018년 3월 26일 대통령이 제안하는 개헌안에 대한 국민투표를 6월 전국 동

---

5) 초 중등교육과정 '범교과 학습' 개선으로 K-시민 양성, 미래교육자치위원회 정책제안서. 이중현. 2025.5.
6) PISA 2025의 환경 과학 역량은 청소년에게 기후 변화의 시대에서 지속가능성의 문제를 다룰 수 있는 다양한 역량으로 인간과 지구 시스템의 상호작용이 미치는 영향을 설명하기, 환경을 재생하고 유지하기 위해 다양한 출처의 증거를 평가하고 창의적이고 시스템적인 사고를 적용하여 실행을 위한 의사 결정하기, 사회생태적 위기에 대한 해결 방안을 탐색하는 과정에서 다양한 관점과 희망을 존중하기를 평가 요소로 하고 있다.
7) [기후정의] 태양과 물과 바람의 학교. 교육희망. 2023.11.6

시 지방자치 선거와 같이 실시하고자 하였으나, 국회에서 2/3 찬성을 얻지 못해 무산된 적이 있다. 이 과정에서 전국시도교육감협의회, 참여연대 등을 중심으로 교육 관련 개헌안을 마련한 바 있다. 이러한 안을 바탕으로 교육 개헌 토론회 등을 활발히 전개하는 것이 살아 있는 헌법교육이 될 것이다.

헌법 31조 개정(안)

현행	개정(안)
헌법 31조 ① 모든 국민은 능력에 따라 균등하게 교육을 받을 권리를 가진다. ② 모든 국민은 그 보호하는 자녀에게 적어도 초등교육과 법률이 정하는 교육을 받게 할 의무를 진다. ③ 의무교육은 무상으로 한다. ④ 교육의 자주성·전문성 및 정치적 중립성 및 대학의 자율성은 법률이 정하는 바에 의하여 보장된다. ⑤ 국가는 평생교육을 진흥하여야 한다. ⑥ 학교 교육 및 평생교육을 포함한 교육제도와 그 운영, 교육재정 및 교원의 지위에 관한 기본적인 사항은 법률로 정한다.	헌법 제31조 ① 모든 사람은 평생에 걸쳐 학습하고, 균등하게 교육받을 권리를 가진다. ② 학교의 교육과 규율은 학생의 인간으로서의 존엄과 가치에 합치하여야 하며, 교원과 학부모, 학생은 법률이 정하는 바에 따라 학교의 운영 및 관리에 참여할 권리를 가진다. ③ 모든 국민은 자녀 또는 그 보호하는 아동에게 초등교육과 법률이 정하는 의무교육을 받게 할 의무를 진다. 의무교육은 무상으로 한다. ④ 국가는 교육격차를 해소하고, 교육과정의 질을 제고하며 모든 국민이 경제적 능력에 구애받지 아니하고 능력과 필요에 따라 교육을 받을 수 있도록 노력하여야 한다. ⑤ 국가는 직업교육, 평생교육 및 민주시민교육을 진흥하여야 한다. ⑥ 교육의 자주성·전문성·정치적 중립성 및 대학의 자치는 보장된다.

교육격차 해소를 위한 공교육 강화

교육격차 해소를 위한 공교육 강화는 정부의 기본 과제이다. 전임 윤석열 정부도 '국가교육책임제 강화로 교육격차 해소'를 국정 과제로 설정한 바 있다. 이재명 정부에서는 '학령인구의 급감에도 도움이 필요한 학생이 급증하고 있는 현실에서 필요한 기초학력 지원, 특수 통합 교육 여건 개선과 심리·정서 지원 등 복합적 지원'에 초점을 맞추고 있다. 「기초학력보장법」이 2021년 9월 제정되고 교육부는 「제1차 기초학력 보장 종합계획(2023-2027)」을 마련하였고, 학교 단위에서는 기초학력 책임지도제가 운영되고 있다. 기초학력 전담 교원 확충과 이주배경학생의 한국어 교육 강화는 기초학력 보장제도가 실효성을 갖기 위한 기본적인 요건으로 인력과 시스템 구축이 반드시 이루어져야 할 것이다.

특수교육 대상자는 전체 학생 수가 감소하는 가운데도 지속적으로 증가하여 2020년 95,420명에서 2024년에 115,610명으로 집계되고 있다. 하지만 특수학교 및 특수교육지원센터에 다니는 학생은 30,930명이고 일반학교에 85,220명이 다니고 있다. 이 중에 특수학급에 배치된 학생이 65,956명으로 57.1% 수준에 머무르고 있다. 서울에 이어 인천에서 특수교사의 안타까운 죽음이 발생하였지만, 문제의 근원인 특수교육 시설이 부족하고 특수교사의 과도한 업무 부담을 해결하기 위한 대책은 더디고 갈등은 심화되는 형국이다. 서울에 무릎 꿇은 학부모의 눈물로 만들어진 서진학교가 개교하였지만, 성진학교 설립을 둘러싼 갈등은 다시 학부모들의 무릎을 꿇게 하고 있다.[8] 2025년 현재 서울의 25개 구 중에 특수학교가 없는 구가 여전히 8개에 이르고 있다. 특수교육 개선 방안으로 특수학급 신·증설, 특수학교 20개교 설립, 특수교사 정원 확충, 통합학급 협력 교사 배치 확대는 이러한 문제를 해결하기 위한 필수 과제이다. 특수교육 대상자와 경계선 지능 학생 등에 필요한 교육이 태부족한 상황이 이재

---

8) 장애 학부모들 또 무릎 호소.."서울시의회, 특수학교 설립 승인해야". 뉴스1. 2025.8.27.

명 정부에서는 획기적으로 개선되어야 할 것이다.

영·유아 단계의 교육정책에서 유보통합과 돌봄은 핵심적인 과제 중의 하나이다. 윤석열 정부에서도 유보통합과 늘봄학교를 교육개혁 3대 과제 중의 하나로 추진한 바 있다. 유보통합은 '출생부터 국민 안심 책임교육 돌봄'을 모토로 '0~5세 모든 영유아가 이용 기관에 관계없이 양질의 교육·돌봄 서비스를 차별없이 받을 수 있도록 뒷받침해 나가는 정책'이었다. 보건복지부가 담당하던 보육 업무를 교육부로 이관하는 정부조직법이 통과되었고, 2025년 관련 예산이 교육부 예산에 포함되어 편성되었다. 하지만 추진 과정에서 교사 자격, 유보통합의 대상 연령에 대한 관련 단체의 입장 차, 시설 여건 상향 평준화 등에 필요한 재원 마련 등으로 답보 상태에 빠져 있다. 대선 공약에서 "무능과 불통을 걷어내고, 교육 보육의 질을 높이는 '정부책임형 유보통합'을 추진하겠습니다"라고 천명한 이재명 정부는 2026년 교육부 예산안에 0세 반부터 교사 대 아동 비율 개선에 3,262억 원을, 4~5세 단계적 무상교육·보육 지원에 4,703억 원을 편성하였다. 하지만 이러한 방안만으로는 '정부책임형 유보통합'을 충족시키는 것은 미흡하다. 정부 차원에서는 보육 업무가 교육부로 넘어왔는데 지방자치단체 차원에서는 이에 대한 방침도 마련되지 않았고, '자치단체가 부담하던 2조 원 넘는 보육 관련 예산을 어떻게 할 것인가?' 하는 문제도 미해결 상태이다. 유보통합에 대한 이재명 정부의 로드맵을 제시하고 그동안 쟁점 상태에서 벗어나지 못하고 있는 과제를 해결하기 위한 노력을 구체화하는 것이 '정부책임형 유보통합'으로 한 단계 진전하는 길이다.

이재명 정부에서는 〈방과후·돌봄체계 구축〉에서 방과후 프로그램 이용권 제공으로 교육비 부담을 완화하고, 프로그램과 강사의 검증을 강화하여 방과후학교 체제를 확립하고, 지자체 중심의 돌봄 교육모델을 마련하여 확산하는 '온동네 초등돌봄'을 추진하고 있다. 하지만 '온동네 초등돌봄을 어떻게 운영할 것인가?' 하는 것도 명확히 제시되지 않고 있다. 학교 중심의 돌봄 정책을 지자체가 주도하는 돌봄 정책으로 전환하겠다는 것인지, 늘봄학교와 병행할 것인지도 불분명한 상황이다. 학교는 공간을 내어주고 지자체가 돌봄교실 운영 주체로 운영하여 대통령상과 교육부장관상을 수상하고, 정부 혁신 100대 과제로 선정되었던 서울특별시 중구의 '학교돌봄터 사업'이 예산과 인력 지원 등의 문제로 지속되지 못했던 것도 반면교사로 삼아야 할 것이다.

이재명 정부는 OECD 국가 중 가장 높은 산업 재해로 인한 사망률을 줄이기 위하여 2026년에 고용노동부 예산을 2025년 본예산 대비 2조2,705억 원 증액한 총 37조6,159억 원을 책정하였다.[9] 2024년에만 221명이 넘는 청소년들이 생을 마감하고 10대의 자살률은 인구 10만 명당 7.9명으로 1983년 집계 이후 최고치를 기록하고 있다.[10] 이러한 우리 미래 세대의 반복되는 죽음이야말로 산업 재해에 버금가는 교육 재해이고 전 사회가 해결해야 할 과제이다. 청소년 우울증 유병률도 25.1%에 달하며, 교육부의 학생 정서행동특성검사 결과 '관심군'으로 분류된 학생의 비율은 2020년 4.41%에서 2022년 5.09%로 꾸준히 증가하고 있다. 이러한 문제를 해결하기 위하여 국정 과제로 설정한 '학생의 마음건강을 위한 다층적 지원체계 구축'은 사회정서교육[11] 활성화와 선별검사 내실화, 전문기관 연계 확대 등 예방-발견-상담-치료 전 단계를 아우르는 방안을 마련하는 것으로 구성되어 있다. 이 대책이 효과를 거두기 위해서는 기존의 시스템을 보완하고 인력을 확보하는 것과 함께 2026년 본격적으로 시행되는 학생 맞춤 지원 방안과 유기적으로 결합하여 추진해야 할 것이다.

---

9) 산재 암행어사 1,000명 뜬다…고용부 내년 예산, 산재 예방 강화 주 4.5일제 지원. 한국일보. 2025.8.31.
10) 10대 자살률, 역대 가장 높다…"대책 절실". 데이터뉴스. 2025.2.10.
11) 사회정서교육(SEL)은 학생들이 자신과 타인의 감정을 이해하고, 이를 바탕으로 관계를 형성하며, 책임 있는 의사결정을 내리는데 필요한 기술과 태도를 배우는 교육과정으로 5대 핵심역량(자기 인식, 자기 관리, 사회적 인식, 관계 기술, 책임 있는 의사결정)을 중심으로 하고 있다.

학교 자치와 교육거버넌스 혁신

교육구성원 간의 신뢰와 존중은 약화되고 갈등과 대립은 강화되고 있다. 서이초 사건을 계기로 연인원 80만 명의 교사가 거리에 나서고 교권보호 5법이 신속하게 개정되었다. 하지만 인천의 특수교사 사건, 대전의 김하늘 양 사건, 제주도 중학교 교사 사건 등 안타까운 사건이 지속적으로 발생하고 있다. 교원단체는 정책의 실효성이 없다고 비판하고, 학부모를 민원인 취급하는 정책에 대해 불만이 쌓아져 가고 있다. 국정기획위원회 사회 2분과장이었던 홍창남 교수는 "교육 분야 공약 개발 배경 중의 하나로 '서이초 사태' 등으로 표면화된 학교 공동체 내부 규범의 위기와 교육활동의 본질을 왜곡하는 과도한 입법 행정화로 민주시민이 성장하는 공동체로서 학교 교육력 회복이 절실하다"는 '교육 불가능'에 대한 교육 현장의 고통 호소를 들고 있다.[12] 교사, 학생, 학부모가 협력하는 민주적 학교 운영 기반을 마련하는 것이 국정 과제로 명시된 것은 이러한 교육 현실을 반영한 것이다. 하지만 민원 대응팀 구축 등 교권보호 강화 정책이 이미 시행되고 있음에도, 실효성이 부족한 문제를 해결하기 위한 실질적인 방안은 제시되지 않고 있다. 학부모회의 기능과 권한 강화, 가정-학교 협력을 위한 학부모 역량 강화 지원, 학교운영위원회 제도 개선도 어떻게 하겠다는 구체적인 방안이 미흡한 수준이다. 또한 교권 보호와 학부모 참여의 확대가 상호 배타적으로 작동되지 않도록 하는 방안을 교육청과 교원단체 학부모단체 청소년 단체 등과 함께 마련해야 할 것이다.[13]

---

12) 이재명 정부 교육정책의 주요 내용과 성공 요건. 전국교육자치혁신연대 등 주최 이재명 정부 교육정책 어떻게 추진할 것인가? 토론회 자료집. 홍창남. 2025.
13) 세종시교육청은 '교육 3주체'가 서로 존중하고 신뢰하는 민주적 학교 문화 기반 조성을 위해 '3주체 생활협약' 제정·운영을 지원하여 2017년 6개 학교에서 찾아가는 3주체 생활협약 제정을 시작해, 2021년에는 30개교로 확산하였다

이재명 정부에서는 교원의 시민으로서의 권리를 보장하는 것을 국정 과제로 설정하였다. 이번 대통령선거에서 고등학생 중에 만 18세 이상의 선거권자 19만2,439명이 투표권을 행사하였다. 중앙선거관리위원회는 "청소년의 정치 참여는 민주주의의 발전과 사회의 다양성을 반영하는 데 중요한 역할을 합니다. 만 18세 이상 청소년이 투표권을 행사함으로써, 교육, 청년 일자리, 주거 등 청소년 관련 정책에 대한 관심과 반영이 증가할 수 있습니다"고 그 의미를 설명하고 있다. 교원의 정치기본권 보장이 조속히 이루어지고 교육감 선거에 학생들의 참여가 확대되는 것은 민주시민 교육의 기본적인 전제를 마련하는 차원에서도 조속히 이루어져야 한다.

국가교육위원회는 본래의 역할을 되찾고 우리 교육의 난맥상을 타개하는 데 기여하는 조직으로 거듭날 것인가? 국가교육위원회가 2025년 9월 27일 차정인 전 부산대학교 총장이 2대 위원장으로 취임하였다. 국가교육위원회 내 국민참여위원회의 숙의·공론화 기능 강화 등 역할을 확대하고, 연 1회 이상 대국민 연례 보고회가 실시될 것이다.

2기를 맞이하는 국가교육위원회가 정상화를 넘어 제 역할을 찾기 위해서는 우선 교육부와의 역할 정립이 필요하다. 국가교육위원회는 교육부가 할 수 없는 일을 담당하도록 입법적으로 설계되었다. 이것은 5년 단위 정권교체의 영향을 받지 않고 중장기적인 관점에서 정권 차원을 넘어서는 교육정책을 추진하라는 뜻과 관료적 결정의 한계를 넘어서는 사회적 합의를 추구하라는 뜻을 포함한다. 사회적 합의에 기반한 중장기 교육정책을 만드는 것이 국가교육위원회의 책무라는 것이다.[14]

국가교육위원회는 중장기 국가교육발전계획 수립, 국가교육과정 기준 및 내용 마련, 주요 교육정책에 대한 국민 의견 수렴 및 조정 등에 집중할 수 있도

---

14) 교육자치의 관점에서 본 국가교육위원회 3년 평가 -국가교육위원회 오작동의 원인과 문제점을 중심으로- 교육자치와 분권강화를 위한 정책포럼 자료집. 정대화. 2025.

록 인력 및 조직을 확충하고 국무총리 산하의 한국교육과정평가원을 국가교육위원회로 이관하는 등 기능을 강화하여야 할 것이다.[15] 이와 함께 교육부는 고등교육, 평생교육과 정부가 국정과제로 추진하는 교육정책의 추진을 담당하고, 문재인 정부에서 추진하였던 초·중등교육의 권한을 교육청에 과감히 이양하는 정책을 재정립하고, 교육시민사회의 참여와 협력으로 교육정책의 실효성을 담보하는 것이야말로 국민주권 정부를 표방하는 이재명 정부의 교육거버넌스의 모습이어야 할 것이다.

---

15) 국가교육위원회(대통령 소속 행정위원회)의 정원은 31명인데 반해, 지방시대위원회(대통령 소속 자문기구)는 90명 내외 국무총리 소속 공정거래위원회 655명, 국민권익위원회 486명 개인정보보호위원회는 163명 규모이다.

이재명 정부 교육정책의 성공을 위한 제언

이재명 정부 교육정책의 비전은 무엇인가?

김영삼 정부는 '열린 교육 사회, 평생학습 사회 건설'을, 노무현 정부는 '교육개혁과 지식문화강국 실현'과 '공교육 내실화와 교육복지 확대'를, 문재인 정부는 '더불어 성장하는 포용 교육'을, 윤석열 정부는 '희망사다리 교육미래 인재 육성'을 비전으로 제시한 바 있다. 이재명 정부의 교육정책 비전은 아직 명확하게 제시되지 않고 있다. 국정기획위원회의 보고서에서 '각자의 능력을 키우는 교육'을 내세우고 있지만 슬로건 수준을 넘지 못하는 것으로 보인다. 민주주의와 사회의 지속 가능성을 높이는 일에서 교육의 중요성을 강조하고 교육이 경제 사회적 역량의 회복에도 기여한다는 의미를 포괄할 수 있는 '교육 국가와 역동 사회'[16] 등을 적극적으로 검토하여 교육 비전과 교육정책의 기본 원리를 명확히 해야 할 것이다.

2025년은 문민정부 이후 한국교육의 기본 원리로 작용해온 5·31 교육개혁이 30년을 맞이하는 해이다. 헌법 개정 논의 과정에서 1987년 체제의 극복을 주요한 화두로 삼고 있는 것처럼, 신자유주의 시장원리를 바탕으로 하는 5·31 교육개혁을 대체할 수 있는 새로운 교육체제를 마련하는 것도 이재명 정부의 주요 과제이다. 유네스코 교육의 미래(2022)에서는 "전 지구적인 공동의 위기에서 벗어나 지속가능한 미래를 위해 '상호 책임을 갖는 협력적 관계'를 위한 새

---

[16] 민주연구원(2024)의 민주 정부의 교육개혁 정책 모색에서 교육국가(Education State)와 역동 사회를 제안한 바 있다.

로운 사회계약"의 필요성을 제기하였다. 여기에서 교육은 공공재이자 공동재가 되어야 한다는 것을 강조하고 있다. 유네스코가 제시하는 공동재로서의 교육을 원리로 하는 새로운 교육체제를 국가교육위원회를 중심으로 사회적 논의와 숙의 과정을 통하여 마련해야 할 것이다.

교육자치와 학교자치를 어떻게 실현할 것인가?

국민주권의 실현은 권력의 분산과 참여 민주주의의 확대를 충분조건으로 한다. 교육 주권자인 학생, 학부모, 교사의 교육권이 확장되고 '참여의 제도화'를 통해 '더 질 높은 교육'이 이루어지도록 하는 것이다. 이를 위해서는 중앙정부의 권한은 과감히 이양하고 시·도교육청과 교육지원청의 역할도 학교 자치를 중심으로 재정립하여 학교 자치를 활성화하는 데 중점을 두어야 한다.

문재인 정부는 100대 국정 과제에 '교육 민주주의 회복 및 교육자치 강화'를 제시한 바 있다. 여기에는 2017년에 고등·평생·직업 교육 중심으로 교육부 조직 개편 및 초·중등교육 이양 확대를 위한 공동협의체 구성한다는 시기와 목표 및 이행 기구까지 명시하였다. 교육부는 교육청의 자율적 정책 수립을 지원하는 곳으로 규정하였다. 유은혜 장관은 취임사에서 "중앙정부가 가진 초·중등교육 권한은 체계적으로 계획을 수립해 교육청과 학교로 이양하고, 교육부는 고등·평생·직업교육 영역을 중심으로 기능을 개편해 발전적으로 전환하겠다"고 밝힌 바 있다.[17] 교육부와 전국시도교육감협의회가 공동 운영한 '교육자치정책협의회'는 2017년부터 2019년까지 총 3차에 걸쳐 발굴하였던 131개 권한 배분 우선 정비 과제 중에 124개를 이행 완료를 공표하기도 하였다(교육부 보도자료. 2021.4.22.). 특별교부금의 비율을 4%에서 3%로 줄이고 보통교부금의 비율을 늘

---
17) 유은혜 부총리 겸 교육부 장관 취임사. 아시아경제. 2018.10.2.

린 것은 전국시도교육감협의회뿐만 아니라 교육시민사회의 요구를 반영한 결과이다.

전국시도교육감협의회는 새 정부의 출범에 맞추어 지방교육자치 실현과 미래교육 전환을 위한 정책을 제안하였다. 여기에는 중앙정부-지방자치단체-교육청 협력적 거버넌스 구축을 위해 전국시도교육감협의회 대표가 국가최고위급 회의(국무회의)에 참여를 요청하였다. 또한 지방교육재정의 안정적 확보와 유보통합 추가 재원 확보 방안 마련을 위한 (가칭)「교육돌봄책임특별회계법」 제정과 교원이 교육활동에 전념할 수 있는 교육환경 조성과 관련하여 교원 정원 관리 권한을 행정안전부에서 교육부 시·도교육청으로 이관하는 요구를 담고 있다.[18] 하지만 국정기획위원회 보고서에 이러한 요구에 대한 답변은 찾아보기 어렵다. 반면에 일반자치와 관련한 국정 과제가 헌법 개정과 연동하여 권한과 책임을 부여하는 것을 명확하게 제시하고 있다.[19] 지방교부세를 늘리는 것을 추진하면서 「지방교육재정교부금법」 개정 방향은 오리무중인 상황이다.[20]

학교 자치는 국정 과제 〈학교 자치와 교육 거버넌스〉에 포함되어 있지만, 학교 구성원의 관계 정립에 관한 내용을 중심으로 하고 있다. 학교 구성원들이 학교 내의 문제를 제대로 해결해 가기 위해서는 상급관청의 권한이 대폭 학교로 이양되어야 하고, 교육과정, 재정, 인사·조직, 학교 운영으로 한정되어 있는 것을 학교 구성원들이 스스로 규정과 규칙을 제정할 수 있는 권한까지 확대

---

18) 전국시도교육감협의회 보도자료(2025.7.2.):전국시도교육감협의회,새 정부에 4대 교육과제 공식 제안
19) (국정과제 52). 주민 삶의 질 향상을 위한 자치분권 역량 제고에는 중앙·지방협력회의를 국가자치분권회의 개편, 자치입법권 강화와 주민자치회의 법적 근거와 주민 선택 읍·면 동장 임용제 시범 실시, 「지방일괄이양법」 제정을 담고 있고 (국정과제 53). 지방 재정 확충으로 자치재정권 확대 및 지역경제 활성화에는 국세-지방세 6:4를 지향 7:3까지 개선, 5극 3특 등에 대응 교부세율 상향, 중앙-지방 기능 조정 추진을 담고 있다.
20) 학생 수 감소 등을 이유로 지방교육재정교부금이 내국세의 20.97%를 줄여야 한다는 주장은 여전히 거센 상황이다. 2026년 교육부 예산안에서는 [고등교육평생회계]를 유지하고 교육세 중 금융부분에서 오는 재원은 서울대 10개 만들기 등 고등교육정책에 사용하고 [유아교육특별회계] 를 [영유아교육특별회계]로 개편하는 수준으로 절충하고 있다.

되어야 할 것이다.[21] 이와 함께 교육제도에서 민주성을 담보하고 지역에 기반한 자치성을 확보하기 위해서는 기초단위로 교육 권력의 이양(김용련 2025)과 교육장 직선제(공모제) 등에 대한 적극적인 검토가 필요하다. 또한 교육자치와 학교 자치가 국민주권시대에 걸맞게 제대로 운영되기 위해서는 일반자치 영역의 「지방이양일괄법」에 준하는 「교육의 지방분권 추진에 관한 법률」 제정[22] 등의 제도적 기반이 마련되어야 할 것이다.

이재명 정부에서도 교육감 선거제도에 대한 논란은 지속될 가능성이 높다. 지역 소멸, 인구 감소의 방어선 구축을 위한 지역교육 재설계 차원에서 교육자치와 교육감 선거제도에 대한 논란이 지속되었고, 교육감 러닝메이트 제도를 공약에 포함하는 방안도 검토되었다고 알려져 있다.[23] 헌법재판소는 "지방교육자치는 지방의 자치와 교육의 자치라는 이중의 자치로서, 민주주의, 지방자치, 교육 자주라는 헌법적 가치를 골고루 만족시킬 수 있어야 한다(99헌바113)"고 판시한 바 있다. 교육자치와 일반자치와의 통합, 러닝메이트제 도입 등에 대한 논란으로 갈등을 빚기보다 교육청과 자치단체가 공동 사업의 추진을 위한 협력 체계를 마련하는 방안을 체계화하여야 한다. 교육청과 자치단체의 협력을 강화하기 위하여 시도교육공동위원회(사무국 설치 및 상근 직원 배치)를 설치하여 실질적인 협력을 도모하여야 할 것이다. 지역 실정에 적합한 교육자치 및 학교체제 재설계(교육장 직선제, 통합학교, 복합시설 학교) 등의 국정 과제도 이러한 틀 속에서 논의되고 생산적인 방안을 마련할 수 있을 것이다.

---

21) 교육이 가능한 학교. 이제 진짜 학교자치로 !11! p13 전국교장교감원장원감 좋은교육정책포럼 자료집. 손동빈. 2025
22) 이 법안의 제4조(교육 지방분권의 기본 이념) 교육의 지방분권 추진은 교육의 자주성 및 전문성을 보장하고 각 지역의 특성에 맞는 교육을 실시함으로써 지방교육자치와 학교자치를 구현하고 학생의 교육을 받을 권리를 실질적으로 보장 및 확대하는 것을 기본으로 한다.
23) 이재명 정부 교육정책의 주요 내용과 성공 요건, 전국교육자치혁신연대 창립 기념 토론회 자료집. 홍창남. 2025.

저출생과 교육불평등 문제의 근원인 사교육 문제

2025년 현재 사교육비는 40조 원을 상회하는 것으로 파악되고 있다. 교육부가 편성한 영·유아, 초·중등 교육 부문 예산 82조 원의 절반 수준이다. 이와 관련한 이재명 정부의 대책은 공교육을 내실화하여 사교육비 부담을 줄인다는 기조로 '국가가 책임지는 기초학력 관리 체계 구축', '기초학력 학습안전망 지원 확대', '초등 정서행동 학습지원 전문교사제 도입', 'EBS를 활용한 자기주도학습 센터 운영'을 주요 내용으로 하고 있다. 7세 고시 등 심각한 영·유아 사교육 문제에 대한 대책으로 '놀이 중심의 영어 및 다언어 방과후 특성화 교육 강화'와 국가교육위원회 주도로 실태를 파악하고 영·유아 사교육 가이드라인을 마련한다는 것이다.

국가교육위원회는 영·유아 사교육에 대한 실태조사 차원을 넘어서 이러한 소모적이고 비교육적인 과잉 입시경쟁 구조를 해체하기 위한 교육-사회 대개혁 방안을 마련하고 정권을 넘어 지속적으로 추진되어야 할 것이다. 국제중, 자사고, 특목고 등 특권학교의 일반학교 전환과 영·유아 단계의 공교육 시스템 강화 방안을 마련하여 사교육비를 2030년까지 20조 원 수준으로 축소하기 위한 종합적인 대책을 마련해야 할 것이다. 사교육비 문제는 지속가능한 한국 사회를 만들기 위한 전 국가적 과제이자 민생 차원에서도 최우선적인 과제이다.

정책학은 현실 문제 해결을 지향한다. 정책의 성패는 냉철한 현실 인식과 적합한 정책 수단을 마련하는 것에서 좌우된다. 이재명 정부의 교육정책을 입안한 문제의식은 "글로벌 AI 패권 경쟁 심화라는 대외적 환경과 학령인구 급감, 지역 소멸 위기라는 대내적 상황에 대응할 힘은 바로 '교육'이므로, 지금은 공교육에 대한 신뢰를 회복하고 인재 양성에 최선을 다해야 할 시점이다. 이재명 정부는 유·초·중등 교육부터 국가 책임을 강화해 아이들이 건강한 사회 구성원으로 성장하도록 지원하고, 학생·교사·학부모 모두가 상호 존중받는 학교를 만드는 것을 우선 과제로 인식하고 있다"에 담겨져 있다. 제한된 재정과 인력, 교육 부문의 개혁만으로 해결될 수 없는 구조적 문제를 안고 있는 교육개혁 과제를 이재명 정부가 할 수 있는 것 역시 제한적이다. 하지만 한국 사회의 지속가능성을 위한 교육 부문의 노력은 제한적일 수 없다. 국민주권 정부의 교육개혁은 우리 모두의 과제이다.

02.

2026년 한국교육이 직면한 10대 쟁점과 과제

- **AI 시대, 교육의 인공지능 대전환(AX)**
  장상현 * 한국교육학술정보원 수석연구위원

- **플랫폼이 만들어내는 새로운 형태의 교육과 쟁점**
  김송희 * 한국삼육고등학교 교사

- **고교학점제, 미래 교육의 문을 열 수 있을까?**
  백승진 * 교육정책디자인연구소 정책위원장

- **서울대 10개 만들기 정책의 과제와 실현 가능성**
  홍창남 * 부산대학교 교수

- **위기의 지역교육 살리기와 지방교육자치**
  김용 * 한국교원대학교 교수

- **교사 정치기본권, 금기의 권리에서 보편의 권리로**
  장경주 * 서울 오금중학교 교사

- **학교를 위험하게 만드는 것들 _ '위험사회론'으로 본 학교**
  김영식 * 덕양중학교 교사

- **평균이 사라진 교실, 모두를 품는 학생맞춤통합지원**
  최지윤 * 군산월명중학교 교장

- **국가교육위원회 재설계, 사회적 합의를 가능하게 하는 조건**
  김범주 * 국회입법조사처 입법조사관

- **윤석열 정부가 남긴 이재명 정부의 과제**
  김승호 * 실천교육교사모임 대외정책실장

02.

2026년
한국교육이 직면한
10대 쟁점과 과제

AI 시대,
교육의 인공지능 대전환(AX)

장 상 현
한국교육학술정보원 수석연구위원

03

AI 혁명과
교육의 전환점

현생 인류의 기원은 약 30만 년 전 아프리카에서 등장하여 전 세계로 확산된 호모 사피엔스Homo sapiens로 거슬러 올라간다(Nature, 2017). 네안데르탈인의 DNA 일부가 혼합되어 있음이 밝혀졌지만, 인류 문명의 주류 계보를 호모 사피엔스로 보는 것이 정설이다. 문명의 발상지는 대체로 큰 강 주변에서 형성되었으며, 아프리카에서는 나일강이 그러한 역할을 담당하였다.

우간다·케냐·탄자니아에 걸쳐 있는 빅토리아호수는 나일강의 근원지인 진자Jinja를 품고 있으며, 이 물줄기는 고대 이집트 문명을 길러냈다. 나일강의 흐름처럼 인류는 자연과의 상호작용 속에서 생존과 번영을 모색해왔다. 이러한 맥락에서 오늘날의 인공지능AI 혁명은 새로운 문명을 열어가는 '디지털 나일강'이라 할 수 있다.

AI는 단순한 도구의 차원을 넘어 인간의 사고·학습·창작의 주요 기능을 빠르게 대체하며 교육·산업·문화 전반에 중대한 변화를 초래하고 있다(UNESCO, 2023). 특히 학교 교육은 그 변화의 최전선에 서 있다. 학생은 더 이상 지식의 수용자가 아니라 AI와 상호작용하며 사고를 확장하는 학습자가 되고, 교사는 단순한 지식 전달자가 아니라 학습 촉진자이자 디자이너로 역할을 전환하고 있다(OECD, 2024).

그러나 이러한 변화는 이중적 성격을 갖는다. AI 혁명은 교육의 질적 도약을 가능케 하지만 동시에 인류가 기술에 종속되거나 예기치 못한 부작용을 경험할 위험을 내포한다(Yuval Noah Harari, 2015). 과거 인류는 부족함과 위기를 신과 종교에 의존해 극복했다. 풍년을 기원하며 제물을 바치거나, 가뭄이 들면 기우제를 지냈다. 그러나 현대 인류는 과학과 기술에 더 크게 의존하게 되었으며, 하라리가 『호모 데우스』에서 언급했듯 데이터와 알고리즘을 신처럼 섬기는 '데이터이즘 Dataism'이 만연할 가능성이 크다(장상현, 2023).

이러한 의존은 결혼, 투표, 수술, 경제적 거래와 같은 중요한 결정을 인간의 판단보다 AI의 분석에 의존하는 현상으로 나타날 수 있다. 이는 인간이 창조주의 영역에 도전하는 또 하나의 사례로 해석될 수 있으며, 역사와 신화 속에서 그러한 도전은 늘 부작용과 응징을 동반했다. 프로메테우스 Prometheus가 불을 훔쳐 제우스의 분노를 샀던 이야기, 파에톤 Phaethon이 태양의 전차를 제어하지 못하고 번개에 맞아 죽은 이야기, 바벨탑을 쌓다 언어가 흩어진 서사가 그 대표적 사례이다. 근대의 복제 동물 실험 역시 신의 영역을 기술로 대체하려는 시도의 연장선이라 할 수 있다.

우리는 이 지점에서 다시 인류의 기원을 성찰할 필요가 있다. 진자에서 발원한 나일강이 문명을 길러낸 것처럼, AI 또한 새로운 문명을 열어갈 가능성을 지닌다. 그러나 인류가 주체적 성찰을 잃고 기술에만 의존한다면, 스스로의 기원을 잊은 채 새로운 '종속의 시대'로 접어들 수 있다. 따라서 학교 교육은 AI 활용의 기술적 숙련에 머무르지 않고, 인류가 도구를 처음 발견했을 때 던졌던 본질적 질문-"우리는 왜 존재하며 어떻게 살아갈 것인가"-을 되살려야 한다.

AI 혁명이 가져올 미래는 단순한 효율성과 편리함의 축적이 아니라, 인간이 기원을 성찰하며 기술과 공존하는 새로운 존재 방식을 창조해 가는 과정이다. 빅토리아호수에서 흘러나와 나일 문명을 키워낸 물줄기처럼, AI 또한 우리가 어떤 방향으로 흐르게 하느냐에 따라 인류의 운명을 새롭게 빚어낼 것이다. 지금 필요한 것은 기술에 대한 경외가 아니라, 기원에서 배운 지혜를 바탕으로 AI 시대를 주체적으로 열어가는 교육적 통찰이다.

본 장에서는 이러한 문제의식을 바탕으로, 2026년 한국교육이 맞이한 전환점을 다섯 가지 흐름에서 살펴본다. 첫째, AI를 둘러싼 글로벌 경쟁과 한국의 대응, 둘째, AI 시대 교육의 인공지능 대전환 AX, 셋째, 교육의 변화를 이끌 AI 기술들, 넷째, 교육제도와 AI 기술의 융합, 다섯째, AI 대전환 시대 교육의 본질과 미래 전망이다.

AI를 둘러싼 글로벌 경쟁과
한국의 대응

2025년 8월 기준 전 세계 시가총액 1위 기업은 AI 반도체를 생산하는 엔비디아^{NVIDIA}이다. 불과 3년 만에 마이크로소프트를 제치고 세계 최대 기업이 된 엔비디아의 사례는 데이터와 AI 반도체가 21세기의 새로운 원유로 자리 잡았음을 보여준다(Bloomberg, 2025). 현재 시가총액 상위 기업 대부분은 IT 기업이며, 이들은 방대한 데이터를 기반으로 디지털 플랫폼 비즈니스를 전개하고 있다. 데이터 경제라는 개념은 이미 2011년 가트너^{Gartner} 보고서에서 언급된 바 있으며(Gartner, 2011), 이후 미국과 중국은 각각 GAFA^{Google, Apple, Facebook, Amazon}와 BATH^{Baidu, Alibaba, Tencent, Huawei}로 대표되는 플랫폼 기업들을 중심으로 패권 경쟁을 이어가고 있다. 표면적으로는 무역과 관세 전쟁처럼 보이지만, 본질적으로는 데이터·AI 기술, 나아가 휴머노이드 로봇과 같은 피지컬 AI를 둘러싼 패권 다툼이라 할 수 있다.

중국은 정부 주도의 투자와 방대한 데이터를 활용해 미국을 추격하고 있다. 특히, 딥시크^{DeepSeek}와 같은 저비용·고성능 생성형 AI 서비스, 대량생산 가능한 로봇 개발 등에서 두각을 나타내고 있다(Caixin, 2025). 반면 미국은 OpenAI, 구글 딥마인드, 마이크로소프트, 엔비디아 등 실리콘밸리 기업들을 중심으로 범용 인공지능^{AGI} 개발에 집중하며, 장기적이고 원천 기술에 큰 비용을 투자하는 전략을 추진하고 있다. 세계는 이미 본격적인 AI 기술 전쟁에 돌입한 상황이다.

AI 기술은 크게 반도체, 알고리즘을 포함한 소프트웨어, 그리고 이를 기반으로 한 서비스로 나눌 수 있다. '딥러닝Deep Learning', '딥페이크Deepfake', '딥시크DeepSeek', '딥리서치Deep Research' 등 다양한 용어의 등장은 AI가 얼마나 빠르게 진화하고 있는지를 보여준다. 이러한 흐름 속에서 '딥테크DeepTech'라 불리는 융합 첨단 기술 분야가 각광받고 있으며, 이는 AI와 양자기술, 로봇, 블록체인 등이 결합된 영역의 기술을 결합해 확장되고 있다(WEF, 2024).

그러나 한국은 구조적 한계를 안고 있다. 이공계 대학원생 수 감소와 의학계 집중, AI 분야 연구 인력 부족이 대표적이다. 2024년 이공계 박사 추적조사에 따르면 전체 박사 배출 인원 중 AI 분야는 6%에 불과하고(한국교육개발원, 2024), 스탠퍼드대학의 「2025 인공지능 지표」에 따르면 한국은 AI 인재 집중도에서 10위권에 머물렀으며 인재 유출 국가로 분류되고 있다(Stanford HAI, 2025). 또한 논문 생산량에 있어서도 중국, 유럽, 인도, 미국이 주도하고 있으며, 한국은 양적, 질적 측면에서 여전히 뒤처져 있다.

하지만 한국은 과거 정보화에서 성과를 거둔 경험이 있다. 2000년대 초반 모든 학교에 초고속통신망을 조기 보급하여 UN 전자정부 평가에서 3회 연속 1위를 기록한 사례가 대표적이다(UN, 2005). 또한 반도체, 조선, 자동차, 방산 등 제조업 분야의 강점은 피지컬 AI 시대에 중요한 기회 요인으로 작용할 수 있다. 현재 개인정보보호 강화와 부처 간 칸막이, 데이터 개방 공유 부족으로 데이터 활용이 지체되고, 인구 5천만 명 규모의 내수 시장만으로는 글로벌 소프트웨어 경쟁력을 확보하기 어려운 한계도 있으나, 새 정부는 이러한 한계를 극복하기 위해 '소버린 AISovereign AI' 정책을 내세우며, '세계에서 가장 AI를 잘 활용하는 국민'을 목표로 설정했다(국정기획위원회, 2025). 이는 산업화와 정보화에서 후발주자였던 한국이 지능화 시대에는 선도국으로 도약할 수 있는 계기를 마련한다는 점에서 의미가 크다. 특히 삼성전자, 네이버, LG, KT 등이 개발한 대규모 언어모델LLM을 오픈소스화하여 개방형 생태계를 조성하고, 의료·교육·금융 등 다양한 분야에서 자유롭게 활용할 수 있을 것이다. 이를 지원하기 위해서는 분야별 개방 데이터 센터 구축과 강력한 데이터 공유 거버넌스 마련이 병행되어야 한다.

정부는 이미 대통령실에 AI미래기획수석실과 국가AI정책비서관을 설치하고, 100조 원＋α 이상을 투입해 GPU 확보, 국가대표 개방형 LLM 개발, 데이터 지원, AI 활용 교육, 재난 대응 등 구체적인 정책을 추진 중이다(과학기술정보통신부, 2025). 이러한 전략은 한국이 단순한 기술 수용국을 넘어 세계 AI 3강 체제를 주체적으로 선도하기 위한 발판이자, 세계를 선도하는 퍼스트무버First Mover로서의 도약대가 될 것이다.

AI 시대, 교육의 인공지능 대전환(AX)

대한민국 교육은 지난 30여 년간 교육정보화, 디지털교육 정책 추진을 통해 교육 혁신을 이끌어내고자 해왔다. 그러나 지금 우리가 마주한 도전은 단순한 ICT^{Information and Communication Technology} 활용의 연장이 아니다. 교육 전반을 근본적으로 변화시키는 디지털전환^{DX}를 넘어, 인공지능 대전환^{AX: Artificial Transformation}이 필요하다.

그 간의 정부 정책을 살펴보면, 1996년은 교육과 사회 전반에 큰 전환점이 된 해였다. 김영삼 정부는 세계화와 정보화를 양대 축으로 내세워 5·31 교육개혁을 추진했다(한국교육개발원, 1996).

2001년은 초고속 인터넷이 세계 최초로 모든 학교에 보급된 해로 기록된다. 정부는 경부고속도로처럼 잘 구축된 '사이버 고속도로'를 기반으로 누구나 언제 어디서나 공부할 수 있는 환경을 조성하고자 이러닝 활성화 정책을 추진했다. 사이버가정학습은 사교육비 경감과 오지 학생 지원이라는 목표를 지녔으며, EBS 수능 방송을 온라인으로 제공하기 시작했다(EBS, 2001). 그러나 일부 교사들은 이러닝을 'EBS 러닝'이라고 비판하며 회의적인 시각을 보이기도 했다.

2003년에는 PDA 단말기의 보급과 함께 유러닝^{U-Learning} 정책이 시도되었다. 그러나 단말기 보급과 정책 간 연계성이 부족했고, 시범학교 중심의 사업으로만 추진되어 전국 확산에는 한계가 있었다. 다만 기존에 평생교육법 소관이던 사이버대학이 고등교육법에 편입되면서 원격·평생교육 분야가 본격적으로 제도권 교육으로 자리 잡기 시작했다.

2007년에는 스마트정부를 표방하며 교육, 행정, 보건 등 전 분야에 ICT융합 정책이 추진되었다. 교육에서는 기술 중심 접근에서 제도적 기반을 강화하는 방향으로 전환되어, '스마트교육'이라는 정책을 수립했으나, 정부가 바뀌며 실행 단계에 이르지 못했다. 이어 2012년에는 전 세계적으로 MOOC 열풍[1]이 확산되었고(Time, 2012), 한국 역시 K-MOOC를 도입했다. 동시에 교사단체와 NGO가 주도한 거꾸로 교실 Flipped Classroom[2] 과 같은 모델은 정부 하향식 Top-Down 정책이 아닌 현장발 혁신이라는 점에서 의미를 지니며 발전되었다.

2019년 코로나19 팬데믹은 교육의 본질을 다시 성찰하게 만든 계기가 되었다. 학교가 문을 닫았음에도 불구하고 한국은 원격교육 인프라 덕분에 온라인 개학을 성공적으로 운영하며 세계적 주목을 받았다(UNESCO, 2019). 그러나 코로나19 이후에는 학업 성취를 넘어 학생 간, 학생과 교사 간의 '관계'라는 교육의 드러나지 않았던 역할이 다시 강조되었다.

2022년은 ChatGPT의 등장으로 AI 혁명이 시작된 해였다(OpenAI, 2023). 자연어 기반의 검색과 보고서 작성, 이미지 생성, 코딩 보조 등 인간의 창작 활동을 지원하는 기능이 본격화되었고, 정부는 2023년부터 AI 디지털교과서[3]를 통해 맞춤형 학습을 지원하는 정책을 도입했다(교육부, 2023).

지금까지의 경험과 성찰을 통해 AX의 도입을 통한 교육혁신은 다음의 다섯 가지 혁신으로 구체화될 것이다. 첫째, 인식 혁신은 음성·이미지 인식 기반의 교육정보 접근의 새로운 인터페이스를 제공할 것이다. 둘째, 자동화 혁신은 행정과 평가 업무를 경감해 교사가 학생과 더 많은 시간을 보낼 수 있도록 할 것

---

1) MOOC(Massive Open Online Course): 웹 서비스를 기반으로 이루어지는 상호참여적, 거대규모의 교육을 의미한다. 해외의 코세라(Coursera), 에덱스(Edx), 유다시티(Udacity) 등이 대표적이다(위키백과).
2) Flipped Classroom: 교실 수업 전에 먼저 온라인을 통한 선행학습 이후 오프라인 강의를 통해 교수와 토론식 강의를 진행하는 수업방식이다(네이버 지식백과)
3) AI 디지털교과서: 2023년 10월 17일 「교과용도서에 관한 규정」 일부개정을 통해 교과서의 법적 지위를 가지고 개발되었으나, 2025년 8월 4일 "초중등교육법" 개정안이 발의되어 법적 지위가 교과서에서 교육자료로 변경되었다.

이다. 셋째, 소통 혁신은 AI를 활용한 즉각적 피드백과 상호작용을 촉진하여 학습 포기율을 낮출 것이다(Georgia Institute of Technology, 2016). 넷째, 생성 혁신은 교과별 창작활동 지원은 물론이고 예술·학문 영역에까지 확장되어, 교수자와 학습자의 창작 활동을 도울 것이다(Scispace et al., 2024). 다섯째, 예측 혁신은 학습 이력 기반의 성취도·진로 예측을 통해 학생 맞춤형 지도를 가능하게 할 것이다. 다만, 잘못된 예측으로 인한 낙인효과 Stigma라는 윤리적 문제도 동반하므로 주의 깊게 접근할 필요가 있다(OECD, 2023).

이제 교육 현장은 생성형 AI를 넘어 에이젠틱 AI Agentic AI로 나아가고 있다. 기존의 반응형 AI가 사용자의 요청에 따라 움직이는 도구였다면, 에이젠틱 AI는 스스로 목표를 설정하고 실행하는 자율적 존재로 기능한다. 교실에서 학생들의 참여와 감정 변화를 실시간 분석해 대체 활동을 제안하거나, 가정에서 생활 패턴을 기반으로 학습 설계를 지원하는 사례도 등장하고 있다. 향후 휴머노이드 보조교사는 교사의 조교이자 학생의 학습 파트너로 활동하며, 학습자의 성향과 목표를 반영한 아바타가 학습자의 분신으로 작동하는 모델도 생겨날 것이다. 교실에는 1대 이상의 로봇 보조교사가 있을 것이고 이 로봇 보조교사들을 학습시키는 새로운 교실이 등장하는 기이한 현상을 마주할 것이다.

에이젠틱 AI를 탑재한 휴머노이드 교실

출처: ChatGPT

그러나 이러한 혁신은 교육의 본질적 질문을 다시 제기한다. 교사는 학습 디자이너로서 AI의 지원을 받아 학습을 조율해야 하며, 학생은 AI를 잘 활용하되 의존하지 않고 자기결정권을 유지해야 한다. 동시에 AI의 자율적 의사결정에 따른 책임 소재와 교육격차 심화 가능성은 사회적 논의가 필요한 과제이다.

결국 AI 대전환 시대의 교육은 AI를 경쟁자가 아니라 공존의 파트너로 삼되, 인간 중심성을 유지하며 교육의 본질적 가치를 재정립하는 길로 나아가야 한다.

교육의 변화를 이끌 AI 융합 기술들

교육 패러다임의 혁신은 정책 변화만으로 이루어지지 않으며, 실제로 교실 안팎에서 작동하는 기술이 학습 경험을 어떻게 재구성하는지에 달려 있다. 특히 AI는 단순한 보조 도구가 아니라 학습의 흐름을 설계하고, 교사의 업무를 재편하며, 학생의 학습 주체성을 확장하는 데 중심 역할을 한다(OECD, 2024; World Economic Forum, 2024). 본 장에서는 AI 기술이 교수학습과정에서 융합되어 교육의 변화를 이끌 대표적인 사례를 통하여 교육혁신의 가능성과 한계를 살펴본다.

에이젠틱 AI: 자율적 학습 파트너의 등장

2023~2024년까지의 AI가 주로 반응형·생성형이었다면, 2026년에 주목해야 할 키워드는 에이젠틱 AI이다. 이는 단순히 질문에 답하거나 자료를 생성하는 수준을 넘어, 스스로 목표를 설정하고 계획을 실행하는 자율적 특성을 지닌다.

교육에서 에이젠틱 AI는 교사의 수업 설계와 학생의 학습 경로를 능동적으로 조정하며, 교실 속 동료 교사처럼 기능할 수 있다. 예컨대 학생 개개인의 학습 이력과 성취 수준을 분석한 뒤, 앞으로 필요한 과제를 제시하고 협력 활동을 설계하는 AI 조교가 현실화되고 있다. 가정과 학교, 학교와 교육청, A 교육청과 B 교육청 간 행정업무를 자율적으로 이행한다. 그러나 자율성을 가진 AI가 교사의 권위와 학생의 주체성을 잠식할 수 있다는 우려도 제기되고 있다(World Economic Forum, 2024).

▧ 기존 AI와 에이젠틱 AI 차이점

구분	기존 AI (반응형/생성형 AI)	에이젠틱 AI
작동 방식	사용자의 질문·명령에 반응	스스로 목표를 설정하고 실행
주체성	도구적 성격 (Passive Tool)	자율적 성격 (Active Agent)
학습 과정	사전 학습된 데이터를 바탕으로 결과 생성	새로운 상황을 인식하고 지속적으로 학습·적응
역할	보조적 도우미 (Answer Provider)	협력자·동료 (Co-Worker, Learning Partner)
교육 활용	문제 풀이, 자료 생성, 요약 등 과제 중심 지원	학습 목표 설계, 맞춤 피드백, 학습 경로 조율 등 과정 중심 지원
한계	인간의 지시 없이는 움직이지 못함	자율성으로 인한 책임·윤리 문제 가능
비유	'계산기' 필요할 때 꺼내 쓰는 도구	'동료 교사' 스스로 상황을 인식하고 함께 일하는 파트너

적응형 학습 시스템과 지능형 튜터

적응형 학습 adaptive learning은 이미 다양한 교수학습 장면에서 활용되고 있으나, AI의 발전으로 정교함이 크게 향상되고 있다. 학습자의 반응과 성취 데이터를 실시간 분석하여 개별 맞춤형 학습 경로를 제공하는 이 시스템은 전통적인 일률적 수업의 한계를 넘어서는 대표적 도구다.

미국과 브라질에서 확산된 지능형 튜터 시스템 ITS:Intelligent Tutoring System은 대형 언어모델 LLM을 기반으로 학생 질문에 개별 피드백을 제공하고, 학습 자료를 재구성한다. 브라질의 Letrus 프로그램[4]은 AI 피드백을 통해 문해력 격차

---

4) Letrus는 브라질의 에듀테크 회사로, 특히 읽기(Leitura), 쓰기(Escrita)능력 향상을 목표로 AI(인공지능)를 활용한 교육 프로그램을 운영하고 있다.

를 줄이는 성과를 보였다. 국내에서도 2025년부터 적응형 시스템을 도입한 교과서로서 AI 디지털교과서가 도입되어 교육자료로 쓰이고 있고, AI Agent와 결합된 모델도 점차 고도화되고 있다.

AR/VR 및 공간 컴퓨팅

몰입형 학습은 인지 혁신을 통한 새로운 학습 경험을 제공한다. 증강현실AR과 가상현실VR, 그리고 이를 통합하는 공간 컴퓨팅spatial computing 기술은 교과서에서 추상적으로만 접하던 개념을 체험적으로 이해하게 한다.

예를 들어 과학 수업에서 분자 구조를 직접 조작하거나, 역사 수업에서 고대 도시를 가상 탐험하는 활동은 학습의 몰입도를 높이고 직관적 이해를 가능케 한다. 여기에 AI가 결합되면 학습자는 단순히 가상공간을 체험하는 데 그치지 않고, AI의 실시간 분석과 안내를 통해 맥락적 이해를 확장할 수 있다. 예컨대 AI는 학습자의 시선 추적 데이터를 기반으로 집중도를 진단하고, 부족한 이해 영역을 보완하기 위한 추가 자료나 활동을 제안할 수 있다.

특히, 에이젠틱 AI는 AR/VR 환경에서 학습자의 목표를 기반으로 탐험 경로를 설계하거나, 협력형 시뮬레이션 활동을 조정해 몰입형 학습의 효과를 극대화한다. 이는 단순한 '체험'에서 '의미 있는 학습 경험'으로의 전환을 가능하게 한다(World Economic Forum, 2024).

그러나 AR/VR 기반 학습은 비용과 접근성 문제를 동반한다. 기기 가격, 교사 연수, 교육용 콘텐츠의 품질 격차는 여전히 기술 확산을 가로막는 장벽으로 남아 있다. 따라서 기술적 가능성과 함께 공공 차원의 투자와 지원 정책이 병행되어야 한다.

컴퓨터 기반 협력 학습(CSCL: Computer-Supported Collaborative Learning)

AI는 개인화 학습뿐 아니라 경쟁적 학습 문화를 개선할 수 있는 협력적 학습을 촉진하는 데에도 기여한다. 컴퓨터 기반 협력학습은 학생 간 공동 문제 해결 과정을 지원하는 시스템으로, AI가 학습자들의 역할을 분배하고 토론 과정을 분석하여 즉각적인 피드백을 제공한다.

이러한 협력 학습 지원 기능은 미래 노동시장에서 요구되는 기계와의 협력을 포함한 협업 능력, 의사소통, 문제 해결 능력을 길러주는 기반이 된다. 세계경제포럼(2024)은 프로젝트 기반 학습과 협력적 문제 해결을 21세기 핵심 학습 경험으로 제시하며, AI가 이러한 학습 경험을 실현시키는 촉진자가 될 것으로 평가하고 있다.

AI 거버넌스와 윤리

마지막으로, 기술이 제대로 기능하기 위해서는 윤리와 거버넌스 측면의 고려가 반드시 뒷받침되어야 한다. OECD(2024)는 AI가 교육격차를 줄이는 동시에 불평등을 심화시킬 수 있는 이중성을 지니고 있음을 지적하며, 데이터 보호·책임성·투명성을 보장하는 체계적 거버넌스의 필요성을 강조하고 있다.

일례로 학생 데이터를 활용한 맞춤형 학습은 효과적일 수 있으나 데이터 소유권과 개인정보 보호가 보장되지 않는다면 심각한 사회적 갈등을 불러올 수 있다. 따라서 교육 현장은 단순한 기술 도입을 넘어, 신뢰 기반의 윤리적 인프라를 구축을 우선적으로 고려해야 한다.

교육혁신을 이끄는 주요 기술과 교육적 의미

기술 영역	주요 특징	교육적 의미	위험 요인
에이젠틱 AI	목표 설정·자율 실행	교사·학생 보조, 자기주도 학습 강화	주체성 위협, 책임 불명확
적응형 학습/ITS	실시간 데이터 기반 맞춤형 학습	개인화·효율성 증대	데이터 편향, 사교육화
AR/VR·공간 컴퓨팅	몰입형·체험형 학습 환경 + AI 분석 지원	직관적 이해, 맥락적 학습 강화	비용, 접근성 격차
컴퓨터 기반 협력학습 (CSCL)	역할 분배·실시간 협력 지원	협업 역량·문제 해결력 제고	의존성, 학습자 간 격차
AI 거버넌스·윤리	데이터 보호·책임성 보장	신뢰 기반 교육 생태계 구축	프라이버시 침해, 규범 부재

AI의 교육적 활용은 기술 혁신이 만들어내는 새로운 가능성과 위험의 교차점에 서 있다. 에이젠틱 AI, 적응형 학습, AR/VR, 협력학습 지원, 그리고 AI거버넌스와 윤리는 학교 현장을 근본적으로 재편할 잠재력을 지닌다. 그러나 이 잠재력이 제대로 발현되기 위해서는 기술적 도입을 넘어서, 교사 역량 강화, 정책적 지원, 윤리적 거버넌스 구축이 동시에 이루어져야 한다. 교육의 미래는 기술 자체에 있지 않다. 기술을 어떻게 설계하고, 누구를 위해 활용하며, 어떤 가치에 기반해 적용할 것인가에 달려 있다(OECD, 2024; World Economic Forum, 2024).

교육제도와 AI 기술의 융합

2026년의 학교는 전례 없는 제도 개혁과 기술 혁신이 동시에 작동하는 전환기에 놓여 있다. 2022 개정 교육과정과 고교학점제의 전면 도입은 학생 중심 교육과 학생 주도적 학습을 제도화하였고, AI의 도입은 교실의 구조와 학습 경험 전반을 재편하는 동력이 되고 있다. 이는 단순한 정책 변화가 아니라, 교육의 본질과 학교의 역할을 다시 묻는 흐름이다. 본 장에서는 AI 시대에 제도적 기반, 교사의 역할, 학습 경험, 평가·지원 체제라는 네 가지 측면에서 학교의 핵심 변화를 살펴본다.

제도적 기반: 교육과정 개편과 고교학점제

2022 개정 교육과정은 '미래사회에 필요한 포용성과 창의성을 갖춘 주도적인 인재 양성'을 목표로 하고 있다. 고교학점제는 학생이 다양한 과목을 선택·이수하고, 누적 학점으로 졸업을 인정받는 제도적 장치를 마련하여 획일적 교육에서 맞춤형 학습으로의 전환을 가능하게 할 것이다(국정기획위원회, 2025). 대학 역시 자율전공을 확대하여 학생의 선택권을 확대하고 대학원의 석·박사 인력을 대폭 확충하여 우수 인재를 양성한다.

이는 교육제도의 축이 산업화 시대의 '표준화된 지식 전달 모델'에서 벗어나 학습자 개별의 진로·흥미·역량을 중심에 두는 체제로 이동했음을 의미한다. 우리나라는 시장에서 요구하는 인재를 학교에서 양성하지 못하고 있다는 지적을 오래전부터 받고 있다. 교육은 더 이상 지식 암기형 인재를 양성하는 것이 아니라 창의·협력형 인재를 기르는 방향으로 전환되고 있다. 특히, 아직도 조선시대 사농공상(士農工商)의 전통적 국내 진로·진학구조에 머물러 있으나, AI 시대를 맞이하여 변화를 두려워하지 않고 AI·데이터를 잘 활용할 줄 아는 플랫폼 경제에 적합한 인재를 양성할 수 있는 교육과정으로의 개편이 필요하다. 특히, 오픈AI CEO 샘 알트만 Sam Altman이 어려서부터 프로그램 개발에 몰두했듯이 우수한 인재가 초등학교 저학년부터 대학에 이르기까지 AI에 대한 활용과 개발에 전념할 수 있는 환경을 제공해야 한다.

▩ AI 시대 직업 및 산업구조 재편

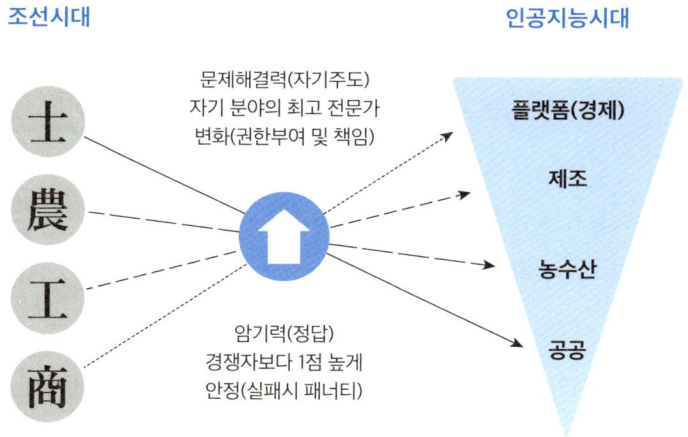

교사의 역할: 보조자에서 학습 설계자로

AI의 확산은 교사의 일상적 업무를 크게 변화시키고 있다. 채점, 행정 처리, 기본 피드백 같은 반복적 과업은 AI가 상당 부분 자동화시키고, 때에 따라서 에이전틱 AI가 업무를 대행하여 단순 반복 업무에서 벗어난 교사는 수업 설계자, 학습 촉진자, 멘토로서의 역할을 강화하고 있다(World Economic Forum, 2024).

OECD(2024)는 AI가 교사의 전문성을 위협하는 것이 아니라, 오히려 교사의 고유한 역할을 더욱 부각시킬 수 있음을 강조한다. 교사는 여전히 학생에게 의미 있는 격려를 전하고, 사회적 맥락 속에서 가치를 형성하며, 윤리적 판단을 내리는 존재이다. 따라서 교사와 AI의 관계는 대체가 아니라 교사의 능력을 증강시키고 협력하는 파트너쉽의 관계이다.

국정기획위원회(2025)는 이러한 관점에서 교원 AI 역량 강화를 위한 국가 차원의 연수 체계, AI 수업 설계 훈련, 'AI 교육 선도 교사' 양성을 주요 과제로 제시했다. 이러한 변화는 교사가 기술과 경쟁하는 것이 아니라 기술과 협력하여 새로운 학습 공동체를 만들어가는 과정임을 보여준다.

학습 경험: 개인화와 협력화의 결합

AI 기반 적응형 학습 시스템은 학습자의 강점과 약점을 실시간 분석해 맞춤형 학습 경로를 제시한다. 동시에 협력학습 지원은 그룹 프로젝트나 토론에서 학생의 역할을 배분하고 상호 피드백을 제공한다. 토론 참여도와 기여 수준을 시각화하여 학습자와 교사가 학습 전략을 함께 조정할 수 있도록 돕는다(World Economic Forum, 2024).

이는 단순히 '개인화 학습'의 강화에 머물지 않는다. AI는 경쟁보다 협력적 문제 해결을 촉진하고, 실패를 허용하는 학습 문화를 만들어낸다. 한국의 교육체제가 산업화 시대의 정답 경쟁에 기초한 제로섬 게임Zero-Sum Game이었다면, AI 시대의 학습은 협력과 공유를 기반으로 한 포지티브섬 게임$^{\text{Positive-Sum}}$ $_{\text{Game}}$으로 전환되어야 한다. 이는 지식 암기형·경쟁적 교육 문화의 한계를 넘어, 복잡하고 빠르게 변화하는 미래사회에서 요구되는 창의적·협력적 역량을 기르는 기반이 된다.

평가·지원 체제: 지능화와 포용성 확대

AI는 평가 방식 역시 근본적으로 바꾸고 있다. 기존의 일회성 시험에서 벗어나, 실시간 학습 분석과 형성평가를 중심으로 학생의 성취와 성장 과정을 지속적으로 기록·피드백하는 체제가 확산되고 있다(OECD, 2024). 이는 학습자의 동기를 강화하고 교사와 학부모에게도 즉각적이고 유용한 정보를 제공한다.

그러나 동시에 데이터 편향, 개인정보 보호, 낙인 효과 등 새로운 위험도 나타난다. 따라서 평가 체제의 지능화는 기술적 진보와 함께 윤리적·법적 안전망을 갖추는 것이 필수적이다. AI 기반 도구가 장애 학생이나 다문화 아동 등 소외 집단의 학습 접근성을 높이는 데 기여할 수 있음을 보여주는 UNICEF의 접근성 교과서 사례에서 볼 수 있듯이(UNICEF, 2023), 한국 역시 AI 기반 평가와 지원 체계를 활용해 취약 집단의 학습권을 확대할 기회를 만들어야 한다. 아직 한국의 학급당 평균 학생수는 OECD 국가대비 높은 편이어, 서술 평가 등을 실시할 경우 고스란히 평가의 부담이 교사에게 주어지는 구조이다. AI는 이러한 교사의 평가 부담을 더는데 기여할 수 있다. 일례로 미국의 3대 공대로 알려진 조지아텍의 21C대학연구소에 따르면 AI가 입학사정관을 대신하여 지원자의 자기소개서와 추천서를 읽어 평가에 필요한기본적인 정보를 입학사정관에게 제공하며, 21C학습자 역량(비판적 사고력, 협동심, 창의성, 의사소통 능력 등)을 진단하여 입학 후에도 학생의 성공적 학교 생활을 지원하기 위해 정보를 사용하고 있다.

교육의 본질과
AI 대전환 시대의 미래

2026년은 제도와 기술이 융합되어 학교 교육이 전환기를 맞이한 해로 기록될 것이다. 그러나 이러한 변화는 단지 초·중등 교육의 혁신에 국한되지 않는다. 취약한 고등교육의 글로벌 경쟁력 강화는 물론이고, 생애 전 주기로 확장되고 있다. 그 과정에서 AI는 학습자와 사회를 연결하는 핵심 매개체가 되고 있다. 평생학습의 제도화, 교육격차 해소를 위한 사회적 기반 마련, 그리고 AI 역량 강화와 AI와의 협업적 학습 생태계 구축을 통한 과도한 경쟁에서 협력적 창의혁신으로 전환이 교육이 풀어야 할 세 가지 근본 과제이다.

무엇보다 한국 사회는 세계에서 가장 빠른 속도로 초고령 사회에 진입하고 있음에도 불구하고, OECD 평균에 미치지 못하는 성인 평생학습 참여율을 보이고 있다(OECD, 2023). 이는 노동시장의 급격한 변화, 직무 전환의 가속화, 그리고 은퇴 후 삶의 질 문제와 직결된다. 특히, 중장년층, 노년층 등 소외계층에서 AI에 대한 접근성이 열악하므로 사회통합의 걸림돌로 작용할 것이다. 따라서 AI 기반 맞춤형 평생학습 플랫폼을 통해 연령, 직업, 지역을 불문하고 누구나 AI 기술을 습득하고 사회적 기여를 이어갈 수 있는 환경을 마련해야 한다.

동시에 AI는 교육격차 해소에 기여할 잠재력을 가지고 있다. 장애 학생을 위한 자동 자막·번역 서비스, 다문화 학생을 위한 실시간 언어 지원, 농어촌 학생을 위한 온라인 튜터링 시스템은 이미 교육 현장에서 실현되고 있다(UNICEF, 2023). 그러나 고도화된 AI 학습 자원을 접할 수 있는 집단과 그렇지 못한 집단 간의 격차는 새로운 디지털 격차로 이어질 수 있다. 데이터 편향, 비용 부담, 인프라 부족은 특정 집단을 다시 배제할 위험을 낳는다. 따라서 AI 기반 교육정책은 단순히 기술을 보급하는 것을 넘어, 공공 영역에서의 적극적 투자와 법적·윤리적 안전망을 포함해야 한다. 모든 학습자가 동등하게 참여할 수 있는 환경을 마련하는 것이야말로 AI 시대 교육의 정의로운 전환 또는 민주주의라 할 수 있다.

AI와 협업은 학교를 넘어 사회 전체의 학습 생태계를 재편할 것이다. 과거 AI가 주어진 질문에 답하는 '반응적 도구'였다면, 이제는 목표를 설정하고 실행까지 수행하는 '자율적 동료'로 자리매김하고 있다. 교실에서는 교사와 학생, 그리고 AI가 함께 수업을 설계하고 운영하는 삼각적 구조가 형성된다. 예컨대 AI는 실시간으로 학생의 참여도를 분석해 교사에게 대체 활동을 제안하거나, 학습자의 강점과 약점을 파악해 협력적 과제를 효과적으로 수행할 수 있도록 지원한다.

가정에서는 학부모에게 자녀의 학습에 대한 모니터링 정보를 제공하여 자녀의 학습과정에 대한 이해를 높이며, 지역사회에서는 공공기관·도서관·기업이 AI 학습 플랫폼을 공유해 세대 간 협력을 촉진한다. 이러한 협력적 지능의 확장은 학교를 학습의 중심지에서 학습 네트워크의 허브로 전환시킨다(WEF, 2024).

결국 교육의 변화는 세 가지 원칙을 축으로 삼아야 한다. 첫째, 생애 전 주기에 걸친 학습권 보장이다. 둘째, AI를 통한 교육격차 해소와 포용성 확대이다. 셋째, 인간과 AI가 함께 지식을 창출하는 협업 생태계의 구축이다. 이는 단순한 기술적 진보를 넘어, 교육을 통해 사회적 연대와 지속가능한 발전을 이루려는 인류의 오랜 목표와 맞닿아 있다. AI는 인간을 대체하는 존재가 아니라, 인간과 함께 배우고 성장하는 또 하나의 동반자이다. 따라서 한국교육은 AI 시대를 단순히 대응하는 차원을 넘어, AI를 새로운 학습 문명으로 인식하고 세계를 널리 이롭게 하는 에이전트로 활용할 수 있도록 하는 교육체제를 정립함으로써 홍익인간(弘益人間)의 역할을 선도해야 한다.

새로운 정부가 제시한 국정과제 또한 이 지점에 주목하여 교사의 전문성을 회복하고, 지역·계층 간 교육격차를 줄이며, 공공성을 기반으로 한 데이터 거버넌스를 확립하는 정책을 강조하고 있다(국정기획위원회, 2025). 이는 한국 교육이 기술 중심의 단기적 발전 모델을 넘어서 AI 기술을 사회적 신뢰와 지속 가능성을 확보하는 단계로 나아가야 함을 보여준다.

대한민국의 성장을 위한 인재 육성 전략

대한민국의 성장(산업화, 정보화 → 지능화)

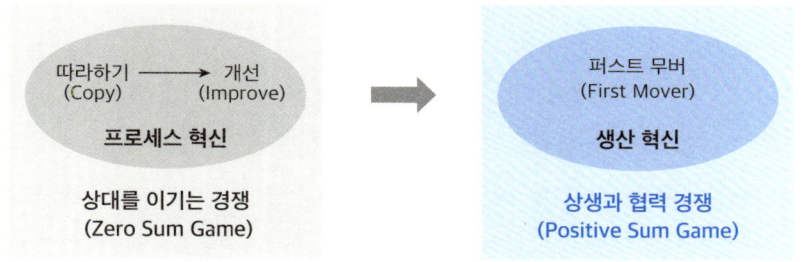

인재를 키우는 새로운 공식

AI 시대에도 인간만이 할 수 있는 역할은 분명하다. 학생의 가능성을 믿고 격려하는 따뜻한 말, 공동체 속에서 타인과 함께 살아가는 경험, 새로운 질문을 던지고 의미를 찾는 성찰은 AI가 대신할 수 없는 교육의 본질이다. 세계경제포럼(WEF, 2024) 역시 AI는 교사를 대체하는 존재가 아니라, 관계·동기부여·가치 형성을 지원하는 촉매로 작동해야 한다고 강조하고 있다.

앞으로의 학교는 개인화된 학습과 협력적 경험이 결합된 하이브리드 생태계로 진화할 것이다. 교사는 AI와 협력하는 학습 디자이너로서 정체성을 확립하고, 학생은 맞춤형 학습을 통해 친구보다 1점을 더 획득하려는 경쟁 보다는 공동의 문제를 해결하는 과정 속에서 창의적 시민으로 성장할 것이다. 평가는 더 이상 성취의 단면을 기록하는 데 그치지 않고, 학습의 성장 과정 전체를 추적하며 지원하는 방향으로 재편될 것이다. 나아가 학교를 넘어 지역과 사회 전반에서 AI를 활용한 평생학습이 확산되면서, 교육은 특정 세대의 전유물이 아니라 모두의 권리로 자리매김하게 될 것이다.

결국 AI 시대 교육의 르네상스는 기술의 진보가 아니라, 그것을 인간의 존엄과 민주적 가치 위에 세우는 선택에서 비롯된다. 2026년은 그 선택의 역사적 출발점이다. 지금 한국교육이 직면한 도전은 단순한 효율성의 문제가 아니라, 다음 세대가 어떤 인간으로, 어떤 시민으로 성장하도록 도울 것인가라는 근본적 물음에 대해 대답해야 한다. AI는 그 해답을 줄 수는 없다. 그러나 우리가 올바른 방향을 선택할 때, AI는 그 길을 밝히는 빛이 될 수 있다.

앞으로의 과제는 첫째, 신뢰 확보이다. 적극적으로 활용되는 교육데이터와 알고리즘의 운영은 투명하게 공개되고 그 과정에서 발생하는 책임 또한 분명히 져야 한다. 둘째, 포용성 보장이다. AI는 취약 집단을 배제하지 않고 누구에게나 학습권을 보장하는 방향으로 활용되어야 한다. 셋째, 역량 강화이다. 교사와 학생 모두가 AI와 함께 학습하고 성장할 수 있는 능력을 체계적으로 개발해야 한다. 넷째, 지속 가능성 확보이다. 교육은 단기적 성과에 치우치지 않고,

본질과 사회적 신뢰를 지켜내는 장기적 비전을 마련해야 한다.

AI는 결코 교육의 목적이 될 수 없다. 그것은 인간다운 삶과 민주적 공동체를 유지할 수 있게 하는 수단이다. 우리가 올바른 방향을 잡는다면 중세 신(God) 중심의 암흑시대를 벗어나기 위해 르네상스 운동을 했듯이 코로나19 이후 제2의 기계시대를 살아가는 우리에게 다시 인간 중심의 새로운 교육체제를 구축하는 제2의 르네상스를 여는 촉매제가 될 것이다. 2026년은 그 도전을 시작하는 원년으로 기록될 것이다.

AI는 거대한 파도처럼 우리 앞에 다가왔지만, 교육은 단순히 그 파도를 타는 기술이 아니라 방향을 정하는 나침반이어야 한다. 학교는 여전히 아이들이 질문을 배우고, 실패를 통해 성장하며, 서로의 다름을 존중하는 공간이어야 한다. 인류가 불, 언어, 인쇄술, 그리고 산업혁명을 넘어 새로운 시대를 열어왔듯, AI 시대를 맞이하여 교육은 AI에 힘입어 또 하나의 문명사를 써 내려갈 것이다. 그 길 위에서 한국교육이 선택해야 할 것은 단순한 속도가 아니라, 인간과 공동체의 미래를 지켜내는 올바른 방향이다.

플랫폼이 만들어내는
새로운 형태의 교육과 쟁점

김 송 희
한국삼육고등학교 교사

04

교육 플랫폼화의 개념과 현황

2023년 6월, 정부는 '세계 최초의 AI 디지털교과서'라는 야심 찬 구호를 내걸고 AI 디지털교과서AI Digital Textbook(이하 AIDT) 정책을 발표했다. 그리고 현재, AIDT는 교과서 지위 확보와 교육자료로의 격하를 반복하다 현재는 교육자료로 최종 격하되며 첫발을 제대로 떼기 전에 좌초되는 모양새를 보인다. 그러나 이 정책이 남긴 여파는 이제부터 시작이다. AIDT 정책은 비단 단순히 새로운 형식의 교과서 도입뿐만 아니라 디바이스를 비롯한 교육 환경, 구독료와 관련된 교육 재정, 초대형 규모로 진행되었던 교사 연수와 이로 인한 교사 문화의 변화, 그리고 코스웨어 및 플랫폼을 활용한 수업방식의 변화를 동반한 거대 정책이다.

이러한 역동의 소용돌이 한가운데 속해 있는 현재, 우리나라의 현실을 냉철하게 판단하기 위해서는 보다 거시적인 시각에서 이 현상을 조망하고 해석할 필요가 있다. 과연 우리나라의 AIDT는 '전 세계 최초'의 교과서였을까? 교사들이 '혁명'[1]하는 교실은 비단 우리나라에서만 발생했을까? 단순한 일은 기계에게, 복잡다단한 과업은 인간이 수행하는 '하이테크 하이터치'의 교실은 어떠할까? 이와 같은 현상은 교육의 디지털화, 데이터화, 그리고 이를 포괄하는 플랫폼화의 렌즈를 통해 해석할 수 있다.

---

1) 교실혁명 선도교사는 교육의 혁명적 변화를 이끌어 갈 교사를 선발하여 미래 지향적 수업 혁신을 확산하는 것을 목표로 했던 사업 명칭이다.

전 세계에서, 비슷한 방향으로 진행되는 교육의 플랫폼화

교육의 풍경에서 '플랫폼'은 더 이상 낯선 단어가 아니다. 구글 클래스룸, 마이크로소프트의 팀즈 등 해외 빅테크 기업의 플랫폼부터 국내의 네이버 웨일, 기타 다양한 민간 플랫폼, 그리고 심지어는 교사 개인이 직접 제작한 플랫폼까지 어느 순간 교육에서의 플랫폼은 필수재로 자리 잡는 모양새를 보인다. 그 활용 형태 또한 다양하다. 학교별로 플랫폼을 통일하기도, 혹은 교사 개인의 선호에 따라 각기 다른 플랫폼을 선택하기도 한다. 교사 전출입 시 해당 학교에서 사용하는 플랫폼 계정을 발급받고, 또 새로운 플랫폼에 적응하는 것이 하나의 과업이 되었다. 학습자료의 배부도, 채점도, 평가도 플랫폼을 통해 손쉽게 이루어진다. 코로나19가 이와 같은 플랫폼 활용을 가속화한 것은 자명한 사실이지만, 이는 지난 10여 년간 꾸준히 전개되어 온 교육의 '플랫폼화'의 일환이다.

하버드 교육 리뷰는 「교육에서의 플랫폼 연구」 특집을 발간했는데 연구에 따르면, 2019년 미국 교육구들은 매달 평균 700개 이상의 디지털 플랫폼을 활용했으며 2021년에는 이 숫자가 두 배로 늘어났다.[2] 매해 런던에서 열리는 전 세계 최대 에듀테크 박람회 BETT쇼 British Educational Training and Technology Show의 가장 큰 명당 자리는 마이크로소프트와 구글의 양대 부스가 전 세계 관람객을 맞이하며 신기술을 시연한다.

비단 기업뿐만 아닌 국가 또한 각자의 대표 선수를 출전시킨다. 마이크로소프트 반대편의 입구에서는 거대한 사우디아라비아의 부스가 'Invest Saudi'라는 문구를 내걸고 있다. 그 옆을 빼곡히 들어선 각국의 부스는 각 나라의 도구와 플랫폼을 홍보한다. 우리나라에서 종종 열리는 에듀테크 박람회 또한 풍경이 크게 다르지 않다. 크고 화려한 부스에서, 기업의 '앰배서더' 격을 수행하는

---

2) 「Platform Studies in Education」, T. P. Nichols, A. Garcia, Harvard Educational Review, 92(2), Harvard Education Publishing Group, 2022

교사들이 해당 기업의 티셔츠를 입고 제품과 서비스를 시연하는 풍경을 쉽게 찾아볼 수 있다.

이렇듯 기술의 진보로 인한 교육의 방향 또한 비슷한 방향으로 수렴한다. 매해 세계 교육의 트렌드를 짚는 세계교육연감 World Yearbook of Education[3]은 2012년의 대주제를 '정책 빌려주고 빌려오기 Policy Borrowing and Lending'로 선정하였는데 그 요지는 세계화 시대의 교육정책은 서로의 우수한 사례를 빌려오고 빌려주는 과정에서 특정한 방향으로의 수렴, 즉 동형화 현상이 나타난다는 것이다. 우리나라의 한 교실에서 쓰이는 빅테크 플랫폼은 지구 반대편의 그것과 언어만 다를 뿐 그 형식은 동일하다. 교실의 수업과 교사 문화의 변화, 그리고 새로운 행위자의 개입, 민간과의 협력이 급격히 늘어나는 양상 또한 비슷하다.

김용(2019)[4]은 향후 한국 교육에 큰 영향을 줄 중요한 변수로 세계화(와 지역블록화), 제4차 산업혁명과 지능정보사회, 인구 습격과 지역소멸, 그리고 남북화해 협력을 제시한다. 이 중 저자는 세계화와 지능정보사회가 위기와 기회를 동시에 내포하고 있다는 점을 지적하는데 이러한 점에서 세계화의 물결 아래 전개되는 제4차 산업혁명과 지능정보사회의 발현, 즉 교육의 디지털화, 데이터화, 플랫폼화가 어떠한 양상으로 이루어지는지 국내외의 측면에서, 그리고 위기와 기회의 시선에서 고루 살펴볼 필요가 있다.

---

3) 『World Yearbook of Education 2012: Policy Borrowing and Lending in Education』. Edited by Gita Steiner-Khamsi, Florian Waldow. Routledge. 2012
4) 『학교자율운영 2.0: 학교개혁의 전개와 전망』. 김용. 살림터. 2019

교육의 플랫폼화, 어떻게 전개되었는가?

급격하게 확산한 플랫폼은 오늘날 전 세계적으로 교육 경험을 근본적으로 재구성하는 핵심 동력이 되고 있으며 위에서 살펴본 것처럼 플랫폼이 교육의 풍경에 일상적으로 깊숙이 침투된 변화를 '교육의 플랫폼화'라 여긴다. 플랫폼에 관한 정의로는 반 다이크 외(Van Dijck, Poell and Wall, 2018)[5]의 "사용자 간의 상호작용을 조직하도록 설계된 프로그래머블 디지털 아키텍처"가 종종 인용되는데 플랫폼은 이러한 상호작용 과정에서 발생하는 사용자 데이터를 체계적으로 수집, 알고리즘으로 처리하고 이를 순환·수익화한다. 즉 플랫폼은 21세기의 새로운 '금'이라 여겨지는 데이터의 수집 방식을 설계하며 동시에 여기에 의존한다.

교육의 플랫폼화는 경제적, 정치적, 교육적 차원이 서로 얽혀 있는 다음 세 가지 과정으로 설명될 수 있다. 첫째, 수익 창출을 중심으로 한 글로벌 에듀테크EdTech 시장의 확산, 둘째, 전통적인 교실 기반 수업방식의 한계를 '문제화'하면서 디지털 기술을 그 대안적 '해결책'으로 제시하는 담론, 셋째, 이에 수반하여 플랫폼이 교육의 핵심 구성 요소로 자리 잡는 것이다.[6] 이러한 플랫폼화의 확산을 살펴보기 위해서는 앞서 전개된 교육의 디지털화, 데이터화의 역사를 간략히 짚어볼 필요가 있다.

유네스코가 2023년에 발간한 보고서 「교육의 플랫폼화」[7]에 따르자면 교육의 디지털 전환은 먼저 하드웨어와 소프트웨어를 중심으로, 그리고 이어서 플랫폼을 중심으로 전개되었다. 첫 번째 단계는 하드웨어와 다양한 교육 소프트

---

5) 『The Platform Society: Public Values in a Connective World』. José van Dijck, Thomas Poell, Martijn de Waal. Oxford University Press. 2018
6) 「Paradoxes of freedom. An archaeological analysis of educational online platform interfaces」. Emiliano Grimaldi, Stephen J. Ball. Critical Studies in Education. 62(1), 114-129. Taylor & Francis, 2021.
7) 「The platformization of education: A framework to map the new directions of hybrid education systems」. Rivas. UNESCO Digital Library. (2023).

웨어의 도입을 중심으로 이루어졌으며, 대략 1990년대 중반부터 2010년까지 지속되었다. 이 단계에서의 혁신은 '낡은' 기술을 새로운 기술 장치로 대체하는 데 초점을 두었으며 컴퓨터와 각종 소프트웨어를 도입하는 데 집중했다. 두 번째 단계는 2010년부터 현재까지 지속되고 있는 단계로, 단순 하드웨어·소프트웨어 보급을 넘어, 플랫폼을 매개로 한 디지털 교육이 빠르게 확산되고 있는 현상을 의미한다. 그리고 이러한 '플랫폼화'는 교육 현장의 교수·학습, 평가, 관리뿐 아니라, 교육정책과 거버넌스 전반에 영향을 미치는 것으로 평가되고 있다.

더불어 교육의 플랫폼화는 꾸준히 전개된 교육의 '데이터화'의 연장선에 있다. 영국의 교육학자 벤 윌리엄슨Williamson, Ben은 데이터화를 '실시간 추적, 모니터링 및 예측 분석을 가능하게 하기 위한 모든 종류의 인간 행동과 사회성을 정량화하는 것'으로 정의한다.[8] 즉 교육의 다양한 측면이 측정 가능한 '수'로 치환되고, 교육을 움직이는 장치로 기능한다는 것이다. 지금까지 이러한 수의 힘은 주로 PISA와 같은 국제기구의 측정·비교·평가를 통해 작동했다. 그러나 이러한 '수'가 플랫폼이라는 그릇을 만나 누적되며 그 힘은 교실의 일상으로 부드럽게 스며든다. 대표적인 사례가 플랫폼의 대시보드다. 교사는 별도의 평가를 실시할 필요 없이 실시간으로 누적되는 데이터를 확인하고 이에 기반을 둔 의사결정을 내린다.

이처럼 빠르게 플랫폼화가 확산된 것은 교사가 담당하는 과업의 무게가 갈수록 무거워지고 있기 때문이다. 교육의 풍경에서 플랫폼을 도입하는 것은 마치 사람, 내지는 동물이 직접 끌고 가는 수레에서 자동차로 옮겨 탄 것과 비슷하다. '바퀴가 달린 탈 것'이라는 본질은 변하지 않으나 더 많은 짐을 실을 수도, 더 빠르게 달릴 수도 있다. 운전사, 즉 교사의 업무가 간소화되며 그 효율이 증진된다.

---

8) 「Digital education governance: Data visualization, predictive analytics, and 'real-time' policy instruments」, Ben Williamson, Journal of Education Policy, 31(2), 123-141, Taylor & Francis, 2016.

개별 맞춤형 교육을 향한 꿈, '인공지능'을 만나다.

이렇듯 플랫폼화의 확산은 교사의 업무간소화와 직접적으로 연결되어 있지만 보다 크게는 '개별화교육의 이상향'과 맞닿아 있다. 플랫폼이 가지는 잠재적 이점은 그간 불가능할 것이라 여겨진 정책적·교육적 목표를 달성하는 데 기여할 수 있다는 것인데 이 중 교육의 오래된 열망은 바로 개별 맞춤형 교육이다. AIDT의 핵심 슬로건인 '500만 명을 위한 500만 개의 교과서'에서 볼 수 있듯, 개별화교육을 향한 교육의 열망은 강하고, 길었다.

이와 같은 열망을 대표하는 것은 블룸Bloom의 '2 시그마 문제'인데 1980년대 블룸의 연구는 1:1 개별 교습이 학생들의 성적을 약 두 표준편차 이상 향상할 수 있음을 보여주었다.[9] 비록 이후의 학자들이 그 연구 결과의 정직성과 재현가능성에 의문을 제기했지만,[10] 이 꿈은 에듀테크 산업의 발전과 맞물려 오늘날 교육에서 가장 자주 인용되는 이상향이 되었다. 그리고 컴퓨팅과 AI 기술이 발전함에 따라 마침내 이 난제를 풀 실마리가 있다는 기대가 고조되고 있다.

인공지능 분야의 권위자인 앤드류 응Andrew Ng 교수는 AI를 '새로운 전기'라 비유하였는데[11] 자동차가 전기차로 전환되며 기존의 엔진 공간이 넓은 트렁크로 활용되듯, 기술이 교사에게 여유를 되돌려 줄 것이라 약속하는 담론이 늘어나고 있다. 그리고 인공지능은 상호운용성, 즉 각종 도구가 기존의 플랫폼과 손쉽게 결합되는 것을 넘어 플랫폼의 일부로 직접 이식된다. 특히 빅테크 기업들은 자사의 플랫폼에 AI 모델을 직접 결합하며 일종의 독자 생태계를 형성할 것이라 예상된다.

---

9) 「The 2 Sigma Problem: The Search for Methods of Group Instruction as Effective as One-to-One Tutoring」. B. S. Bloom. Educational Researcher. 13(6). American Educational Research Association. 1984

10) 「Don't believe the hype. AI myths and the need for a critical approach in higher education」. J. Rudolph, F. Ismail, S. Tan, P. Seah. Journal of Applied Learning and Teaching. 8(1). Applied Learning and Teaching Association. 2025

11) Artificial Intelligence is the New Electricity. Andrew Ng. Keynote at Stanford Graduate School of Business. The Singju Post. 2018

매해 미국에서 열리는 ISTE^{The International Society for Technology in Education} 박람회는 영국의 BETT쇼와 더불어, 세계 교육기술 박람회의 양대 산맥이라 여겨진다. 이 자리에서 전 세계의 빅테크와 에듀테크 기업들은 그 해의 신기술을 최초로 선보인다. 2025년 여름 ISTE에서 구글은 'Gemini for Education'을 공개했다.[12] 구글 클래스룸에 인공지능 모델 Gemini 2.5 Pro를 직접 결합할 계획을 밝힌 것이다. 교사들이 구글 클래스룸에 로그인하면 30개 이상의 교육 관련 AI 도구를 한눈에 조작할 수 있는 새로운 'Gemini 탭'을 만나게 된다. 더불어 이는 하드웨어의 변화를 동반한다. 구글은 자사의 크롬북에 '교육 모드'를 도입할 것을 발표했는데 이를 활용하면 교사가 실시간으로 교실 내 화면을 제어할 수 있으며 교사의 발화가 실시간 다국어 번역되고, 학생의 화면을 확인하여 집중도를 추적할 수 있게 된다.

마이크로소프트 또한 마찬가지로 ISTE에서 신기능을 다수 선보였다.[13] 대표적인 기능은 'AI 루브릭 생성기'와 'AI 수업 계획 도구'인데 흥미로운 점은 이 기능이 '교육 표준 연계'를 처음으로 지원하게 될 것이라는 점이다. 우리나라 맥락에서 익숙한 용어인 '교-수-평-기 일체화'[14]가 플랫폼 내에서 자연스럽게 이루어진다. 전 세계 35개국 이상의 교육 표준이 자사의 팀즈^{Teams} 플랫폼에 통합되면서 교사들은 자신이 속한 지역의 커리큘럼에 맞는 콘텐츠를 더욱 정밀하게 제작할 수 있게 된다.

더불어 뚜렷하게 등장하는 키워드는 'AI 에이전트'인데, 마이크로소프트는 자사의 AI 모델 '코파일럿'을 활용하여 다중 에이전트 오케스트레이션, 즉 각기

---

12) Gemini for Education, a version of the Gemini app built for education. Akshay Kirtikar (Senior Product Manager, Google Workspace for Education). ISTE 2025 (International Society for Technology in Education). Google Outreach & Initiatives. 2025
13) What's New in Microsoft EDU, ISTE Edition June 2025. Mike Tholfsen. "For Education" 블로그 (Tech Community, Microsoft). 2025
14) 교육과정-수업-평가-기록의 일체화

다른 에이전트가 서로 협업하여 복잡한 과업을 수행할 것을 밝혔다. 가까운 시일 내에 '티칭 에이전트'와 '러닝 에이전트' 기능이 출시될 전망이다. 이와 같은 에이전트는 학습자에게는 학습 주제나 과제에 맞춘 맞춤형 코칭을 제공하며, 능동적인 학습 참여를 유도하는 질문을 선제적으로 제시함으로써 자기주도적 학습을 도와준다. 교육자에게는 교육학적 전문성과 교육 표준에 기반한 피드백을 제공하는 '교육 설계자'의 역할을 AI가 대신 수행하여 보다 효과적이고 정교한 수업 설계와 학습지원이 가능해질 전망이다.

2026년, 교육 플랫폼의 춘추전국시대가 열린다

　이처럼 빠르게 진보하는 기술에 대응하여 한국 역시 다양한 교육 플랫폼을 개발해 왔다. 특히 빅테크 기업의 영향력이 날로 커지는 현재, 이는 교육의 공공성 및 학습 데이터 주권 확보의 측면에서 그 중요성이 점차 커지고 있다. 한국의 교육플랫폼은 1990년대 중반부터 발전해 왔는데, 1996년 9월 개통된 '에듀넷', 2004년 시·도교육청이 운영한 온라인 학습지원 서비스인 '사이버학습', 그리고 2018년 이를 통합한 'e학습터'까지 끊임없이 교수학습이 플랫폼의 형태로 실시되고 있었다. 이 중 최근 주목할 만한 것은 디지털 교수학습 플랫폼(구 K-에듀 플랫폼), AIDT, 그리고 각 시·도교육청이 운영하는 개별 교수학습 플랫폼들이다.

계획만 반복한 디지털 교수·학습 플랫폼(구:K-에듀 플랫폼)

　2021년 7월 22일, 교육부는 'K-에듀 통합플랫폼' 개발 계획을 공식 발표했다.[15] 2024년 서비스 시작을 목표로 한 이 플랫폼은 기업의 교육 콘텐츠를 학교에 유통하는 동시에, 학생들의 학습 데이터를 수집·분석해 에듀테크 기업에 제공하는 구조를 갖는다. 이를 통해 교육 콘텐츠와 기술이 현장의 수요에 맞게 발전하고, 에듀테크 산업을 활성화하며 개방형 생태계를 조성한다는 것이 그

---

15) 「디지털교육백서 2021」 한국교육학술정보원(KERIS). 2022

추진 취지였다. 또한 K-에듀 통합플랫폼은 비단 학습분석뿐만 아닌 나이스와 에듀파인으로 직접 연계되어 교사가 한 번의 로그인으로 수업, 학사관리, 자료 구매와 과금 처리까지 진행할 수 있도록 설계되었다. 총 7년(2022~2028)에 걸쳐 투입되는 예산 규모는 6,009억 원으로, 공공분야 최대 규모의 정보화 사업으로 주목받았다. 무엇보다 K-에듀 통합플랫폼은 교육부가 주관하는 정보화 시스템 가운데 처음으로 클라우드 기반으로 구축되는 사례이기도 했다.

그러나 문재인 정부 당시 추진된 K-에듀 플랫폼은 사업 추진 과정에서 난항[16]을 겪었다. 동력을 잃는 것처럼 보였던 K-에듀 플랫폼은 윤석열 정부에서 '디지털 교수·학습플랫폼'으로 이름을 바꾸어 다시 추진된다. 2022년 10월 교육부는 학교 디지털 교육환경 구축을 명분으로 해당 사업에 재시동을 걸었다. 그러나 두 정부를 거치며 계획만 반복된 디지털 교수·학습플랫폼은 2022년 12월, 이주호 부총리 겸 교육부 장관이 '디지털 교수·학습 통합플랫폼' 재검토를 지시하면서 사실상 중단되었다.[17] 그 사이 각 시·도교육청은 자체 플랫폼 구축에 나섰다. 서울시교육청의 뉴쌤, 경상남도교육청의 아이톡톡이 그 사례다.

출발과 동시에 좌초된 AI 디지털교과서

이후 교육부는 2023년 6월, 우리나라 디지털 교육정책 역사에 전환점이 될 「인공지능AI 디지털교과서 추진방안」을 발표한다.[18] AI 디지털교과서란 학생 개인의 능력과 수준에 맞는 맞춤 학습 기회를 지원할 수 있도록 인공지능을 포함한 지능정보화기술을 활용하여 다양한 학습자료 및 학습지원 기능 등을 탑재한 교과서이다. 교육부는 1) AI에 의한 학습 진단과 분석, 2) 개인별 학습 수

---

16) 예비타당성 조사가 두 차례 연기되었고, 교육 분야의 특성상 비용 대비 편익(B/C) 값이 높게 산출되기 어렵다는 지적이 있었다.
17) 「단독 '디지털 교수·학습통합플랫폼' 사업 전면 중단」. 전자신문. 2022-12-22
18) 「인공지능(AI) 디지털교과서로 1:1 맞춤 교육시대 연다」. 교육부. 교육부 보도자료. 2023년 6월 8일

준과 속도를 반영한 맞춤형 학습, 그리고 3) 학생의 관점에서 설계된 학습 코스웨어가 그 특징이라 밝혔다. 당시 교육부 보도자료 "인공지능AI 디지털교과서로 1:1 맞춤 교육시대 연다"에서 확인할 수 있듯이, AIDT의 뚜렷한 목표는 개별 맞춤형 교육이었다.

디지털교과서는 우리나라에서 세 차례에 걸쳐 반복적으로 추진된 정책이다. 2007년과 2011년에는 '교과서의 디지털화'를 중심으로 개발이 이루어졌지만, 2023년에 발표된 AI 디지털교과서는 기존의 틀을 벗어나 코스웨어의 형태를 취했다. 관련 법령 개정, 특별교부금 상향, 그리고 대규모 교사 연수 등 이례적인 수준의 전폭적인 지원이 이루어졌다. 더불어 '교사가 이끄는 교실 혁명'이라는 슬로건에서 확인할 수 있듯이 변화의 주체로서 교사의 역할이 강조되었다. 더불어 '하이터치 하이테크'가 핵심 가치로 제시되었는데 이는 인간 교사가 첨단 기술을 활용해 개인 맞춤형·창의적 학습을 이끌어내고, 각자의 강점을 상호 보완하여 효과를 극대화한다는 구상을 담고 있다.

당초 교육부의 계획은 2025년 수학·영어·정보·국어(특수교육)를 우선 도입한 뒤, 2028년까지 국어·사회·과학 등 전 과목으로 확대하는 것이었다. 그러나 막대한 재정 지원만큼이나 현장의 저항과 정치적 논란도 거세게 일었다. 결국 2025년 8월 4일 국회 본회의에서 AIDT는 '교과서'가 아닌 '교육자료'로 격하되며 사실상 좌초 국면에 들어섰다. 법적 지위의 격하에 따라 AIDT 포털(https://www.aidtbook.kr)에 제시된 명칭 역시 'AI·디지털 교육자료'로 변경되었다. 이뿐만 아니라 '모두를 위한 맞춤교육', '500만 학생을 위한 500만 개의 교과서'라는 문구가 삭제되었다. 더불어 터치 교사단 등 여러 선도교사 제도를 통합해 출범했던 '교실혁명 선도교사' 또한 'AI·디지털 기반 교육혁신 선도교사'로 이름을 바꾸는 등 초기의 강렬한 비전에서 한발 물러서는 모습을 보이고 있다.

함께, 또 따로: 시·도교육청의 공동 플랫폼

AIDT와 별개로 각 시·도교육청은 자체 플랫폼을 구축하는 모양새를 취하고 있다. 2026년은 위에서 살펴본 빅테크 플랫폼의 AI로 무장한 신기능과 동시에 각 시·도교육청의 연합, 또는 개별 플랫폼의 도입 및 확산이 이루어질 예정이다. 가히 플랫폼의 춘추전국시대라 할 만하다. 경기도교육청의 하이러닝, 경남교육청의 아이톡톡 등 각 시도별 자체 플랫폼 개발이 이루어지고 있으며 이 중 주목할 만한 사례는 서울시교육청이 주도하여 개발 중인 인공지능 맞춤형 교수학습 플랫폼, AIEP이다.

AIEP 연합 플랫폼, 공공 주도 생태계의 가능성

2023년 11월, 서울시교육청은 인공지능 맞춤형 교수학습 플랫폼 AIEP 구축 계획을 밝혔다.[19] 디지털 교수·학습플랫폼이 계획 단계에서 좌초된 이후 코로나19, AIDT의 발표로 인해 급격하게 도입된 디바이스의 내실 있는 활용 및 각종 에듀테크 서비스에서 생성된 데이터를 하나의 큰 그릇으로 모으자는 취지이다. 지능형 블렌디드 통합수업 체계 구현, 지능형 학습분석 시스템 개발, 민간 에듀테크 서비스 유통생태계 마련, 학생 중심 교육 마이데이터 체계 정립을 목표로 하는 플랫폼은 언뜻 보기에는 지난 정부의 K-에듀 플랫폼 내지는 디지털 교수·학습플랫폼과 크게 다를 바 없어 보인다. 그런데 이 플랫폼은 두 가지 측면에서 흥미롭다.

첫째, 서울시교육청 단독이 아닌, 11개 시도교육청이 공동 개발하는 형태를 취한다. 교육청이 개별로 구축하는 경우보다 투입되는 인력과 비용이 감소하는 것을 목표했다. 둘째, 이 플랫폼은 민간과 공공이 협력 구조를 취하고 있는데 여기에 빅테크 기업, 즉 MS와 구글이 교육데이터 분석 체계 구축을 위해 각

---

19) 「서울교육청, 10개 시도교육청과 함께 인공지능 맞춤형 교수학습 플랫폼 공동구축」. 서울특별시교육청 보도자료. 2023년 11월 21일

사의 플랫폼 솔루션 연계 협력에 동의했다. 서울시교육청은 서울대 사범대학, 한국마이크로소프트, 네이버, 구글코리아, 천재교과서, 뤼이드, 메가존클라우드, 버블콘 등 8개 기관과 다자간 업무협약을 맺었는데 에듀테크 서비스가 '구글로 내보내기'를 지원하는 경우는 빈번하지만 이처럼 역으로 빅테크 기업이 데이터를 상호 공유하는 일은 이례적이다.

이러한 협력에 기반을 두어 AIEP는 통합 로그인 기능을 통해 빅테크 등 다양한 플랫폼 접속을 지원한다. 이는 교사와 학생이 지나치게 많은 에듀테크 서비스를 사용하는 문제를 공공의 차원에서 해결하려는 시도로 보인다. 실제로 해외에서도 유사한 서비스가 다수 존재한다. 미국의 Clever는 학교 계정을 기반으로 수십 개의 교육용 앱과 콘텐츠에 단일 로그인으로 접근할 수 있는 기능을 지원하며, 유럽의 Skolon 역시 교사와 학생이 여러 디지털 도구를 '한 번의 클릭'으로 활용할 수 있도록 지원한다. 2025년 영국 BETT쇼에 전시된 서비스 중 여럿이 이러한 '통합 로그인 지원'에 관한 것이었다.

2025년 하반기 시범 개통을 거쳐 2026년 본격 도입이 예정된 AIEP는 다양한 서비스에서 생성된 데이터를 하나의 장소, 즉 '데이터 호수'[20]에 누적하는 것을 목표한다. 특히 xAPI 표준 데이터 저장소를 구축해 국제 에듀테크 표준을 지원한다는 점도 주목할 만하다. 민간 플랫폼과의 연계와 관련해, 서울교육연구정보원 관계자는 현재는 교육청 주도로 일부 유료 서비스와의 계약이 이루어지고 있으나, 앞으로는 교사가 플랫폼 안에서 직접 필요한 서비스를 선택할 수 있도록 해 교육청 주도의 개방적 생태계를 조성할 계획이라고 밝혔다.

---

20) 다양한 유형의 원시 데이터를 보관하는 중앙 집중식 저장소를 의미한다.

하나의 엔진, 각기 다른 자동차

다만 11개 시·도교육청이 추진하는 연합 개발은 단일 플랫폼이 아니라 각기 다른 외형을 지닌 11개의 플랫폼의 형태를 갖출 전망이다. 핵심 기술은 공동 개발하고 주요 기능은 공유하지만, 각 교육청은 지역적 특색에 맞춰 서비스를 추가하거나 재구성한다. 즉, 하나의 '엔진'을 공유하되 자동차의 외형은 제각각 다른 셈이다.

명칭도 다양하다. 광주는 '아이온', 강원은 '아이로' 등 지역마다 다른 명칭으로 플랫폼을 차별화하고 있으며, 각 시·도교육청이 개발한 특화 서비스는 AIEP와 직접 연계될 예정이다. 서울시교육청은 2025년 'AI 서·논술형 평가지원시스템' 개발 계획을 발표하며 AIEP와의 연계를 명시했다. 이처럼 하나의 엔진을 공유하면서 지역별로 다른 외형을 입히는 방식이 있는가 하면, 엔진부터 완성품까지 직접 개발하는 사례도 있다. 경기도교육청의 '하이러닝'이 그 대표적 예다.

곽유진 외(2024)는 시·도교육청의 교수·학습 플랫폼 구축 방식을 다음 <표>와 같이 '단독 구축'과 '공동 구축'으로 구분한다. 단독 구축은 다시 통합형과 집중형으로 나뉘며, 공동 구축 또한 실제로는 하나의 플랫폼이 아니라 시도별 특화형(예: 광주-아이온, 강원-아이로, 전남-메타스쿨 등)의 형태를 취한다.[21] 따라서 2026년은 각 시·도의 특색이 반영된 플랫폼 경쟁이 본격화되리라 예상한다.

---

21) 「제주형 교수학습플랫폼 구축 방향 연구」. 곽유진, 김정아, 강두식. 정보교육학회논문지. 28(4). 한국정보교육학회. 2024

▨ 시·도교육청 디지털 교수·학습 플랫폼 구축 현황 (곽유진 외, 2024를 재구성)

구분	참여시도		특징
공동 구축	서울, 인천, 강원, 세종, 대전, 울산, 전북, 광주, 전남, 경북, 제주		지능형 학습 분석 시스템, 마이데이터 체계 등 플랫폼 핵심 기술은 함께 개발하지만, 탑재하는 서비스는 시·도교육청별 상이 (①교과 학습(특정 교과 학습지원을 위한 AI 코스웨어 등), ②평가 관리 (맞춤형 문제 은행, 평가 분석 등), ③AI 챗봇(행정 업무 질의용 등) ④ 기타)
단독 구축	충북, 충남, 경남, 경기, 부산, 대구	통합형	학습 관리시스템, 지능형 학습분석 시스템 및 민간 에듀테크 도구 도입 등 다양한 디지털 기반 교육 서비스를 종합 웹으로 제공하는 플랫폼(충북-다채움, 충남-마주온)
		집중형	빅데이터·AI 기반의 학습분석 시스템 및 이를 통한 맞춤형 교육에 집중하여 구축된 교수학습플랫폼(경기-하이러닝, 부산-BASS, 경남-아이톡톡)
		확장형	기존의 교육포털을 활용하여 디지털 교육 서비스를 연계하여 제공, 기존의 웹 기반 포털을 고도화(대구)

플랫폼, 어떠한 힘을 가지는가?

이렇듯 국내외에서 교육 플랫폼의 발전이 빠르게 이루어지는 가운데, 왜 이와 같은 현상을 '교육의 플랫폼화'라 부르며 관련된 연구가 확산하는 것일까? 그 이유는 바로 플랫폼의 속성에 있다. 플랫폼은 교육을 특정한 방식으로 표상하며 동시에 특정한 방향으로 유도하는 힘을 지니고, 이 과정에서 다양한 행위자의 개입을 촉발한다. 즉, 플랫폼을 들여다본다는 것은 곧 그 국가와 문화가 교육을 어떻게 이해하고 구성하는지를 비춰 주는 하나의 렌즈를 통해 바라보는 일과 같다. 하버드 교육 리뷰의 「교육에서의 플랫폼 연구」 특집은 이를 설명하기 위해 플랫폼을 '나무'에 비유한다.[22] 눈에 보이는 나뭇잎·꽃·열매, 즉 사용자 경험·사회적 활용·표면적 기능은, 보이지 않는 줄기와 뿌리인 기술 아키텍처·알고리즘·데이터 인프라·자본 및 거버넌스 구조가 공급하는 영양분에 의존한다는 것이다.

---

22) 「Platform Studies in Education」. T. P. Nichols, A. Garcia. Harvard Educational Review. 92(2). Harvard Education Publishing Group. 2022

▨ 플랫폼을 '나무'에 비유한 구조 (Nichols & Garcia, 2022, p. 10)

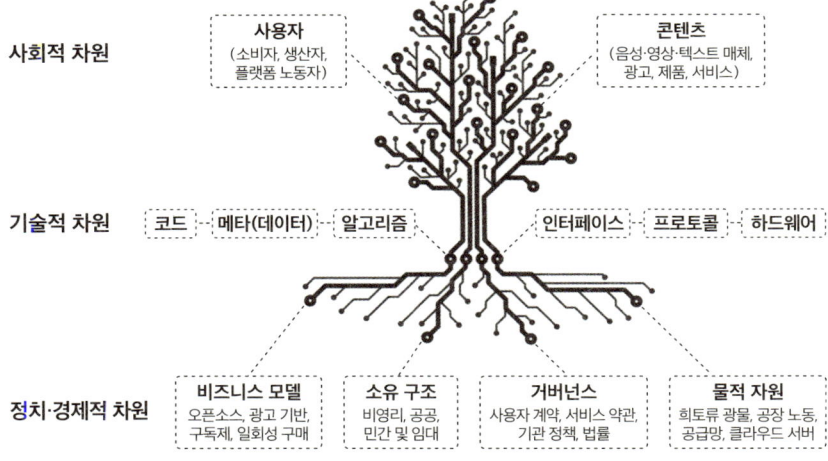

주목할 점은 플랫폼이 사회를 단순히 반영하는 수준을 넘어, 특정한 방향으로 유도하는 '힘'을 가진다는 것이다. 플랫폼은 일상에서 부드럽게 사용자를 '넛지 nudge'한다. 행동경제학에서 유래한 이 개념은 '슬쩍 찌르다'라는 뜻인데 강제하지 않고도 사람들이 특정 선택을 하도록 유도하는 부드러운 개입 방식을 의미한다. 플랫폼은 그 디자인, 대시보드, 장치 등을 통하여 사용자를 '부드럽게' 유도한다. 네덜란드의 사례 연구 "(Micro)soft power in Dutch public education"[23]이라는 제목에서 볼 수 있듯이 마이크로소프트의 '팀즈' 플랫폼은 부드럽지만 강력한 힘으로 사용자의 행동을 조정하거나 제한한다. 더불어 이는 하드웨어와 소프트웨어뿐 아니라 교육 설계 측면에도 영향을 끼쳤는데 경

---

[23] 「(Micro)soft power in Dutch public education: Making classrooms platform-ready through partner work」. N. Kerssens. Critical Studies in Education. 1-20. British Association for International and Comparative Education. 2024

상국립대학교 임완철 교수는 이와 같은 현상을 '장치의 교육학'이라 부르기도 했다.[24]

플랫폼은 가능한 교육의 '틀'을 구성하고 특정한 형태로 교육을 유도하며 더불어 다양한 서비스와 결합하며 여기에서 생성된 데이터를 하나로 모은다. 즉 데이터를 '수확'한다. 플랫폼의 코드, 알고리즘, 데이터 흐름은 겉으로 드러나지 않지만, 교육 실천을 견인하거나 제한하는 비가시적 메커니즘으로 작동하며, 교육과 문화의 재편에 깊이 관여한다. 미디어 학자인 마셜 맥루한Herbert Marshall McLuhan의 '인간은 도구를 만들고 도구는 인간을 만든다'라는 문구처럼, 플랫폼은 교육을 특정한 방식으로 구성하고 형성한다.

교육의 플랫폼화, 무엇을 어떻게 바꾸는가?

그렇다면 이러한 연구들은 무엇을 다루며, 플랫폼의 힘을 어떻게 설명하는가? 이때 자주 비유되는 개념이 바로 교육의 '위상(位相, topology)'이다. 위상학은 사물의 연속적인 변형(늘이기, 줄이기, 구부리기 등)에도 변하지 않는 본질적인 성질을 연구하는 수학의 한 분야이다. 대표적인 예로, 컵과 도넛은 외형은 다르지만 '구멍이 있는 하나의 물체'라는 동일한 구조를 공유하기 때문에 위상학적으로는 같은 대상으로 간주된다. 교육 역시 디지털화, 데이터화, 그리고 플랫폼화의 과정을 거치더라도 교실에는 여전히 교사와 학생이 존재하고, 가르칠 내용과 배움이 일어나는 장소가 있다는 점에서 그 본질은 동일하다. 그러나 플랫폼이라는 새로운 환경 속에서 교실은 마치 말랑말랑한 고무판을 잡아당기듯, 어떤 부분은 과도하게 팽창해 잘 보이고 다른 부분은 축소되어 가려지는 변화가 일어난다. 물론 그 양상은 교실마다 다르지만, 이러한 변화는 사회 전반에

---

24) 「언택트 시대 에듀테크 담론에 대한 비판적 고찰: 에듀테크를 대상으로 하는 '장치의 교육학' 시론」, 임완철. 교육비평. 2020

특정한 모습으로 드러난다.

첫째, 일상에서 팽팽히 늘어나는 변화는 바로 구독료이다. 학교의 플랫폼 및 에듀테크 서비스 구독료 지출이 매해 급격히 늘고 있다. AIDT 역시 그 구독료가 큰 논란이 되었다. 흔히 AI 및 각종 플랫폼의 구독료를 지출하는 것을 '디지털 월세'를 내는 것에 비유한다. 학교에서 매해 지출하는 플랫폼 월세가 크게 늘고 있다. 더불어 플랫폼은 '락인Lock-In'효과를 발휘한다. 한 번 익숙해진 플랫폼과 도구를 바꾸기 어렵다. 이에 학교 예산의 우선순위가 구독료에 할당된다.

물론 상당 부분의 서비스는 무료이며 앞으로도 무료일 것을 약속한다. 그러나 이를 곧이곧대로 믿는 것은 순진한 발상이다. 실제 구글은 코로나19 전에는 교육 기관 대상 무한 용량을 제공하였으나, 사용량이 폭발적으로 늘어난 이후 기관당 100TB로 한정하였고 최근에는 edu+를 비롯한 유료 서비스를 도입했다. 2025년 ISTE에서 구글이 발표한 기기 제어 및 실시간 번역 등의 신기능은 해당 서비스를 구독하는 학교에 한정된다. 즉 학교가 기업의 서비스를 '구독'하는 구조가 자연스럽게 만들어진다.

둘째, 새로운 행위자, 특히 '교육을 중개하는' 주체들의 개입이 늘어난다. 교육의 디지털화·데이터화·플랫폼화는 정보 과잉을 초래하고, 이는 곧 새로운 행위자들이 개입할 여지를 확장한다. 최근 두드러지는 현상은 '에듀테크 브로커링Edtech Brokering'이라 불리는 지식의 중개 행위이다. 교육에서 '증거 기반evidence-based' 담론은 오래전부터 영향을 끼쳤으며 과거에는 OECD와 같은 국제기구가 이러한 증거 생성과 확산을 주도했다. 하지만 그 영향력이 약화되면서 현재는 싱크탱크, 민간 연구소, 재단, 교육 관련 스타트업 등 다양한 행위자들이 그 역할을 발휘하고 있다.

각국에서는 이러한 증거 기반 에듀테크와 관련하여 공공과 민간의 협력 행위가 다양한 형태로 이루어지고 있는데 미국의 ESSA Every Student Succeeds Act를 통한 국가 차원의 증거 프레임워크, 영국의 EdTech Impact와 같은 민간 주도의 증거 개발 및 중개 플랫폼, 그리고 한국의 에듀테크 소프트랩이 그 사례이다.[25] 이렇듯 늘어나는 지식의 중개 행위와 관련하여 학술지 Research in Education은 2024년에 「학교의 디지털 전환과 중개 행위」 특별호를 발간했다.[26] 핵심은 이러한 새로운 행위자의 개입 없이는 학교의 디지털화를 이해하기 어렵다는 것이다. 이들은 과거에는 풀 수 없었던 긴장을 푸는 새로운 행위자이기도, 학교 내에 지식을 전달하는 권위자이기도 하다.

이렇게 새로운 행위자들의 개입이 복잡화된 현상을 '네트워크 거버넌스'라 한다. 거버넌스란 '조직 공동의 문제 해결을 위한 다양한 참여 주체의 사회적 조정 방식'을 의미하는데 기존의 교육부에서 교육청으로, 그리고 교육청에서 학교로 이동하는 수직적, 계층적 방식에서 다양한 행위자들이 문제 해결을 위해 파트너십을 맺는 복잡한 형태로 변모하고 있다. 따라서 오늘날 학교에서 전개되고 있는 플랫폼화를 이해하기 위해서는 기존의 국가 주도 구조의 디지털 전환 구조뿐만 아니라 이러한 새로운 중개자의 개입과 그 관계망을 분석해야 한다고 위 특별호의 저자들은 주장한다.

셋째, 이러한 플랫폼을 중심으로 구성되는 새로운 생태계에서 교사는 변화의 에이전트가 된다. 교사들이 기업·정부·연구기관과 협력하며 디지털 전환의 중간 매개자로 활동하는 연구들이 여럿 보고되고 있다. 더불어 이러한 활동은 교사에게 부수입 창출의 기회를 넘어 전문가로서의 효능감을 실현하는 수단으로 작동한다. 교사의 외부 활동 자체는 이전에도 존재했지만, 플랫폼화의 확산과 맞물리면서 그 규모와 영향력이 극대화되고 있다. 더불어 교육부의 정책이 이를 장려하기도 하였다. (구)교실 혁명 선도 교사, (현) AI·디지털 교육 혁신교사, 시·도교육청의 에듀테크 선도교사 등의 정책에서 교사는 변화를 선도하

---

25) 『기본과 혁신을 도모하는 에듀테크 증거 생태계: 거버넌스편』. 윤성혜. 러닝스파크. 2024
26) 「Intermediaries and the digital transformation of schooling: An introduction」. Sigrid Hartong, Michael Geiss, Tobias Röhl. Research in Education. 120(1). Sage. 2024

며 학교 내 중간 리더의 역할을 담당한다.

더불어 세계 곳곳에서 공통으로 관찰되는 현상은 교사와 빅테크와의 협력이다. 지난 10년 동안 구글, 애플, 페이스북, 아마존, 마이크로소프트의 5대 인터넷 기업은 전 세계 공교육 시스템에 대한 영향력을 확대하고 있으며 이는 '교육의 구글화'라 불린다. 이 과정에서 교사의 전문성을 인정하는 주요 방식 중 하나가 '구글 교육 인증 교육자 과정'이나 '마이크로소프트 인증 교사'와 같은 자격 제도이다. 해당 과정에 참여한 교사들은 경제적 보상 없이도 플랫폼에 대한 애착과 소속감을 바탕으로 커뮤니티를 형성하고, 그 안에서 전문성을 교류한다. 특히 우리나라는 이러한 참여 비중이 두드러지는데, 구글 교육팀이 공유한 내부 자료에 따르면 2025년 9월 기준 전국 30개 지역에서 구글 교육자 모임 GEG, Google Educator Group이 운영 중이며, 약 2~3천 명의 교사가 활동하고 있다. 이 중 핵심 역할을 맡는 '구글 트레이너(챔피언)'는 700여 명대로, 이는 아시아·태평양 지역에서 가장 높은 수치이다.

플랫폼, 어떠한 역설이 발생하는가?

이렇듯 플랫폼이 가진 힘과 영향력이 커짐에 따라 플랫폼에 관한 연구의 논의가 활발히 전개되고 있다. 이는 교육의 플랫폼화가 교육의 난제를 해결할 수 있다는 기대와 동시에, 새로운 문제를 낳을 수 있다는 우려를 모두 반영한다. 즉 기대와 우려가 동시에 공존하는 역설이 발생하는 것이다. 여기에서는 이러한 역설을 살펴본다.

첫째, 개별 맞춤형 교육의 역설이다. 잘 설계된 코스웨어는 학생의 수준에 따라 맞춤식 문제를 제공하고, AI 튜터가 친절하게 문제 풀이를 도와주기도 한다. 하지만 이는 정량화된 목표에 수렴하기 위해 학습 내용을 잘게 나누고 조합하는 방식일 뿐, 실제로는 미리 규정된 목표에 학습을 꿰맞추는 구조일 수 있다. ISTE의 CEO인 리처드 쿨라타Richard E. Culatta는 개인 맞춤형 학습을 '적응형 학습 소프트웨어와 혼동하지 말 것'을 지적하며 학생이 단순히 자신의 속도에 맞추어 디지털 콘텐츠를 클릭하는 방식은 진정한 맞춤형 학습을 충족하지 못한다고 말한다.[27] 그러나 대부분의 '개별화'를 논하는 소프트웨어는 이러한 구조, 즉, 학습 경로를 세분화하고 데이터화된 목표 달성을 우선하는 구조를 갖추고 있다. 개별화교육이 무엇인지에 대한 합의된 정의가 부재한 상태에서 이루어지는 플랫폼화의 확산은 결국 확산이 아니라 획일적 수렴으로 이어질 위험이 있다.

둘째, 업무 경감의 역설이다. 대부분의 플랫폼은 '교사의 시간을 아끼고 본질에 집중할 수 있도록' 하는 것을 핵심 슬로건으로 내세운다. 교사는 지식의 전달자가 아닌 학습의 촉진자, 단순 채점과 같은 지루한 노동은 기계가, 인간과의 교감은 교사가 담당한다는 담론은 손쉽게 찾아볼 수 있다. 모두에게 같은 내용을 동시에 가르치는 것은 마치 '낡은 교육'처럼 여겨진다. 그러나 『로봇은 교사를 대체할 수 있을까』[28]로 우리나라에 널리 알려진 닐 셀윈Neil Selwyn 교수 연구팀은 AI의 불완전한 결과물을 교사가 수정·재작성하는 데 막대한 노동이 투입되며, 이는 자동화가 교사의 '숨은 노동'에 의존하여 자동화의 환상을 만들어낸다는 역설을 밝혀냈다.[29]

셋째, 전문성 신장의 역설이다. 손쉽게 자료를 생성하고 클릭 한 번으로 평가가 이루어지는 플랫폼은 교사를 일정 수준으로 업스킬up-skill, 즉 전문성을 끌어올리는 동시에 디스킬deskill, 즉 탈 숙련을 초래할 위험을 안고 있다. 플랫

---

27) Surveying the Field: What Should (and Shouldn't) Personalized Learning Look Like? Education Week. 2022년 4월 11일
28) 『로봇은 교사를 대체할 것인가? 인공지능과 교육의 미래』. 닐 셀윈. 에듀니티. 2022.
29) 「When the prompting stops: Exploring teachers' work around the educational frailties of generative AI tools」. Neil Selwyn, M. Ljungqvist, A. Sonesson. Learning, Media and Technology. 50(3). Taylor & Francis. 2025

폼 교육 환경에서 교사는 디지털 도구의 도움을 받아 과업을 더 쉽고 빠르게 수행할 수 있지만, 자동화가 고도화될수록 노동은 더 작고 단순한 단위로 쪼개지며 교사의 입지는 좁아질 위험이 있다. 과거에는 교사가 수업 설계부터 평가까지 전 과정을 주도하며 전문성을 인정받았으나, 이제는 플랫폼에 콘텐츠가 탑재되고 수업 생성과 평가까지 자동화된다. 교사의 역할은 AI가 생성한 내용을 학생과 전달하고 연결하는 조정자로 축소될 수 있다.

플랫폼, 무엇을 고민해야 하는가?

살펴보았듯이 교육의 플랫폼화는 위기와 기회를 동시에 내포한다. 지금까지 교육의 풀리지 않는 난제를 해결할 가능성도, 혹은 기존의 시스템을 공고히 할 강력한 수단으로 작동할 수도 있다. "지금까지 이걸 손으로 해 왔다니"라는 희열을 외치게 할 수도, 데이터로 치환되지 않은 그 무언가를 배경으로 밀려나게 할 수도 있다. 그렇다면 교육의 플랫폼화의 확산이 예측되는 현재, 어떠한 논의가 전개되어야 하는가?

첫째, 교육의 플랫폼화에 대한 건강한 논의가 전개되기 위해서는 과거의 비슷한 시도를 톺아보아야 한다. 특히나 국가 주도의 시도가 있었다면 더욱 그렇다. 현재 경쟁적으로 도입되고 있는 AI 서·논술형 평가 시스템을 논하기 위해서는 10여 년 전 NEAT[30]의 교훈을 살펴보아야 한다. 당시에도 익명의 채점관과 하나의 플랫폼에서 스캔된 답안지를 비교하며 끊임없이 정답에 수렴해가도록 훈련하는 과정이 있었다. AIDT 또한 마찬가지이다. 2011년 스마트교육 당시의 정책과 지금의 정책은 많은 부분에서 닮았다.

둘째, 시선을 국내뿐만 아니라 비슷한 현상을 겪고 있는 해외로 돌릴 필요가 있다. 새롭게 등장한 전문 기관, 교사 앰배서더, 플랫폼화된 전문성과 교사의 탈 숙련화 등 지금까지 언급한 논쟁은 AIDT뿐만 아니라 전 세계 연구에서 끊임없이 제기되어 온 논의의 일부다. AIDT는 이와 같은 논쟁을 가시적으로 드

---

30) 국가영어능력평가시험(National English Ability Test : NEAT)'은 읽기·듣기·말하기·쓰기 능력을 평가하는 인터넷 기반시험(IBT)이다. 2012년부터 실시되었으나 전산 오류 등의 문제로 2015년 폐지되었다.

러낸 하나의 장이었을 뿐, 이는 '교육의 플랫폼화'라는 거대한 물결의 흐름 속에서 발생한 일이다. 우리나라는 비싼 값을 치르고 그 경험을 얻은 만큼 그 교훈을 더욱 냉철히 짚어볼 필요가 있다.

셋째, 이와 관련하여 좋은 질문을 던져야 한다. 교육에 기술이 도입될 때면 흔히 제기되는 질문은 "AI 때문에 교사는 대체될 것인가?"이다. 하지만 좋은 질문은 이러한 이분법적 구도에서 벗어나야 한다. 즉 좋은 답을 이끌어내기 위해서는 좋은 문제를 정의해야 한다. 이 맥락에서 참고할 만한 사례는 '유네스코 교육의 미래 보고서(2021)'에서 제시된 질문이다.[31] 이 보고서는 디지털 기술에 엄청난 전환의 잠재력이 내포되어 있지만, 그 기회를 어떻게 실현할지는 여전히 불확실하다고 지적하며 세 가지 핵심 질문을 던진다.

우리가 계속해야 할 것은 무엇인가?
우리가 중단해야 할 것은 무엇인가?
창의적으로 새롭게 만들어내야 할 것은 무엇인가?

각각의 질문은 정답이 없는, 각 공동체 내에서 숙의를 거쳐 논할 부분이지만 마지막 질문에 대해 하나의 사례를 제시하고 싶다. 기술 업계에서 2025년의 핵심 키워드는 '바이브 코딩 Vibe Coding'이었는데 이는 자연어, 즉 우리가 쓰는 언어로 프로그래밍하는 행위를 의미한다. 생성형 AI가 가져온 변화 중 하나는 기술의 민주화이다. 코딩을 모르는 교사가 뚝딱 수업 도구를 만들어내는 것이 현실이 되었다. '캔바 코드' 기능을 활용하면 교사가 입력한 몇 마디만으로 교실용 앱이 제작된다. 구글의 '앱스 스크립트'를 활용하면 스프레드시트와 연동하

---

31) 『Reimagining Our Futures Together: A New Social Contract for Education』, International Commission on the Futures of Education, UNESCO, 2021

여 생성된 결과를 데이터베이스 형태로 누적하거나 생성형 AI의 API를 연동하여 인공지능 앱을 직접 제작할 수 있다. 이를 활용하여 직접 도구를 제작하고 배포하는 사례가 빠르게 확산되고 있다.

교실에서 자꾸 '다했니'를 외치게 되는 것을 문제로 인식한 한 초등교사가 자신의 사비를 털어 제작한 플랫폼 '다했니'[32]는 어느덧 사용자 135만 명을 넘겼다. 또 다른 교사가 만든 사회정서 기반 앱 '그라운드'는 2만 명을 넘어섰다. 이처럼 기술의 문턱이 낮아진 지금, 교사는 기업이나 교육청을 대변하는 '앰배서더'를 넘어 '생산자'로 정체성을 새롭게 확장한다.

엔드 유저 프로그래밍, 즉 전문 개발자가 아닌 사용자가 스스로의 문제 해결을 위해 소프트웨어를 제작하는 행위가 일상화된다. 그리고 공유와 협업이 용이한 플랫폼의 특성상, 이는 빠르게 확산된다. 교육의 문제를 가장 기민하게 인식하는 집단이 바로 교사임을 고려할 때 이들이 만들어낼 물결의 확산을 지켜볼 필요가 있다. 2026년, 빅테크와 민간기업, 그리고 시·도교육청의 플랫폼과 더불어 교사 또한 크고 작게 생산자로 참여한다. 새로운 색깔이 그려질 플랫폼의 춘추전국시대를 기다려본다.

---

[32] 현직 초등교사의 에듀테크 서비스 '다했니' 개발 과정에 대한 질적연구. 김송희, 이재진. 2023 한국교육공학회 춘계학술대회.

02.

2026년
한국교육이 직면한
10대 쟁점과 과제

고교학점제,
미래 교육의 문을 열 수 있을까?

백 승 진
교육정책디자인연구소 정책위원장

05

2025년, 우리나라 고등학교 교육은 중대한 전환점을 맞이했다. 전국 모든 고등학교에서 고교학점제가 전면 시행되면서, 학생들은 자신의 진로와 적성에 따라 과목을 선택하고 성취기준을 충족해야 학점을 취득할 수 있게 되었다. 그리고 그 학점을 누적하는 방식으로 졸업 요건을 충족하게 되었다. 이는 단순히 기존의 단위를 학점으로 환산하는 제도적 변화에 머물지 않고, 교육의 중심을 '학교·교사'에서 '학생·학습'으로 이동시키려는 구조적 개혁이라는 점에서 의미가 크다.[1]

그러나 제도의 시행은 단순한 학사 운영의 변화에 그치지 않는다. 학생 선택권 확대라는 철학적 취지를 실현하는 과정에서 학교 현장은 그동안 경험하지 못한 새로운 환경에 직면했고, 동시에 제도의 지속 가능성과 신뢰성을 위협하는 쟁점들도 드러났다. 대표적으로 과목 개설 여건의 불균형, 교원 수급 불안정, 최소 성취수준 보장제도의 실효성, 대학입시제도와의 정합성 부족 등이 지적된다.[2]

따라서 '고교학점제가 책임교육이라는 이름표를 달기 위해서는 이러한 도전 과제를 어떻게 극복할 것인가'가 핵심 과제가 된다. 이를 위해 교육부의 정책 설계, 학교 현장의 실행 노력, 사회적 합의가 긴밀히 맞물려야 하며, 무엇보다 '학생 성장 중심'이라는 제도의 본래 철학을 지키는 방향에서 제도 개선을 모색할 필요가 있다.[3]

---

1) 교육부. (2021a). 고교학점제 종합 추진계획. 교육부.
2) 황재운, 임종헌, & 안영은. (2023). 고교학점제 운영 성과 및 과제 분석: 서울 지역 연구학교 사례를 중심으로. 한국교원교육연구, 40(1), 215-244.
3) 김성천. (2021). 고교학점제의 쟁점과 과제 분석. 교육비평 48, 32-63.

고교학점제 정책의 흐름

고교학점제의 밑그림은 2015 개정 교육과정에서 찾을 수 있다. 당시 교육과정은 지식 암기 중심의 수업에서 벗어나 핵심 개념과 원리를 이해하는 학습을 강조하고, 학생 참여형 수업과 과정중심 평가를 강화하였다. 이러한 변화는 고교학점제가 지향하는 선택 중심 교육과정, 성취기준 기반 평가, 그리고 책임교육의 원리가 제도화되는 기초가 되었다.

이어 2017년 교육부는 「고교학점제 추진 방향 및 연구학교 운영 계획(안)」을 발표하며 입시 종속적이고 획일적인 운영에서 벗어나, 학생 성장 중심의 학사체제를 구축하겠다는 비전을 제시하였다. 같은 해부터 연구학교와 선도학교가 운영되기 시작하면서 다양한 운영 모델이 시도되었고, 학교 현장에서의 적용 가능성이 본격적으로 탐색되었다.[4]

「고교학점제 종합 추진계획」과 「2025년 고교학점제 전면 적용을 위한 단계적 이행 계획안」은 고교학점제 추진 방향 및 연구학교 운영 계획을 수립한 후 4년이 지나 연이어 발표되었다. 교육부는 다음의 표와 같이 2025년 전면 시행을 목표로 한 구체적인 로드맵을 확정하고 '학점 전환 기준 및 총 이수 학점 조정', '선택 과목 체계 개편', '학교 내 고교학점제 운영 조직 정비', '공동교육과정 확대', '성취기준 기반 평가의 점진적 도입' 등을 추진하면서 당시 고교학점제 추진 과정에서 새어 나온 불협화음의 해법을 모색하려 하였다.[5]

---

4) 교육부. (2017). 고교학점제 추진 방향 및 연구학교 운영 계획(안). 교육부.
5) 교육부. (2021b). 2025년 고교학점제 전면 적용을 위한 단계적 이행 계획안.

이후 연구·선도 학교의 수가 빠르게 증가했지만, 여전히 교원 수급과 배치의 탄력성 확보, 소규모 학교의 과목 개설 지원, 수강신청·시간표·출결·평가·기록을 아우르는 통합 행정 시스템, 성취평가제와 보충·재이수 체제 등 핵심 실행 기반 수립은 뒤로 미뤄졌다. 이전보다 다양해진 학생의 과목 선택에 대응해 교사들의 수업과 평가 부담은 늘어났으며, 공동교육과정 접근성 격차나 공강 시간 관리 문제 등은 산발적으로 지적됐다. 제도의 철학과 현실적 여건의 간극은 정책 추진 속도와 준비 수준의 불일치로 나타나, 현장 신뢰 형성을 저해하는 요인이 되었다.

▨ 고교학점제 단계적 이행 로드맵 (교육부, 2021b)

	기반 마련 ~2021	운영체제 전환 2022	제도의 단계적 적용 2023	제도의 단계적 적용 2024	고교학점제 전면 적용 2025~
수업량 기준	단위	단위 (특성화고: 학점)	학점	학점	학점
총 이수학점	1~3학년 204단위	1학년 204단위 2학년 204단위 3학년 204단위	1학년 192학점 2학년 204단위 3학년 204단위	1학년 192학점 2학년 192학점 3학년 204단위	1학년 192학점 2학년 192학점 3학년 192학점
연구·선도학교 비중*	55.9%	84%	95%	100%	고교학점제 안정적 운영
책임교육	준거 개발	교원 연수 시도·학교 준비	공통과목(국어, 수학, 영어) 최소 학업성취수준 보장 지도	공통과목(국어, 수학, 영어) 최소 학업성취수준 보장 지도	전 과목 미이수제 도입
평가제도		진로선택과목 성취평가제 (공통, 일반선택과목 9등급 병기)	진로선택과목 성취평가제 (공통, 일반선택과목 9등급 병기)	진로선택과목 성취평가제 (공통, 일반선택과목 9등급 병기)	모든 선택과목 성취평가제 (공통과목 9등급 병기)

윤석열 정부 시기 방치된 고교학점제

정권교체 이후 상황은 더 복잡해졌다. 윤석열 정부는 고교학점제를 유지하는 모습을 보였으나, 그 철학적 취지에는 관심을 기울이지 않았다. AI 디지털 교과서와 같은 기술 중심 정책에 집중하면서, 고교학점제 실행을 뒷받침할 조건과 환경은 구축되지 못했다. 고교학점제가 국가 핵심 교육 개혁 과제에서 빠지고, 자사고·외고 일반고 전환 정책까지 철회되면서 제도 도입의 철학적 기반마저 흔들리게 되었다. 게다가 교원 감축 기조가 유지되면서 현장의 부담은 더욱 커졌다. 2025년부터 초·중등 교사 4,800여 명을 줄이는 중장기 수급 계획이 발표된 반면[6], 교사들은 다과목·다학년 수업, 학생부 기재, 최소 성취수준 보장 지도 운영 등 업무 실행 부담을 호소했다. 교육부의 침묵이 길어지면서 교육청과 학교는 교사에게 "대충 철저히, 능력껏 알아서" 처리하라는 무언의 압박을 가하는 모순이 발생하기 시작했다.

무엇보다 2028 대입제도 개편과 고교학점제 간의 가치 충돌은 학점제의 성립 기반을 약화시키는 결정적 요인이 되었다. 2023년에 확정된 2028학년도 대학입시 개편안은 고교학점제 전면 시행과의 정합성을 고려한다는 명분 아래 수능과 내신 체제를 조정하고, 공정성과 안정성 확보를 목표로 제시되었다.[7]

대학수학능력시험은 기존 선택과목제를 폐지하고 모든 수험생이 동일 과목을 응시하는 통합형·융합형 체제로 바뀌었다. 국어와 수학은 대수·미적분Ⅰ·확률과 통계를 공통으로 포함했고, 사회·과학탐구는 각각 '통합사회'와 '통합과학'으로 단일화되었다. 당초 고교학점제와의 연계성을 두고 논란이 컸던 '미적분Ⅱ'와 '기하'는 최종적으로 출제 범위에서 제외되었다.

내신 성적은 기존 9등급 상대평가에서 5등급 상대평가로 단순화되었으며, 모든 과목에서 절대평가와 상대평가 성적을 병기하도록 했다. 다만 사회·과학

---

6) 교육부. (2023a). 미래교육 수요를 반영한 중장기(2024~2027)년 교원 수급 계획 발표
7) 교육부. (2023b). 모든 학생의 성장을 지원하는 공교육 경쟁력 제고 방안

융합 선택 과목은 절대평가만 적용하여 과목 선택 다양성을 보장하면서 성적 부풀림을 방지하려 했다.[8] 이러한 변화는 고교학점제의 취지를 일정 부분 반영하려는 시도로 해석할 수 있다. 특히 내신 등급을 9등급에서 5등급으로 단순화한 것은 세밀한 서열화보다는 학생들의 다양한 과목 이력을 포용적으로 평가하려는 방향으로 읽힌다. 그러나 대부분의 과목에서 상대평가 요소가 유지되면서 학생들은 여전히 1등급의 모수를 고려해 전략적으로 과목을 선택하는 결과로 이어졌고, 이는 학점제가 강조하는 '진로 기반 선택권'을 약화시켰다. 실제로 일부 연구학교 조사에서는 진로와 무관한 전략적 과목 선택 비율이 40%를 넘는 것으로 나타났다.[9]

결국 고교학점제와 대입제도의 정합성 문제는 제도 전반에서 해결해야 할 핵심 과제로 남았다. 2028 대학입시제도 개편안은 책임교육과 과목 선택의 자기주도성 확보라는 교육적 가치와 제대로 연결되지 못했다는 비판을 피하지 못했다. 성취평가와 상대평가가 병존하는 이중적 평가 체제, 수능 출제 범위와 고교 선택 과목 간 괴리, 한 줄 세우기 대입 전형 구조가 만든 전략적 과목 선택의 유인은 고교학점제의 교육적 취지를 훼손할 수 있다. 이는 학점제와 대입제도를 별개의 제도가 아니라 상호의존적 구조 속에서 함께 설계해야 함을 강하게 시사한다.

---

8) 교육부. (2023c). 미래 사회를 대비하는 2028 대학입시제도 개편 확정안
9) 이지영·김민조·허연구·박시영·조희숙. (2022). 『경기도 일반계고 고교학점제 운영 실태 분석 및 지원 방안』. 경기도 교육연구원 정책연구 2022-08.

다시 점화된 폐지론과
이에 대응하는 제도 보완론

고교학점제는 전면 시행 첫해부터 거센 논쟁의 한복판에 서 있다. 시행 과정에서 드러난 크고 작은 불협화음이 누적되면서, 논의는 단순한 보완이나 개선의 차원을 넘어 '재검토·폐지'라는 새로운 국면으로까지 확산되었다.

국회 차원의 토론과 기자회견에서는 다섯 가지 개선 요구가 제기되기도 했다. ▲학생 수 중심이 아닌 과목 개설 수와 학급 규모를 반영한 교원 수급 체계 전환 ▲미이수제·최소 성취수준 보장지도 전면 재검토와 국가 차원의 기초학력 지원체계 구축 ▲담임 중심 출결 관리 체계로의 전환 ▲세부능력 및 특기사항 기록 분량 축소와 학기 단위 마감 폐지 ▲학교 중심 실행안을 마련할 전담 조직 신설 등이 그것이다. 현장의 혼란을 제도적으로 뒷받침하라는 요구였다.[10]

폐지론은 이처럼 제도의 철학 자체보다는 실행 과정에서 드러난 구조적 한계에 초점을 맞춘다. 교사 업무의 과중, 행정 인프라 부족, 대입제도와의 불일치, 학교 간 격차 심화 등이 핵심 논거다. 현 체제에서는 제도의 지속 가능성이 담보되지 않는다는 주장이다. 따라서 교육 당국이 현장의 목소리를 더 적극적으로 반영하고, 해외 사례와 연구학교 운영 경험을 토대로 다층적이고 체계적인 지원 방안을 마련해야 한다는 요구로 이어진다.

반대로, 고교학점제를 옹호하는 입장은 충분한 보완을 통해 제도를 정착시킬 수 있다고 본다.[11] 시행 초기의 혼란은 본질적 실패가 아니라 불가피한 과도

---

10) 국회의원 강경숙·백승아·정성국 의원, 교원 3단체. (2025.8.5.). 고교학점제로 인한 학교현장 혼란 즉각 해결 촉구 [보도자료].
11) 교육정책디자인연구소, 고민정 의원실. (2025). 새 정부 출범에 따른 교육개혁을 위한 고교학점제 추진 방향 토론회 자료집

기적 현상으로 해석하며, 언론이나 일부 교원단체가 제도를 과도하게 '악마화' 한다고 반박한다.[12] 실제로 일부 지역과 학교에서는 고교학점제가 학교의 교육과정, 진로진학시스템 운영 체계, 학교 공간의 긍정적 변화를 이끌어내고 있다. 따라서 초기의 문제는 보완과 조정을 통해 해결할 수 있는 과제라는 것이다.

대입제도와의 정합성 문제 역시 단순히 상충 관계로만 볼 수 없다는 반론이 제기된다. 성취평가제 확대나 과목 선택 반영 방식은 이미 제도 설계 단계에서 논의되었고, 일부 대학은 이에 맞춰 준비를 진행해 왔다. 고등학교가 개설할 수 있는 범위 내 과목만 이수해도 대학 권장 이수 과목 기준을 충족할 수 있다는 점도 근거로 제시된다.

고교학점제가 제도 개선을 통해 정상화될 수 있다고 보는 입장에서는 최소 성취수준 보장지도에 대해서도 '교사에게 떠넘기기 위한 장치'가 아니라 '학습 안전망'이라고 강조한다. 성취 미달 학생에게 보충 기회를 제공하는 제도의 의의에 주목하며, 학점 취득 기준은 단순한 출석 여부가 아니라 과목 성취를 중심에 두어야 하며, 그렇지 않으면 과거의 단위제로 되돌아가는 것과 다르지 않다는 것이다. 특히 학점 이수 기준으로 최소 성취율(성취율 만점 100% 중 40% 미도달)을 설정하는 것은 내신 절대평가(성취평가제)로 전환하기 위해 반드시 거쳐야 할 과정이라고 본다.[13]

두 입장은 첨예하게 대립하지만, 공통적으로 '현행 운영방식 그대로는 지속가능하지 않다'는 문제의식을 공유한다. 따라서 고교학점제를 둘러싼 논쟁은 단순한 찬반 구도를 넘어, 제도의 철학적 이상과 현장의 실행 기반 사이에서 발생하는 구조적 긴장을 드러낸다. 이 긴장은 곧 향후 교육정책이 풀어야 할 핵심 과제를 보여주며, 사회적 합의와 정책적 조정의 필요성을 분명히 일깨우고 있다.

---

12) '고교학점제 악마화, 이제는 멈춰야 할 때'. 오마이뉴스. 2025.8.11.
13) 홍원표. (2025). 2025년, 고교학점제: 변경된 실행 조건과 다시 찾는 가능성. 교육과정연구, 43(1), 1-23.

최소 성취수준 보장지도 전면 실행을 둘러싼 쟁점

최소 성취수준 보장지도의 현장 적용

고교학점제가 학생의 학업 역량과 진로·적성에 따라 과목을 선택하고 성취기준을 충족하면 학점을 취득하는 일련의 과정을 의미한다면, 최소 성취수준 보장지도는 그 과정에서 발생할 수 있는 학습 결손을 보완하기 위해 마련되었다고 볼 수 있다. 다음 〈표〉와 같이 학점을 인정받으려면 과목별 출석률 3분의 2 이상과 성취율 40% 이상을 모두 충족해야 하며, 이 가운데 하나라도 미달하면 해당 과목은 '미이수'로 처리되어 졸업 학점 확보에 제약이 생긴다. 다만 이수 기준을 충족하지 못한 학생에게는 추가학습 기회가 제공되며, 이를 통해 학점을 회복할 수 있는 절차가 제도적으로 보장된다.

고교학점제 과목 이수 기준 현황

구분	기준	비고
과목 이수 기준	• 실제 운영 수업 횟수의 2/3 이상 출석 • 학업 성취율 40% 이상	• 출석률과 성취율 모두 충족해야 함
창의적 체험활동 및 교양·학교 밖 교육과목	• 출석률 기준만 적용	• 성취율 기준은 적용하지 않음

최소 성취수준 보장 지도는 아래의 〈표〉와 같이 예방지도와 보충지도 두 단계로 운영된다.

최소 성취수준 보장지도 단계

구분	예방지도	보충지도
이수 대상	• 과목 이수기준 미도달 예상 학생 중 희망자	• 과목 이수기준 미도달 학생 ※ 성취율은 충족했으나 출석률 미도달 학생, 교양과목 출석률 미도달 학생에게도 추가학습 기회 제공
이수 시기	• 학기 초 과목별 대상 학생 선정 → 학기 중 운영	• 학기 말 과목별 대상 학생 선정 → 학기 내(방학 포함) 운영
이수 기준	• 1학점당 5시수 (예: 4학점 과목 20시수) • 총 운영 시수의 2/3 이상 참여 시 이수 인정	• 동일하게 총 운영 시수의 2/3 이상 참여 시 이수 인정
운영 방법	• 방과후 지도, 기초학력 보장 프로그램 • 보충 과제, 학습 멘토링, 정서적 지원 프로그램 • 교과 수업시간 내 별도 지도 • 다문화학생 특별학급 수업, AI 디지털교과서 활용	• 방과후·방학 중 대면지도(실시간 온라인 쌍방향 수업 포함) • 온라인 콘텐츠(EBSi) 수강 • 보충 과제, 학습 멘토링, AI 디지털교과서 활용 등 • 예방·보충지도 운영 시 고려사항: 1) 예방지도 시수 일부를 보충지도 시수로 인정(최대 50%) 2) 정서적 지원 프로그램은 총 시수의 25% 이내 권장 3) 보충지도 시 대면지도 반드시 포함 4) 시수 인정·운영 방법은 학업성적관리위원회 심의 후 학교장이 결정

교육부가 제시한 세부 지침에는 운영 절차와 책임 주체도 명확히 규정되어 있다. 학교는 학업성적관리위원회의 심의를 거쳐 보충 지도의 운영 여부를 결정한다. 과목 담당 교사가 지도를 맡을 수 없는 경우 다른 교사를 지정하거나,

교원 수급이 어려울 때는 교육청과 협의해 대체 인력을 활용할 수 있다. 또한 학기 초·말에는 학생과 학부모에게 관련 사항을 반드시 안내하도록 의무화되어 있다.[14]

최소 성취수준 보장지도 실행의 불협화음

그러나 최소 성취수준 보장 지도가 전면 시행되면서, 제도의 설계 취지와 달리 여러 구조적 문제가 드러나고 있다. 무엇보다 교사들은 정규 수업 이외에도 보충 수업, 상담, 학습 관리, 행정 문서 작성까지 책임져야 하면서 과중한 업무 부담을 호소한다. 일부 학교는 미이수 학생 수를 줄이기 위해 시험 난도를 낮추거나 단순 과제 제출만으로 이수를 인정하는 사례가 보고되고 있는데, 이는 제도의 형식적 운영을 보여주는 대표적 사례다. 또한 성취 미달 학생을 별도로 지정·관리하는 과정에서 '낙인 효과'가 발생해 학생의 자기효능감과 학업 지속 의지가 약화될 수 있다는 점도 현장에서 꾸준히 지적된다.[15] 더불어 지역·학교 규모에 따른 교원 확보와 지원 인프라의 격차는 제도의 안정적 정착을 어렵게 만드는 구조적 요인으로 작용한다.

더 심각한 문제는 제도의 준비 과정에서 나타났다. 학점 이수 인정 기준과 「최소 성취수준 보장지도 운영 지침」이 2024년 9월, 전면 시행을 불과 6개월 앞두고 발표되면서, 학교는 촉박한 일정 속에서 수업과 평가 체제를 전면 재편해야 했다. 학생과 학부모에게는 물론 직접 수업을 설계하고 평가하는 교사들에게도 충분한 안내가 이루어지지 못했다. 준비 기간은 충분히 확보되었으나 교육 당국은 이를 효과적으로 활용하지 못하였다. 연구학교 운영을 통해 성과와 한계가 축적되면서 현장의 요구가 뚜렷이 드러났음에도 불구하고, 교육 당국

---

14) 교육부. (2024). 2025학년도 이후 고교학점제 학점 이수 인정 기준 및 최소 성취수준 보장 지도 운영 계획
15) '교육적 실효성 거의 없고 낙인 효과만… '최성보'를 아십니까'. 오마이뉴스.. 2025.8.30.

은 이를 제도 개선의 기회로 삼지 않았다. 나아가 이러한 요구를 혁신에 대한 단순한 저항으로 환원하여 해석함으로써, 본질적 문제를 간과하는 태도를 보였다고 평가할 수 있다. 현장에서는 "왜 이 제도를 해야 하는가"라는 회의가 확산되었다.

최소 성취수준 보장지도는 애초에 절대평가 기반 학점제 운영을 전제로 설계되었다. 그러나 2028 대입제도 개편에서 상대평가가 유지되면서, 제도는 본래 목적과 충돌하는 상황에 놓였다.

또한 국어·영어·수학과 같은 기초 교과의 경우, 학습 결손이 장기간 누적된 학생은 고등학교 진학 후에도 최소 성취수준 도달이 어렵다. 그런데 상대평가 구조에서는 수업·평가 설계가 상위권 변별에 맞춰지기 때문에, 이수-미이수에 기반한 최소 성취수준 보장 지도가 교육의 불평등으로 이어질 것이라는 우려도 존재한다.[16]

또한, 미이수 학생이 발생하면 상대평가 등급 산출에 변동이 생기게 되는데, 교육부는 이에 대한 대응으로 '미이수자도 등급 산출 인원에 포함한다'는 방안을 제시하였다. 실제로「2025학년도 고등학교 학업성적관리 시행지침」에는 '수강자 수는 해당 과목을 수강한 학생 수(수강하였으나 이수하지 못한 학생 수 포함)'이라고 명시되어 있어, 미이수자 역시 등급 산출의 모수(母數)에 포함됨을 분명히 하고 있다.[17]

요약하면, 최소 성취수준 보장지도가 학습지원 장치라기보다 학생의 내신 등급 관리 도구로 전락할 위험이 크다는 것이다. 하지만 이러한 현실은 단순히 교사의 책무성 부족에서 비롯된 것이 아니라, 다층적 지원체계와 제도적 기반이 충분히 마련되지 않은 상태에서 전면 시행을 강행한 구조적 한계에서 비롯된 것으로 보아야 한다.

---

16) 김지현. (2022). 고교학점제와 교육평등 : 미국 고교학점제의 사례를 중심으로. 교육행정학연구, 40(1), 65-89
17) 교육부. (2024a). 2025학년도 고등학교 학업성적관리 시행지침. 세종: 교육부.

최소 성취수준 보장지도의 교육적 의의

그럼에도 불구하고, 최소 성취수준 보장지도는 단순히 '낙오자 구제 장치'에 머무르지 않고 교육의 성격 자체를 재구성하는 계기로 작동할 가능성을 보여준다. 교사들은 제도를 운영하는 과정에서 그동안 방치되었던 저성취 학생들에게 다가가 수업과 평가 방식을 조정하게 되었으며, 이는 결과적으로 수업을 보다 평등하고 학생 중심적으로 재설계하려는 시도로 이어졌다. 수업을 개별화된 프로젝트 실행, 모둠별 탐구 학습으로 전환하거나, 진단평가, 형성평가, 수행평가, 정기고사 평가 문항의 난도를 세분화해 학생들의 학습 동기를 자극하려는 노력이 이루어졌다. 이러한 변화는 최소성취수준 보장지도가 교사들에게 새로운 부담이자 도전임과 동시에, 교수 학습 평가 혁신과 학생의 배움을 보장하는 동력이 될 수 있음을 보여준다.[18]

대안과 해결 방안도 제시되고 있다. 우선, 평가 방식을 다양화하여 조기 개입이 가능하도록 하는 것이 필요하다. 학생의 배움의 과정을 세심하게 들여다보고 평가한 결과를 피드백하는 방식을 통해 학생의 학습 결손을 보다 빠르게 발견할 수 있다. 또한 교사의 책무성과 학교의 재량을 최대한 존중하고, 튜터·멘토·퇴직 교사 등 최소성취수준 보장지도 지원 인력을 배치하여 업무 부담을 분담하는 방안이 요구된다. 국가와 지역 차원에서는 권역별 학습지원센터를 운영하여 공동 보충과정, 온라인 집중과정, 상담·정서 지원 등을 제공함으로써 학교 간 격차를 완화할 수 있다. 더 나아가 초등학교-중학교-고등학교로 이어지는 연속적 학습 회복 체계를 마련해, 최소 성취수준 보장 지도가 일시적 장치가 아니라 학생 성장 과정의 일부로 자리 잡도록 하는 것도 중요하다.[19]

중장기적으로는 2022 개정 교육과정과 연계해 책임교육 보장 체제를 공고

---

18) 홍원표. (2023). 고교학점제 도입에 따른 책임교육: 교사들이 경험하는 모순과 가능성. 교육과정연구, 41(1), 211-236.
19) 에듀프레스. (2025. 8. 4.). 최소성취수준 보장 지도, 책임교육 연결고리 될 수 있을까

히 할 필요가 있다. 맞춤형 기초·보정 과목 확대, 재이수·대체이수 경로 다양화, 졸업학점의 탄력적 운영, 위기 학생 전문교사제 도입 등이 검토될 수 있다. 또한 학기별 미도달 현황, 참여율, 추가학습 이력 등을 데이터로 관리하여 이후 책임교육 정책 수립의 정교화에 활용하는 것도 필요하다.

최소 성취수준 보장지도가 교사의 업무 부담을 증가시키는 것은 분명하며, 이는 제도의 실행 가능성을 위협하는 요인으로 지적된다. 그러나 교육과정은 본래 수업과 평가를 통해서만 실질적으로 구현될 수 있으며, 모든 학생을 배려하고 그들의 성장에 초점을 맞춘 수업과 평가가 이루어질 때 비로소 교육의 본질이 실현된다.

다만 이러한 가능성이 실현되기 위해서는 몇 가지 전제가 뒷받침되어야 한다. 첫째, 상대평가 구조와의 충돌을 해소할 독립적 운영 원리가 마련되어야 한다. 둘째, 장기간 학습 결손을 겪은 학생을 위한 맞춤형 지원 프로그램이 강화되어야 한다. 셋째, 교사에게 집중된 부담을 줄이기 위해 평가 전문성 제고 연수와 행정 지원 인력 확충이 병행되어야 한다. 동시에 학교 현장의 실행력을 높이고 국가와 지역 차원의 행·재정적 지원을 강화함으로써, 최성보가 형식적 절차에 머무르지 않고 모든 학생에게 학습의 안전망으로 자리매김할 수 있도록 지속적인 노력이 필요하다.

고교학점제와 대학입시제도의 정합성 문제

고교학점제와 대학입시제도의 관계는 단순한 인과관계라기보다 상호의존적 구조로 이해할 필요가 있다. 고교학점제가 안정적으로 정착하면 학생 선택 중심 교육과정이 학교 현장에 뿌리내리고, 이는 대학으로 하여금 내신의 신뢰성 강화, 다양한 과목 이수 결과 반영, 절대평가 기반 전형 설계 등 제도적 변화를 촉발한다. 다시 말해 학점제는 입시 개혁을 향한 출발점이자 동력으로 작동한다. 그러나 대학입시의 구조적 변화가 뒤따르지 않는다면 학점제의 교육 철학은 현장에서 쉽게 무력화될 수 있다. 상대평가와 변별 중심에 머무는 대입 구조는 학생과 교사를 입시에 유리한 과목 선택에 몰두하게 만들고, 자기주도적 학습과 진로 탐색이라는 학점제의 취지를 형식적 운영으로 전락시킨다. 실제로 교사와 입학사정관들 역시 학점제 취지에 부합하는 전형으로 학생부종합전형을 꼽으며, 수능 중심 전형 확대가 학교교육을 다시 입시에 종속시킬 수 있다고 우려한다.

현실적으로 대학입시제도가 단기간에 급격히 바뀌기는 어렵다. 따라서 고교학점제 역시 일정 부분 입시와의 정합성을 고려한 조정이 필요하다. 예컨대 학생 선택권을 존중하되 대학 진학과의 연계성을 감안한 과목 설계나 이수 권장 체계를 마련하는 방식이 그것이다. 핵심은 학점제의 취지를 훼손하지 않으면서도 현실적 여건을 반영할 수 있는 균형점을 찾는 데 있다. 장기적으로는 대

학입시가 고교교육의 철학과 방향성을 점차 수용하는 쪽으로 발전해야 한다.[20]

    2025학년도 고등학교 1학년부터 적용되는 2028학년도 대입제도 개편안은 고교학점제의 철학을 충분히 반영하지 못한 채 '공정'담론에 치우쳤다는 비판을 받고 있다.[21] 다양한 선택과목 학습을 위축시키고 수업 운영의 파행을 초래할 수 있다는 점에서 제도의 정합성을 훼손할 가능성이 크다. 결국 고교학점제와 대학입시는 서로를 규정하고 강화하는 이중 구조 속에 있으며, 학점제가 교육과정 혁신의 기반으로 대입 변화를 촉발한다면, 대입제도는 학점제의 철학을 현실에 뿌리내리게 하는 결정적 매개 장치라 할 수 있다. 따라서 고교학점제와 대입 제도의 정합성에 대한 논의는 어느 한쪽만을 강조하기보다 두 제도를 동시에 조율하고 개혁하는 시각을 가질 때, 고교학점제가 미래 교육의 관문으로 자리 잡고 대학입시가 그 길을 제도적으로 열어주는 선순환 구조를 만들 수 있다.

---

20) 김기수, 백영선, 김정민, 김택형, 박영출, 안병훈, 정미라. (2022). 고교학점제에 따른 대입제도 개편 방안-(기본연구 2022-05). 경기도교육연구원

21) 김용. (2024). 「공정한 대입 제도와 불공정한 교육의 제도화: 2028 대학입시제도 개편안을 바라보는 하나의 시각」. 『대학: 담론과 쟁점』, (1), 58-74

달라진 내신 평가 환경

2028 대입제도 개편안에서는 당초 논의되었던 절대평가 체제 도입이 보류되고, 상대평가 체제가 유지되었다. 이로 인해 학생들의 성취를 절대적 기준에 따라 인정하기보다는 여전히 변별력 중심의 평가 체계에 머물렀다는 비판이 제기된다. 고교학점제가 학생 선택과 다양성, 자기주도성을 강조하는 만큼, 평가 방식 역시 경쟁을 완화하고 개별 학습을 존중하는 방향으로 변화할 것이라는 기대가 있었다. 그러나 연구·선도학교 운영과 2025년 전면 도입을 거친 현재까지도 고교 내신은 상대평가 중심 구조를 유지하고 있으며, 학생들이 체감하는 내신 성적 경쟁으로 인한 부담은 크게 달라지지 않았다. 이는 고교학점제의 핵심 정책 과제였던 '학생 수요를 반영한 다양한 과목 개설과 운영', '진로 및 학업 설계 지도의 내실화', '최소 성취수준 보장지도'가 학교 현장에 안정적으로 정착하는 데 걸림돌로 작용해 왔다.

▨ 2028 대입제도 개편 확정안 과목별 성적 산출 및 대학 제공 방식

구분		절대평가		상대평가	통계정보		
		원점수	성취도	석차등급	성취도별 분포비율	과목평균	수강자수
보통교과		○	A·B·C·D·E	5등급	○	○	○
	사회·과학 융합선택	○	A·B·C·D·E	-	○	○	○
	체육·예술/과학탐구실험	-	A·B·C	-	-	-	-
	교양	-	P	-	-	-	-
전문교과		○	A·B·C·D·E	5등급	○	○	○

교육부(2023)는 기존의 9등급 상대평가제를 5등급제로 축소하면서 경쟁 강도를 완화하겠다는 목표를 제시하였다. 실제로 1등급 비율이 기존 4%에서 10%로 확대되고, 2등급이 누적 34%까지 넓어짐에 따라(1등급(10%)-2등급(24%, 누적 34%)-3등급(32%, 누적 66%)-4등급(24%, 누적 90%)-5등급(10%, 누적 100%)), 표면적으로는 등급 분포가 완화된 것으로 보인다. 그러나 여전히 상대평가라는 구조적 틀이 유지되는 한, 경쟁 중심의 교육문화가 근본적으로 변화하기는 어렵다.

특히 내신 성적은 대학입시에서 중요한 선발 기준으로 작동하기 때문에, 단 한 과목에서라도 낮은 등급을 받을 경우, 지원 가능한 대학 범위가 크게 제한될 수 있다는 우려를 낳게 한다. 이러한 구조적 압박은 학생들에게 등급 간 사소한 차이를 과도하게 의식하게 만들고, 결과적으로 경쟁은 완화되기보다 오히려 심화될 가능성이 존재한다.

5등급제 도입은 변별력 약화와 공정성 논란을 동시에 불러올 가능성이 크다. 일부 대입 전문가 중에서는 5등급 상대평가 체제에서도 평균 등급 분포 자체는 9등급제와 크게 다르지 않아, 전체적인 변별력에는 큰 차이가 없다는 의견도 제기된다.[22] 그러나 실제 입시 국면에서는 상위권 대학 지원자들이 대부분 1·2등급 구간에 집중되기 때문에, 내신만으로는 학생 간 차이를 가려내기 어려운 구조가 된다. 이에 따라 대학들은 변별력을 확보하기 위해 수능 최저학력기준이나 비교과 서류, 면접 등 전형 요소를 강화할 가능성이 높다는 의견이 지배적이다.[23] 이는 '경쟁 완화'라는 제도의 본래 취지와 달리, 새로운 형태의 경쟁과 부담을 불러올 수 있다는 점에서도 정책적 역설을 나타낸다.

결국 5등급제는 단순히 등급 분포를 재조정하는 수준에 머무를 뿐, 고교학점제가 추구하는 성취 기반 평가와 학생 선택 중심 학습과는 여전히 괴리를 보인다. 진정한 의미의 경쟁 완화는 등급 체계 변경만으로 이루어질 수 없으며, 절대평가의 신뢰성 제고와 대학의 활용 방식 개선이 병행될 때 비로소 가능하다.

---

22) '내신 5등급제' 첫 학기, 전 과목 1등급 2%뿐… '상위권 변별력 있다.'. 부산일보. 2025. 8. 5.
23) 최상위권 변별력 떨어진다… 대학들, 면접 강화하고 수능 최저 기준 높일 듯. 조선일보. 2023.10.11.

대입 수능 체계 변화와 고교학점제

2028학년도 대학수학능력시험(수능)은 국어·수학·탐구 영역에서 기존의 상대평가 체제를 그대로 유지하였다. 이로 인해 학생들은 학교 수업에서는 성취평가제를 경험하면서도, 대학입시 국면에서는 다시 서열화 중심의 상대평가에 적응해야 하는 이중 구조에 놓이게 되었다.

공정을 내세운 불공정의 산물, 상대평가

상대평가 체제의 가장 큰 한계는 학생의 성취 수준 자체를 보여주지 못한다는 점이다. 수능 점수는 학생 상호 간의 비교 결과일 뿐, 교육 목표 달성 여부나 학습 성과의 질을 드러내지 못한다. 또한 교수·학습 개선에 유용한 피드백을 제공하지 못하기 때문에, 학생들은 자신의 학습 성취보다는 다른 학생과의 '순위'에 매몰된다. 그 결과 학교교육은 학습을 통한 성장보다는 선발을 위한 경쟁 구조로 왜곡된다.

이러한 상대평가 구조는 또 다른 부작용을 낳는다. 변별력을 확보하기 위해 초고난도 문항, 이른바 '킬러 문항'이 출제되면서 학교 수업은 점차 입시 대비 문제풀이 중심으로 전락한다. 학생들은 수업을 통해 역량을 기르기보다 사교육에 의존하게 되고, 이는 계층 간 교육 격차를 늘려 교육 불평등을 심화시킨다.[24] 실제로 많은 학생들이 흥미나 적성보다는 내신과 수능에서 유리한 등급을 얻기 위한 전략적 선택을 우선시하고 있으며, 이는 고교학점제가 지향하는 학생 선택권 확대와 진로·적성 기반 학습의 취지를 사실상 무력화시키고 있다.

따라서 2028학년도 대입제도 개편에서 수능의 절대평가 전환이 지연된 것은 고교학점제의 정착과 가장 심각한 불일치를 드러내는 대목이라 할 수 있다. 공정성 강화를 명분으로 내세운 상대평가는 실제로는 불공정을 제도화하며, 학생들의 선택권과 교육의 다양성을 제한한다.[25] 장기적으로 수능을 절대평가화하거나 자격고사화하는 근본적 개편 없이는 고교학점제의 철학과 대학입시 제도의 정합성을 회복하기 어려울 것이다.

형식적 공정성에 갇힌 정시 전형

정시 전형 확대 기조는 고교학점제의 현장 운영과 심각한 불일치를 드러낸다. 2019년 문재인 정부 시절 교육부는 공정성과 대입 예측 가능성을 명분으로 서울 주요 대학의 정시 비중을 40% 이상 유지하도록 했고,[26] 2028학년도 대입제도 개편안에서도 이 기조는 이어졌다. 특히 수시 전형이 학생부 성적, 비교과 활동, 면접 등 다양한 요소를 종합적으로 반영하는 것과 달리, 정시는 대부분 수능 성적 100%에 의존하거나 사실상 수능 점수가 당락을 좌우하는 구조다. 이 때문에 정시는 '형식적 공정성'만을 강조할 뿐, 실제 학교 현장에서 고교학점제가 지향하는 진로·적성 기반 학습과 수업 혁신을 약화시키는 요인으로 작용한다.

---

24) 신소영. (2023). 윤석열 정부의 고교학점제와 2028 대입개편 방향. 교육비평,(51), 78-122.
25) 김용. (2024). 앞의 글
26) 교육부. (2019). 대입제도 공정성 강화 방안. 세종: 교육부.

무엇보다 정시 확대는 학교 수업보다 사교육 의존을 강화한다. 고교학점제가 학생 개별 맞춤형 학습과 성취평가제를 제도적으로 보장하고 있음에도, 학생과 학부모는 여전히 대학입시에 유리한 수능 대비에 집중하게 된다.[27] 특히 농산어촌이나 소규모 학교는 선택 과목 개설 여력이 부족한데, 정시 중심 입시 구조는 학생의 적성과 흥미에 맞는 과목 개설을 더욱 어렵게 만든다. 수도권과 대도시 학교가 수능 핵심 과목 개설과 사교육 연계를 통해 학생들의 선택권을 확보할 수 있는 반면, 지방 일반고는 학점제의 다양성을 살리지 못한 채 수능 대비 과목 편성에 종속될 수밖에 없다.

또한 정시 확대는 교실 수업 문화를 입시 위주로 회귀시키는 결과를 낳는다. 성취평가제를 기반으로 한 프로젝트형·토의형 수업은 수능 변별력 확보라는 압력 속에서 문제풀이 중심 강의식 수업으로 변질될 위험이 크다. 학생들은 학점제의 핵심 가치인 자기주도적 선택보다는 정시 경쟁에 유리한 과목과 학습 전략에 매몰된다. 이로 인해 학점제 교육과정은 형식적으로만 존재하고, 실제로는 사교육과 입시 논리에 종속되는 구조적 난맥상에 빠진다.

서울 주요 대학에서는 정시에서 수능의 영향력이 크다. 일부 학생은 내신 성적만으로 상위권 대학 수시 합격이 어렵다고 판단해 조기 자퇴 후 검정고시를 택하고 정시 준비에 집중하기도 한다. 학교에 남은 학생들 역시 진로·적성보다는 수능 대비에 유리하거나 평가 부담이 적은 과목을 선택하는 경향이 두드러진다. 이는 학점제가 보장하는 다양성과 자기주도성이 실제로는 입시 전략에 의해 제약받고 있음을 보여준다.

---

27) 신소영. (2023). 앞의 글

달라진 환경 속, 고교학점제 진화의 가능성은?

2025년 고교학점제 전면 시행 이후, 학교교육 현장은 최소 성취수준 보장지도의 안정적 실행과 2028 대입제도 개편안의 현장 적합성이라는 두 가지 과제 위에서 재편되고 있다. 두 제도가 유기적으로 작동하지 못할 경우, 고교학점제의 취지는 약화될 수 있다. 예컨대 '최소 성취수준 보장지도'가 학업 성취의 최소 기준을 확보하지 못하면 학점제는 학생 선택의 자유를 보장하기보다는 책임 회피로 전락할 가능성이 있으며, 대입 제도가 학점제와 정합성을 이루지 못할 경우 학생과 교사가 다시 성적과 등급 중심의 교육으로 회귀할 수 있다.

고교 내신 성적 산출 구조에서는 절대평가와 상대평가가 병기되면서 구조적 한계가 지속되고 있다. 학교교육과정의 다양성과 학생의 과목 선택의 폭은 확대되었으나 실제 학생 선택은 여전히 내신 등급과 대입 제도의 영향에 크게 좌우될 수밖에 없다는 견해도 그런 이유에서 존재한다.[28] 특히 상대평가 적용 범위 확대는 학생 간 경쟁을 심화시킬 뿐만 아니라, '학습 결손을 사전에 진단하고 보충 지도와 개별 지원을 통해 학생이 이수 기준에 도달하도록 돕는 예방형 학습 지원체계'라는 최소 성취수준 보장 지도의 의미를 약화시킬 가능성이 있다.

아울러 2028학년도 수능 개편은 고교학점제와의 정합성 측면에서 부정적인 영향을 미칠 것으로 전망된다. 서울특별시교육청은 2028 대입 제도 개편 확정안 발표 직후 입장문을 통해, 이번 개편안이 "고교학점제 시행에 전혀 도움이 되지 못하고 고교교육 정상화에도 기여하기 어려운 경로를 이탈한 방안"이라고 비판하였다. 상대평가 체제 유지로는 학교교육 정상화를 기대하기 어렵고, 일부 과목에만 절대평가를 적용하는 것은 고교학점제의 취지와 철학에도 어긋난다는 것이다.[29]

---

28) 김란주·서경혜. (2018). 고교학점제 도입에 따른 교육과정 운영상의 과제 탐색. 교육과정연구, 36(2), 1-26.
29) 서울특별시교육청. (2023.12.29). 2028 대학입시제도 개편 확정안에 대한 서울시교육청 입장문 [보도자료]. 서울특별시교육청.

고교학점제,
책임교육을 넘어 미래 교육의 문을 열 수 있을까?

성취평가제,
학생 성장을 위한 교육적 안전망으로

성취평가제는 단순한 평가 방식의 변화에 그치지 않고, 학생의 성장을 책임 있게 지원하는 교육적 안전망으로 기능해야 한다. 이를 위해 국가 차원에서는 진단 도구와 피드백 자료를 제공하고, 학교는 과정중심 평가와 연계한 보충학습 체계를 마련할 필요가 있다. 또한 재이수, 대체 이수, 온라인 학습 등 다양한 재도전 경로를 제도화하여 학생이 낙인감 없이 학업을 회복할 수 있도록 지원하는 것도 중요하다.

한편, 학점 이수 기준 개정은 교육부 지침만으로 결정할 사안인지, 국가교육위원회의 심의와 의결이 필요한 사안인지 논의가 필요하다. 2022 개정 교육과정 총론에는 학점 인정 기준에 출석률과 더불어 '학업성취율'을 반영하도록 명시되어 있다. 따라서 만약 학점 인정 기준을 출석률 중심으로 단순화하거나 성취율 반영 방식을 변경한다면, 이는 교육과정 총론의 수정에 해당하므로 국가교육위원회의 심의 절차를 거치는 것이 적절하다. 즉, 고교학점제 개편은 교육과정 문서에 근거한 제도적 합의를 기반으로 추진되어야 한다.

성취기준에 근거한 절대평가,
경쟁을 넘어 동반 성장을 이끄는 힘

절대평가는 학생 개개인의 고유한 학습 궤적을 존중한다는 점에서 기존의 상대평가와 차별화된다. 학생 간 비교보다는 개인의 성취 수준을 기준으로 평가하기 때문에, 줄 세우기식 경쟁을 완화하고 성장 중심의 교육을 가능하게 한다.

내신 평가가 절대평가로 전환될 경우 몇 가지 긍정적 변화가 예상된다. 첫째, 불필요한 경쟁이 줄어들고 협동학습 분위기가 조성될 수 있다. 성취기준을 충족하면 누구나 높은 성취를 인정받을 수 있기 때문에, 학생들은 경쟁자가 아니라 협력자로 인식될 가능성이 커진다. 둘째, 학생들은 보다 명확한 성취기준에 따라 자신의 학습 수준을 점검하고, 구체적인 학습 목표와 계획을 세우는 자기주도 학습 역량을 기를 수 있다. 셋째, 교사 입장에서도 학생 개별 맞춤형 지도와 피드백이 용이해진다. 교사들은 등급 구분에 얽매이지 않고, 학생이 성취기준에 도달하도록 지원하는 역할에 집중할 수 있다. 이러한 변화는 고교학점제가 지향하는 책임교육 및 포용적 수업 문화의 정착과도 연결된다.

교원 수급 안정과 제도적 지원

고교학점제 운영에서 가장 큰 걸림돌로 지적되는 부분 중 하나는 교원 수급 구조의 불안정성이다. 현재 교원 정원은 주로 학생 수를 기준으로 산정되는데, 이는 학생 수요를 반영한 교육과정 운영을 전제로 한 고교학점제 운영을 충분히 뒷받침하지 못한다. 그 결과, 교사가 여러 과목을 동시에 담당하게 되면서 깊이 있고 창의적인 수업과 평가 설계가 어려워지고 이를 미연에 방지하기 위해 교육과정 수립 과정에서 학생의 과목 선택권을 일부 제한하는 등의 부작용이 발생했다. 이러한 현실은 교원단체가 고교학점제에 대해 우려를 표하거나 전면 재검토를 주장하는 근거 중 하나로도 작용한다.

따라서 학점제가 현실에 정착하기 위해서는 교원 배치 기준을 학생 수 중심에서 과목 개설 수와 학급 수를 반영하는 방식으로 전환할 필요가 있다. 필요할 경우 정원 외 교원 충원, 순회 교원 확대, 지역 단위 교원 순환 배치 등도 검토해야 한다. 아울러 교사가 수강 신청 관리, 출결 확인, 평가, 생활기록부 기록 등 동시다발적으로 실행하는 행정업무[30]를 개선하기 위해, 국가 차원의 통합 학사 행정 플랫폼을 마련[31]하는 것이 요구된다. 동시에 교무학사 운영 보조 인력, 전문 튜터, 지역 학습센터 강사 등 지원 인력을 배치하여 교사가 교수학습평가, 학생 진로진학 지도, 최소성취수준 보장과 같은 역할에 집중할 수 있도록 하는 제도적 장치가 필요하다.

고교학점제 현장 안착을 고려한 대입 전형 방식 개선

고교학점제가 전면 시행되면서, 대학입시제도도 이에 맞게 변화해야 한다는 목소리가 커지고 있다. 단순히 성적순으로 학생을 줄 세우는 방식에서 벗어나, 학생의 배움과 성장을 제대로 담아낼 수 있는 제도로 바꾸자는 것이다. 이를 위해 대학입시는 몇 가지 원칙을 바탕으로 새롭게 설계될 필요가 있다.

무엇보다 학생의 배움이 우선되어야 한다. 입시가 수업을 왜곡시키는 장치가 아니라, 오히려 학생들이 수업과 학습에 더 집중하도록 만드는 역할을 해야 한다. 또한 고교에서 진행되는 성취평가와 과정평가가 대학입시에서 믿을 만한 기준으로 작동해야 한다. 이를 위해 학생의 가능성과 역량을 단순히 수치화된 점수로 환원하는 것이 아니라, 교과 학업 성취의 과정과 결과를 포함한 다양한 학습 경험이 종합적으로 반영될 수 있도록 하는 대학입학 전형의 재구조화가 필요하다. 교육과정 운영과 과목 선택이 지역이나 학교의 여건에 따라 달

---

30) 황재운, 김보람, 김현진, 박한얼, 장혜정. (2023). 『고교학점제 연구학교 운영 사례 및 정책적 시사점 연구』. 서울특별시교육청교육연구정보원.
31) 김영은. (2023). "고교학점제 단계적 도입에 따른 현장 실행 모니터링 연구(Ⅰ)". 교육광장 83. 30-33.

라짐으로써 학생 간 유·불리가 생기지 않도록, 형평성을 보장할 제도적 장치를 갖추어야 한다. 무엇보다도 대입 전형 방식이 자주 바뀌면 학생과 학교가 준비하기 어렵기 때문에, 대학 입학 이후의 성장 가능성에 중점을 둔 선발 방식을 도입하여, 학생들이 예측 가능성과 안정성을 기반으로 장기적인 학업·진로 계획을 수립할 수 있도록 해야 한다.

이러한 원칙을 바탕으로 대입 전형 방식을 어떻게 바꿀 것인지에 대한 논의가 활발하게 이어지고 있다.

첫째, 수시·정시 통합 전형 방식을 적극적으로 검토해 볼 수 있다. 지금처럼 수시와 정시가 나뉘어 있으면 학생과 학부모의 부담이 크고, 고3 2학기 수업이 입시 준비로 사실상 마비되는 문제가 생긴다. 그래서 고3 학사 과정이 모두 끝난 12월에 단일 차수로 선발하는 방안이 거론된다. 이렇게 하면 학생부, 수능, 면접 등 다양한 자료를 종합적으로 활용할 수 있어 학교 수업과 입시 준비가 자연스럽게 연결될 수 있다.

둘째, 정시 전형의 다면적 평가 전환이다. 현재 정시는 수능 점수 하나에 지나치게 의존한다는 비판을 받는다. 이 방식은 학생의 다양한 역량을 살펴보기 어렵고, 사교육 의존도를 높이며 계층 격차를 확대시킨다는 지적이 많다. 실제로 수능 위주 전형으로 입학한 학생들이 대학에서 성적이 낮거나 중도 탈락률이 높은 경우가 보고되기도 했다. 이런 문제를 해결하기 위해 정시에서도 학생부 종합 평가, 탐구 과제 해결 역량 평가, 면접 등의 전형 요소를 대입 수능 결과와 함께 반영하는 다면적 평가가 필요하다는 의견이 나온다.

셋째, 대학의 학생 선발 자율성 확대가 필요하다. 현재 정부가 정시 선발 비율을 획일적으로 규제하는데, 이는 대학의 특성을 살리지 못하게 하고 학교 현장에서 수능 대비 교육을 강화하는 역효과를 낳을 수 있다. 대학이 각자의 교육 목표와 특성에 맞게 학생 선발 방식을 자율적으로 설정할 수 있도록 하면 입시 구조가 다양해지고, 대학 교육도 더 특성화될 수 있다.

마지막으로, 무전공 선발 전형 확대가 제시된다. 고교학점제를 통해 다양한 과목을 경험한 학생들이 대학에서 그 경험을 살릴 수 있도록, 학부 단위 무전공 선발을 늘리자는 것이다. 이렇게 하면 학생들은 1학년 때 다양한 전공의 기초 소양을 배우고 나서 전공을 선택할 수 있어, 고교 교육과정과 대학 교육이 보다 자연스럽게 연결된다.

고교학점제의 가능성은 아직 열린 문

고교학점제와 이를 둘러싼 교육제도 환경, 그리고 한국 고등학교의 현실 사이에서 나타나는 불협화음과 실행 상의 난맥상을 근거로 고교학점제에 대해 비판하는 목소리는 교육부의 제도 개선 의지를 일깨우고, 학교 현장의 성찰과 혁신 노력을 촉진할 수 있다. 그러나 학교 현장의 어려움만을 근거로 정책 자체를 실패로 단정하거나 책임 있는 맞춤형 교육으로의 진화 가능성까지 미래 교육의 길로 난 문을 닫을 수도 있다는 불안감을 일깨운다.

고교학점제 도입 이후 학교교육에서 나타난 변화는 과거의 단기적 처방이나 정권교체에 따라 사라졌던 일회성 정책과 달리, 교육 정상화를 위한 지속 가능한 기반을 마련하고 있다는 점에서 중요한 의미를 가진다. 또한 고교학점제 추진 과정에서 드러난 여러 혼란은 단순히 새로운 제도의 미비점만을 보여주는 것이 아니라 그동안 누적되어 온 학교교육의 불합리성과 입시 종속적 구조를 은폐하지 않고 드러낸 결과라고 볼 수도 있다. 즉, 고교학점제의 시행은 기존 교육과정이 입시에 어떻게 종속되어 왔는지, 학교 제도와 문화의 모순이 어디에 뿌리내려 있는지를 분명하게 드러내는 계기가 되었다.

그러나 교육 공동체가 머리를 맞대고 고교학점제의 가능성을 여는 과정에서 미래 교육의 숲으로 난 오솔길을 시나브로 걸어가게 될지도 모를 일이다.

02.

2026년
한국교육이 직면한
10대 쟁점과 과제

서울대 10개 만들기 정책의 과제와 실현 가능성

홍 창 남
부산대학교 교수

06

대한민국 고등교육 시스템은 학령인구 감소와 수도권 집중이라는 이중 위기에 직면해 있다. 이러한 구조적 문제를 해결하기 위해 역대 정부들은 다양한 지방대학 육성 정책을 추진해왔다. 2014년 「지방대학 및 지역균형 인재 육성에 관한 법률」 제정을 비롯하여 각 정부의 기조에 따라 여러 재정지원사업이 시행되었으나, 그 실질적인 효과에 대해서는 회의적인 평가가 지배적이다. 국회예산정책처(2025)의 평가에 따르면, 지난 10년간 추진된 정책들은 일부 지표에서 개선 흐름을 보였으나, 전반적인 경쟁력 제고 측면에서는 한계가 있었다. 특히 신입생 및 재학생 충원율과 같은 핵심 지표는 오히려 악화되었고, 수도권 대학과의 격차가 심화되었다고 분석한다. 기존 정책의 실패 경험은 고등교육 시스템의 근본적이고 과감한 재편이 필요하다는 사회적 공감대를 형성시켰다.

이러한 배경 속에서 '서울대 10개 만들기' 정책이 이재명 정부의 핵심 국정과제로 등장했다. 이 정책은 단순한 '지방대 살리기'나 '대학 서열 완화'를 넘어, 특정 거점 대학에 대한 '선택과 집중'을 통해 국가균형성장을 이루겠다는 새로운 패러다임을 제시한다. 그러나 이 정책은 그 의도만큼이나 복잡한 구조적 함의를 내포하고 있다. 정책은 표면적으로 '지역균형성장'과 '대학 서열 완화'를 목표로 하지만, 동시에 '연구중심대학 집중 육성'을 내세우며 소수 엘리트 대학을 만들고자 한다. 이러한 두 목표는 상호 보완적이기도 하지만, 본질적으로는 모순될 수 있다. 소수 대학에 대규모 재정을 집중 투입하는 방식은 다른 대다수 대학의 상대적 박탈과 약화를 초래할 수 있기 때문이다.

서울대 10개 만들기 정책의 구체적인 내용이 분명하게 밝혀지지 않은 것도 논란을 야기한 원인 가운데 하나이다. 뒤에서 자세하게 설명하겠지만, '정책 아이디어로서의 서울대 10개 만들기'와 '국정과제로서의 서울대 10개 만들기'는 별개의 것이다. 전자는 미국 캘리포니아 모델을 준용하여 거점국립대에 서울대만큼 예산을 투입하여 경쟁력 있는 연구중심대학으로 만들자는 제안이다(김종영, 2021). 김종영의 저서에는 한국 교육에 대한 치밀한 분석을 토대로 '서울대

10개 만들기'라는 큰 그림이 제시되어 있으나, 거점국립대를 서울대 수준의 연구중심대학으로 성장시키기 위한 구체적인 전략은 분명치 않다. 이와 달리, 이재명 정부의 국정과제인 서울대 10개 만들기는 거점국립대의 성장 전략을 중심으로 설계되었다. 따라서 기본적인 문제의식과 관점은 김종영의 정책 아이디어와 유사하지만, 정책의 구체적인 내용은 상당한 차이가 있다.

여기에서는 국정과제로서의 서울대 10개 만들기가 제기된 맥락, 정책의 실질적인 내용과 실현 가능성, 정책을 둘러싼 쟁점과 과제들을 다각도로 조명하고자 한다. 이 정책과 관련된 당사자들과 독자들이 정책의 본질과 구체적 내용을 깊이 이해하는 것은 이 정책의 성패에 중대한 영향을 미칠 것이다.

대학의 위기 현상

오늘날 한국 대학이 처한 위기는 단일 요인에 기인하는 것이 아니라, 여러 구조적 요인이 중첩되어 나타나는 복합적 위기다. 이는 단순한 교육 내부의 문제가 아니라, 인구구조 변화, 국가 정책 방향, 사회적 불평등, 글로벌 경쟁 구도 등 다양한 요인이 상호작용한 결과다. 홍창남(2024a)은 이를 다섯 가지 복합 위기, 즉 ▲지역대학 소멸 위기, ▲대학 경쟁력 위기, ▲대학 책무성 위기, ▲대학 재정 위기, ▲대학 자율성 위기로 정리하였다. 이러한 위기 현상은 '서울대 10개 만들기' 정책이 등장하게 된 근본 배경이기도 하다.

지역대학 소멸 위기

가장 심각한 것은 지역대학의 존립 자체가 위협받는 소멸 위기이다. 학령인구 감소와 수도권 대학 집중이 맞물리면서 지방대학의 충원율은 급격히 떨어졌다. 2017년 신입생 충원율이 90% 이하로 하락한 이래, 2021년에는 84.5%라는 사상 최저치를 기록하였다(한국교육개발원, 2021). 미충원 인원 약 4만 명 가운데 75%인 3만 명이 지방대학에서 발생했다는 사실은 위기의 심각성을 보여준다.

더구나 인구 전망은 이 위기가 단기적 현상이 아니라 구조적 문제임을 뚜렷하게 시사한다. 통계청(2023)에 따르면 대학 진학 연령대인 18세 인구는 2033년까지 43~46만 명 수준을 유지하다가 2034년 이후 급격히 감소하여, 2040년에는 26만 명 수준으로 줄어들 전망이다. 대학 진학률을 70%로 가정하면, 2040

년 입학 가능 자원은 약 18만 명에 불과하다. 이는 수도권 대학과 거점국립대의 정원 합계인 22만 명에도 미치지 못하는 수치다. 결국 향후 10년 내외의 시점에서 지방 사립대 대부분이 존폐 위기에 직면할 것이라는 전망은 현실적 근거를 갖는다.

대학 경쟁력 위기

한국 대학은 글로벌 대학 경쟁에서 뒤처지고 있다는 점에서 경쟁력 위기에 직면해 있다. 세계 대학 순위 평가에서 한국 대학이 차지하는 위상은 국가의 위상에 비해 매우 낮은 편이다. THE, QS 등 주요 평가에서 세계 100위권에 진입한 국내 대학은 3~5개에 불과하며, 30위권 안에는 단 한 곳도 없다(김용 외, 2025). 반면 미국은 약 25개, 영국은 15개, 중국은 10개 대학이 100위권에 들었다. 특히, 설문조사를 배제하고 연구 실적 중심으로 평가하는 ARWU(상하이 세계대학 순위)에서 100위권에 드는 국내 대학은 서울대학교가 94위로 유일하다(김용 외, 2025). 이는 아시아 내에서도 중국, 홍콩, 싱가포르 대학들의 약진과 대조된다.

또한, IMD 세계경쟁력 보고서(2025)에 따르면 한국의 종합 국가경쟁력은 27위이지만, 대학교육 경쟁력은 69개국 가운데 46위에 불과하다. 한국 고등교육의 국제 경쟁력이 국가 전체 역량에 비해 현저히 뒤처져 있음을 보여주는 대목이다.

대학 책무성 위기

한국 대학은 사회적 요구와 역할 수행에 미흡하다는 점에서 책무성 위기를 겪고 있다. 특히 고착화된 대학 서열 체제가 사회적 부작용을 심화시키고 있다. 상위권 대학 진학을 위한 경쟁은 과도한 사교육비 지출을 유발하고, 수도권 집중을 가속화하며, 입시 위주 교육을 고착시킨다.

2023년 사교육비 총액은 27조 1천억 원으로 사상 최고치를 기록했으며(통계청, 2024), 전체 대학생의 약 40%가 수도권 대학에 몰려 있다. 이러한 입시 과열은 공정성 확보를 명분으로 객관식 시험 중심의 평가에 치우치게 하여, 창의적 사고, 비판적 성찰, 협업 능력 등 미래 사회가 요구하는 핵심 역량 육성을 저해한다. 결국 대학은 인재 양성과 사회적 책무 수행에 실패하고 있다는 비판을 받게 된다.

대학 재정 위기

대학 운영의 지속가능성을 위협하는 재정 위기가 심화되고 있다. 주요 원인은 학령인구 감소에 따른 등록금 수입 축소와 등록금 동결 정책이다. 실제로 대학 등록금 수입은 2018년 10조 6천억 원에서 2022년 10조 3천억 원으로 줄어들었다(한국대학교육협의회, 2023). 물가 상승률을 감안하면 실질적 감소 폭은 훨씬 크다.

또한 국가의 고등교육 투자 부족도 문제를 악화시키고 있다. 2020년 기준 대학생 1인당 공교육비는 12,225달러로, OECD 평균(18,105달러)의 67% 수준에 불과하다(한국교육개발원, 2023). 초·중등학생에 비해 대학생에게 투입되는 공교육비가 적다는 사실은 국제적으로도 이례적이다. 이는 한국 사회에서 대학 교육의 공공적 지원이 상대적으로 취약함을 보여준다.

대학 자율성 위기

고등교육 정책 집행 과정에서 대학은 자율성을 상실하는 위기를 겪고 있다. 재정난에 처한 대학들이 정부 지원에 의존하게 되면서, 정부는 이를 평가와 연동시켜 대학의 정책적 자율성을 크게 제한하고 있다. 윤지관(2018)이 지적했듯이, 이러한 구조는 대학을 창의적 혁신 주체라기보다 정부 과제 수행 기관으로 전락시킬 위험을 내포한다. 결과적으로 대학은 스스로의 교육·연구 전략을 자율적으로 설계하기 어려워지고, 국가 정책 방향에 종속되는 경향을 보인다.

이 다섯 가지 위기는 서로 독립적으로 존재하는 것이 아니라, 복합적으로 작용하여 위기의 심각성을 증폭시킨다. 문제는 대학 개혁을 주창하는 정치·사회 세력들이 각자의 이념과 관점에 따라 위기의 일부만을 강조하면서 종합적 해결책을 도출하지 못했다는 점이다. 예컨대, 진보 진영은 주로 대학 책무성 위기, 즉 대학 서열 체제 해소를 핵심 과제로 제기하지만, 지역대학 소멸 위기나 대학 재정 위기에는 상대적으로 미온적이다. 반면 보수 진영은 대학 경쟁력 위기를 대학 문제의 핵심으로 강조하면서, 지역대학이나 재정 위기에 대해서는 정치적 수사에 그치는 경우가 많다. 이러한 부분적 대응은 결과적으로 어느 쪽에서도 실질적인 대학 개혁 성과를 내지 못하게 했으며, 교육이 진보·보수 진영 모두에서 '핵심 아젠다'로 자리 잡지 못한 결정적 이유가 되었다. 양 진영에서 내세운 해결방안은 무엇이며, 왜 성과를 내지 못했는지 간단히 살펴보자.

기존 정책 대안의 한계

윤석열 정부의 고등교육 정책

윤석열 정부가 추진한 고등교육 정책은 크게 ▲대학 규제 완화 ▲수도권 대학 정원 증원 ▲지역혁신중심 대학지원체제RISE ▲글로컬대학30 사업 등 네 가지로 요약할 수 있다(홍창남, 2024b). 이들은 대학의 자율성을 확대하고, 경쟁을 통한 성과 제고를 지향한다는 점에서 일관된 정책 기조를 공유한다. 그러나 이러한 접근은 구조적 한계를 안고 있으며, 기대했던 성과 달성 여부가 불투명하다.

대학 규제 완화

대학 규제 완화는 대학의 자율적 경쟁을 촉진하여 경쟁력 강화를 이루겠다는 목표를 가진다. 주요 내용으로는 ▲학과 및 학부 조직 원칙 폐지 ▲교원의 수업시수 기준을 대학 자율에 위임 ▲첨단분야 정원 증원 기준 완화 ▲교사 및 교지 기준면적 완화 ▲겸임교원 확대 허용 ▲수익용 기본재산 확보·활용 기준 완화 등이 포함된다. 이러한 규제 완화는 대학에 일정한 자율성을 부여했으나, 역설적으로 자율성을 감당할 수 있는 재정적·행정적 기반이 취약한 대학에게는 부담으로 작용할 가능성이 크다.

수도권 대학 정원 증원

수도권 대학의 첨단분야 학과 신설과 정원 확대도 핵심 정책 가운데 하나이다. 반도체, 인공지능, 바이오 등 전략산업 분야를 중심으로 2024년 1,829명(수도권 817명), 2025년 1,145명(수도권 569명)이 증원되었다. 이는 산업 수요 대응이라는 측면에서는 의미가 있으나, 수도권 대학 중심으로 정원이 늘어나면서 지역대학의 위기는 심화될 수밖에 없다. 즉, 수도권 집중이라는 구조적 문제를 오히려 강화하는 결과를 초래할 가능성이 높다.

지역혁신중심 대학지원체제(RISE)

RISE 체제는 문재인 정부가 추진했던 RIS(지자체-대학 협력기반 지역혁신사업)를 확대한 제도다. 이는 대학 지원의 행·재정 권한을 광역지방자치단체에 이양하고, 지원 범위를 수도권까지 확대하는 것을 골자로 한다. 그러나 지자체의 역량 부족과 낮은 재정자립도, 지자체장의 정치적 성향에 따른 정책 왜곡 가능성 등은 제도의 안정성과 효과성을 약화시킬 수 있다. 특히, 이미 산업 생태계가 위축된 지역에서 대학을 매개로 한 혁신을 실현하기는 현실적으로 쉽지 않다는 점에서 정책 성과에 대한 회의가 제기된다.

글로컬대학30 사업

RISE와 연계된 글로컬대학30은 지방대학 경쟁력 강화를 위한 대표적 사업이다. 지역발전을 선도하고 다른 대학의 성장을 견인할 수 있는 세계적 수준의 대학을 30개 선정하여 5년간 1천억 원을 지원하는 방식이다. 그러나 특정 대학에 집중 지원하는 방식은 대학 간 갈등을 유발할 수 있으며, 지역 내 고등교육 생태계의 불균형을 심화시킬 우려가 있다.

윤석열 정부 고등교육정책의 공통된 기조는 대학의 자율성을 확대하고 경쟁을 통해 성과를 도출한다는 점이다. 그러나 대학 간 격차 확대와 서열화 심화는 '불가피한 부작용'으로 치부되거나 심지어 바람직한 현상으로 간주되고 있다. 문제는 이들 정책이 궁극적으로 지향하는 대학 경쟁력 강화조차 실현 가능성이 낮다는 점이다. 예를 들어, RISE와 글로컬대학 사업의 핵심 목표는 대학의 연구개발 역량 강화이지만, 2024년 정부의 연구개발 예산이 대폭 감축되면서 실제 역량 강화는 커녕 위축될 위험이 커졌다. 또 다른 예로, 대학 교육의 질 제고는 교수의 수업방식 변화, 학생 학습시간 확대, 교육을 지원하는 제도와 문화의 정착이 수반되어야 한다. 그러나 특정 첨단분야의 신설·증원은 단기 산업 수요 대응에는 도움이 되지만, 대학의 전반적인 교육역량을 약화시키고 실용적 가치에 편중된 결과를 낳을 수 있다.

요컨대, 윤석열 정부의 정책들은 단기적·부분적 효과는 거둘 수 있으나, 대학이 직면한 구조적 위기(지역 소멸, 재정 악화, 책무성 약화, 자율성 위기)를 근본적으로 해결하기에는 한계가 명확하다.

진보 진영의 고등교육 정책 대안

진보 진영의 고등교육 정책 대안은 ▲국립대 통합네트워크 ▲포용적 상향평준화 ▲서울대 10개 만들기 등 세 가지가 대표적이다. 이들 정책은 공통적으로 대학 서열 체제와 입시 경쟁을 완화함으로써 초·중등 교육을 정상화하겠다는 문제의식을 공유한다. 그러나 실행 과정에서 여러 현실적 한계가 드러났으며, 특히 재정적 기반과 국가 발전 전략과의 연계성이 부족하다는 점이 주요 비판 지점이다.

국립대 통합네트워크

국립대 통합네트워크 구상은 서울대를 포함한 국립대를 하나의 통합 체제로 묶어 공동입학, 공동학위를 수여함으로써 대학 서열 체제를 완화하려는 정책이다(정진상, 2004). 이 구상은 문재인 정부 국정과제에 채택될 정도로 정책적 관심을 받았으나, 현실적 제약으로 인해 실행에는 이르지 못했다. 서울대를 포함한 국립대 전체가 하향 평준화될 수 있다는 우려, 결과적으로 사립대 중심의 새로운 서열화 가능성, 학생 정원 초과 시 추첨 방식 배정에 대한 사회적 수용성 부족 등이 주요 문제점으로 부각되었다.

표용적 상향 평준화

교육평론가 이범이 제안한 '포용적 상향 평준화'(이범, 2020)는 대학 재정 격차가 곧 대학 서열의 근본 원인이라는 인식에 기초한다. 그는 교수 1인당 1억 원 수준의 재정 지원을 전제로, 국립대뿐 아니라 수도권 주요 사립대까지 포함하는 공동입학제를 제안하였다. 이 제안은 재정 지원을 통한 교육여건 개선, 국립·사립을 아우르는 제도적 포괄성 등의 장점이 있다. 그러나, 막대한 재정 소요(연간 3~4조 원 이상)로 현실적 실행 가능성이 낮다는 점, 대학들의 참여 의지 부족 및 참여 대학 간 이해관계 충돌 가능성, 추첨식 배정에 대한 사회적 저항 등의 한계도 있다.

서울대 10개 만들기

경희대 김종영 교수가 제안한 '서울대 10개 만들기'는 기존의 국립대 통합네트워크의 가치와 철학을 계승하되, 기존 정책이 가진 한계를 뛰어넘어 실행 가능성을 제고하기 위해 구체적 방안을 단순화한 정책이다(김종영, 2021). 그는 대학 개혁의 목표로 경쟁력 있는 '연구중심대학'을 설정하고, 미국 캘리포니아 모델을 벤치마킹할 것을 제안하였다. 9개 거점국립대를 집중 지원하여 서울대 수준으로 육성하되, 공동입학 등의 장애요인은 배제하였다. 김 교수의 제안은 서울대 수준의 예산 확대 필요성만 제시했을 뿐, 연구중심대학으로 도약하기 위한 구체적 조건이나 추진전략이 미흡하였다.

진보 진영의 정책 대안들은 국가 재정에 대한 통합적 인식이 부족하다는 점을 지적하지 않을 수 없다(김용 외, 2025). 국립대 통합네트워크 정책에는 정확한 예산 추계가 없고, 다른 두 정책 대안은 연간 3~4조 원 또는 5~6조 원의 증액을 당위적으로 제시하고 있을 뿐이다. 그러나 고등교육에 국가 예산을 추가 투입하려면 다른 분야의 예산을 감축하거나 증세가 필요한 상황인데, 이 부분에 대한 대응 논리가 빈약하다. 고등교육 예산 확대에 대한 일반 국민의 동의 수준이 높지 않은 점도 고려해야 한다(통계청, 2021).

또 다른 한계로, 진보 진영의 정책 대안은 주로 대학 서열화로 인한 과열 경쟁 완화에 무게중심을 두고 있는데, 고등교육의 또 다른 역할인 국가 성장 동력 확보에 대한 정책적 관심이 상대적으로 부족하다(김용 외, 2025). 특히 기술 패권 경쟁에서 살아남아 글로벌 선도국가로 전환하기 위해서는 국가 R&D 체계를 뒷받침하고, 국가 성장 동력을 형성하는 고등교육 개편이 절실하다. 이와 함께 한국 사회가 직면한 심각한 지역 불균형을 극복하는 데 있어 고등교육의 역할이 요구된다는 점에서 국가 균형 발전의 관점에서도 고등교육 개편 방안이 제시되어야 한다. 요컨대 고등교육 개편을 통해 국가 성장 동력을 형성하고 지역 균형 발전을 실현한다는 논리 구조가 요구된다. 그 논리 구조에 근거해서 고등교육 예산 확충 필요성을 사회적으로 설득해야 한다.

'서울대 10개 만들기' 정책의 주요 내용

기본 전제 : 고등교육체제 재구조화 방안

'서울대 10개 만들기' 정책은 이재명 정부의 핵심 교육 국정과제 가운데 하나이지만, 거점국립대만을 직접 대상으로 한다는 점에서 고등교육 전반을 포괄하는 종합 정책의 일부로 이해해야 한다. 따라서 이 정책의 성격과 위상을 올바르게 파악하기 위해서는 먼저 고등교육체제 개편의 전반적 구상, 즉 고등교육체제 재구조화 방안을 확인하는 것이 필요하다.

이 기본 구상은 경기도가 발주한 정책연구보고서 「글로벌 초격차 10개 국립대학 구상 및 경기도 대응 전략」(김용 외, 2025)에 담겼으며, 여기서 연구진은 '서울대 10개 만들기' 구상을 정책 아이디어 차원을 넘어 실행 가능한 정책으로 구체화하였으며, 그 일부 내용이 국정과제에 반영되었다.[1]

연구진은 한국 대학이 직면한 복합적 위기와 국가적 과제를 해결하기 위해 다음과 같은 네 가지 원칙을 설정하였다.

첫째, 한국 대학의 복합 위기를 해소하기 위해서는 국가적 차원의 총체적 접근이 필요하다. 즉, 경제정책, 산업정책, 노동정책, 국토균형발전정책, 복지 및 문화정책, 학술정책 등을 병행해야 한다는 것이다.

둘째, 획일적인 대학 체제를 대학의 설립 유형과 목적에 따라 실질적으로 특

---

[1] 참고로 '글로벌 초격차 대학'이라는 명칭은 발주처가 제안한 것이며, 연구진은 이를 '연구거점대학'과 유사한 의미로 사용하였다.

성화해야 한다. 국공립대와 사립대의 역할 분화, 대학의 지향점(연구중심, 교육중심, 직업중심)에 따른 기능 분화가 핵심이다.

셋째, '대학 경쟁력 강화'를 당면한 핵심 과제로, '대학 서열화 해소'를 중장기 과제로 설정한다. 거점국립대의 경쟁력 강화를 위해 세계적 수준의 연구거점대학[2]을 추진하고, 경쟁력이 강화된 거점국립대들이 수도권 중심의 대학 서열체제에 균열을 내어 고3 학생들의 선택지를 넓히는 방식으로 접근한다.

넷째, 고등교육체제의 재구조화는 사회적 합의를 통해 그 방향과 대안을 끌어내야 한다. 교육계, 언론계, 경제산업계, 과학기술계, 지역사회, 시민사회 등이 모두 참여하여 2~3년 정도의 공론화를 거쳐 고등교육체제 개편의 방향과 구체적 방법을 마련해야 한다.

이러한 원칙아래 구체적인 재구조화 방안은 3가지 유형의 대학 특성화로 설정하였다: 1) 연구역량과 여건을 갖춘 대학은 세계 수준 연구거점대학으로 전환한다. 2) 대다수 4년제 대학은 학부 교육중심 대학으로 특성화하여 지역사회와 연계를 강화한다. 3) 전문대학, 폴리텍대학 등은 평생교육과 연계하여 고등직업체제로 정비한다. 그리고 3가지 유형의 대학 간에는 이동 통로를 제도화한다.

---

[2] '연구중심대학'과 '연구거점대학'은 유사하지만 약간의 차이가 있다(김용 외, 2025). 연구중심대학은 '연구를 통해 교육하는 대학'으로서 연구를 통해 교수와 학생이 성장하고 새로운 지식을 창출하는 혁신의 원천이다. 이에 비해, 연구거점대학은 지역의 연구중심대학으로서 국가적 기초연구와 전략산업 육성을 위한 혁신 허브의 역할을 하기 위해 지역별로 지정된 대학을 의미한다.

세계수준 연구거점대학

- 기존 연구중심대학 가운데 지역을 고려하고 엄격한 심사를 거쳐 10개 내외의 대학 선정
- 과감한 재정투자로 기초학문, 국가전략산업 분야 등에서 학문적 수월성 및 R&D 역량 발휘

지역기반 교육중심대학

- 현 RISE 체제를 초광역권(권역별) 거버넌스로 개편(보조금 체제에서 교부금 체제로 전환)
- 학부 교육은 지역사회 및 지역산업과 연계 강화
- 권역별 교육프로그램 및 인프라 공유 제도화(공동교육과정 등)
- 권역별 공동학위(한국형 에라스무스), 공동입시 및 개방형 진학체제의 점진적 도입
- 독자적 경쟁력을 갖춘 대학원 과정은 심사를 거쳐 유지(석·박사과정 차별화)
- 교육중심대학 졸업자 가운데 희망자는 연구거점대학의 대학원 진학 가능
- 고등직업교육체제 졸업자 가운데 희망자는 교육중심대학 진학(학부 및 대학원) 가능

평생학습기반 직업중심대학 (지역사회 시민대학, community college)

- 교육중심대학과 직업중심대학의 역할과 기능을 명확히 구분하고, 상호 영역을 침범하지 않도록 제도화(교육중심대학 중 일부는 직업중심대학으로 전환 유도)
- 직업중심대학은 평생학습 중심으로 개편(성인대상 직업관련 비학위과정 강화 → Reskilling, Upskilling 지원)
- 전문대학, 폴리텍대학 등을 정비하고 특성화고와 연계하여 고등직업교육 체제 구축
- 전문대학 졸업 후 일반대학으로 편입 체계 구축
- 누구에게나 열려 있는 Open University 지향 → 전 국민에게 두 번째 기회(second chance) 제공
- 국가장학금 체제를 개선하여 고등직업교육부터 무상교육 실시

이러한 세 가지 대학 체제 구상 가운데, 세계 수준 연구거점대학 육성 전략을 부분 수정해 정책화한 것이 바로 '서울대 10개 만들기'이다. 즉, 이 정책은 한국 대학의 구조적 위기를 해결하기 위한 고등교육체제 전환의 핵심축으로서, 거점국립대를 집중적으로 지원하여 국가적 연구역량을 재배치·확충하는 것을 목표로 한다.

서울대 10개 만들기 정책의 목표

국정과제로서 '서울대 10개 만들기'는 '세계 수준 연구거점대학 육성'의 다른 이름이다. 이 정책은 다음 네 가지 목표를 갖는다.

첫째, 국가 성장과 산업 혁신을 선도할 고급 인력을 육성한다.

21세기 기술 패권 경쟁과 세계화된 노동시장에서, 국가경쟁력은 창의적이고 혁신적인 고급 인력의 확보 여부에 달려 있다. 특히 인공지능, 반도체, 바이오 등 미래 산업 분야에서는 고급 인재가 국가적 우위를 결정하는 핵심 요소다. 연구거점대학은 이러한 인재를 양성하는 전초기지로서, 기초과학에서 응용과학·첨단기술에 이르기까지 새로운 지식 창출과 산업 혁신의 기반을 제공한다.

또한 한국은 저출산으로 인해 인력 규모가 줄어드는 상황에 직면해 있다. 따라서 양적 인력 부족을 질적 고급화로 돌파해야 하며, '서울대 10개 만들기'는 이를 위한 전략적 선택이라고 할 수 있다. 고급 인재 양성은 단순히 대학 교육의 차원을 넘어, 국가의 산업 구조 전환과 글로벌 경쟁력 강화의 핵심 열쇠다.

둘째, 국가균형발전을 위한 지역 거점을 확보한다.

현재 우리나라의 연구개발 인력과 투자의 70% 이상이 수도권과 대전에 집중되어 있어, 지방의 혁신 능력은 심각하게 위축된 상태다. 연구비 지원이 낮고, 민간 연구소가 수도권에 편중되면서 지역의 과학기술 기반은 취약해졌다. 이러한 불균형은 국가 전체의 성장 잠재력을 떨어뜨린다.

연구거점대학을 지역별로 육성하면, 차세대 핵심기술의 지역별 분담, 지역 신산업 및 미래 산업 창출, 자생적 성장 기반 마련이 가능하다. 즉, 연구거점대학은 단순히 지역대학의 경쟁력 강화를 넘어, 국가 균형 발전의 전략적 거점 역할을 수행한다. 지역이 곧 국가경쟁력이라는 인식 아래, 서울대 10개 만들기는 지방 혁신 역량을 복원하고 국가 전체의 성장을 견인하는 장치로 기능할 수 있다.

셋째, 자생적 학문생태계를 구축한다.

대학은 대중화 이후에도 여전히 최고 수준의 인재를 길러내는 기관이다. 그러나 한국의 현실은 우수 인재들이 학문 연구보다는 전문직을 선호하거나, 연구 의지가 있어도 국내 대학원 대신 해외 유학을 선택하는 경우가 많다. 그 결과, 한국 대학은 학문후속세대 육성의 고리가 약화되었고, 국내 학문생태계의 자생력이 무너졌다는 평가를 받고 있다.

연구거점대학은 기초학문에서 국가 전략산업 분야에 이르기까지 자국 내에서 고급 인재를 체계적으로 양성할 수 있는 기반을 마련한다. 이는 단순히 학문 연구의 자립성을 강화하는 차원을 넘어, 한국이 추격형 국가에서 선도형 국가로 도약하기 위한 필수 조건이다. 국가적 학문생태계가 자립해야 미래 기술 주도권 확보도 가능해진다.

넷째, 수도권 중심의 대학 서열을 완화하여 공교육 정상화의 기반을 조성한다.

한국 고등교육 체제의 가장 큰 문제 중 하나는 수도권에 집중된 대학 서열 구조다. 현재 소수의 최상위권 대학만이 '선발 대학'으로 기능하고, 다수의 대학은 정원 확보에 어려움을 겪으며 '모집 대학'으로 전락하고 있다. 이로 인해 SKY 등 소수 대학에 진학하려는 경쟁이 과열되고, 공교육은 입시 위주 교육에 갇히게 된다.

거점국립대가 세계 수준의 경쟁력을 확보해 학생들에게 실질적인 대안으로 자리매김한다면, '선발 대학'의 수가 크게 늘어나 병목 현상이 완화될 것이다. 이는 대학 서열체제의 완화로 이어지고, 대입 과열 경쟁이 줄어들면서 창의적·비판적 사고, 협업 능력과 같은 미래 역량을 기르는 교육이 가능해진다. 결국, 서울대 10개 만들기는 단순한 대학 경쟁력 강화 정책을 넘어, 공교육 정상화의 제도적 토대를 제공한다.

서울대 10개 만들기 정책의 주요 내용

거점국립대의 위상을 단기간에 서울대 수준으로 높이는 것은 불가능하다. 과거 미국 캘리포니아의 스루프공과대학이 세계적인 명문 칼텍(캘리포니아 공과대학)으로, 스탠포드 대학이 실리콘밸리의 산실로 발돋움하기까지는 10년 이상의 긴 시간이 걸렸다(김종영, 2021). 이들 대학이 세계적 수준으로 성장한 배경에는 '한정된 자원으로 모든 분야를 발전시킬 수 없다'는 인식 아래 '선택과 집중' 전략을 활용한 점이 주목할 만하다. '서울대 10개 만들기' 정책도 이러한 장기적 접근과 특성화를 기본 전략으로 채택하며, 거점국립대의 현실을 고려해 학부와 대학원 정책을 별도로 마련했다.

먼저, 학부 지원 프로그램은 학생들의 교육 및 생활 여건을 획기적으로 개선하는 데 중점을 둔다. 신입생 전원을 수용할 수 있는 첨단 기숙사를 갖춘 거주형 캠퍼스Residential Campus를 구축하여 학생들의 정주 여건을 개선하고, 대학의 역사와 전통을 이해하고 건학이념과 정체성을 함양하는 기회를 제공한다. 또한, 세계 유수 대학과 공동학위 또는 복수학위를 추진하고, 교환학생 및 해외 연수 등 글로벌 프로그램을 확대한다. 이와 함께, 지역 전략산업과 연계하여 거점국립대를 'AI 거점대학' 등으로 육성하고, 유수 기업의 계약학과를 신설하거나 정원을 확대하며, 창업 교육을 강화하여 지역 창업의 허브로 육성하는 등 다양한 학부 지원 정책을 추진한다.

정책의 핵심은 최고 수준의 대학원 육성에 있다. 대학원 정책은 세계적 연구 경쟁력을 갖춘 특성화 대학원 육성을 지향한다. 이를 위해 거점국립대별로 국가 전략산업 및 지역산업과 연계한 경쟁력 있는 분야를 특성화하고, 범정부적으로 자원을 집중 지원할 계획이다. 학문 간 균형을 고려하여, 가령 한 대학에 3개 분야를 선정할 경우 이공계열 2개와 인문사회계열 1개 정도로 배분하는 방식이 유력하다. 선도 분야가 일정한 성과를 거두면 재정 상황을 고려하여 다른 분야로 점진적으로 확대해나갈 수 있다.

특성화 대학원의 연구 경쟁력 강화를 위한 세부 전략은 다음과 같다. 첫째, 해당 분야의 연구를 주도할 국가연구소를 설치한다. 기존의 학과 중심 교육에서 벗어나 특성화 대학원생들이 국가연구소의 연구 과정에 직접 참여함으로써 실질적인 연구 역량을 기르도록 한다. 둘째, 정부출연연구기관 및 기업연구소와의 연계를 강화한다. 대형 실험·실습 장비 등 첨단 연구 인프라를 활용하고, 외부 연구기관 연구원들에게 겸직 교원 Dual Appointment 신분을 부여하여 대학원생 지도에 참여할 기회를 제공한다. 셋째, 우수 교원 확보를 위한 다양한 인사 특례를 도입한다. 석학 또는 산업계 인사를 유치하기 위해 정년 기준 및 공개채용 절차에 예외를 인정하거나, 인건비 상한액 규제 특례를 적용하는 등 적극적인 특례를 추진한다. 넷째, 우수 대학원생 유치를 위한 장학제도를 대폭 개선한다. 특성화 대학원생은 등록금과 생활비 걱정 없이 학업에 전념할 수 있도록 파격적인 장학 혜택을 제공할 계획이다.

다양한 학부 프로그램과 특성화 대학원 육성을 통해 교육 및 연구 경쟁력을 갖춘 거점국립대는 해당 권역의 다른 대학들과 우수한 교육과정 및 연구 인프라를 공유하고, 교원 교류를 활성화하며, 연합대학원 운영에 이르기까지 협력체계를 고도화한다.

    이 정책을 실현하기 위해 정부는 거점국립대 학생 1인당 교육비를 서울대 수준에 이르도록 재정 지원을 단계적·전략적으로 확대한다. 소요 재원은 고등평생교육지원 특별회계 기반의 안정적 운영체제를 구축하여 확보하고, 산발적으로 추진되는 대학 재정 지원 사업의 총괄 기능을 강화하여 재정을 효율적으로 운용한다. 아울러, 기부 수익을 확대하고, 대학-기업 공동연구 등 산학연 협력 활성화를 통한 대학의 자체 수익을 다각화하는 방안도 동시에 추진한다.

쟁점과 과제

서울대 10개 만들기 정책의 쟁점

서울대 10개 만들기 정책은 국가균형발전과 고등교육의 혁신을 목표로 하고 있으나, 동시에 다양한 우려와 비판을 불러일으키고 있다. 핵심적으로 제기되는 쟁점은 ▲정책 명칭의 적절성, ▲재원 확보 가능성, ▲재정 투자의 실효성, ▲대학 간 불균형 심화 우려 등이다. 이하에서는 이들 쟁점을 검토하고, 정책 성공을 위한 조건과 과제를 논의한다.

정책 명칭의 적절성

먼저, '서울대 10개 만들기'라는 명칭이 과연 타당한가라는 논점이 있다. 이 개념을 처음 제안한 김종영 교수는 거점국립대학의 명칭 자체를 '서울대' 혹은 '한국대'로 변경할 것을 주장하였다. 그는 지방대 이름을 단순히 바꾸는 것만으로도 상징성과 인지도가 급격히 상승할 수 있다고 보았다. 그러나 현 정부의 국정과제로서 추진되는 '서울대 10개 만들기' 정책은 명칭 변경을 포함하지 않는다. 이는 단순히 간판 대학을 복제하는 것이 아니라, 서울대 수준의 집중적 재정 투자, 첨단 연구 인프라 구축, 대학-출연연 간 유기적 협력 체제, 대학원 중심의 연구 생태계 형성을 통해 각 지역이 새로운 교육·연구 거점으로 기능하도록 하려는 것이다.

이러한 접근은 단순히 대학 서열구조의 재편을 넘어, 지역 소멸 위기를 완화하고 국가 성장동력을 확보하려는 산업·교육 전략적 성격을 지닌다. 따라서 '서울대 10개 만들기'라는 표현은 상징적·홍보적 차원에서 국민의 직관적 이해를 위해 유용하지만, 정책적 함의를 고려한다면 '연구거점대학 육성 정책'이라는 표현이 더 정확하다고 할 수 있다. 명칭 변경 문제는 거점국립대가 실질적으로 위상을 높이고 국민적 신뢰를 얻은 시점에 재검토하는 것이 바람직하다.

재원 확보 가능성

정책의 성패를 좌우할 가장 중요한 쟁점은 소요 재원의 확보 문제이다. 현재 학생 1인당 교육비를 기준으로 거점국립대를 서울대 수준으로 끌어올리기 위해서는 연간 3조 원 이상이 필요하다(김종영, 2021). 그러나 세수 감소와 경기 침체로 국가 재정이 압박받는 상황에서, 단기간에 이러한 예산을 마련하기는 사실상 불가능하다.

이에 정부는 단계적 확대 전략을 선택하였다. 국정과제 5개년 계획에 따르면 초기에는 연간 약 9천억 원 규모로 시작하여 점진적으로 확대하는 방식이다(국정기획위원회, 2025). 특히 주목할 점은 국세 교육세 세원 가운데 금융·보험업자 수익 금액의 세율을 0.5%에서 1%로 상향하고, 이를 통해 확보되는 추가 세수를 전액 고등교육에 투입하기로 한 결정이다. 이는 '서울대 10개 만들기' 정책이 단기적 이벤트가 아니라 비교적 안정적인 제도 기반을 갖추고 추진될 가능성을 보여준다.

집중 투자와 성과 창출의 난제

단순히 재정을 투입한다고 해서 거점국립대가 곧바로 서울대 수준으로 성장하는 것은 아니다. 세계적 사례를 보더라도, 평범한 지방대학이었던 칼텍이나 스탠퍼드가 글로벌 명문으로 도약하는 데에는 최소 10~20년이 걸렸다. 대학의 위상 제고는 장기적이고 안정적인 지원, 그리고 전략적 선택과 집중 없이는 불가능하다.

특히, 제한된 자원을 모든 분야에 일괄적으로 분배하는 '예산 나눠먹기'식 접근은 효과가 미미할 수밖에 없다. 막대한 재정이 투입되더라도 전략산업, 지역사회 핵심 의제, 국가적 성장동력 분야에 선택적으로 집중하지 않는다면 성과는 모래 위에 물을 붓는 격이 될 것이다. 따라서 거점국립대는 각 지역과 국가가 필요로 하는 특정 연구 분야에서 세계적 경쟁력을 확보하는 방향으로 특성화 전략을 추진해야 한다. 이후 성과가 검증되면 지원 분야를 단계적으로 확장하는 것이 바람직하다.

대학 간 불균형 심화 논란

일각에서는 '서울대 10개 만들기'가 사실상 '지방대 100개 죽이기'가 될 것이라는 비판이 제기된다. 그러나 이는 정책의 기본 구조에 대한 오해에서 비롯된 측면이 크다. 앞에서 설명한 바와 같이, 서울대 10개 만들기는 고등교육체제의 3유형 재구조화 방안의 일환이다. 더욱이 이 정책은 별도 예산을 확보하여 추진되는 것이므로, 다른 대학에 대한 예산 지원을 축소하는 방식이 아니다. 오히려 거점국립대 지원이 일반대학 지원 항목에서 분리되면, 상대적으로 다른 대학에 돌아갈 몫이 더 늘어날 가능성도 있다.

물론 지원 규모의 차이는 불가피하게 발생할 것이다. 그러나 거점국립대는 지역 고등교육 생태계를 떠받치고 지방대 붕괴를 막아낼 최후의 보루라는 점에서, 대규모 지원의 정당성이 인정된다. 국민적 공감대 역시 이러한 현실적 필요성에 기반하고 있다. 물론, 고등교육 정책 추진 과정에서 비(非)거점대학의 역할과 지원 방안을 병행함으로써 고등교육 전반의 균형 발전을 도모해야 하는 것은 지극히 당연하다.

서울대 10개 만들기 정책의 성공을 위한 과제

'서울대 10개 만들기' 정책은 단순한 대학 지원 정책이 아니라, 국가균형발전 전략, 고등교육 개혁, 지역 혁신 생태계 조성을 포괄하는 중장기적 프로젝트이다. 그러나 이 정책이 실질적 성과를 거두기 위해서는 단순히 예산을 확보하고 배분하는 수준을 넘어, 정부와 대학 모두가 치밀한 전략과 협력적 실행 구조를 마련해야 한다. 여기에서는 이 정책의 성공을 위해 반드시 고려해야 할 핵심 과제를 여섯 가지로 제시한다.

정책 거버넌스와 협력 체계 구축

정책 성공의 출발점은 다양한 이해관계자 간 긴밀한 협력이다. 정책을 기획한 국정기획위원회, 최종 결정을 내리는 대통령실, 집행을 담당하는 교육부, 관련 법령과 예산을 확정하는 국회와 기획재정부 등은 정책의 취지와 목표를 명확히 공유해야 한다. 또한 정책 당사자인 대학, 정부출연연구기관, 지역 기업, 산업계 연구소 등도 협력 주체로 포함되어야 한다.

특히 '서울대 10개 만들기'는 초기 제안된 아이디어와 국정과제로 구체화된 정책 간에 내용상의 간극이 크기 때문에, 관계자들 사이에 오해와 불신이 생길 가능성이 높다. 이를 해소하기 위해서는 정례적인 공청회, 토론회, 설명회 등을 통해 정책 내용을 투명하게 공개하고, 상호 이해와 신뢰를 바탕으로 한 협력 체계를 구축해야 한다.

거점국립대의 혁신 의지와 내부 역량 강화

정책의 성패는 결국 대학 내부의 변화 의지에 달려 있다. 거점국립대가 정부의 대규모 지원에 의존적 태도로 일관한다면, 투자 효과는 미미할 수밖에 없다. 대학은 정부 지원에 상응하는 혁신적 성과를 보여야 하며, 특히 특성화 전략을 추진하는 과정에서 불가피하게 발생하는 학내 갈등을 극복할 수 있는 리더십과 합리적 의사결정 구조를 마련해야 한다.

보수·보상체계 개편, 학문 분야별 지원의 차별화, 성과 기반의 자율 책임제 도입 등은 필수적이다. 집중 지원을 받는 학과나 교수에게는 보다 엄격한 성과를 요구하되, 이를 공정하게 평가하고 합리적으로 보상하는 체계를 정립해야 한다. 그래야만 대학 사회 전반에 '지원 확대는 곧 책임 강화로 이어진다'는 공감대가 자리잡을 수 있다.

안정적이고 장기적인 재정지원 구조 확립

이재명 정부 5년의 지원만으로는 세계 수준 대학으로 도약하기 어렵다. 앞에서 언급한 바와 같이, 대학 위상 제고에는 적어도 10년 이상의 지속적이고 안정적인 지원이 필요하다. 따라서 정부는 ▲재정 지원의 단계적 확대 로드맵, ▲성과에 기반한 재투자 체계, ▲교육세 등 특정 세원의 안정적 확보 방안을 병행해야 한다. 필요하다면 서울대 10개 만들기 특별법 제정도 고려해야 한다.

나아가 중앙정부뿐만 아니라 지방정부, 산업계, 민간 기부까지 연계하는 다원적 재원 조달 전략이 필요하다. 특히 지역 산업과 연계한 산학협력 펀드, 글로벌 기업과의 공동 투자 모델 등 다양한 재원 조달 방식을 개발해야만 장기적 지속가능성을 확보할 수 있다.

선택과 집중에 기반한 특성화 전략

거점국립대를 서울대 수준으로 끌어올리려면 단순한 예산 분배가 아니라, 선택과 집중 전략이 필요하다. 모든 대학이 모든 분야에서 일류가 될 수는 없다. 따라서 ▲국가 전략산업(반도체, 바이오, AI 등) ▲지역 산업 생태계 ▲지역사회 현안(환경, 보건, 도시재생 등)과 연계된 특성화 분야를 중심으로 집중 육성해야 한다.

대학별로 차별적 강점을 살리는 '전략적 포지셔닝'을 통해 국제 경쟁력을 확보해야 하며, 정부는 이러한 특성화 전략을 객관적으로 평가하고 지원 우선순위를 조정할 수 있는 성과관리 체계를 구축해야 한다.

성과평가와 책임성 강화

대규모 재정 투입은 필연적으로 성과평가와 책임성 확보 문제를 수반한다. 정부는 단순히 정량적 지표(논문 수, 연구비 수주액 등)에만 의존할 것이 아니라, ▲지역사회 기여도 ▲산학협력 성과 ▲인재 양성 효과 등 다차원적 평가지표를 마련해야 한다.

대학 역시 내부적으로 투명한 성과 공개와 자율적 개선 노력을 병행해야 한다. 특히 성과가 미흡한 경우 과감히 지원을 축소하거나 구조조정을 단행하는 '책임성 있는 지원' 원칙을 확립해야 한다. 이는 대학이 단순한 예산 수혜자가 아니라, 정책 성과의 공동 책임자임을 명확히 하는 과정이다.

비(非)거점대학과의 연계·균형 발전 모색

거점국립대에 대한 집중 투자가 다른 지방대학의 약화를 초래할 것이라는 우려를 해소하기 위해서는, 거점국립대와 중소규모 대학 간 협력 모델을 구축할 필요가 있다. 예를 들어 ▲학사·대학원 공동 운영 ▲연구 인프라 공유 ▲지역 특화 교육과정 연계 ▲학생 교류 프로그램 등을 통해 상생 구조를 마련할 수 있다.

또한 정부는 거점국립대 지원과 동시에 비거점대학이 특화된 분야에서 역할을 수행할 수 있도록 별도의 지원 트랙을 마련해야 한다. 그래야만 '서울대 10개 만들기'가 일부 대학만의 성과가 아니라, 고등교육 전반의 체질 개선으로 이어질 수 있다.

'서울대 10개 만들기'가 이미 국정과제로 채택된 이상, 이제는 실행 단계에서의 성과가 중요하다. 정부는 안정적 재원 확보, 명확한 성과평가, 대학 자율성 존중을 전제로 한 지원 구조를 설계해야 한다. 대학은 정부의 지원을 단순한 혜택으로 소비하지 않고, 자율적 혁신과 책임성을 통해 실질적 변화를 이끌어야 한다.

이 정책은 지역대학의 회생을 위한 마지막 기회일 수 있다. 정부와 대학이 머리를 맞대어 집단지성을 발휘하고, 약점은 보완하며 강점을 극대화한다면, '서울대 10개 만들기'는 단순한 구호를 넘어 국가균형발전과 고등교육 혁신을 견인하는 역사적 전환점이 될 수 있을 것이다.

02.

2026년
한국교육이 직면한
10대 쟁점과 과제

위기의 지역교육 살리기와 지방교육자치

김 용
한국교원대학교 교수

07

가팔라진 인구와 지역 위기

인구 위기와 지역 위기는 식상한 말이 돼버린 것 같다. 더 이상 새로울 것이 없어 보이기에 관심을 기울이지 않을 수도 있지만, 너무 많이 들어서 물린 것 같은 말이야말로 가장 힘 있는 현실이다. 인구와 지역 변동은 우리 사회의 여전히 중요한 과제가 된다.

저출생으로 인한 인구 감소는 일찍부터 예견되어 왔지만, 생각 이상으로 그 속도가 빠르다. 총인구가 감소하는 시점이 2028년으로 예측되었지만, 실상 2020년부터 인구가 줄기 시작했다. 지금과 같이 급변하는 인구구조 변화에 효과적으로 대응하지 못하면 2050년대 우리나라의 경제 성장률이 0%에 머무를 확률이 68%며, 고령화가 심화한 상황에서 경제 전반적으로 불평등이 심화하고, 청년들은 고용과 주거, 양육 등 거의 모든 생활면에서 불안이 심화할 것이라는 전망이 제시되기도 했다(황인도 외, 2023).

가장 최근 장래인구특별추계인 2022년의 인구추계(2022~2072년)(통계청, 2023)를 보면, 전체적 인구 감소와 고령화 경향이 뚜렷하다. 중위 추계를 기준으로 2022년 총인구 5,167만 명이 2072년에 3,622만 명으로 29.9% 감소하고, 특히 0~14세 인구는 2022년 595만 명에서 2040년 388만 명, 2072년 238만 명으로 2022년 대비 2072년에는 60% 감소할 전망이다. 2072년 총인구 중 유소년 인구 비율은 6.6%에 그쳐서 말 그대로 아이들이 귀한 나라가 된다.

학령인구가 크게 줄어들 것은 불문가지다. 다음 <그림>을 보면 앞으로 50년 사이에 초중등학교 학생이 극단적으로 줄어들 것이다.

학령인구 변화 추이(1960~2072)

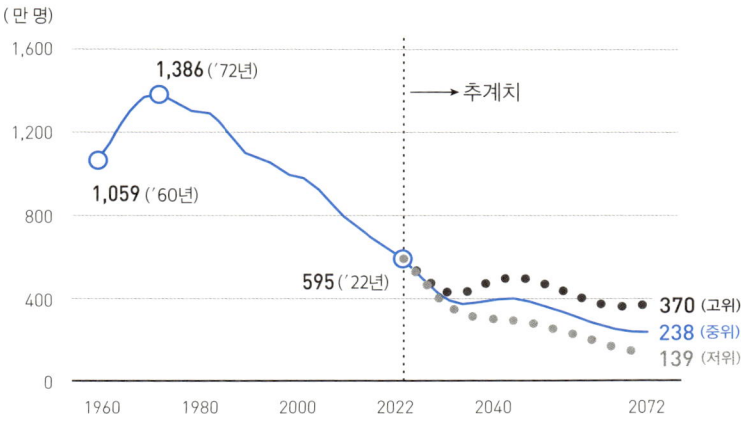

그런데, 2017년 통계청 장래인구추계(통계청, 2017)에 따르면, 학령인구 감소는 지역별로 사뭇 다른 양태를 띤다. 2017년을 기준으로 2035년에 제주도의 학령인구는 변화가 없을 전망이지만, 세종시는 100% 증가하는 반면 전라북도는 45.5% 감소할 것으로 보인다. 이 추계에 따르면, 중학생 인구는 2025년부터, 고등학생 인구는 2030년부터 크게 감소할 것으로 예상되었다.

2017년 대비 2035년 시도별 학령인구 추계 비교(2019년 특별 추계)

(단위: 만 명, %)

	서울	경기	충남	세종	강원	전북	전남	경북	경남	제주
17년	94	156	25	4	17	22	20	29	40	8
35년	54	117	19	8	10	12	12	17	26	8
증감률	-42	-25	-24	+100	-41.2	-45.5	-40	-41.4	-35	0

출처: 통계청 장래인구특별추계(2017~2067)를 연구자가 재정리

인구 감소에 따른 지역 변화를 더 자세히 들여다보자. 한국고용정보원은 전국 228개 시·군·구 및 3,463개 읍면동의 소멸위험지수를 계산한다. 이 지수는 특정 지역 20~39세 여성 인구 수를 해당 지역의 65세 이상 고령인구 수로 나눈 값이다(이상호, 2018). 소멸위험지수가 1.0 이하, 즉 20~39세 젊은 여성 인구가 65세 이상 고령인구 수보다 적은 경우, 그 공동체는 인구학적으로 쇠퇴 위험 단계에 진입한 것으로 해석한다. 이 지수가 0.5 이하인 경우, 즉 20~39세 여성 인구가 65세 고령인구의 절반 미만인 경우는, 극적 전환 계기를 마련하지 못하면 소멸 가능성이 상당한 것으로 해석한다.

아래 <표>는 소멸위험지수를 각 수준별 class로 관리하는 분류표로, 소멸위험지수가 1.5 이상(■)이면 class 1의 소멸 위험 매우 낮음이며, 1.0~1.5 미만인 경우 소멸 위험 보통으로 지도상에 회색(■)으로 나타내고 있다. 주의 단계는 0.5~1.0 미만(■)이며, class 3에 해당한다. 가장 중요한 소멸 위험 지역은 class 4~5의 단계로 소멸 위험 진입이 0.2~0.5 지숫값(■)의 class 4이며, 가장 심각한 소멸 고위험은 지숫값 0.2 미만(■)의 경우로 class 5에 해당한다.

소멸위험지수 분류표

class	명칭		소멸위험지수
1	소멸위험 매우 낮음		1.5 이상
2	소멸위험 보통		1.0 ~ 1.5 미만
3	주의단계		0.5 ~ 1.0 미만
4	소멸위험지역	소멸위험진입 단계	0.2 ~ 0.5 미만
5		소멸고위험 지역	0.2 미만

출처: 한국고용정보원 홈페이지, 세미나자료실

전국 228개 시·군·구를 기준으로 소멸 위험 지역은 2013년 32.9%(228개 중 75개), 2018년 39.0%(89개), 가장 최근인 2024년 3월 현재 기준 57.0%(130개)로 급증하였다. 인구 위기와 지역 소멸은 시·도→시·군·구→읍·면·동으로 갈수록 더욱 크게 나타나고 있으며, 근래 소멸 위험 지역이 산업도시와 광역 대도시로까지 확산되는 양상이 나타나고 있다.

전체 읍·면·동을 기준으로 소멸 위험 지역을 파악하는 경우, 위기의 심각성이 더 분명하게 드러난다. 전국 3,573개 읍·면·동 중에서 소멸 위험 지역은 2013년 35.3%(1,229개 동), 2018년 43.4%(1,503개 동), 2024년 3월 57.5%(2,062개 동)로 빠르게 늘어나고 있다.

최근 10년간 소멸위험 시·군·구 수

	class	2013년 7월	2018년 6월	2024년 3월
전체 시군구 수		228	228	228
소멸저위험	1	41	12	0
정상지역	2	57	51	12
소멸주의단계	3	55	76	86
소멸위험지역	4	73	78	73
소멸고위험	5	2	11	57
소멸위험지역 소계		**75**	**89**	**130**
(비중)		(32.9)	(39.0)	(57.0)

주) 제주와 세종은 각각 1개 지역으로 계산
출처: 2013·2018년은 고용동향브리프(2018) 18쪽. 2024년은 통계청, KOSIS 주민등록인구통계

▨ 최근 10년간 소멸위험 읍·면·동 수

	class	2013년 7월	2018년 6월	2024년 3월
전체 읍·면·동 수		3,463	3,463	3,573
소멸저위험	1	793	368	146
정상지역	2	723	627	279
소멸주의단계	3	718	965	1,128
소멸위험지역	4	696	689	828
소멸고위험	5	533	814	1,234
소멸위험지역 소계		**1,229**	**1,503**	**2,062**
(비중)		(35.5)	(43.4)	(57.5)

출처: 2013·2018년은 고용동향브리프(2018) 18쪽. 2024년은 통계청, KOSIS 주민등록인구통계.

▨ 전국 지방자치단체의 소멸 위험 지역 변화 추이

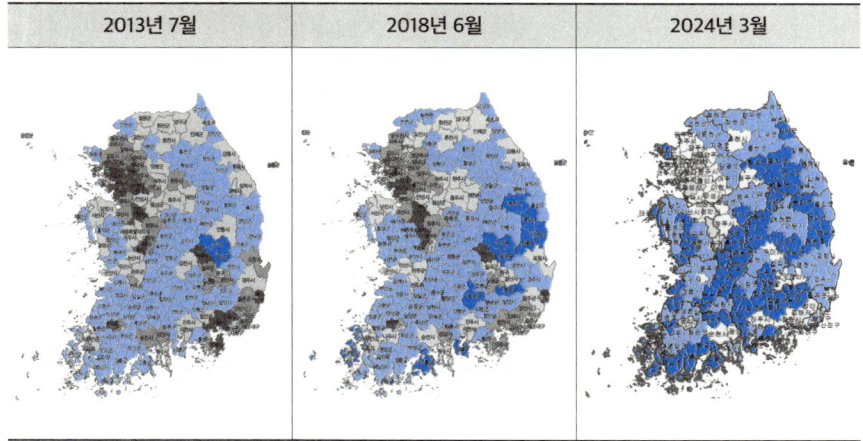

첫걸음도 떼지 못한 윤석열 정부의 지역(교육) 정책

'살기 좋은 지방시대'를 국정목표로 내걸었던 윤석열 정부는 기회발전특구와 교육발전특구를 중심으로 지역과 지역교육 발전을 도모했다. 그러나, 정책 준비 과정에 적지 않은 시간을 보낸데다 국회의 협조를 얻어내지 못한 상태에서 대통령 탄핵으로 정권이 조기에 종료됨에 따라 특구 정책은 사실상 첫걸음도 내딛지 못했다.

기회발전특구는 세제와 재정, 규제 특례를 제공하여 지방에 대규모 기업 투자를 유치하고자 한 정책이다. 기회발전특구에 설립하거나 이전하는 기업에 대해서 법인세와 취득세, 재산세를 감면하고, 지방투자촉진보조금을 지원하고 신속 확인과 실증 특례, 임시 허가 등 규제를 완화한다. 2023년 6월 9일 「지방자치 분권 및 지역균형발전에 관한 특별법」을 제정하고, 이 법 제23조에 기회발전특구의 근거를 마련했다.

▨ 지방자치 분권 및 지역균형발전에 관한 특별법

제23조(기회발전특구의 지정 및 지원) ① 수도권이 아닌 지역의 시·도지사는 관할 행정구역의 일부를 기회발전특구로 지정받으려는 경우 산업통상자원부 장관에게 기회발전특구의 지정을 신청하여야 한다. 다만, 수도권 내 인구감소지역 또는 「접경지역 지원 특별법」 제2조 제1호에 따른 접경지역으로서 지방시대위원회가 정하는 지역의 시·도지사는 기회발전특구의 지정을 신청할 수 있다.

② 산업통상자원부 장관은 제1항에 따른 지정 신청을 받은 경우 지방시대위원회의 심의·의결을 거쳐 기회발전특구를 지정한다. 이 경우 지방시대위원회는 기업의 투자계획, 집적 가능성 등 대통령령으로 정하는 사항을 고려하여야 한다.

③ 산업통상자원부 장관은 기회발전특구 지정 목적의 달성이 불가능하거나 지정 내용의 변경이 불가피한 경우에는 지방시대위원회의 심의·의결을 거쳐 기회발전특구의 지정을 변경하거나 해제할 수 있다.

④ 국가와 지방자치단체는 기회발전특구에 투자하는 개인 또는 법인에 대하여 행정적·재정적 지원을 할 수 있다.

⑤ 국가와 지방자치단체는 기회발전특구에 투자하는 개인 또는 법인에 대하여 「조세특례제한법」, 「지방세특례제한법」, 그 밖의 조세 관계 법률에서 정하는 바에 따라 국세 또는 지방세를 감면할 수 있다.

⑥ 제1항부터 제5항까지에서 규정한 사항 외에 기회발전특구의 지정 신청, 지정, 지정 변경·해제의 절차·방식 등에 관하여 필요한 사항은 대통령령으로 정한다.

산업통상자원부와 지방시대위원회는 2024년 6월과 11월 각 8개와 6개 비수도권 광역지방자치단체를 기회발전특구로 지정하여 수도권을 제외한 모든 지역이 기회발전특구로 지정받았다(산업통상자원부, 2024.6.20.; 2024.11.8.). 산업통상자원부는 1차 지정 8개 시도에 40.5조 원, 2차 지정 6개 시도에 33.8조 원 투자가 이루어질 것이라고 밝혔으나, 2차 지정으로부터 채 한 달이 지나지 않아 비상계엄 사태가 발발하고, 그 후 기업 투자가 극히 부진한 상태에 빠져들어서 기회발전특구는 사실상 가동되지 못했다고 할 수 있다.

기회발전특구는 광역지방자치단체 단위로 지정되었고, 비수도권 지역 중에서도 기존 산업단지 등이 존재하는 지역이 정책 수혜 지역이 될 가능성이 상당했다. 반면, 전형적 농산어촌인 소멸위험지역은 애초 기회발전특구의 수혜 대상 지역이 되지 못했다.

기회발전특구 지정 내역

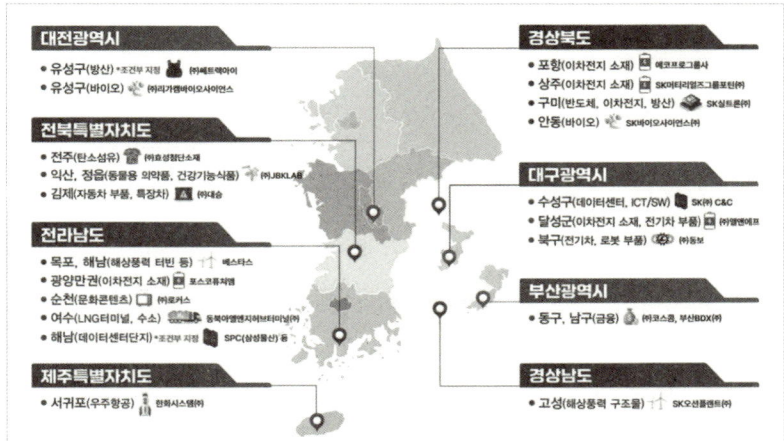

제1차 기회발전특구 지정 지역

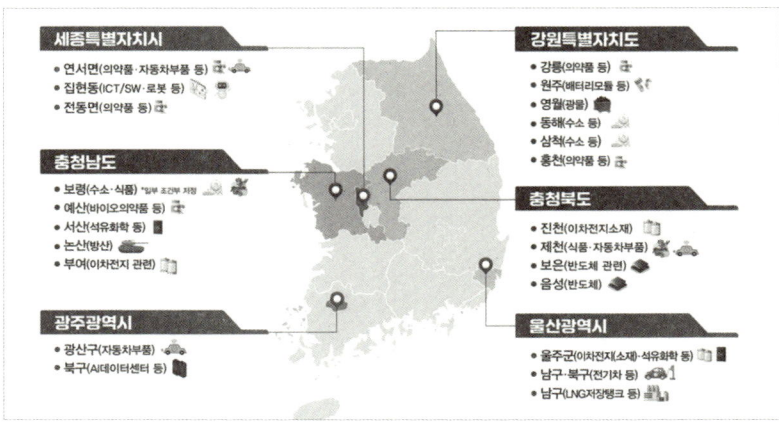

제2차 기회발전특구 지정 지역

교육발전특구는 기회발전특구와 함께 윤석열 정부 지방시대 정책의 두 바퀴 중 하나다. 기업이 지방으로 이전하고자 할 때 가장 큰 애로 사항이 인재를 구하기 어렵다는 인식에서 지역의 교육 수준을 높이고 양질의 인력을 기업에 제공할 수 있도록 하는 장치로 도입되었다(오문성, 이상호, 2022).

교육부는 2024년 2월 교육발전특구 1차 시범지역을 발표하였는데, 6개 광역지자체와 43개 기초지자체 등으로 총 31개의 교육발전특구 시범지역이 탄생했다. 2024년 7월 교육발전특구 2차 시범지역을 발표했는데, 광역지방자치단체 1개, 기초지방자치단체 21개와 광역지방자치단체가 지정하는 기초지방자치단체 3개 등 총 25개 지방자치단체를 지정했다. 현재 총 56개 교육발전특구가 지정되었다(교육부, 2024. 2. 28.; 2024. 7. 30.).

기회발전특구와 달리 교육발전특구는 윤석열 정부 기간 내에 근거 법령을 제정하지 못했다. 윤석열 정부는 기회발전특구와 함께 교육발전특구도 「지방자치분권 및 지역균형발전에 관한 특별법(안)」에 "국가는 공교육 내에서 다양한 형태의 학교교육이 제공될 수 있도록 교육자유특구를 설치·운영할 수 있다"는 조문을 포함하고자 했지만, 교육자유특구가 지역의 공교육을 살리기보다 지역 명문학교 만들기에 치중하여 교육생태계를 교란할 것이라는 문제가 제기되었다(김용, 2023). 이런 논란의 와중에 교육자유특구 관련 조문은 법안에서 빠지게 되었다.

특구법을 제정하지 못한 채로 교육발전특구는 보조금 사업을 수행하는 방식으로 운영됐다. 교육부는 지역인재 생태계 조성과 공교육 경쟁력 제고, 지자체의 지원 확대와 규제 합리화를 교육발전특구의 방향으로 설정하고 늘봄학교와 유보통합, 교육의 디지털 전환과 학교시설복합화 등 기존 교육개혁 과제와 연계 추진하도록 유도했다(교육부, 2023. 12. 6.). 그 결과 56개 교육발전특구의 사업 계획은 상당한 정도의 유사성을 나타내는데, 아이 키우기 좋은 환경 조성, 공교육 혁신을 통한 교육력 제고, 지역 초·중·고-대학 간 연계 강화, 교육을 통한 지역인재 양성 및 산업경쟁력 강화 등 사업이 구상 중이거나 추진되고 있다(교육부, 2024. 2. 28.).

　　○ 유휴시설 활용 돌봄 체계 구축
　　○ 유보통합 바우처 추진
　　○ 다문화학생 한국어 집중교육 거점센터 운영
　　○ 교사 거주 보조금 지급, 교사 관사 개선
　　○ AI융합교육, 디지털 생태교육 특화
　　○ 작은학교 클러스터 구축 및 공동교육과정, IB 교육과정 운영
　　○ 협약형 특성화고 지정
　　○ 대학 계약학과 운영

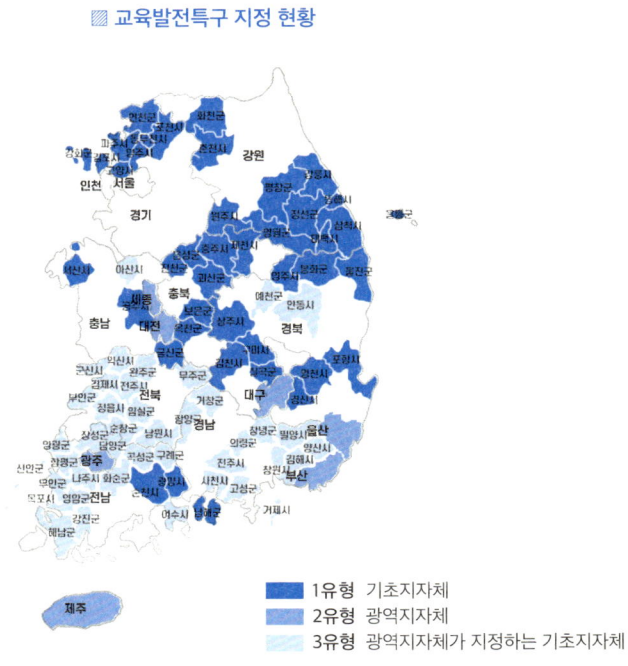

교육발전특구 지정 현황

교육발전특구 사업 추진 과정에서 논란이 불거졌다. 사업을 기획하는 단계에서는 지방자치단체와 교육(지원)청이 협력하여 사업을 구상하지만, 교육부에서 교부하는 사업비는 교육(지원)청으로 전달되고, 지방자치단체는 교육(지원)청에서 교부금을 일부 지원받을 수 있지만, 상당한 금액을 자체적으로 투자해야 하는 상황이 되었다. 사업비를 자율적으로 집행할 수 없는 지방자치단체가 불만을 제기했다. 또, 세수가 크게 줄어드는 상황에서 교육부가 애초 공언한 100억 원 규모의 교부금보다 훨씬 줄어든 30억 정도가 지방으로 교부되고, 교부금액만큼을 지자체가 대응 투자해야 하는 사업 구조에 대해서도 문제를 제기하는 지방자치단체가 적지 않았다.

무엇보다 제21대 국회에서 교육발전특구 관련 법률이 제정되지 못했다. 윤석열 정부 기간 내내 교육발전특구 사업이 안정적으로 추진될 수 있을 것인지에 대한 회의가 존재했다. 특별법을 제정하지 못한 상태에서 교육발전특구 사업은 보조금 사업처럼 운영되고 있다. 사회적 실험이라고 할 수 있는 선도적 규제 완화는 시도되지 못한 채 학교마다 배분되는 보조금을 활용하여 학생들이 스키 캠프를 다녀올 수 있도록 하거나 다양한 체험 활동 경비를 지원하는 방식으로 사업을 추진하는 경우도 있다. 교육발전특구는 지역, 특히 농어촌교육의 변화에 의미 있는 성과를 만들어내지 못했다.

교육발전특구는 "지역 맞춤형 특례 발굴"과 "상향식 특례"라는 명분을 내걸고 있지만, (기획한) 대다수 사업은 특례를 규정하는 법 절차가 마무리되기 전에는 위법행위가 되므로 사업 자체가 추진되지 못할 가능성이 상당하다. 예를 들어, 지자체가 학교설립 부지를 양도하는 내용의 사업의 경우 현행법에 근거가 없기 때문에 지자체는 학교부지 양도에 응하지 않을 것이다. 교육발전특구 내 학교를 신설하거나 증축하는 경우에도 「지방재정법」상 투자심사를 받지 않을 수 있는 방법이 없다. 이런 경우에는 사업 추진이 어려울 것이다.

결과적으로, 교육발전특구에 관한 특별법이 제정되기 전까지 특례를 활용해야 하는 사업은 추진되지 않을 것이며 보조금 지원 사업 중심으로 특구 사업을 전개할 수밖에 없을 것이다. 당연히 특례를 활용한 사회적 실험과 그 효과의 전국화를 기대할 수도 없다(김용, 2024).

역대 정부는 특구를 통해서 지역 발전을 꾀해왔다. 2025년 상반기까지 129개 특구 제도가 운영되고 있고 누적 지정 건수는 1,980건에 이르지만, 특구가 지역별 예산 확보와 단기 성과를 노린 수단으로 변질되었다는 비판적 평가를 받고 있다(최해옥, 이광호, 김학효, 이승윤, 2025).

지역교육의 특수성을 살리지 못하는 지방교육자치

"이 법은 교육의 자주성 및 전문성과 지방교육의 특수성을 살리기 위하여 지방자치단체의 교육·과학·기술·체육 그 밖의 학예에 관한 사무를 관장하는 기관의 설치와 그 조직 및 운영 등에 관한 사항을 규정함으로써 지방교육의 발전에 이바지함을 목적으로 한다." 이 문구는 지방교육자치에 관한 법률 제1조 목적 조항이다. 이 조문에서 '지방교육의 특수성'에 주목할 필요가 있다.

주민이 교육감을 직접 선거로 선출하기 시작한 후 지방교육자치제도의 효능감이 높아졌다. 그리고, 교육자치·분권을 꾸준히 강조하고, 특히 문재인 정부는 교육자치·분권에 특별한 의지를 보였다. 모두 지방교육의 특수성을 살리는 교육정책을 추진하고자 하는 뜻이었다.

그런데, 지난 십여 년 동안 교육자치·분권이 얼마나 이루어졌으며, 지방교육의 특수성을 잘 살리고 있는지를 비판적으로 검토할 필요가 있다. 결론부터 말하자면, 지난 10여 년간 우리가 시도한 것은 교육분권이었지 교육자치는 아니었다고 정리할 수 있다. 현재의 교육제도는 지방교육자치가 거의 불가능한 상황에 있다. 우선, 교육제도의 가장 중요한 인적 요소인 교원은 국가공무원 신분을 가지고 있으며, 교원 관련 일체의 사무는 국가 사무로서 교육감은 위임받은 사무를 처리할 뿐이다. 과거 교원능력개발평가의 후속 조치로 시행한 교원 연수의 형식을 둘러싼 전라북도 교육감과 교육부 장관 사이의 소송에서 대법원은 교원이 국가공무원이기 때문에 교원 관련 사무는 국가 사무이고 교육감은 수임자의 위치에서 국가 행정을 수행할 뿐이라는 입장을 보였다. 공립학교 교원 징계에 관해서도 징계의 성격을 국가의 위임 사무라고 상정하고 있다. 국가 사무와 지방사무를 구분하는 대법원의 판례를 살펴보면, 지방교육자치는 사실상 불가능하다(김용, 2016).

한편, 교원 신분은 교원 의식에도 일정하게 영향을 미치고 있다. 교원들은 순환 근무 제도를 채택하고 있어서 '우리 학교' 의식이 희박하며, 교원 임용 시험만 다시 치르면 근무 지역을 자유롭게 옮길 수 있어서 '우리 지역' 의식을 기대하기도 어렵다. 그렇다고 교원들이 국가공무원으로서의 의식이 강한 것도 아니다. 교원 인사행정 과정에서 이런 면이 잘 드러난다.

교육의 중요한 요소인 교육과정 측면에서도 자치는 사실상 불가능하다. "국가교육과정=학교교육과정" 도식이 여전히 성립하는 상황에서 지방교육자치는 사실상 불가능하다. "국가교육과정<학교교육과정"이라는 도식이 성립하여 국가교육과정이 학교교육과정의 한 요소로 자리를 잡을 때 교육과정 면에서의 지방교육자치가 가능하다.[1] 한편, 교육의 중요한 물적 요소인 교육재정은 경우 지방교육재정의 70% 이상이 중앙정부로부터의 이전 수입이기 때문에 교직원들은 말할 것도 없고 교육청 공무원들도 지역의 경제 상황이나 산업 동향에 둔감하다.

---

1) 영국의 교육법은 국가교육과정이 학교교육과정의 하나의 요소임을 명시하고 있다.

1996 교육법, s351
 (1) 균형 잡히고 넓게 기초를 갖춘 학교 교육과정이란 아래 요건을 충족한 것이다.
   (a) 학교와 사회에서 아동의 영적, 도덕적, 문화적, 신체적 발달을 촉진하고
   (b) 학교에 있는 아동이 성인 생활의 기회와 책임, 경험을 준비할 수 있도록 하며

1996 교육법, s352
 (1) 모든 공립학교 교육과정은 아래를 포함하는 기초 교육과정을 구성해야 한다.
   (a) 학교에 등록한 모든 학생을 위한 종교교육 조항(학교와 관계하여 적용되는 <1998 학교 표준과 프레임워크 법>의 Sch 19 조항에 부합하는)
   (b) s. 353 요건을 충족하는 의무교육 단계 학교의 모든 학생을 위한 교육과정(국가 교육과정)
   (c) 중등학교의 경우, 모든 등록 학생을 위한 성교육 조항
   (d) 특수학교의 경우, 중등교육을 제공하는 학교의 모든 등록 학생을 위한 성교육 조항

결과적으로, 우리나라의 교육자치는 "약체화한 민주주의와 지역 없는 교육자치"라는 성격을 띤다(김용, 2021). 교육감 주민 직선 이후 교직원의 교육행정 참가는 활성화되었지만, 주민참여는 여전히 매우 미약한 상태로 주민들은 여전히 '관객'에 머무르고 있다. 지방교육자치는 명칭 그대로 실행되기보다는 '지방'은 삭제한 채 '교육자치', 즉 일반행정으로부터 교육행정의 독립만을 추구하고 있다.

지방교육의 특수성에는 인구 감소로 소멸 위기에 처한 지역의 교육을 되살리는 일도 포함될 것이지만, 그동안의 지방교육자치는 이 점에서 매우 무능했다고 할 수 있다. 지방교육의 일선 책임자인 교육장은 장기간 책임감을 가지고 지역교육 활성화에 골몰하기보다 교육감 선거 과정에 도움을 준 사람들이 대략 일 년 정도 자리를 지킬 뿐이었다. 작은 학교 살리기에 온 힘을 쏟는 교사도 있지만, 이들보다 훨씬 많은 교사들은 교육청의 배치에 따라서, 또는 승진을 위한 기회를 얻기 위하여 모이게 된 사람들이다. 이들에게 농어촌학교는 잠시 거쳐 가는 정거장에 불과했다(임연기, 2021). 농어촌 작은학교에는 교육부는 물론 농림부 등 여러 부처에서 각종 지원을 하지만, 그 지원을 받아서 변화를 이룬 학교는 많지 않다. 결과적으로 지방교육자치가 인구가 감소하는 소멸 위기 지역의 교육을 의미있게 바꾸지 못했다.

한편, 교육행정과 일반행정이 분리된 형태의 구조에 대한 비판과 공격은 이미 해방 직후 지방교육자치가 시행되던 때부터 시작되었고(김용, 2021), 이에 대하여 교육계에서는 교육행정과 일반행정의 연계·협력을 강조하는 방향으로 대응해왔다. 혁신 교육감이 추진해온 혁신교육지구 사업은 그 방향을 구체화한 사례라고 할 수 있다.

그런데, 윤석열 정부에서는 교육행정과 일반행정이 강하게 연계·협력해야 하는 상황이 만들어졌다. 유보통합을 전격적으로 추진하면서 지역 수준에서 연계·협력을 넘어 통합을 추진하게 된 것이다. 또, 돌봄을 강조하면서 학교와 지역의 돌봄 협력 역시 매우 중요해졌다. 그런데, 연계·협력은 기대만큼 활발하지 못했다. 유보통합이 답보 상태에 있는 상황이 그 현실을 보여준다. 지역 돌봄 체계를 만드는 일 역시 지지부진하다. 이런 상황은 분리형 자치 구조에 대한 회의를 심화하고, '연계·협력'담론의 실상에 주목하게 한다.

5극3특의 지역발전전략

이재명 정부는 '5극3특'을 지역발전전략으로 내걸고 있다. "5극, 3특 구현으로 국가균형발전과 자치분권을 달성하겠습니다" 수도권 일극 체제가 강고하게 자리 잡은 상황에서 17개 시·도별로 발전을 꾀하는 방식으로는 성과를 거두기 어렵다는 판단에서, 발전 단위를 광역화하자는 생각이 확산하고 있다. 전국을 수도권, 중부권(대전, 세종, 충남, 충북), 호남권(광주, 전남), 동남권(부산, 울산, 경남), 대경권(대구, 경북) 등 다섯 개 권역으로 구분하고, 각각에 초광역권 특별지방자치단체를 구성하여 5개 극을 만들어서 수도권 일극 체제를 다극화하는 것을 기대하고 있다. 또, 이미 특별자치단체 지위를 확보하고 있는 강원도와 전라북도, 제주도는 자치권한 및 경쟁력을 강화할 수 있도록 특별법을 개정하여 '3특'을 더 적극적으로 발전시킨다는 전략이다.

▨ 5극3특 개념도

5극 3특 발전 전략은 경제·산업, 인재 육성, 정주 여건 개선 등 세 개의 축을 중심으로 구성되고 있다. 우선, 기존 제조업을 고도화하고, 미래 성장 산업을 추가하여 권역별 경제 발전을 도모한다. 이를 위하여 제조업의 인공지능 전환 AX를 지원하고, 이와 별도로 초광역권별로 지역 특성을 살리는 미래성장산업을 발전시키도록 지원한다. 여기에 필요한 재정을 조달하기 위하여 지역투자공사 또는 지역개발은행을 설립하는 방안도 실행될 계획이다.

초광역권별 미래성장 산업을 발전시키기 위해서 우수한 인재를 양성하고 공급하는 일이 매우 중요하다. 이런 배경에서 이재명 정부가 공약한 '서울대 10개 만들기'를 통해서 지역별 고등교육체제를 발전시키고자 한다. 특히 초광역권별로 세계적 수준의 대학원을 육성하고, 기존의 지역교육협력체제RISE를 고도화하여 권역별 고등교육의 총역량을 강화하고, 자연스럽게 권역별 고등교육체제 재구조화를 도모한다.

이와 함께 초광역권 교통망을 형성하는 것이 중요한 과제가 되어 있다. 동남권 광역철도나 충청권 광역철도 등 초광역 내에서 이동을 자유롭게 하는 교통망 확충이 추진될 전망이다.

그런데, 5극3특에 대해서는 몇 가지 우려도 제기된다. 가장 중요한 것은 권역 내 지역 균형 발전을 이룰 수 있는가에 관한 것이다. 5극 지역의 경우 이미 산업단지 등이 입지한 도시 지역이 수혜를 입을 가능성이 상당하고, 결과적으로 초광역권 내의 대도시, 즉 부산, 대구, 대전, 광주 등이 더 발전할 수 있으나, 초광역권 내 농어촌지역의 발전 전략은 모호하다. 지역의 정주 여건 개선에 관한 여러 가지 정책을 준비하고는 있지만, 기존 정책과 대동소이하다.

한편, 5극3특 전략을 추진하는 경우 지역의 교육에 어떤 영향이 있을지 검토할 필요가 있다. 우선, 초광역권 행정 체제가 구축되면 현재의 지방교육자치체제 역시 변화를 강제 받을 가능성이 상당하다. 2025년 여름 대전광역시와 충청남도가 행정통합을 추진하면서 특별법에 교육감 선거 방식을 직선제 외에도 러닝메이트나 간선제 등으로 변경할 수 있도록 하고, 통합시장에게 교육청 감사권을 부여하는 방안을 포함한 사실이 알려져 교육청이 반발한 일이 있었다(TJB 대전방송, 2025.8.6.). 또, 강원특별자치도에서도 강원특별법에 교육감을 러닝메이트로 선출하는 방안을 포함하는 문제로 논란이 일었던 일이 있다. 당시 도지사 후보가 교육감 후보를 지명한 뒤 지사 선거만 치르는 방안, 도지사 후보와 교육감 후보가 동반 입후보하고 공동으로 선거 운동한 뒤 각각 선거를 치르는 방안, 도지사 후보와 교육감 후보가 정책을 연대하는 방안 등이 검토된 일이 있다(중앙일보, 2024.3.6.).

5극3특 전략이 현실화하면 초광역권별로 교육감을 둘 것인지, 기존 시·도별 교육감직을 유지할 것인지가 쟁점이 될 것이고, 교육감 선출 방식을 바꾸는 문제에 관한 논의가 활성화할 것이다.

지역교육 발전 '단위'에 대한 재검토: 학교에서 기초자치단체로

학령인구가 감소하기 시작한 지 오래되었고, 학령인구 감소에 대한 대책의 역사도 오래되었다. 금방 생각할 수 있는 것이 학교통폐합 정책이다. 이미 1980년대에 학교 통폐합이 시작되었다. '통폐합'이라는 용어의 부정적 어감 탓에 '적정 학교'라는 개념이 도입되기도 했지만, 이것 역시 사실상 작은 학교를 정리하는 정책이었다. 한편, 정부가 항상 농어촌교육에 대해서 구조조정과 같은 방식으로만 대응해온 것은 아니다. 농어촌학교를 살리기 위하여 다양한 시도를 해왔다. 예를 들어, 전원학교 정책을 펼치기도 하고 기숙형학교 설립을 지원하여 농산어촌 지역 특성에 맞는 학교를 만들고자 노력했다.

한편, 정부와 달리 농어촌지역의 교육을 살리고자 하는 흐름 또는 운동도 오랜 역사를 가지고 있다. 학교 통폐합에 반대하여 소송을 제기한 두물리 사건을 비롯하여 남한산초등학교 등 전국의 몇몇 초등학교에서 작은 학교 살리기가 시작되고, 이 운동이 나중에 혁신학교 운동으로 이어진 것은 주지의 사실이다 (정진화, 2013).

그런데, 농어촌교육에 대한 대책의 방향은 달랐지만, 정부나 교사 운동 모두 '학교'를 발전 단위로 삼았다는 점에서는 공통점이 있다. 학교가 너무 작아서 통폐합하거나, 작은 학교가 아름답기 때문에 살리기에 나서는 방식으로 농어촌 교육정책의 방향을 살려갔다.

그런데, 개별 학교를 살리거나 통합하는 방식의 대책은 그다지 성공적이지 못했다고 평가할 수 있다. 예를 들어, 어떤 초등학교에 훌륭한 교사들이 모여들어서 학교를 살린 경우에도, 그 학교교육이 중학교와 고등학교와 연결되지 못한 경우가 적지 않았다. 매우 국지적 성공에 그치고, 성공의 경험이 해당 학교의 담장을 벗어나지 못했다.

흔히 어떤 요소들이 고립적으로 탄생과 소멸을 거듭하지 않고 주변 요소들과 관계를 형성하면서 지속가능성을 연장해가는 현상을 '생태계'에 비유하곤 한다. 기존의 농어촌학교 정책은 개별 학교 단위로 추진된 결과, 농어촌교육의 생태계를 형성하지 못했다.

이제는 농어촌교육 발전의 단위를 기초지방자치단체 수준으로 상향하여 정책을 구상할 필요가 있다. 하나의 군 또는 시를 정책 대상으로 놓고, 해당 지역의 교육 전체를 어떻게 바꾸어서 해당 지역의 교육력(敎育力)을 높일 것인가를 고민해야 한다.

이것은 지방교육자치제도의 향방과도 관련이 된다. 지금까지 지방교육자치제도의 논란은 기관 구성에 관한 것이었다. 1991년 지방교육자치제가 부활한 이래 교육위원회 구성과 운영, 교육감 제도가 논란이 되었다. 2006년 지방교육자치법을 개정하여 종래의 교육위원회는 소멸하고 지방의회 상임위원회로 전환하였다. 이제 남은 쟁점은 교육감 선출 방식뿐인 것으로 보인다.

그런데, 교육감을 주민이 직선하는가 아니면 러닝메이트로 선출하는가가 농어촌지역 교육을 살리는 데 결정적으로 중요한가라는 문제를 제기할 필요가 있다. 교육감 선출 방식 외에 다른 것이 바뀌지 않는다고 하면, 교육장은 1년 남짓 자리를 지키다가 다른 곳으로 이동하고, 교사들은 승진을 위한 정거장으로 잠시 거쳐 가고, 여러 정부 기관에서 학교로 들어오는 돈은 특별한 성과를 남기지 못한 채 가뭇없이 사라지고, 그 사이 아이들은 점점 줄어들고 결국 학교 문을 닫는 상태에 이르게 될 것이다.

'지방교육의 특수성'을 살리는 길, 특히 인구 감소와 지역 소멸 위험에 처한 농어촌교육을 살리자는 시각에서 보면 교육감 선출 방식의 변화는 큰 의미가 없는 일이다. 오히려 기초지방자치단체 수준에서 지역교육 발전의 청사진을 그리고, 장기간 책임 있게 추진할 수 있는 주체를 확립하고 정부가 필요한 지원을 넉넉하게 하는 일이 필요하다.

이재명 정부의 농어촌교육 살리기의 전략과 대안

더불어민주당은 제21대 대통령 선거 공약으로 지역 실정에 맞는 다양한 학교를 만들고 농산어촌형 하이브리드형 마을교육 체제 구축을 제시했다(더불어민주당, 2025).

"지역 실정에 맞는 다양한 학교를 만들겠습니다"

- 소멸위험지역에 유·초·중·고 통합학교 모델을 확대 운영하고, 재정 지원을 통해 학교체제 재구조화 교육환경 개선을 추진
- 통합학교 운영을 위한 초중등교육법 개정 등 법적 근거를 마련하고 해당 지역을 교육특구로 지정해 시범사업 추진
- 교육특구 내 학교는 365일 열린학교, 사교육 부담 제로 학교 등 새로운 형태의 미래형 학교 모델로 운영

> **"농산어촌형 하이브리드형 마을교육 체제 구축"**
>
> - 지역교육력 제고를 위해 교육청, 지자체, 지역산업체, 시민단체 등이 협력하고 마을교육 체제로 전환해 지역과 학교의 상생 기반 마련
> - 학교, 관공서, 보건소, 마을회관, 돌봄시설, 문화·체육 시설 등 공공기관이 결합한 복합시설 조성
> - 도시 학생의 '농산어촌 유학' 프로그램을 확대해 농산어촌 학교 운영의 지속성과 교육 다양성 확보

공약에는 '지역 실정에 맞는 다양한 학교'와 '통합학교'가 등장하는데, 이것은 농어촌지역의 현실을 개선하기 위한 대책으로 제안된 것이다. 초·중등학교 학생 수가 가장 많았던 1972년을 기준으로 2025년 현재의 학생 수는 40% 정도에 머무른다. 그런데, 학생 인구 변동에 지역 간 차이가 심각하여 농어촌지역의 지방자치단체의 경우는 20%를 밑도는 경우도 있다. 학생이 많았던 시절에 배치된 학교가 소인수 학교로 운영되고 있다. 2024년 기준으로 전교 학생 수가 60명이 되지 않는, 즉 학년 당 학생이 열 명이 채 되지 않는 초등학교가 25% 가까이 되고(총 6,183개 초등학교 중 1,523개교), 전체 학생 수 100명 이하 중학교는 22%(총 3,272개 중학교 중 380개교), 고등학교는 6.5% 정도다(총 2,380개 고등학교 중 153개교).

학생 수가 적은 초등학교와 중학교에서는 체육 활동을 충분히 할 수 없고 대인관계 경험 역시 제한된다. 학생이 작은 고등학교에서 고교학점제는 시행할 수 없다. 학생 수가 적은 고등학교 학생들이 입시에서 불이익을 받는 것도 사실이다. 이와 같은 사정을 바꾸어야 한다.

농어촌지역에서 학교, 특히 초등학교는 지역의 매우 중요한 자원이다. 초등학교가 없어진 마을은 부활을 꿈꿀 수 없다. 학교가 없는 지역으로 이주하

는 청년들이 없기 때문이다. 따라서, 초등학교는 가능한 시점까지 유지해야 한다. 다만, 초등학교 4학년에서 5학년으로 진급하는 시점에서 도시 지역으로 이주하는 사람들이 많은 현실을 고려하여 농어촌지역의 초등학교를 거점학교와 1~4학년까지 운영하는 학교들이 네트워크를 형성하도록 해야 한다. 규모가 작은 중학교, 그리고 고등학교는 통합하여 학교 규모를 키우고, 교육활동을 다양화하고 그 질을 높여야 한다. 지역에 따라서는 군 전체에 하나 또는 두 개의 고등학교를 운영해야 하는 경우도 있을 것이다. 한편, 학교가 통합되는 경우, 통합 대상이 된 학교는 교육활동 체험 센터로 개조하여 학생들이 일정 기간 숙박하면서 깊이 있는 체험 활동을 할 수 있도록 배려해야 한다. 이렇게 하는 경우 통합학교가 폐허로 방치되지 않고, 나름의 교육 기능을 수행하면서 지역 유지와 발전에도 기여할 수 있을 것이다.

농어촌지역의 중학교나 고등학교 중에는 사립학교도 적지 않다. 사립학교 역시 적은 학생 수로 학교 운영에 어려움을 겪는 경우가 적지 않기 때문에, 사립학교를 공립학교에 통합할 수 있는 방안을 추진해야 한다. 과거, 3년간 한시적으로 사립중고등학교 해산 제도를 시행한 일이 있는데(임연기, 2021), 유사한 제도를 시행해야 한다.

이렇게 학교 체제를 개편한 것과 함께, 학교 시설 환경을 대폭 개선하고, 학교 운영방식을 혁신해야 한다. 비유적 표현이지만 농어촌지역 학교를 국제학교 수준의 시설 환경을 갖추도록 해야 한다. 농어촌학교의 경우 도시 학교에 비하여 방과후와 방학 중에 격차가 심화한다. 도시 지역 학생들이 사교육 기관을 활용하는 데 비하여, 농어촌학교 학생들은 그렇지 못하다. 학생들이 지역에서 경험하는 문화 활동의 다양성이나 수준 면에서도 농어촌과 도시 사이에 격차가 존재한다. 학교와 지역이 협력하여 그 격차를 줄여야 한다. 이런 점에서 농산어촌형 하이브리드형 마을교육 체제를 구축하는 일이 필요하다.

그런데, 이재명 정부 5년간 모든 농어촌지역의 교육을 바꿀 수는 없다. 상당한 재정이 소요되기 때문이다. 공주시의 학교 체제를 재구조화하는 방안에 관한 정책연구에서, 엄밀하게 추산하지는 못했지만 대략 1조 원 정도의 재정이 필요했다(김용, 이재림, 이혜진, 한만중, 2024). 결국, 이재명 정부 집권 기간 동안 5극당 2개 시군, 3특에서 각 1개 시군 총 13개 지역에서 모범을 만들고, 차기 정부에서 그 성과를 확산하는 방식으로 접근할 수 있을 것이다.

이와 같은 접근을 현실화하기 위해서 교육특구를 정책 수단으로 활용할 수 있다. 윤석열 정부에서 이미 지정한 56개 교육발전특구는 전면 폐지할 수 없어서 한동안 유지되겠지만, 교육발전특구 중 농어촌지역을 교육특구로 지정하고, 교육특구법을 제정하여 앞의 구상을 실현할 수 있을 것이다.

교육특구법에는 다음 사항에 관한 특례를 포함한다. 우선, 시·군 지역의 교육체제를 재구조화하기 위해서는 교육장이 실질적 권한을 행사하고 책임을 질 수 있도록 해야 한다. 교육장을 공모하거나 주민이 직접 선출하여 교육장의 민주적 정당성을 제고하고 교육장에게 4년 임기를 보장하고 교직원 인사권과 교육재정 관련 권한을 부여해야 한다. 예컨대, 학교교육의 중요한 자원인 교직원 인사와 관련하여 교육장의 동의권 또는 우선 초빙권을 보장하여 몇몇의 교원들이 팀을 이루어 학교개혁을 선도할 수 있도록 해야 한다. 또, 교육특구에는 학교 재배치 등 상당한 노력이 필요하고, 이 일을 수행할 수 있는 재정을 넉넉하게 제공해야 한다.

아울러, 교육특구 내에서는 사립학교 해산 제도를 실행할 수 있도록 하고, 네트워크 학교 체제, 초·중·고 통합학교 체제를 실질적으로 운영할 수 있도록 보장해야 한다. 이를 위한 규제 특례가 필요하다. 또, 특구에서 근무하는 교사들에게는 일정 기간 이상 근무를 전제로 월 50만 원 정도의 특별 수당을 지급하는 방안도 필요하다. 특구 내에서 365일 열린 학교, 사교육비 제로 학교 등 최대의 교육활동을 제공할 수 있도록 인적, 물적 자원을 정비하고, 이를 위한 재정을 충분히 지원해야 한다.

지역 소멸에 제동을 걸자

2026년 6월 지방선거가 예정되어 있다. 가능하다면, 2025년 중에 교육특구법을 제정하고 교육장 선임 방식 변경, 특구에 대한 특례 사항 등을 규정하여 2026년 선거를 준비할 필요가 있다. 앞에서 말한 특례 사항 중 얼마나 법률에 포함될지 알 수 없다.

그런데, 정치 일정상 2026년 6월에 제도적으로 교육장 선임 방식을 바꿀 수 없다면, 시도교육감 후보자들이 1개 군 지역 교육장에게 4년 임기를 보장하고, 해당 지역에 대한 특별한 배려를 통해서 지역교육을 살리는 모범을 만들어야 한다. 앞에서 열거한 여러 가지 특례 모두를 시행할 수는 없을지라도, 그중 일부는 국가 차원에서 뒷받침할 수 있을 것이다.

시간이 흐를수록 지역 위기가 심화하고 있다. 우리에게 남은 시간이 많지 않다. 앞으로 4~5년 사이에 몇몇 지역에서부터 모범을 만들기만 하면, 그것을 확산하는 일은 어렵지 않을 것이다. 위기에 제동을 걸어야 한다.

02.

2026년
한국교육이 직면한
10대 쟁점과 과제

교사 정치기본권,
금기의 권리에서 보편의 권리로

장 경 주
서울 오금중학교 교사

08

21대 대선을 앞둔 25년 5월 스승의 날, 이재명 후보가 발표한 8대 교육 공약에 교사 정치기본권 보장이 포함되었다. 교사 정치기본권 보장을 핵심 대선 의제로 요구해왔던 교원단체들은 일제히 환영했다. 2025년 대통령 선거를 앞두고 교사노동조합연맹, 전국교직원노동조합, 한국교원단체총연합회 등은 대선 의제로 교사 정치기본권 보장을 요구하였다. 주요 요구 사항은 사적 영역에서의 정치적 의사 표현 보장, 면직 없이 휴직 상태에서 공직선거 출마 허용, 정치후원금 허용, 정당 가입 허용, 선거운동의 단계적 허용 등이다. 현재 우리나라에서 공무원과 교원은 선거 당일 투표권을 제외한 모든 정치기본권이 박탈된 상태다. 「국가공무원법」, 「사립학교법」, 「정당법」 등에서 공무원과 교원의 정치활동을 금지하고 있기 때문이다. 2020년부터 선거연령을 18세로 낮추고 2022년 정당법이 개정되면서 16세 학생도 정당 가입이 가능해졌다. 하지만 교사들의 정치기본권이 박탈된 상황은 60여 년 동안 지속되고 있다. 2019년 우리나라가 회원국으로 있는 국제노동기구ILO는 공무원, 교사에 대한 포괄적 정치활동 금지를 협약 위반이라며 정치기본권 보장을 요구한 바 있다. 하지만 변화는 없었다. 이재명 정부 출범 후 교사의 정치기본권 보장이 이뤄질 수 있을지 관심이 커지고 있다. 헌법에 쓰인 교육의 정치중립성 보장과 교사의 정치기본권 보장이 동시에 실현될 수 있을지 기대와 우려의 목소리가 함께 나오고 있다.

정치중립성 실현인가, 정치기본권 박탈인가

참정권은 선거권, 공무담임권, 국민투표권을 의미한다. 이는 좁은 의미의 정치적 기본권이라 할 수 있다. 넓은 의미의 정치적 기본권은 참정권 외에 정치적 의견을 자유롭게 표현할 권리, 그리고 정당 설립 및 가입과 정당 활동의 자유, 선거운동의 권리 등 정치적 활동권을 포함한다.[1] 이러한 해석은 헌법재판소 결정문에서도 나타난다.[2] 현재 대한민국의 공무원과 교사의 정치기본권은 다른 나라와 비교해 볼 때 박탈 수준으로 제한되어 있다. 이를 정당화하는 가장 중요한 근거로 드는 것이 「헌법」 제7조 제2항과 제31조 제4항의 정치적 중립성 관련 조항이다.

> **헌법 제7조**
> ① 공무원은 국민 전체에 대한 봉사자이며, 국민에 대하여 책임을 진다.
> ② 공무원의 신분과 정치적 중립성은 법률이 정하는 바에 의하여 보장된다.
>
> **제31조**
> ④ 교육의 자주성·전문성·정치적 중립성 및 대학의 자율성은 법률이 정하는 바에 의하여 보장된다.

---

1) 『헌법학원론』, 권영성. 법문사. 1998
2) "국민의 정치적 기본권은 공무원 선거권(헌법 제24조), 공무담임권(헌법 제25조), 국민투표권(헌법 제72조 및 제130조) 등 좁은 의미의 참정권을 의미하는 것으로부터, 국민이 국가권력의 간섭이나 통제를 받지 아니하고 자유롭게 정치적 의사를 형성·발표하여 국가의 정치적 의사 형성에 참여하는 정치적 활동을 총칭하는 기본권(헌법 제21조), 자발적으로 정당에 가입하고 자유롭게 정당후원·선거운동 등을 할 수 있는 자유(헌법 제8조)로 발전해왔다." 헌법재판소 2004.3.25. 선고 2001헌마710 결정

대한민국 정부수립 시기 제정된 제헌헌법에 없던 이 조항은 어떻게 「헌법」에 포함되었을까. 그 배경이 되었던 3·15부정선거를 먼저 살펴보는 것이 필요하다.

공무원이 동원된 1960년 3·15부정선거

초대 대통령인 이승만은 집권 후 장기 집권을 위해 1954년 초대 대통령에 한 해 종신집권이 가능하다는 내용으로 헌법을 개정했다. 1956년 3대 대통령 선거에서 민주당의 대통령 후보였던 신익희가 돌연 사망했다. 하지만 소수파였던 조봉암이 이승만 정권을 위협하는 득표율을 기록했다.

위협을 느낀 이승만은 1960년 대통령 선거에서 대대적인 부정선거 계획을 세우고 실행에 옮겼다. 1959년 내무부 장관으로 임명된 최인규는 부정선거를 이끄는 핵심 역할을 맡았다. 그는 거의 매일 각 지방 도 경찰국 사찰과장 및 경찰서장, 군수, 시장, 구청장을 지역별로 10명에서 20명씩 내무부로 불러 부정선거 준비를 독려했다. 또한 경찰을 포함한 공무원 매수를 위해 선거자금을 뿌리며 관권선거를 주도했다.[3]

4·19혁명이 일어나기 전부터 이미 공무원의 정치중립성, 교육의 정치중립성에 대한 사회적인 논의가 시작되고 있었다. 3·15정·부통령선거 당시 민주당에서 발표한 공약과 실천 요강에 '경찰의 중립화', '관료 통제에서 벗어난 교육'이 포함된 것이 이를 보여준다. 6·25전쟁 이후 교육영역은 장기 집권을 꾀하는 이승만 정권의 이해관계에 따라 정치적 동원 혹은 배제의 대상이었다.

---

3) 행안부 국가기록원, https://theme.archives.go.kr/next/history/samilos/sub1_1_2.do

헌법에 명시된 공무원의 정치중립성과 교육의 정치중립성

4·19혁명 후 1960년 6월 개정헌법에는 공무원들이 선거에 동원되는 사태를 막기 위한 조항이 추가되었다. 공무원이 권력자의 불법행위에 동원되는 데에는 신분의 불안정성도 원인이라는 지적도 있었다. 이에 따라 "공무원의 정치적 중립성과 신분은 법률이 정하는 바에 의하여 보장된다"는 조항을 명시했다. 4·19혁명 당시 시대적 요구를 고려했을 때 '공무원의 정치중립성 보장'은 공무원들이 권력의 이해관계에 따라 동원되지 않고 공무를 공정하게 수행할 수 있도록 한다는 입법 취지를 반영한 것이다.[4]

군사쿠데타로 권력을 잡은 박정희 대통령은 1962년 다시 헌법을 개정했다. 이때 "교육의 자주성과 정치중립성은 보장되어야 한다"는 내용이 추가되었다.

제헌헌법 16조에는 "모든 교육기관은 국가의 감독을 받으며 교육제도는 법률로써 정한다"는 조항이 있었다. 이 조항을 근거로 제1, 2공화국 당시 정치권력에 의해 교육이 도구화되었다는 비판이 제기되었다. 당시 대한교육연합회는 교육의 중립성과 교육자치 강화를 위한 헌법개정을 전국 교육자 명의로 요청하였다. 박정희가 권력을 장악한 후 대한교육연합회는 위 조항을 '교육의 자주성과 정치적 중립을 확보하기 위하여 교육행정은 내무행정으로부터 분리되어야 하며, 교육제도는 법률로써 정한다'는 내용으로 개정해 줄 것을 당시 국가재건최고회의 헌법심의위원회에 건의하였다.[5] 헌법에 교육자치제 실시 근거를 담으려는 의도였다.

---

[4] 「헌법 31조 4항 '교육의 정치적 중립성'의 헌법 편입 과정」. 박대권, 최상훈. 교육정치학연구 27(4) 한국교육정치학회. 2020

[5] 「교육의 정치적 중립성의 헌법 편입과 제도화 연구」. 김용일. 교육정치학연구 32(1)호 한국교육정치학회. 2025

'정치중립성=정치기본권 박탈'의 제도화

정통성이 취약한 5·16쿠데타 세력은 교육계 보수세력을 자신의 지지 세력으로 끌어들이고 싶었다. 하지만 교육자치제까지는 허용하고 싶지 않았다. 따라서 일부만 수용한 '교육의 정치중립성'만 헌법에 담았다. 당시 박정희 군사정권은 쿠데타 직후인 1961년 9월 18일 국가공무원법을 개정하여 공무원의 노동운동을 금지하였다. 교육공무원도 국가공무원법의 적용을 받도록 조정되면서 교원의 노동운동도 제약되었다.

공무원과 교사의 노동운동을 금지하고, 정치기본권을 박탈하는 연이은 법률 개정은 4·19혁명 당시 헌법개정 취지와 전혀 다른 방향으로 '정치중립성 보장'을 제도화했다.[6] 박정희 정권은 정당성이 취약한 정권에 대한 저항이라는 잠재적인 위험을 줄이기 위해 공무원과 교사의 노동운동을 제약하고 정치기본권을 박탈 수준으로 제한했다. 공무원의 정치기본권을 포괄적으로 규제하는 법률은 다시 헌법에 명문화된 '정치중립성 보장'의 의미를 역으로 규정했다. '공무원의 정치중립성 보장=공무원의 정치기본권 박탈'이라는 공식이 성립된 것이다.

1999년에는 「교원노조법」(교원의노동조합설립및운영등에관한법률)을 개정하여 '일체의 정치활동을 금지'하는 조항[7]을 추가함으로써 일반공무원보다 더 강한 규정으로 교사의 정치기본권을 제한하고 있다.

---

6) 『대한교련사(1947~1973)』, 대한교육연합회, 1973, 189쪽, 「교육의 정치적 중립성의 헌법 편입과 제도화 연구」, 김용일, 교육정치학연구 32(1)호 한국교육정치학회, 2025, 39쪽에서 재인용.
7) 「교원의노동조합설립및운영등에관한법률」 제3조(정치활동의 금지) 교원의 노동조합(이하 "노동조합"이라 한다)은 어떠한 정치활동도 하여서는 아니 된다. 〈개정 2020.5.26.〉

▨ 교육의 정치적 중립성의 헌법 편입 이후 제정된 관계 법률 [8]

법률명	관련 조문의 핵심 내용
정당법 (1962.12.31 제정, 시행 1963.1.1.)	• 교원의 정당의 발기인 및 당원 자격 박탈 • 교원 가운데 총장·학장·교수·부교수·조교수·전임강사를 제외하고 정당 가입 및 정치활동 금지
사립학교법 (1963.6.26 제정, 시행 1963.7.27.)	• 교원의 면직 사유를 아주 구체적으로 규정: 정치운동, 노동운동, 집단적 수업 거부 • 특정 정당을 지지 또는 반대하기 위하여 학생을 지도·선동한 때
지방공무원법 (1963.11.1 제정, 시행 1963.12.2.)	• 교원의 정당과 정치단체의 결성 관여 및 가입 금지 • 선거에서 특정 정당 또는 특정인의 지지나 반대 활동 금지
정치자금법 (1965.2.9 제정, 시행 1965.2.9.)	• 정치자금 제공을 할 수 있다면서도 정당법에 따라 학교단체, 노동단체 등의 정당 기부 및 찬조 금지
공직선거법 (1994.3.16 제정, 시행 1994.3.16.)	• 공무원의 중립의무 등을 규정하여 선거에 부당한 영향력 행사나 선거 결과에 영향을 미치는 행위 금지 •「국가공무원법」에 따른 국가공무원과「지방공무원법」에 따른 지방공무원 등의 선거운동 금지
교원의노동조합설립및 운영등에관한법률 (1999.1.29 제정, 시행 1999.7.1.)	• 교원노동조합의 정치활동 전면 금지 • 교원노동조합의 쟁의행위 전면 금지

1961년 9월 박정희 정권 당시 공무원 근무 기강을 확립한다는 목표 아래「공무원복무규정」[9]을 제정했다.「국가공무원법」 65조 제4항은 제3항의 '정치적 행위의 금지에 관한 한계'를 대통령령으로 정한다고 규정한다. 국가공무원법은 '기부금을 모집 또는 모집하게 하거나 공공자금을 이용 또는 이용하게 하는 것', '정당가입 권유'등 직무와 관련되거나 비교적 매우 적극적인 정치 행위를 금지하는 내용들을 주로 담고 있다. 하지만 대통령령인「국가공무원복무규정」은 직무와 관련성이 있거나 적극적인 정치행위라고 볼 수 없는 작은 표현행위도 포괄할 수 있는 내용으로 구성되어 있다. 그 예가「국가공무원 복무규정」제27조 제1항2호의 '특정 정당 또는 정치단체를 지지하거나 반대하는 것'이다.

---

[8] 김용일. 위의 논문. 46쪽.
[9]「공무원복무규정」은 1995년「국가공무원 복무규정」으로 일부 개정되었다

우리나라 교사 정치기본권 제한 실태

SNS를 통한 정치 기사 공유로 기소된 교사

2016년 4월 20대 국회의원 선거 직후, 한 보수단체가 교사 70여 명을 선거관리위원회에 고발했다. 선거기간에 SNS에 게시물을 올려 선거운동을 했다는 이유였다. 선거관리위원회는 고발내용을 검토한 후에 '혐의없음'으로 종결처리했다. 그러나 보수단체는 이를 다시 검찰에 고발했고, 검찰은 교사들의 행위를 '선거운동'으로 보고 22명을 기소했다. 기소유예 처분을 받은 교사들에 대해서도 일부 교육청이 다시 징계했다. 이 사건 관련자들은 헌법재판소에 헌법소원을 제기했다. 헌법재판소는 A씨 등 교사 21명이 게시물을 공유했으나 게시물에 자기 의견을 추가하지 않은 점, 페이스북 계정을 선거일에 임박해서 개설하거나 친구를 과다하게 추가하지 않은 점 등을 들어 특정 후보자 낙선운동이 아니라고 판단했다.[10] 이후 기소된 교사 중 선고유예 벌금형 3명을 제외한 대부분은 대법원에서 최종 무죄가 확정됐다.

---

10) 공직자가 SNS에 단순 공유한 정치적 게시물, 위법 아니다. 참여와혁신. 2020.3.5.

시국선언 참가로 유죄가 확정된 교사

지난 2024년 12월 계엄사태 이후 불법계엄을 비판하는 교사 시국선언이 있었다. 당시 시국선언에 동참한 교사는 15,225명에 달했다.[11] 서울시의회 국민의힘 의원들은 시국선언교사를 징계해달라는 징계 촉구 결의안을 냈다.[12] 시국선언을 주도한 교사들은 경찰조사를 받았고 현재 검찰에 송치된 상태이다. 교사들의 시국선언은 그동안 여러 차례 있었다. 2014년에는 세월호 참사 관련 '박근혜 대통령 책임 규명·퇴진 요구' 등의 내용으로 시국선언을 했고, 이로 인해 교사 284명이 고발되었고 그중 일부가 기소되었다. 이명박 정부 초기인 2009년에도 교사들은 '미디어법 및 대운하 추진 중단'을 요구하는 시국선언을 했다. 당시 참여한 교사는 1만6,171명에 달했고 그중 93명이 기소되었다.

당시 교육부는 국가공무원인 교사들이 「국가공무원법」이 금지한 '공무 외의 일을 위한 집단행위'를 했다는 이유로 고발했다. 시국선언을 주도한 교사들은 기소되었다. 1심 법원에서는 '공무 외 집단행위'에 대하여 무죄 판정을 했다.

1심 법원에서는 '공무 외의 일을 위한 집단행위'의 범위를 제한적으로 해석해야 한다고 봤다. '금지되는 집단행위'는 첫째, 공익에 반하는 목적을 가진 집단행위이어야 하고, 둘째, 직무 전념 의무에 반하고 공직기강을 저해하는 등 공익에 피해를 주는 집단행위여야 한다는 것이다. 반면 2심에서는 교사가 학교 밖에서 집단적으로 정치적 의사표시를 해도 학생들은 영향을 쉽게 받기 때문에 교육의 정치적 중립성을 위해 교사의 집단적인 정치표현행위에 대한 규제가 불가피하다고 봤다. 대법원의 다수의견도 2심과 같아 결국 유죄 판결을 받았다.[13]

---

11) "민주주의 교실 부순 윤석열 퇴진"...교사 1만5,225명 시국선언. 교육언론창. 2024.12.6.
12) 내란 비판이 죄? 시국선언교사 징계안 낸 국힘 의원들. 교육언론창. 2025.4.7.
13) 이명박 정권을 비판한 교사들은 정말 유죄였나. 참여연대 사법감시센터. 2017.6.19.

'좋아요♡'를 누를 때도 조심해야 하는 교사

교사들이 선거 관련 정치활동 위반으로 기소되면서 선거관리위원회는 법원 결정을 반영하여 공무원의 SNS 활동 주요 위반 사례를 각급 기관에 안내하였다.

A 공무원은 이 공문을 받고 선거관리위원회에 질문을 올렸다. 위반 사례에 선거운동으로 볼 수 없는 단순한 의견 개진도 포함되어 있다고 보았기 때문이다. 위반 사례로 안내받은 내용은 다음과 같았다.

- 특정 정당·후보자를 지지하거나 반대하는 글이나 선거에 영향을 미치게 하기 위한 글(음성·화상·동영상 포함. 이하 '선거 관련 게시물'이라 함.)을 직접 게시하는 행위
- 선거 관련 게시글에 '공유하기'를 클릭하거나 응원댓글(응원합니다, 박수를 보냅니다 등)을 다는 행위
- 선거 관련 게시물에 '좋아요'를 계속적·반복적으로 클릭하는 행위
- 특정 후보자에게 유리하거나 불리한 동영상을 제작 또는 발췌하여 SNS나 유튜브 등에 올리는 행위
- 특정 단체가 공표한 낙천·낙선대상자 명단을 문자메시지, 인터넷 홈페이지 또는 전자우편을 이용하여 게시·전송하는 행위

A 공무원은 응원 댓글을 다는 행위 등은 단순한 의견 개진 및 의사표시에 해당하는 게 분명해 보였다. 어떤 법 조항에 위반되는 것인지 선거관리위원회에 질문을 올렸다. 선거관리위원회가 홈페이지에 올린 답변의 일부는 다음과 같다.

"… 공무원의 선거에 영향을 미치는 행위는 단지 선거운동에 제한되는 것이 아니라, 선거운동에 이르지 아니하더라도 선거에 영향을 미칠 우려가 있는 행위도 이에 포함되며, 공무원이 특정 정당이나 후보자에게 유리 또는 불리하

게 영향력을 행사함으로써 선거의 공정성을 해하는 것을 방지하고 선거 개입의 여지를 철저히 불식시킴으로써 선거의 공정성을 확보하기 위하여 공무원에 대하여 선거에 영향을 미치는 행위까지 금지(헌법재판소 2005.6.30. 2004헌바33)하고 있습니다."[14]

이 질의와 응답은 우리나라에서 교사의 정치적 표현의 자유에 대한 광범위한 제약을 보여준다. 선거운동에 이르지 않아도 '선거에 영향을 미치는 행위'는 금지된다. 그런데 '선거에 영향을 미치는 행위'는 지나치게 모호하다. 무엇이 문제 될지 모르니 교사들은 입을 닫을 수밖에 없다.

교육감 선거에서 소외되는 교사

2024년 교육감 선거 당시 교원단체인 '좋은교사운동'은 교육시민단체와 함께 '서울시교육감 후보자 초청 교육 공약 평가 및 심층 면접'을 하고자 했다. 그러나 중앙선거관리위원회는 교육감 후보의 공약을 평가하여 공표하는 데 교사가 참여하는 것은 공무원의 정치 중립의무를 위반하는 불법이라고 했다. 결국 이 행사는 취소되었다.

교육감 선거기간에는 교육전문가인 교사들에게 교육에 대해, 교육감의 정책에 대해 의견을 나누는 장이 펼쳐져야 한다. 하지만 교육감 선거에서 오히려 교사는 공적인 장에서 교육감 후보들의 교육정책에 대해 말을 해서는 안 된다. 교사 외의 사람들에게만 말할 권리가 주어진다. 교사가 교육감의 정책에 대해 비교하는 것은 교육감 선거 개입으로, 불법으로 간주된다. 중요한 교육정책 방향이 선택되는 과정에서 당사자인 교사는 배제되는 것이다.

---

14) https://www.nec.go.kr/site/nec/law/qnaView.do?cbIdx=1245&bcIdx=143722 중앙선거관리위원회 서면/인터넷 질의보기

교사 정치기본권 제한에 대한 헌법재판소의 결정

헌법재판소는 선례에서의 판단 근거를 반복적으로 인용하며 교사의 정치기본권을 제약하는 법률들에 대해 합헌 결정을 해오고 있다. 2018년 현직 초·중등학교 교사들은 또다시 순차적으로 3건의 헌법소원을 제기했다. 연이은 헌법소원심판 결정은 교사 정치기본권 문제에 대한 헌법재판소의 판단이 현재 어디까지 왔는지 보여준다.

공무원의 공무담임권 행사 제한과 선거운동 금지

초·중·고 교원은 국회의원 선거와 교육감 선거에 입후보하려면 선거일 전 90일까지 학교를 그만두어야 한다. 같은 교원이어도 대학교수는 휴직 후 출마가 가능하다. 공무원 중에서도 현직 국회의원이나 교육감은 직을 유지한 채 출마가 가능하다.

2018년 헌법소원을 청구한 교사들은 이를 규정한 「공직선거법」제53조와 교원의 선거운동을 금지한 제60조가 교원의 공무담임권과 정치적 표현의 자유 및 평등권 등을 침해한다고 주장했다.[15]

이 헌법소원심판에서 재판관들은 공무원이 현직을 포기하면서 공무담임권을 행사할 수 있도록 한 조항이 과잉금지원칙에 위배되지 않는다고 판단하였

---

15) 헌법재판소 2019.11.28. 선고 2018헌마222 결정

다.[16] 또한 공직을 유지한 채 공직선거에 입후보할 수 있는 국회의원 등과의 차별도 합리적 이유가 있다고 보았다. 교원의 선거운동을 제한하는 부분에 대해서도 선례[17]를 제시하면서 기본권 제한이 정당하다고 판단했다. 헌법재판소가 제시한 주요 논거는 다음과 같다.

- 공직선거나 교육감 선거 시 휴직이나 무급휴가를 허용할 경우 교육의 연속성을 저해하고 학생들이 불안정한 교육환경에 방치되어 수학권을 보장받지 못할 우려가 있다.
- 교원의 직을 그만두어야 하는 사익 제한의 정도가 교원의 직무전념성 확보라는 공익에 비해 현저히 크다고 볼 수 없다.
- 교육공무원의 선거운동 금지조항은 선거에 영향을 미칠 수 있는 개별 행위들을 일일이 규정하기란 입법기술상 불가능하다.
- 교육공무원의 특성상 근무시간 내외를 불문하고 학생들의 인격 및 기본생활습관 형성 등에 중요한 영향을 끼칠 수 있다.
- 교육의 정치적 중립성 확보라는 공익은 선거운동의 자유에 비해 높은 가치를 지닌다.

현재 교사가 어떤 이유에서라도 휴직하는 경우 자격을 갖춘 대체인력을 충원함으로써 학생들의 수학권을 보장하고 교육의 연속성을 보장한다. 만약 교사가 휴직하는 것이 학생들을 방치하고 수학권을 보장하지 못하는 것이라면 다른 여타의 휴직도 금지해야 한다. 유독 출마를 위한 휴직일 때만 학생의 수학권을 보장하지 못한다고 할 근거는 없다. 또한 휴직 기간에 직무전념성을 요

---

16) 헌법재판소 2019.11.28.선고 2018헌마222 결정
17) 헌법재판소 2012.7.26.선고 2009헌바298 결정

구할 수는 없다. 따라서 직무전념성을, 교직을 그만두는 사익과 비교할 이유도 사라지게 된다.

또한 '교육공무원의 선거운동을 금지하고 있는 규정에 금지하는 선거운동을 일일이 열거하는 것은 불가능하다'고 하면서 선거운동의 전면 금지를 정당화하고 있다. 하지만 제시된 논거 자체가 과잉금지의 원칙을 위배하고 있다는 것을 인정하는 것이다. 공무원은 공무를 수행하는 자이면서 동시에 사적 개인으로서 헌법이 보장하는 기본권의 향유 주체이다. 따라서 공무원으로서 해서는 안 되는 것만 최소화하여 명시하는 것이 최소침해의 원칙에 부합한다.

공무원의 정당가입 및 그 밖의 정치단체 결성·가입 금지

연달아 제기된 두 번째 헌법소원에서 교사들은 「국가공무원법」 제65조 제1항인 "공무원은 정당 또는 그 밖의 정치단체의 결성에 관여하거나 이에 가입할 수 없다"는 조항이 과잉금지원칙을 위배하여 청구인의 권리를 침해했다고 주장했다.[18]

2020년 헌법재판소는 여전히 정당 가입 금지에 대해서는 선례[19]를 들어 합헌으로 판단하고 '그 밖의 정치단체'에 대해서는 위헌결정을 내렸다.[20]

정당가입 금지와 관련하여 헌법재판소는 ① 공무원의 정치적 중립성 및 교육의 정치적 중립성이 요구되고, ② 교육은 권력과 일정한 거리를 유지하는 게 바람직하다, ③ 교원의 활동이 미성숙한 학생들의 가치판단에 중대한 영향을 주며, ④ 교원의 활동은 근무시간 내외를 불문하고 잠재적 교육과정으로 학생들에게 큰 영향을 미친다는 등의 기존 선례에 제시된 논거가 반복되었다.

---

18) 헌법재판소 2020.4.23. 선고 2018헌마551 결정
19) 헌법재판소 2004.3.25. 선고 2001헌마710 결정, 헌법재판소 2014. 3. 27. 선고 2011헌바42 결정
20) 헌법재판소 2020.4.23. 선고 2018헌마551 결정

헌법재판소의 판단 요지를 보면 대부분 정치에 대한 부정적 편견으로 교원의 정치기본권 박탈이 곧 교육의 정치중립성 보장이라는 공식에 머물러있다. 또한 공공복리를 위해 국민의 기본권을 제한할 때도 본질적인 내용을 침해해서는 안 된다고 규정한 「헌법」 37조 제2항에 따른 균형을 시도하려는 고뇌도 엿보이지 않는다. 경험적 증거를 찾으려는 노력도 부족하다.

'그 밖의 정치단체'와 관련해서는 9명 중 6인의 재판관이 그 밖의 정치단체가 어디까지를 의미하는 것인지 모호하여 명확성의 원칙에 위배된다고 보았다. 주요 논거를 보면 ① 형벌의 구성요건 조항이면서도 범위가 불확실해 당국의 재량이 너무 넓어 죄형법정주의에 위배 되고, ② 법을 지키는 사람이 무엇이 허용되는지 확신이 없어 결국 표현의 자유가 위축된다는 것이다. 따라서 규제되는 표현의 개념을 세밀하고 명확하게 규정해야 한다고 밝히고 있다. 연이은 3건의 헌법소원 중에 '그 밖의 정치단체'에 대해서만 위헌결정이 이루어졌다. 해당 위헌 의견 중 다음 내용은 매우 주목할만하다.

- 공무원은 국민 전체의 봉사자라는 지위와 기본권을 누리는 기본권 주체라는 이중적 지위를 가진다. 따라서 공무원의 정치적 중립성은 공직을 수행하는 영역에 한하여 요구된다.
- 교원으로부터 중립적 교육을 받을 권리가 보장되는 이상, 교원이 기본권 주체로서 정치적 자유권을 행사한다고 하여 교육을 받을 권리가 침해된다거나 교육의 정치적 중립성이 훼손된다고 볼 수 없다.
- 교원이 사적인 개인의 지위에서 정치적 자유권을 행사하게 되면 직무수행도 정치적 중립성을 훼손하게 된다는 논리적 혹은 경험적 근거가 없다.

합헌 해석에서는 '교원의 활동은 근무시간 내외를 불문하고 학생들에게 큰 영향을 미친다'는 주장을 정치적 중립성 훼손의 논거로 제시한 반면, 위헌 해석에서는 '그 논리에 근거가 없음'을 명시하였다. 같은 재판에서 헌법재판관들이 상반된 논거를 제시한 것이다. '그 밖의 정치단체'의 위헌성을 주장하면서 내세운 논거의 핵심은 교사의 정치중립성을 직무범위에 한정하여 요구하는 것이 가능하다는 점이다. 교사는 국민의 봉사자이자 기본권의 주체라는 이중적 지위를 갖는다. '국민의 봉사자'에 따른 의무도 결국 직무와의 관련성에서 도출된다. 신분적 구속에 따른 의무가 아니다. 따라서 직무 관련성 정도는 이중적 지위에 따른 최소침해의 원칙에 따라 반드시 고려되어야 할 기준이다. 하지만 여전히 소수의견에 그치고 있다.

다른 나라의 교사 정치기본권 보장

미국

공무원의 정치참여를 제한했던 1940년 미국의 「해치법 Hatch Act」은 일본과 우리나라에 영향을 주었다.[21] 1970년대 후반부터 미국 공무원의 정치참여와 관련하여 의미 있는 진전이 있었다. 1977년 미 하원에서는 연방공무원들에게 특정 당의 후보를 지지하는 정치활동을 허용하는 법률안을 통과시켰다. 1980년대에는 공무원의 정치적 권리를 보장하는 의미 있는 몇 개의 판결이 내려졌다. 그중 하나가 블레이럭 Kenneth T. Blaylock 사건이다.

> **# 블레이럭 사건**
>
> 블레이럭 전국공무원노동조합 위원장은 조합 기관지에 레이건 정권을 비판하고, 정권교체의 필요성을 호소한 칼럼을 8차례에 걸쳐 게재했다. 블레이럭은 「해치법」 위반으로 정직 60일의 징계를 받았다. 블레이럭 항소 사건에서 법원은 조합 기관지에 정치적 입장을 밝힌 것은 「해치법」상 정치적 선전의 금지에 해당하지 않는다고 판결했다. 정당과 공동으로 행위를 했다는 증명이 없기 때문이다.[22]

---

21) 「헌법상 공무원의 정치적 자유의 제한과 그 한계」. 정영화. 헌법학연구. 18(1)호. 한국헌법학회. 2012
22) Blaylock v. Merit System Protection Board, 851 F.2d 1348(11th Cir. 1988). 「일반 : 공무원의 정치적 중립의무 비판 -미국 공무원제와의 비교법적 검토」. 임재홍. 민주법학. 0(32)호. 민주주의법학연구회. 2006. 16쪽에서 재인용.

「해치법」은 공무원의 '정치당파성이 강한 행위'를 금지하였다. 판사들이 이 행위를 판단하는 기준으로 제시한 것은 '정당조직과의 실제적 연계성 여부'였다. 「해치법」이 공무원들에게 금지한 '정치당파성이 강한 정치활동'은 모호해서 자의적으로 해석되기 쉽다. 결국 「해치법」 개정 요구가 커져 1993년 법이 개정되었다. 1993년 법안 개정 보고서에는 공무원도 정치적 자유의 주체인 시민으로서 충분한 정치적 권리를 향유해야 한다는 원칙을 세웠다. 「1993 개정해치법」Hatch Act Reform Amendments of 1993은 "공무원은 정치활동이나 정치적 선전에 적극적으로 참가할 수 있다"고 규정하면서 예외적으로 제한되는 경우를 제시한다.

금지되는 행위는 1) 선거에 개입할 목적 또는 선거 결과에 영향을 미칠 목적으로 자신의 직무상 권한 또는 영향력을 행사하는 것, 2) 정치헌금을 권유하거나 수령하는 것, 3) 정당을 대표하여 공직 후보로 출마하는 것 등이다.[23] 「1993 개정해치법」은 공무원의 근무시간 외의 정치활동을 보장하고 금지되는 정치활동을 최소화했다.

미국에서 교사들은 정당가입, 정당후원뿐만 아니라 수정헌법 제1조의 언론의 자유와 결사의 자유 조항에 따라 정치적 쟁점에 대한 의사 표명이 가능하다. 후보자에 대한 선거 지원 활동도 보장된다. 미국에서 교사의 정치적 자유는 근무 중인지의 여부, 학교 안과 밖으로 구분된다. 교직원을 대상으로 하는 정치활동이나 학생에게 정치적 입장을 강요하는 등의 행위는 금지된다. 하지만 당파적이지 않은 방법으로 선거의 쟁점과 후보자에 대하여 객관적 입장에서 수업을 할 수 있다.[24]

---

[23] 「헌법상 공무원의 정치적 자유의 제한과 그 한계」. 정영화. 헌법학연구. 18(1)호. 한국헌법학회. 2012. 410쪽.
[24] 「교원의 정치적 기본권 보장 연구」. 신옥주. 국가법연구. 11(1)호. 한국국가법학회. 2015

독일

독일에서는 공무원의 정치활동을 어디까지 제한할 수 있는가를 판단할 때 공무와 사적인 활동을 구분하여 접근한다. 이는 "공무원은 항상 근무상태에 있다"고 하는 독일 군주제 헌법 하의 공무원법을 폐기하고자 하는 의도에서 비롯되었다.[25] 군주제에서 공무원은 공적인 업무를 수행하는 시간과 사생활의 구분이 없다. 군주와 공무원의 관계는 특별권력관계로부터 오는 포괄적 의무이다. 이때 공무원의 의무는 권력자에 대한 절대적 충성의 의무이다. 그러나 오늘날 독일에서는 이러한 전통적 특별권력관계론이 통용되지 않는다. 직무와 직접적인 관련이 없는 사적 영역에서 공무원도 일반시민과 마찬가지로 기본권 행사의 주체가 되는 것이다.

「연방공무원법」 제53조와 「통일공무원법」 제35조 제2항은 "공무원이 정치적 활동을 하는 경우에도 절도와 자제를 유지해야 한다"라고 규정하고 있다.[26] 공무원이 정치적 활동을 할 때 치우침 없는 절제된 형식을 갖출 것을 요구한다. 절제의 의무를 부과하고 있지만 이에 관한 처벌 규정은 없다. 절제의 의무를 이유로 정당가입, 선거운동을 제한하지는 않는다. 독일의 공무원은 직을 유지하면서 선거에 입후보도 가능하다. 국민에 대한 공무원의 의무는 '공무원의 직무와 관련된 의무'에 한정된다.[27] 절제의 의무는 직무와의 관련성이 높을수록 커진다.

교사는 수업 중에 자신의 정치적 의사를 밝힐 수는 있으나 특정 당파를 편들거나 선동하는 것은 금지된다. 하지만 학교 밖 시위에 참가하는 등 사적인 생활에서는 몇 가지 예외를 제외하고는 일반 국민과 차이가 없다. 근무 중이라도 동료들과 정치적 의견을 나눌 수 있지만 선동해서는 안 된다. 정치적 논란

---

25) 「공법학계의 교원 및 교원단체 정치활동 제약론 재검토」, 하종렬, 금랑 김철수 교수정년기념논문집, 금랑 김철수 교수정년논문집 발간위원회 편, 박영사, 1998, 695쪽
26) 「공무원의 정치활동금지의무에 대한 비판적 고찰」, 이계수, 민주법학, 0(29)호, 민주주의법학연구회, 2005, 319쪽.
27) 이계수, 위의 논문, 320쪽

이 있는 내용을 담은 휘장, 리본 등을 학교 내에서 착용하는 것은 허용하지 않는다. 정치적 내용을 담은 전단지를 학교 내에서 배포하는 것도 허용되지 않는다. 교사인 공무원도 정당가입은 물론 선거에서 팸플릿 등을 통해 특정 정당 및 후보자를 지지하거나 반대할 수 있다. 그러나 특정 후보를 위한 활동은 직장과 직책을 명시하지 않은 개인 자격으로만 가능하다.

프랑스[28]

1946년 프랑스 헌법 전문 제5조는 "누구라도 그 자신의 직업과 일자리에서 출신, 견해, 신념을 이유로 피해를 입지 않는다"라고 규정하고 있다. 여기엔 교원의 표현의 자유도 포함된다. 공무원의 중립의무는 직무범위에 한정된다. 공무원은 자신의 신념이나 의사를 자유롭게 표현할 수 있고 정치적 활동도 가능하다. 공무 외의 영역에서 공무원의 자유가 보장된다. 하지만 품위유지의무를 준수할 것을 요구받는다. 고위 공무원이나 정부 또는 공공기관을 비판할 때 극단적인 공격은 품위유지를 위반한 것으로 간주된다. 공무수행중인 직무범위 외에 국가기관에 대한 비판은 가능하지만 공화국에 대한 존중을 요구받는다.

프랑스 교원은 대부분 국가공무원이다. 프랑스에서는 공무원도 일반인처럼 선거권과 피선거권이 보장된다. 교원이 선출직으로 진출하고자 할 때는 임명 기간 동안 휴직을 할 수 있고 임기가 끝나면 복직할 수 있다. 선거법에는 '공공기관 또는 시·군·구 소속 공무원은 후보자의 투표용지, 정견발표문, 경력소개문을 배포할 수 없다'고 규정하고 있다. 이외에는 교원도 선거운동이 가능하다. 또한 프랑스에서 공무원은 정당가입 및 정당후원은 물론 정당 활동도 가능하다. 교원이 정당에 기부금을 내는 것도 가능하지만 자발적이어야 하고 반대

---

[28] 프랑스 법치주의와 교원의 정치활동의 제한. 전학선. 법치주의와 교원의 정치활동의 제한. 한국교육법학회·한국법제연구원·한국외국어대학교 법학연구소 공동학술대회. 2013. 요약 인용

급부를 받는 것은 금지된다.

프랑스 교사들에게도 교육의 중립성에 대한 의무가 있다. 프랑스 교육법전 제141-2조는 "어린이와 청소년에게 공교육 기관에서 '모든 신념의 동등한 존중'을 통하여 자신들의 입장에서 적합한 교육을 받을 것을 보장한다"라고 규정한다. '모든 신념의 동등한 존중'은 다양성에 대한 존중, 특정한 종교 등에 치우침이 없는 균형을 의미한다. 프랑스 교사들도 우리나라 교사처럼 교육의 중립성을 요구받는다. 하지만 정치기본권도 보장받는다.

미국, 독일, 프랑스 등은 교육의 중립성을 중시하면서도 교사의 정치기본권 제한을 최소화한다. 직무 범위, 직무상 권한 이용 등의 정도에 따라 최소한의 제한이 있을 뿐이다. 허용되지 않는 것에 대해서는 표현의 자유가 위축되지 않도록 명확한 기준을 제시한다. 다른 나라의 상황과 비교할 때 유독 우리나라 교사의 정치기본권은 박탈 수준으로 제한해야 정치적 중립성이 달성된다고 판단하는 근거가 미약하다. 또한 정치적 중립성을 위반한 교사에 대해 정직, 해임 등의 행정적 징계가 아닌 형사처벌을 규정하고 있는 나라는 우리나라와 일본 외에는 찾아보기 어렵다. 형사처벌규정을 가진 일본도, 최고재판소가 교사의 표현의 자유를 인정하는 판결을 한 이후에는 학생에게 정당 가입을 요구하는 행위 등에 대해서만 제한적으로 적용하고 있다.[29]

---

29) 『교사 정치기본권 보장』. 서용선. 교육과실천. 2025. 175쪽

정치중립성 보장과 교사 정치기본권 보장의 조화

교사 정치기본권에 대한 관심의 증가

2023년 서이초 사건을 계기로 교사들의 정치기본권에 대한 인식이 확산되었다. 교사들은 정상적인 교육활동이 이루어지기 힘든 교육환경에 대해 공적인 장에서 이야기하기 시작했다. 교사의 요구가 정책에 반영될 수 있도록 교사 정치기본권을 회복해야 한다는 목소리가 커졌다. 교사 정치기본권 관련 법안 발의 건수는 22대 국회에서 크게 증가하였다.

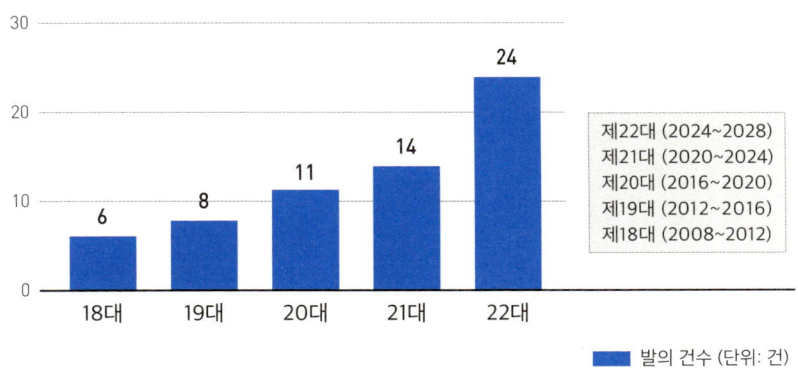

대한민국 제18~22대 국회 교사 정치기본권 관련 법안 발의 건수

국회 의안정보시스템 검색 결과 수합(2025. 8월 기준)

2023년 진행된 설문조사에 따르면 교사뿐만 아니라 학부모들의 교사 정치기본권에 대한 관심도 높은 수준이었다. '정치는 누구나 할 수 있는 활동'이라는 데 교사와 학부모 모두 동의한다는 응답이 매우 높았다. '교사의 정치활동을 모두 금지하면 교육의 정치중립성 보장이 가능한가'는 질문에 대해서도 약간의 비율 차이가 있을 뿐 동의하지 않는다는 응답이 교사, 학부모 모두 크게 높았다. '유·초·중등 교원에게도 정치활동 자유 보장', 'OECD 수준 유·초·중등 교원 정치활동 허용'에 대해서도 동의한다는 응답이 교사, 학부모 모두 압도적으로 높았다. 정도의 차이는 있지만 교사의 정치기본권을 보장해야 한다는 데 교사와 학부모 모두 동의하는 상황이다.

▨ 교사 정치기본권에 대한 교사·학부모의 인식 [30]

구분	교사		학부모	
	긍정(%)	부정(%)	긍정(%)	부정(%)
정치는 국민 누구나 할 수 있는 활동	99.1	0.9	95.9	4.1
교육정책은 교원의견 충분히 반영함	3	97	16.5	83.5
교원은 교육현장 문제를 가장 잘 앎	99.8	0.2	97.1	2.9
교원의 정치적 중립의무로 수업시간에 행동이나 말조심하려 한 적 있음	96	4		
교사의 정치 편향적 교육 걱정한 적이 있음			46.7	53.3
교사의 정치활동을 금지하면 교육의 정치중립성 보장 가능	8.3	91.7	27.4	72.6
정당-교원단체 간 교육정책 협약 허용	94.5	5.5	85.6	14.5
유·초·중등 교원에게도 정치활동 자유 보장	97.7	2.3	85.5	14.5
OECD 수준 유·초·중등 교원 정치활동 허용	98.3	1.7	87.5	12.5

주1) 긍정(매우 동의함, 조금 동의함), 부정(거의 동의 안 함, 전혀 동의 안 함)
주2) 설문 응답자: 교사 11,409명(20대 21.5%, 30대 40.5%, 40대 32.7%, 50대 이상 5.3%), 학부모 2,186명(20대 4.0%, 30대 27.8%, 40대 57.9%, 50대 이상 10.3%)

---

[30] 《교원의 정치기본권 보장 방안 연구》. 박현미,김성천,황유진. 한국노총중앙연구원. 2023. 연구 결과 재구성

불법 계엄 이후 교사의 역할과 교육의 정치적 중립성

2024년 12월 3일 일어난 불법계엄은 놀라운 일이었다. 하지만 그 이후 불법계엄의 주동자를 영웅시하며 법원에 난입하여 무차별적인 폭력을 행사한 젊은이들의 모습은 많은 이들을 경악하게 했다. 서울교육대학교 권정민 교수는 2025년 1월 SNS에 "아들을 구출해 왔다"는 글을 올렸다.[31] 극우 유튜브에 빠져 혐오 발언을 일삼게 된 아들을 원래의 모습으로 되돌리는 과정을 올린 것이다. 한국일보에서 실시한 10대 대상 설문조사에 따르면 고교생 10명 중 4명이 극우 유튜버들의 주장대로 '선거에서 개표 부정이 발생하기 쉽다'고 생각하고 있었다.[32] 극우 유튜버들의 주장을 그대로 수용하는 10대 청소년이 적지 않은 상황이다.

권정민 교수는 "유튜브를 금지할 수 없다면, 스스로 걸러낼 수 있는 필터를 길러주는 것이 대안"이라고 말했다. 가정도 그 역할을 해야겠지만 학교가 그 역할을 해야 한다. '스스로 걸러낼 수 있는 필터를 길러주는 교육'이 바로 교사가 추구해야 할 정치적 중립성의 적극적 의미라고 할 수 있다.

교사들은 어떤 환경에서 정치적 중립성의 적극적 의미를 살리는 교육에 대해 고민하게 될까. 「교육기본법」 제6조 제1항은 "교육은 교육 본래의 목적에 따라 그 기능을 다 하도록 운영되어야 하며, 정치적·파당적 또는 개인적 편견을 전파하기 위한 방편으로 이용되어서는 아니 된다"고 규정한다. 교육의 정치중립성은 서구 역사에서 오랜 종교적 분쟁을 거친 후 국가가 종교의 중립성을 확보한 데서 유래한다. 특정 군주의 국가에서 모두가 주인인 국가로의 이행과 함께 공무를 수행하는 공무원은 특정 종교, 특정 정당 등에 치우침 없이 누구에게나 공정한 직무수행이 요구되었다. 공교육의 발달과 함께 교육을 담당하는 교사들에게도 정치적 중립성이 중요한 가치로 요구되었다. OECD 회원국 중에

---

31) 극우 유튜브에 빠진 아이 구출하기…피해자가 특권이 된 세상. 노컷뉴스. 2025.7.24.
32) 고교생 10명 중 4명 '개표 부정' 믿고 계엄엔 반대…'십대남' 현상 확인됐다. 한국일보. 2025.9.2.

헌법이나 법률, 관습법에 불편부당impartiality, (정치적) 중립성neutrality, 또는 객관성objectivity의 가치를 규정해 놓은 국가는 24국에 달한다.[33] 하지만 정치적 중립성을 이유로 교사의 정치기본권을 박탈 수준으로 제한하고 있는 나라는 OECD 국가 중에 우리나라가 유일하다.

교육의 정치적 중립성 보장은 소극적으로는 교육의 당파성 배제를 위한 국가와 교사 모두에게 요구하는 의무이다. 적극적 의미에서 교육의 정치적 중립성 보장은 '헌법적 가치를 중심으로 정치적 균형 감각 회복력을 키우는 교육'에 대한 보장이다. 정치적 균형 감각 회복력은 시민인 교사와 미래 시민인 학생 모두에게 요구된다. 교육의 정치중립성은 교사의 정치적 기본권 박탈로 교사에게 침묵을 강요하고 학생들을 극우 유튜브 사이로 부유하도록 방임하는 것으로 이뤄지지 않는다.

독일의 보이텔스바흐 협약은 교육의 정치적 중립성 보장의 적극적인 의미와 상통한다. 1976년 독일에서 균형적 정치교육의 원리로 합의된 보이텔스바흐 협약은 강제성의 금지(강압적인 교화 및 주입식 교육 금지), 논쟁성의 유지(수업 시간에도 실제와 같은 논쟁적 상황을 드러낼 것), 정치적 행위 능력의 강화(학생 자신의 정치적 상황과 이해관계를 고려한 실천 능력을 기를 것)를 기본으로 한다. 권리와 책임의 균형을 위한 토론 교육도 정치적 균형 감각 회복력을 키우는 교육이 될 수 있다. 교사들이 이러한 교육을 적극적으로 고민하고 실천해 나갈 수 있도록 공간을 열어주는 일. 그 첫걸음이 바로 박탈된 교사의 정치기본권을 회복시키는 관련법 개정이다.

---

33) 「초,중등학교 교원의 정치적 자유권 제한에 대한 헌법재판소의 논거와 문제점」 정영태. 교육문화연구 16(2). 인하대학교 교육연구소. 2010. 9쪽에서 재인용.

02.

2026년 한국교육이 직면한 10대 쟁점과 과제

학교를 위험하게 만드는 것들

'위험사회론'으로 본 학교

김 영 식
덕양중학교 교사

09

학교가 위험하다

학교가 안전하지 않다. 위험하다. 학교에 들어서는 순간, 학생도 교사도 불안감에 휩싸인다. 배움의 기쁨과 가르침의 보람으로 가득해야 할 학교 공간이 불안과 위험의 그림자만 짙게 드리워진 느낌이다. 이제 그 누구도 학교를 안전하다고 쉽게 말할 수 없게 되었다. 교사들은 소진되고, 학생들은 고립되며, 학부모들은 불안에 휩싸인다. 교실 붕괴, 교권 추락, 학생들의 심리적 위기, 정서행동 위기학생의 증가, 끊이지 않는 학교 폭력과 경쟁의 압박, 학교 내 관계의 단절은 이제 몇몇 '문제 학교'의 특수한 사례가 아닌, 대한민국 학교가 마주한 보편적인 현실이 되었다. 어쩌다 학교는 이런 위험 속에 처하게 되었을까?

독일의 사학자 울리히 벡Ulrich Beck은 현대 사회를 위험의 관점에서 분석하였다. 울리히 벡은 후기 산업사회를 지나던 1986년 저술한 『위험사회, 새로운 근대(성)를 향하여』[1]를 통해 산업화, 근대화로 생성된 현대 사회가 숙명적으로 '위험'을 만나게 됨을 역설하였다. 산업화 시대의 '결핍'을 극복하는 과정에서 '위험'을 스스로 만들어 내고 있다는 것이다. 그 위험은 누구로부터 시작되는지 불분명하고, 영향은 시공간을 초월하여 전 지구적으로 확산되며, 누구도 완벽하게 피할 수 없다는 특징을 갖는다. 산업화가 가져온 풍요의 이면에 있는 전 지구적 기후 위기, 주기적으로 반복되는 금융위기, 원전의 위기가 그 예다.

---

1) 위험사회 - 새로운 근대(성)을 향하여. 울리히 벡. 새물결. 1997.2.28

위험사회의 논리는 오늘날 한국의 학교 현실을 떠올리게 한다. 학교교육은 오랜 시간 우리 사회를 발전시켜 온 원동력이다. 한국 사회의 가장 큰 힘은 사람의 힘이다. 자본도, 자원도 없던 우리나라가 세계적인 경쟁력을 갖춘 사회로 발돋움하기까지 교육은 큰 역할을 해 왔다. 개인도 학교교육을 통해 사회적 지위 상승을 경험했다. 그러나 교육을 통한 개인과 사회의 성장 이면에서는 좋은 대학에 가야 성공한다는 믿음, 내 아이만은 뒤처지면 안 된다는 불안이 함께 자라고 있었다. 인재 양성의 이면에서는 학생들을 끊임없이 비교하고 줄 세우는 서열화 시스템이 구축되고 있었다. 그리고 입시가 아니면 학교에서 의미를 두지 않으려는 사회적 흐름도 함께 굳어져 왔다. 학교교육을 통해 더 나은 사회, 더 나은 삶을 추구하는 과정에서 만들어진 '성공 시스템'의 부작용이다. 이 외에도 홀로 감당해야 하는 자녀 양육, 교사 혼자 겪어내야 하는 악성 민원 등 학교에서 만나게 되는 다양한 위험의 현상들은 울리히 벡의 위험사회를 떠오르게 한다. 교사, 학생, 학부모 모두가 불안을 겪지만, 그 부담은 공평하지 않고, 위험은 개인에게 전가되고 있는 현실은 학교가 벡의 위험사회론이 설명하는 전형적 공간임을 말해 주고 있다.

교사와 학생, 학부모 모두가 피해자이면서 동시에 불안과 위험을 확대 재생산하는 가해자가 되는 비참한 현실 속에서 이 글은 학교라는 공간이 어떻게 위험사회의 전형적 공간이 되었는지를 설명하고자 한다. 개인의 실패로 치부되던 문제들을 위험사회론의 관점에서 분석하면서 사회 구조적 위기로 재해석하고자 한다. 그리고 이 불안과 위험의 파도 속에서 우리가 어떻게 서로를 지키고, 다시 성찰과 연대의 공동체로 나아갈 수 있을지 그 가능성을 탐색해 보려고 한다.

위험사회와 개인주의화

울리히 벡의 위험사회론

위험사회와 성찰적 근대성

울리히 벡이 그의 저서 『위험사회: 새로운 근대(성)를 향하여』Risikogesellschaft: Auf dem Weg in eine andere Moderne, 1986에서 제시한 '위험사회론'은 현대 사회를 진단하는 중요한 틀로 주목받았다. 벡에 따르면, 인류는 두 가지 종류의 근대성을 경험했다. 첫 번째는 '단순 근대성Simple Modernity' 혹은 '산업사회'로, 이 시기의 주된 과제는 자연의 위협과 경제적 결핍으로부터 벗어나 부wealth를 생산하고 분배하는 것이었다. 빈곤의 해소와 풍요로운 사회 건설을 목표로 모두가 달렸고, 그 과정에서 부의 불평등한 분배를 놓고 계급 갈등이 발생하는 시기였다.

두 번째 단계는 '성찰적 근대성Reflexive Modernity' 또는 '성찰적 근대화'의 단계다. '성찰적 근대성'의 주된 과제는 위험에 대한 대응이다. 과거에는 과학과 기술이 삶을 개선하고 사회를 진보시킨다고 믿었지만, 이제는 그 과학과 기술이 새로운 위험(환경오염, 핵발전소 사고, 유전자 조작, 기후위기 등)을 만들어 내고 있음을 알게 되었다. 새로운 위험은 근대화의 부수효과side effects라는 표현과 같이 가벼운 느낌으로 대두됐지만, 실제로는 전 지구적 기후위기와 같이 거대한 위험이었다. 거대한 위험은 넘기 어려운 벽이다. 거대한 벽을 직면한 사회는 위험을 중심으로 사회를 재구성하기 위한 성찰을 시작한다. 근대화가 낳은 다양한 위험을 비판적으로 성찰하면서, 성찰의 결과를 바탕으로 위험에 대처하기 위한 사회 재구성의 흐름을 벡은 '성찰적 근대성'으로 설명한다. 석탄과 석유는 산업화의 상징이요 발전의 원동력이었다. 그러나 전 지구적 기후위기를 만난 사회에서 석탄과 석유는 기후위기의 주범이 되었다. 그리고 태양광·풍력 같은 재생에너지로 전환해야 한다는 성찰적 논의가 오랜 시간 현대 사회에서 일어나게 되었다. 이와 같이 새로운 위험을 만난 사회가 성찰의 과정을 통해 위험을 해결하고 안전한 사회를 만들어 가는 흐름이 나타나는 위험 중심의 사회가 벡의 '위험사회'이다.

위험사회에서 위험의 특징

위험사회의 위험은 몇 가지 중요한 특징을 갖는다.

첫째, '만들어진 위험 Manufactured Risk'이다. 과거의 위험은 홍수나 지진, 전염병과 같이 외부의 자연적 재앙이었다. 반면, 현대의 위험은 산업화와 과학기술 발전의 부작용, 즉 인간의 결정과 활동의 결과물이다. 2020년, 전 세계를 강타한 코로나19는 단순히 자연에서 발생한 바이러스 문제가 아니었다. 세계화, 국제 교류 확대, 도시화, 무분별한 개발 등 현대 사회가 만들어 낸 조건 속에서 만들어지고 빠르게 확산되었다. 이와 같이 현대 사회의 위험은 인류가 스스로 만든 사회적·경제적 체계와 깊이 연결되어 있다. 탄소 에너지 사용에 따른 기후 위기, 핵 원료 이용 과정에서 대두된 핵발전소 사고 등 인류를 위협하는 대부분의 위험은 인간에 의해 '만들어진 위험'이다.

둘째, 탈경계적이다. 체르노빌 원전 사고의 방사능 낙진이 국경을 넘어 유럽 전역으로 퍼져나갔듯, 위험은 특정 지역이나 국가에 머무르지 않고 시공간을 초월하여 전 지구적으로 확산되는 지구화의 경향을 띠고 있다. 코로나19는 특정 지역에서 시작되었으나 항공 교통과 글로벌 공급망을 통해 순식간에 전 세계로 퍼졌다. 미세 플라스틱 문제, 지구 온난화는 지역을 넘어 전 지구적 위험을 초래하고 있다.

셋째, 비가시적이다. 과거의 위험이 눈에 보이고 직접 경험할 수 있었던 것과 달리, 현대의 위험은 방사능, 유해 화학물질, 미세먼지처럼 인간의 감각으로는 즉각적으로 인지하기 어렵다. 과학적 지식이나 언론 보도를 통해서만 위험이 '보이게' 되며, 피해 역시 즉각적으로 나타나지 않고 오랜 잠복기를 거친다. 그 실체와 인과관계, 심각성 또한 과학적으로 명확히 증명하기 어려워 사회적 논쟁과 해석의 대상이 된다.

넷째, 민주적이다. 벡은 "빈곤은 위계적이지만, 스모그는 민주적이다Poverty is hierarchic, smog is democratic"이라고 하였다. 산업사회에서 부는 불평등하게 분배되었다. 그러나 위험은 부자와 가난한 자를 가리지 않고 영향을 미친다. 특정 위험들은 계급, 인종, 국가와 상관없이 모든 사람에게 영향을 미칠 수 있다. 물론 실제 피해는 사회적 약자에게 집중되는 경향이 있다. 위험에 대한 노출 정도나 이를 극복할 수 있는 자원의 분배는 여전히 불평등하다. 그러나 근본적으로 누구도 위험으로부터 완벽히 자유로울 수 없다. 위험은 민주적이고 보편적이다.

다섯째, 부메랑으로 돌아온다. 벡은 위험이 사회적 '부메랑 효과'를 보이면서 확산된다고 하였다. 근대화를 만들어 낸 권력층마저도 안전하지 않다. 선진국, 기업, 부유층처럼 위험을 만들어 낸 주체 역시 결국에는 그 위험으로부터 자유로울 수 없다. 공장 매연으로 환경을 오염시킨 기업가도 오염된 공기와 물의 피해자가 된다. 핵전쟁은 공격자도 멸망시키며, 기후위기는 석유 생산국에도 동일한 이상기후를 만들어 낸다. 물론 부유층이 더 안전한 환경을 구비할 수는 있지만, 전 지구적 차원의 위험 앞에서는 누구도 완벽한 안전지대에 머물 수 없다.

위험사회와 개인주의화(Individualization)

벡은 위험사회의 중요한 특징 중 하나로 개인주의화를 제시한다. 위험사회론에서 개인주의화는 근대화의 성공으로 개인이 가족, 계급 등 전통적 공동체에서 해방되었지만, 동시에 사회가 만든 새로운 위험과 불안을 홀로 감당해야 하는 사회 구조적 흐름이다.

개인주의화는 산업사회의 발전, 교육 수준의 향상, 복지국가의 확립 등 근대화의 성공이 가져온 결과물에서 비롯된다. 과거에는 신분, 가족, 지역 공동체 등 사회적 범주가 개인의 삶을 결정했고, 개인 역시 전통적 귀속 집단의 강한 영향권 아래 있었다. 그러나 산업화 시대를 지나며 가족이나 마을 같은 전통적 귀속 집단의 영향력은 약화되었고, 복지국가와 교육 수준의 향상 등은 개인에게 스스로 직업, 교육 수준, 가족 형태 등을 선택할 자유를 주었다.

그러나 이 자유는 사회적 문제와 위험을 개인의 책임으로 돌리는 결과를 가져왔다. 실업은 개인의 능력 부족이나 잘못된 선택의 결과일 뿐, 계급 문제나 경제 구조의 모순으로 간주되지 않는다. 결과적으로 개인은 스스로 자신의 생애를 기획하고 만들어가는 주체가 되기를 요구받는다. 무엇을 배우고, 어떤 일을 하며, 누구와 관계를 맺고, 어떤 위험을 감수할 것인지 등 모든 것이 개인의 선택과 책임으로 귀결된다. 각본대로 살기만 하면 되는 전통사회에 비해 개인의 실패에 대한 심리적 압박과 불안을 더 크게 느끼게 된 셈이다. 이 과정에서 개인은 사회로부터 고립되고 원자화되는 경향을 보인다.

반면에 개인주의화는 새로운 연대의 가능성을 열어준다. 벡은 개인주의화의 과정에서 역설적으로 새로운 형태의 사회적 연대와 정치적 주체성이 등장할 가능성을 발견하였다. '빈곤은 위계적이지만, 스모그는 민주적이다'라는 말에서 알 수 있듯, 새로운 위험이 가져온 무차별적 위험에 직면한 개인들은 기존의 전통적 공동체를 넘어 새로운 형태의 '위험공동체'를 형성할 수 있다. 산업사회를 떠받쳐 오던 기존의 정치 체제가 기존의 틀을 고수하며 새로운 위험에 대처하지 못하며 약화될 때, 같은 위험을 직면하고 있는 과학자, 기술자, 경영인, 환경운동가, 일반시민까지 특정 위험에 노출된 사람들이 그 위험에 대한 감각을 공유하면서 하나의 '위험공동체'를 만들어 낸다. 세월호 참사, 환경오염, 핵발전소 사고, 팬데믹 등 대규모 재난을 경험한 사람들은 트라우마를 공유하며 내외적으로 발생하는 위험에 함께 대처하는 공동의 정체성을 갖게 된 것이다. 전통적인 정치 영역 바깥에서 하위정치sub-politics로서 개인들의 연대가 새로운 위험에 대처하기 시작한다. 그레타 툰베리는 하위정치 참여자들이 새로운 위험에 대처하는 '위험공동체'를 만들어 낸 대표적인 인물이다. 각 국가 지도자들이 자국의 이익에 눈이 멀어 기후위기에 제대로 대응하지 못하고 있을 때 스웨덴의 청소년 환경운동가 그레타 툰베리는 기성 정치인들을 비판하며 기후를 위해 금요일마다 등교를 거부하였다. 이 등교 거부가 125개국 2천여 도시에서 '기후를 위한 학교 파업 시위'로 확산되어 각 국가 지도자를 압박한 것은 새로운 위험에 대처하는 '위험공동체'가 새로운 정치 주체로 등장하는 모습을 잘 보여주고 있다.

울리히 벡은 개인의 '선택'과 '자기 결정'을 지나치게 강조한 나머지, 여전히 개인의 삶에 강한 영향을 미치는 계급, 성별, 인종 등의 구조적 제약과 불평등을 간과했다고 비판받는다. 그럼에도 불구하고, 벡은 현대 사회에서 개인이 처한 양가적 현실을 잘 드러낸 점은 평가받을 만하다. 근대화의 결과 개인이 전통적 속박에서 벗어나 주체적인 삶을 기획해야 하는 존재가 되었지만, 동시에 사회 시스템이 만들어 낸 거대한 위험과 불안을 온전히 스스로 감당해야 하는 고독한 존재가 되었다는 점, 그러면서도 바로 그 고독과 불안 속에서 새로운 형태의 사회적 연대를 모색해야 하는 과제가 개인에게 주어져 있음을 잘 드러내었다고 할 수 있다.

학교는 위험사회인가?

위험사회의 특성은 오늘날 한국의 학교 현장을 그대로 관통한다. 학교는 위험사회의 논리가 작동하는 대표적인 공간이 되었다. 학교교육의 도처에서 위험사회의 특징들이 쉽게 관찰되고 있다.

첫째, 학교가 당면한 '위험'은 사람에 의해 '만들어진 위험'이다. 학교는 산업화를 위한 인재 양성 기관으로 우리 사회의 한 축을 담당했다. 개인은 학교를 이용하여 인생의 성공을 이루고자 하였다. 산업화를 위한 인재 양성과 개인의 성공은 '대학'이 결합하여, 학교교육을 대입의 하부 구조로 만들어 놓았다. 학교는 입시 기관으로서 정체성이 강하게 자리 잡았고, 학생들은 '입시 실패의 위험'과 그로 인해 발생할 '사회적 낙오의 두려움' 앞에 서게 되었다. 이는 자연 발생적 재앙이 아니라 입시에 성공하기 위한 과도한 경쟁에서 비롯된 경쟁 교육 시스템, 학벌 중심의 사회 구조, 사회의 성공 지향적 풍조가 결합하여 만들어진 위험이다. 각 개인은 입시 시스템이 만들어 낸 위험을 피하기 위해 어린 시절부터 사교육의 늪으로 빠지는 무한 경쟁의 경기장을 달려야 한다.

관료제에 둘러싸인 학교 환경 역시 '만들어진 위험'이다. 산업화 시대 효율적인 교육을 추구하는 과정에서 일사불란하게 움직이는 상명하복의 관료제 조직을 필요로 하였다. 식민지 시기 유입된 관료제 행정은 오랜 시간 학교교육 행정을 담당해 왔고, 산업화 시대의 효율적인 행정에 기여하였다. 그러나 효율성을 추구하는 관료제 조직은 창의성과 유연성, 민주성이 떨어지는 약점을 가지고 있다. 상명하복의 관료제를 기반으로 등장한 교원 승진 시스템 속에서 창의성과 민주성, 유연성을 가진 리더십은 좀처럼 배출되지 못했고, 정보화 시대 교육을 이끌어 갈 창의적이고 민주적인 리더십의 부재가 현재 학교교육의 큰 위험으로 상존하고 있다.

둘째, 학교 구성원 모두가 '불안'에 잠식되어 있다. 학생들은 성적과 교우 관계에 대한 불안, 미래에 대한 불확실성으로 고통받는다. 학부모들은 자녀가 경쟁에서 뒤처질지 모른다는 불안감에 사로잡혀 사교육에 매달리고 학교에 끊임없이 민원을 제기한다. 교사들은 과도한 업무 부담과 악성 민원, 교권 추락으로 인한 무력감과 불안 속에서 소진된다. 이처럼 학교는 더 이상 안전한 배움의 공동체로 인식되지 않는다. 모든 구성원이 각자의 불안을 안고 생존을 위해 분투하는 위험 관리의 각축장이 되어버렸다.

셋째, 위험이 '개인화'된다. 입시 경쟁에서의 성공과 실패는 전적으로 학생 개인의 노력과 능력, 그리고 학부모의 정보력과 경제력의 문제로 치부된다. 시스템의 불공정함이나 교육 정책의 실패는 부차적인 문제로 밀려나고, '노력하면 성공할 수 있다'는 신화 아래 모든 책임이 개인과 그 가족에게 전가된다. 성적이 낮은 학생은 '노력이 부족한 학생'으로, 자녀의 성공을 뒷받침하지 못하는 부모는 '무능력한 부모'로 낙인찍히기 쉽다. 이와 같은 현실은 사회의 '개인화'에 깊이 연결되어 있다. 산업화와 함께 진전된 '개인화'는 가족, 마을과 같은 전통적 공동체의 약화를 가져왔다. 개인의 삶을 규정하던 가족, 마을로부터 독립한 개인은 이제 스스로 개인의 삶을 규정해야 하는 부담을 안게 되었다. 성공도 개인의 몫이지만 실패도 개인의 탓으로 생각되는 점이다.

넷째, '조직적 무책임성'이 팽배하다. 학교 폭력, 교사 인권 침해, 학생의 정신 건강 문제 등 심각한 문제가 발생했을 때, 교육 당국과 학교 관리자는 근본적인 시스템 개선보다 사건을 축소·은폐하거나, 관련 교사나 학생, 학부모 등 개인에게 책임을 떠넘기는 방식으로 대응하는 경우가 많다. "규정대로 처리했다", "관련자에게 책임을 묻겠다"는 말 뒤에 숨어, 누구도 시스템 전체의 문제에 대해서는 책임지려 하지 않는다.

    결론적으로, 학교는 부(좋은 성적, 명문대 입학)를 분배하는 동시에, 그 과정에서 필연적으로 발생하는 실패의 위험, 소외의 위험, 심리적 붕괴의 위험을 체계적으로 분배하는 공간이 되었다. 그리고 이 모든 위험의 책임을 개인에게 떠넘김으로써, 학교는 위험사회의 가장 고통스러운 민낯을 보여주는 현장으로 추락하고 있다.

개인주의화 된 학교 현실

울리히 벡이 지적한 '개인주의화Individualization'는 단순히 이기주의가 만연해졌음을 넘어, 개인이 기존의 사회적 틀(계급, 공동체, 종교, 가족)에서 벗어나 자신의 삶을 스스로 설계하고 책임져야 하는 삶이 제도적으로 뒷받침되는 '제도화된 개인주의'를 의미한다. 개인이 자유롭게 자기 삶을 선택하는 것처럼 보이지만 사실은 교육, 노동 시장, 복지 제도와 같은 사회 제도(시스템)에 의해 만들어지고 또 의존하고 있다는 것이다. 이러한 제도들 덕분에 개인은 전통에서 벗어나 자유롭게 직업을 선택하고 자신의 삶을 꾸려갈 수 있지만, 동시에 그 제도가 없다면 개인은 생존하기 어려워진다. 개인의 삶을 지원하던 제도가 흔들리면 개인의 삶도 흔들린다. 사회가 급변하면서 기존의 제도가 해결할 수 없는 문제를 만났을 때, 개인은 보호받을 수 없는 처지로 전락하게 된다.

이러한 개인화의 물결은 학교라는 공간을 근본적으로 바꾸어 놓았다. 한때 학생들의 성장과 발달을 함께 고민하고 책임지는 공동체였던 학교는, 이제 교사, 학생, 학부모가 각자의 이해관계를 걸고 치열하게 다투는 '각자도생의 공간'으로 변모하는 안타까운 현실이다.

교사의 개인주의화

고립된 교사

"혼자 어두운 교실에서 얼마나 무섭고 힘들었나요?"

최근 학교에서 연이어 발생한 교사들의 비극적인 사건 이후, 동료 교사들이 남긴 추모 메시지의 일부이다. '혼자'. 이 말은 한 교사의 비극적 죽음이 혼자만의 비극이 아니라 교육활동 중에 어떤 교사라도 한 번쯤은 겪어봤을 일 앞에서 '그가 나일 수 있었다'라는 동일시의 감정 표현이었다. 교사가 겪는 고립의 현실을 상징적으로 보여주는 말이 '혼자'이다. 전통적 공동체의 해체 이후 개인이 모든 위험을 스스로 감당해야 하는 '개인주의화Individualization' 과정이 학교 현장에 그대로 나타난 결과라 할 수 있다.

과거 산업화 시대 학교는 예측 가능한 위험을 집단적으로 방어하는 공간이라 할 수 있었다. 산업화 시대 학교는 권위주의적 통제 속에서 견고한 '관료제 집단'의 집단 방어가 이루어졌다. 교장-교감-교사로 이어지는 상명하복의 위계질서 속에서 교사는 지식 전달자로서 제한적이지만 명확한 역할을 수행했다. 학교의 주된 위험은 '지시 불이행'과 같이 예측 가능하고 통제된 것이었으며, 문제가 발생해도 교사 개인보다는 학교라는 집단 전체의 책임으로 귀속되는 경향이 강했다. 교사는 자율성이 부족했지만, 동시에 강력한 집단적 정체성과 보호막 안에 있었다고 할 수 있다. 동료 교사들은 비슷한 역할을 수행하는 '동지'였으며, 학교라는 시스템이 개인을 외부의 비난으로부터 막아주는 보호막이 되었다.

그러나 학교 민주화와 혁신은 견고한 집단적 구조를 해체하고 교사에게 자율성을 확대해 주었다. 문제는 자율성의 확대가 동시에 교사에게 위험과 책임을 동반하는 일이었다는 점이다. 먼저 전통적 권위의 해체가 학교에서 일어났다. 민주화는 교장의 권위주의적 통제를 약화시켰고, 교사의 자율성을 높였다.

동시에 학생 인권, 학부모의 참여가 강조되면서 교사의 전통적 권위도 함께 해체되었다. 과거에는 당연했던 교사의 훈육 방식이 이제는 아동 학대나 인권 침해의 '위험' 요소가 된 것이다.

학교 민주화와 혁신의 진전은 교사의 역할을 다변화시키면서 책임은 개인화시키고 있다. 교사에게 '수업 혁신가', '상담 전문가', '교육과정 설계자', '학부모 소통 전문가' 등 수많은 역할을 동시에 요구하였고, 이 과정에서 발생하는 모든 문제, 예를 들어 수업 부적응 학생 문제나 학부모와의 갈등은 더 이상 학교 시스템의 문제가 아닌, 담당 교사 개인의 역량 부족과 실패로 해석되기 시작했다. 울리히 벡이 말한 '구조적 문제의 개인화'의 전형적인 모습이다.

여기에 더해 신자유주의가 학교교육에 도입되면서 교원 평가, 성과급 제도는 교사들이 협력하기보다 각자 자신의 전문성을 증명하고 경쟁하도록 만들었다. 학교 혁신, 수업 혁신의 바람 속에서 전문적 학습공동체가 도입되었으나, 학습공동체의 본질이 교사들 간의 소통과 협력은 사라지고, 전문가로서의 역량만 요구받는 흐름도 강화되었다. 국가는 '자율적이고 혁신적인 교사'를 요구하면서 교사들을 개별적인 성과 단위로 관리하려는 시도를 멈추지 않았다. 협력과 협업은 시스템으로 해결되지 못하는 현실 속에서 외부에서 추동된 성과의 강요는 결국 교사들을 고립되도록 강요받는 상황에 몰아넣었다.

위험사회적 결과: 고립된 교사와 각자도생의 학교

학교 안에 확산되는 '개인주의화' 과정은 교사들을 과거에는 없던 새로운 위험에 노출되게 만들었다. 악성 민원, 아동 학대 고소, 정서적 소진 등은 산업화 시대 권위주의를 극복하는 혁신의 과정에서 만들어진 위험이라 할 수 있다. 새로운 위험이 교사들 앞에 놓였으나 위험으로부터 교사를 보호해 줄 시스템은 매우 취약하였다. 반복되는 악성 민원으로부터도 교사를 분리시키지 못했고, 폭력과 갈등 상황에 대한 해결을 오래도록 요구받는 심각한 심리적 소진의 상황으로 교사들을 몰아넣었다. 2019년 「학교폭력 예방 및 대책에 관한 법률」(이하 "학교폭력예방법")이 개정되어 학교폭력 심의가 교육지원청으로 옮겨지고, 학교폭력 해결의 책임이 교사로부터 일부 분리되는 것처럼 보였으나 여전히 학교는 수많은 갈등과 학교 괴롭힘이 학교폭력이라는 이름으로 교사에게 해결을 요구하는 실정이다.

이와 같은 상황 속에서 동료 교사는 더 이상 끈끈한 '동지'가 아니라, 각자의 생존과 안위를 걱정하는 '고독한 군중'[2], '고립된 개인들의 집합'이 되기 쉽다. 옆 반에서 문제가 생겨도 '내 일이 아니라 다행'이라고 여기거나, 섣불리 나섰다가 함께 위험에 빠질 것을 두려워하며 멈칫거리게 된다.

이제 학교는 교사들에게 각자도생의 공간이 되었다. 각자의 성을 지키며 스스로 살아남아야 한다. 각자가 자기 눈앞에 놓인 노트북만 들여다보며, 주어진 업무를 충실히 한다. 바쁘게 업무를 하는 이유는 퇴근 시간을 넘기지 않기 위해서다. 학생들도 필요 이상으로 만나려고 하지 않는다. 행정 업무 처리에 필요하거나, 아니면 문제 상황이 발생해서 해결해야 할 때만 만남이 이루어진다. 교사들은 외부의 위험으로부터 자신을 보호하기 위해 스스로 높은 벽을 쌓고, 이는 다시 소통의 부재와 심리적 고립을 심화시키는 악순환을 낳는다.

결론적으로, 학교의 민주화와 혁신은 교사를 억압적인 공동체에서 해방시켰지만, 동시에 오늘날 교사들이 겪는 고립의 한 원인이 되었다.

---

[2] 리스먼, 데이비드 외. (1999). 고독한 군중. (윤병상 역). 문예출판사. (원저 1950년 출판)

책임은 사라지고, 위험은 개인에게 전가되는 조직적 무책임성

위험의 개인화는 책임의 개인화를 낳는다. 교육부는 구체적인 학교 현장의 어려움보다는 거시적인 교육 정책과 제도 수립에만 집중하며, 문제가 터지면 '일선 학교와 교육청의 책임'으로 돌린다. 교육청은 교육부의 지침을 기계적으로 전달하고 학교를 관리·감독하는 역할에 머무르며, 민원 발생 시 학교장에게 책임을 위임한다. 학교장은 교육청의 평가와 학부모의 민원 사이에서 '문제가 없는 학교'를 운영하는 것을 최우선 목표로 삼으며, 교사에게 발생하는 문제를 '교사 개인의 역량 문제'로 치부하고 책임을 전가한다. 문제가 발생하면 교사를 보호하고 지원하기보다, 민원을 제기한 학부모를 달래고 사태를 조용히 무마하려는 경향을 보인다. 이 모든 것은 실제 문제가 발생했을 때 종종 관찰되는 책임 전가의 장면들이다. 이러한 다단계의 책임 전가 시스템 속에서, 결국 모든 문제 상황에 대한 최종 책임은 현장에서 학생과 학부모를 직접 마주하는 '담임교사 개인'에게로 귀결된다. 시스템은 교사에게 무한한 책임과 헌신을 요구하면서도, 그에 상응하는 권한이나 보호 장치는 제공하지 않는다. 문제가 발생하면 시스템은 마치 살아있는 유기체처럼 교사 개인을 '꼬리' 삼아 잘라내고, 자신은 아무런 책임이 없는 듯 다시 평온을 유지한다. 이처럼 책임은 공중으로 분해되고 위험은 가장 취약한 개인에게 집중되는 '조직적 무책임성'의 고리를 끊지 않는 한, 학교는 결코 안전한 공간이 될 수 없다.

이러한 '조직적 무책임성' 속에서 교사는 철저히 혼자가 된다. 모든 문제 상황에 대한 법적, 행정적, 감정적 책임을 오롯이 혼자 감당해야 하는 교사는 극심한 무력감과 소진에 시달릴 수밖에 없다. '혼자인 교실에서 얼마나 무서웠느냐'는 소리 없는 울음은 교사들이 물리적 고립을 넘어 자신을 지지하고 보호해 줄 공동체의 부재를 의미하는 비명인 것이다.

학생의 경쟁과 고립: 입시 사회가 만든 불안

학생들의 개인화와 고립은 더욱 심각하다. 대한민국 교육 시스템의 가장 강력한 작동 원리인 입시 경쟁은 학생들을 공동체의 일원이 아닌, 서로를 이겨야 하는 경쟁자로 규정한다. 교실 안에서 친구는 더 이상 함께 배우고 성장하는 동반자가 아니라, 내가 밟고 올라서야 할 '석차 1등급'의 경쟁 상대일 뿐이다.

이러한 경쟁 구도는 학생들의 관계를 왜곡시킨다. 협력 학습보다는 개인의 문제 풀이 능력이 더 중요해지고, 친구에게 노트를 빌려주거나 모르는 문제를 가르쳐주는 행위는 나의 경쟁력을 깎아 먹는 어리석은 행동으로 여겨지기도 한다. 오직 '성적'이라는 단 하나의 잣대로 학생들을 서열화하는 교실에서, 학생들은 끊임없이 타인과 자신을 비교하며 우월감 혹은 열등감에 시달린다.

이 과정에서 학생들은 깊은 소외감과 고립을 경험한다. 자신의 불안과 고민을 털어놓을 친구를 만들기 어렵고, 성적에 대한 압박감과 미래에 대한 불안감을 혼자 감당해야 한다. 사회학자 김홍중은 이를 '원자atom처럼 개별화되고 파편화되어 사회적 유대와 공동체로부터 고립됨으로써 느끼는 근원적인 불안감'으로 지적하며, 고립된 개인들이 겪는 불안을 '아토믹atomic한 불안'이라 칭했다(김홍중, 『마음의 사회학』, 2009). 입시라는 거대한 목표 앞에서 학생들은 각자 원자atom처럼 흩어져 고독한 싸움을 벌이고 있는 것이다. 학교는 더 이상 즐거운 배움과 사귐의 공간이 아니라, 생존을 위한 시험의 장이 되었으며, 이러한 환경은 우울, 불안 장애, 자살 충동 등 학생들의 정신 건강을 심각하게 위협하는 주요 원인이 되고 있다.

학부모의 불안과 민원: 공동체 대신 '내 아이' 중심의 시선

학부모 역시 개인화된 위험사회에서 불안한 주체이기는 마찬가지다. 평생직장의 개념이 사라지고 사회경제적 불확실성이 극대화된 사회에서, 학부모에게 '자녀의 성공'은 노후를 보장하고 계층 하락을 막을 수 있는 유일한 보험처럼 여겨진다. 특히 '좋은 대학'이라는 학벌 자본은 이 불안한 사회를 헤쳐 나갈 가장 확실한 무기로 인식된다.

이러한 극도의 불안은 학부모의 시선을 '우리 아이들'이 속한 학교 공동체 전체에서 오직 '내 아이'에게로 좁히는 결과를 낳았다. 학교교육과정에 대한 관심은 '내 아이의 입시에 얼마나 유리한가'로 수렴되고, 다른 학생의 어려움이나 학교 전체의 발전에 대한 고민은 부차적인 것이 된다. '내 아이'에게 조금이라도 불이익이 갈 수 있는 상황은 결코 용납할 수 없는 '위험'으로 간주된다.

학생과 학부모를 둘러싼 사회적 삶의 조건은 교육이 만들어 내는 위험을 공동체적으로 대처할 수 없게 만들었다. 극단적 도시화는 개인이 겪게 되는 위험을 함께 겪어줄 마을공동체를 해체 수준으로 만들었고, 마지막 버팀목이 될 가족공동체 역시 약화를 넘어 1인 가족 시대를 맞이하고 있다. 자녀 양육에 도움을 줄 버팀목을 만나기가 어려워졌음을 의미한다. 자녀 양육에 대한 책임이 철저히 개인화되면서, 자녀 교육의 실패를 개인의 실패로 낙인 찍는 흐름에 휩싸이고, 실패하지 않기 위한 다른 의미의 생존 투쟁에 나서는 모습들을 보이고 있다. 좋은 대학에 가야 성공한다는 믿음, 내 아이만은 뒤처지면 안 된다는 불안은 학생들을 끊임없이 비교하고 서열화하는 시스템, 입시가 아니면 학교에서 의미를 상실하는 사회적 환경과 맞물리며 극한투쟁의 장에 부모를 몰아세우고 있다고 볼 수 있다.

한국 사회에서 학부모의 악성 민원이 심각한 수준에 이른 것은 학교 폭력에 대한 엄벌 중심 정책으로의 기조 변화, 학생부 기재 의무화, 학교폭력예방법 개정을 통한 학교폭력 심의 의무화 조치와 깊은 연관이 있다. 과거 훈육과 교육적 해결에 무게를 두던 접근 방식이 행정적 처벌과 기록 중심으로 전환되면서, 학부모들은 자녀의 미래, 특히 대학 입시에 미칠 불이익을 막기 위해 재심 청구나 행정소송 등 법적 대응에 적극적으로 나서게 된 것이다. 학교폭력 대응 강화 조치 이전에는 훈육과 관련한 교사의 행정 행위에 대해서 대체로 수용하는 분위기가 강했다. 그러나 물러서는 즉시 자녀의 학교생활기록부에 가해 사실이 기록된다는 사실을 아는 순간 자녀 교육에 실패하지 않기 위한 극한투쟁에 나서게 된 것이다. 초등학생, 중학생은 어린 자녀의 마음에 가해자의 낙인을 찍을 수 없다는 의식, 고등학생의 경우 대입 수시 모집에서 학생부 기록에 반영되지 않도록 해야 한다는 의식이 강하게 작동하게 된 것이다.

학교폭력 조치에 대한 문제 제기가 봇물처럼 터지면서, 학교폭력이 아닌 영역에서도 유사한 흐름들이 나타나기 시작했다. 생활지도의 다양한 장면에 대한 문제 제기, 교육활동 침해 사안 처리 과정에서 문제 제기, 학교 시험과 수행평가 과정에 대한 문제 제기 등 다양한 방식의 민원이 폭발적으로 증가하였다. 물론 정당한 문제 제기와 소통을 위한 민원은 학교 발전에 필수적이다. 그러나 '내 아이 중심'에 매몰되어 시작된 민원은 종종 교사의 정당한 교육활동을 위축시키고, 다른 학생들의 학습권을 침해하며, 학교 공동체 전체를 흔드는 무기가 된다. 자녀가 받은 작은 훈계, 친구와의 사소한 다툼, 시험 성적에 대한 불만 등 모든 것이 교사에 대한 공격적인 민원으로 이어진다. 교사를 잠재적인 가해자나 통제의 대상으로 보는 불신의 시선 속에서, 교육적 파트너십은 설 자리를 잃는다. 이러한 과정에서 학부모는 학교 공동체를 함께 만들어가는 주체에서, 교육 서비스를 구매하고 그 품질을 감시하는 까다로운 '소비자'로 전락하게 된다.

성찰적 학교로의 전환

학교를 둘러싼 여러 위험사회적 징후들을 살펴보았다. "그렇다면 우리는 무엇을 해야 하는가?"라는 질문이 남는다. 문제의 원인이 개인의 실패가 아닌 사회 구조에 있다면, 그 해법 역시 시스템의 전환에서 찾아야 한다. 울리히 벡이 '성찰적 근대화'를 통해 위험사회의 극복 가능성을 모색했듯이, 우리에게는 학교 시스템을 근본적으로 돌아보고 재구성하는 '성찰적 학교Reflexive School'로의 전환이 필요하다. 이는 단순히 몇 가지 제도를 개선하는 수준을 넘어, 학교의 목적과 운영 원리, 그리고 구성원들의 관계 맺는 방식을 새롭게 정립하는 패러다임의 변화를 의미한다.

위험은 개인의 실패가 아니다. 성찰적 학교로 나아가기 위한 가장 중요한 첫걸음은 학교에서 발생하는 모든 문제와 위험을 더 이상 개인의 실패나 책임으로 돌리지 않겠다는 사회적 합의를 이루는 것이다. 학생의 학습 실패는 '노력 부족'이나 '머리가 나빠서'가 아니라, 획일적인 교육과정과 과도한 경쟁 시스템의 문제일 수 있음을 인정해야 한다. 교사의 소진과 무력감은 '개인의 나약함'이나 '자질 부족'이 아니라, 교사를 고립시키고 과도한 책임을 지우는 학교 구조의 문제임을 인식해야 한다.

학부모의 극성스러운 민원은 '유별난 개인의 인성 문제'로 치부하기 전에, 자녀가 낙오될지 모른다는 극도의 사회적 불안이 그 배경에 있음을 이해해야 한다. 이처럼 문제의 원인을 개인에서 구조로 전환하는 인식의 변화가 선행될 때, 비로소 우리는 서로를 비난하는 소모적인 싸움을 멈추고 문제의 진짜 뿌리를 향해 나아갈 수 있다. '당신의 잘못이 아니다It's not your fault'라는 메시지는 단순히 개인을 위로하는 구호가 아니라, 문제 해결의 책임을 시스템을 운영하는 우리 모두에게로 가져오는 '공동 책임 선언'이다. 정부는 교육 정책을, 교육청은 행정 지원 시스템을, 학교는 내부 운영 방식을, 그리고 우리 사회는 성공에 대한 획일적인 가치관을 성찰해야 할 책임이 있다.

불안을 성찰과 연대의 에너지로 바꾸기

불안은 스스로를 보호하기 위한 심리적 방어기제다. 불안의 느낌은 내가 지금 위험 앞에 있으며 자각과 안전에의 욕구를 알게 해 주는 신호다. 불안은 자기 안전을 위해 타인 공격 행위를 유발시키기도 한다. 불안은 우리 스스로를 지키기 위해 자리를 털고 일어나 움직이게 만드는 에너지원이다. 불안을 밖으로 투사하여 타인을 공격하는 대신, 안으로 가져와 우리 자신과 시스템을 돌아보는 '성찰Reflection'의 에너지원으로 만드는 것이 지금 우리에게 필요하다. 그리고 그 성찰의 과정에서 나와 비슷한 불안을 느끼는 타인들, 같은 위험을 인식한 '위험공동체'의 연대를 모색하는 것이다.

불안과 위험 앞에서 학교공동체의 일원들은 성찰해야 한다. '내 아이만 잘되면 된다'는 욕망이 과연 정당한가? 혹시 나의 불안이 다른 아이와 그 부모, 그리고 교사에게 상처를 주고 있지는 않은가? 돌아보아야 한다. 성적 지상주의가 우리 아이를 정말 행복하게 만드는 길인가? 학교는 학생들을 위해 존재하는가, 아니면 대학을 위해 존재하는가? 학생을 가르친다는 것은 단지 교실에서 지식만을 전달하고 나오면 되는 것인가? 학생들의 변화와 성장을 만들어 낼 힘이 나에게 있는가? 이처럼 당연하게 여겨왔던 가치와 시스템에 대해 근본적인 질문을 던지는 것이 성찰의 시작이다. 울리히 벡이 '위험사회'의 대안으로 '성찰적 근대화'를 제시한 것도 바로 이런 의미다. 우리가 만든 위험을 스스로 인식하고, 그 위험을 제어하기 위해 사회 시스템을 재구성하려는 노력이 필요하다는 것이다.

불안과 위험을 만난 학교공동체의 일원들은 서로 연대해야 한다. 성찰을 통해 나의 불안이 개인의 문제가 아닌 구조의 문제임을 깨달았다면, 다음 단계는 나와 같은 고민을 하는 사람들과 연결되는 것이다. 2023년 여름, 교사들이 광장에 모여 서로의 아픔을 보듬고 시스템의 변화를 함께 외쳤던 것은 불안이 어떻게 연대의 강력한 에너지가 될 수 있는지를 보여준 대표적인 사례다. 교사들은 더 이상 혼자가 아니었다. 학부모들 역시 '교사가 살아야 아이가 산다'는 목소리를 내기 시작했고, 학생들도 안전한 학교를 위한 자신들의 목소리를 내기 시작했다.

이처럼 교사, 학생, 학부모가 각자의 자리에서 서로를 적으로 규정하는 대신, '안전하고 행복한 학교'라는 공동의 목표를 위해 각자의 불안을 테이블 위에 올려놓고 함께 해결책을 모색할 때, 비로소 변화의 실마리를 찾을 수 있다. 불안을 혐오가 아닌 공감과 이해의 언어로 번역하고, 고립이 아닌 연대의 출발점으로 삼는 것. 이것이 위험으로 가득 찬 학교를 구원할 유일한 길이다.

학교 공동체 세우기로의 정책적 전환

거대한 시스템을 바꾸는 것은 멀고 어려운 길이지만, 각자도생의 공간이 된 학교에 다시 공동체의 숨결을 불어 넣을 수 있는 실천을 바로 시작해야 한다. 중요한 것은 경쟁과 효율이 아닌, '연결'과 '신뢰'의 경험을 회복시키는 장치를 마련하는 것이다.

우선 정부 정책의 대대적 전환이 필요하다. 20세기 말 세계화의 흐름 속에서 유입된 신자유주의적 정책들은 21세기 정보화 시대에 들어오며 그 쓰임은 종료되었다. 교원성과급제, 교원평가는 한 번도 교원들에게 에너지를 불어넣지 못했다. 오히려 동료 간의 불신만 키웠을 뿐이다. 쓰임이 다 된 정책은 폐기되는 것이 맞다. 교원들을 경쟁시키고, 성과급으로 갈라치며 연결과 신뢰의 걸림돌이 되고 있는 신자유주의 정책은 모두 폐기되어야 한다.

교사를 보호하지 못하고, 교사들 간의 연결과 신뢰, 협력을 이끌어내지 못하는 허약한 리더십 체제에 대한 전면적 개혁이 필요하다. 조직의 변화를 만들어내기 위해 기업들이 가장 먼저, 가장 중요하게 하는 일은 기업의 대표를 바꾸는 일이다. 현행 승진 제도를 통해 교감이 되고, 교장이 되는 체제 속에서 대부분의 학교가 학교의 위험한 상황을 제대로 대처하지 못하고 있다. 악성민원이 반복되어도 교사들에게 책임 떠넘기기에 급급하고, 위기 속에 있는 교사를 돕는 방법도 모르고, 정서행동 위기학생과 같은 새로운 형태의 위기 상황에 대처할 능력을 갖추지 못한 학교장이 대다수를 차지하고 있는 것이 오늘날 학교의 현실이다. 기피 지역 학교에 근무했다는 것이 교장의 리더십을 담보하지 못함에도, 지금의 승진제도는 기피 지역 학교 근무에 대한 보상과 학교 리더십을 맞바꾸고 있다. 이런 제도 속에서는 좋은 교장을 만날 가능성이 매우 희박하다. 교사, 학생, 학부모와 직접 소통할 수 있는 역량, 구성원 간의 소통을 중재할 수 있는 역량, 갑작스러운 위기 상황에 대처할 수 있는 역량, 위기 속에 있는 구성원과 공감하고 지원할 수 있는 역량, 학생의 교육 경험을 종합적으로 조직할 수 있는 역량 등을 기르기 위한 별도의 과정을 만들고, 학교장 양성 과정에서 역량 있는 사람을 발견하여 학교의 리더로 세우는 정책이 반드시 있어야 한다.

교사들의 연결과 신뢰를 가로막고 있는 교육청 행정에 대한 전면적인 혁신도 필요하다. 새로운 위험이 대두되면 교육청은 교육청 안위를 위한 행정에 나선다. 안전이 문제가 되면 안전 담당자를 불러 연수하고, 교육활동 보호가 문제가 되면 교권 담당자를 불러 연수하고, 학교폭력 담당자를 불러 연수를 실시해서 교육청의 의무를 다한 것으로 교육청의 안위를 도모한다. 실제 학교 현장에서 학교폭력, 정서행동 위기학생, 교육활동 침해 등의 새로운 위험에 대처하는 학교와 교원을 지원하려는 노력은 체감되지 않는다. 공문, 연수 등으로 막아질 위험이 아니다. 새로운 위험에 대처할 새로운 시스템을 학교 안에 구축하려는 정책적 고민과 예산 확보에 힘쓰는 것이 교육청이 가장 먼저 해야 할 일이다. 새로운 시스템은 결국 사람과 돈을 투입하는 것으로 이어진다. 새로운 시스템이 없는 학교에서 소진되는 교원들은 더 이상 서로 믿고 연결할 힘이 없다.

교무실을 다시 교육활동을 위한 교사의 공간으로 만들어가려는 정책이 추진되어야 한다. 교무실이 다시 교육적 논의, 정서적 지지가 오갈 수 있도록 다양한 정책들이 고려될 필요가 있다. 신규 교사, 저경력 교사들을 돕기 위한 교사 배치, 경력 교사와의 정기적 소통, 어려운 일은 경력 교사부터, 교사들 간의 수업과 평가를 공유하는 학습공동체 활성화 등 교사들이 혼자서 해결하기 어려운 고민의 지점에서 서로 이야기를 시작할 수 있도록 할 필요가 있다. 특히 민원이나 생활지도 문제 발생 시 교사 개인이 아닌 '학교 단위 대응팀'이 공식적으로 대처하는 시스템을 만들어 교사를 보호해야 한다.

경쟁을 넘어 협력을 배우는 교실

입시 경쟁 교육은 학교를 위험하게 만드는 근본적인 원인이다. 입시 경쟁으로 인해 유발되는 학생과 학부모의 불안, 교육활동의 파행이 학교 구성원들을 불신과 대결의 구도로 만들어가는 핵심 동력이라 할 수 있다. 이 문제를 방치하고서 학교의 위험에 대응할 수는 없다. 성적으로만 줄 세우는 평가 방식을 지양하고, 학생들이 함께 과제를 해결하는 프로젝트 기반 학습[PBL], 토론 수업, 협동 학습이 선호되는 교육환경을 만들어야 한다. 정답 찾기보다 질문 만들기를, 결과보다 과정을 중시하는 수업 문화를 통해 학생들은 친구가 경쟁자가 아닌 협력의 파트너임을 배울 수 있도록 학교 토양을 바꿔야 한다. 대학 입시 시스템과 교육과정 운영 방식, 학교 내신 제도에 이르기까지 경쟁보다 협력을 배우는 교실 만들기를 기준으로 전면적인 변화를 만들어 내야 한다.

모여서 대화하기

울리히 벡은 위험사회 속에서 기존의 정치가 아닌 하위정치에서 위험공동체의 연대와 새로운 정치 활동의 가능성을 강조하였다. 위험을 인식하고 있는 과학자, 환경운동가들이 시민연대, 국제 연대를 구성하여 전 지구적 기후위기에 대처하면서 정치의 변화를 이끌어내는 것처럼, 학교의 위험 역시 위험을 인식한 사람들의 연대와 정치가 변화를 만들어 낼 수 있다. 위험을 개인화하고, 책임을 개인에게 전가하는 사회에서 위험을 혼자 맞닥뜨리고 있는 것은 거대한 파도에 나를 홀로 두는 것과 같다. 파도에 휩쓸려 가는 결말만 기다릴 뿐이다.

학교 현장에서 민주주의를 추구하다가 개인주의화 된 학교, 위험과 책임의 개인화를 겪게 되었다고 해서 체념하기보다, 더 나은 민주주의에 대한 성찰을 통해 보다 성숙한 민주주의를 향해 나아가야 한다. 새로운 위험에 직면하고 있는 개인이 위험공동체의 구성원이고, 하위정치의 주체임을 자각해야 한다. 가만히 있으면 조용히 사라진다.

모여서 대화를 시작해야 한다. 함께 모여서 우리 앞에 놓인 공동의 위험이 무엇인지를 찾으면, 새롭게 발견한 위험이 새로운 공동체, 새로운 정치의 출발점이 될 수 있다. 새로운 위험은 모두에게 낯설고, 방치하면 모두가 고통스럽기 때문이다. 공동의 위험과 각자의 고통을 함께 이야기할 때, 위험에 맞서는 공동의 행동을 만들어 낼 수 있다.

"

새로운 위험을 만났을 때, 모여서 대화하기는 힘이 있다. 경기도의 D 중학교는 생활지도로 골머리를 앓고 있었다. 수업에서 이탈하는 학생, 교실 속에서 난무하는 욕설들, 매일 일어나는 학생 간 갈등과 폭력 사건으로 교사들은 지쳐갔다. 쉽게 해결되지 않은 일임에도 담임 교사들은 교실의 혼란이 마치 자신의 무능인 것처럼 느껴져 고민을 쉽게 털어놓지 못했다. 그래도 생활지도 문제를 외면할 수 없어서 생활지도 업무 담당 교사와 담임교사들이 모여서 이야기를 하기 시작했다. 기왕 모이는 것이니 상담교사, 보건교사도 함께 모여 힘을 보탰다. 학급마다 지도하기 힘든 학생 한 명씩을 골라 지도의 어려움을 이야기하기 시작했다. 이야기를 들은 교사들은 각자가 가지고 있는 다른 정보와 해법들을 내어놓았다. 보건교사가 자신이 알고 있는 정보와 좋은 솔루션을 제안하였고, 상담교사도 자신이 할 수 있는 일을 이야기해 주었다. 대화가 끝난 뒤 담임 교사들은 이야기를 하는 것만으로도 마음의 짐이 내려가는 것을 느꼈다고 했고, 교사 공동체 전체가 어려운 학생을 지도하기 위한 공동의 지도 방침을 정하고 실천으로 옮길 수 있었다. 그리고 그 학생이 3학년이 되었을 때, 어느덧 자라 충동적이고 이기적인 모습들이 줄어들고, 다른 친구들과 차분하게 소통하고 배려하는 모습을 볼 수 있었다. 생활지도를 위한 교사들의 대화는 생활교육협의회라는 이름으로 정례화되어 교사의 생활교육을 지원하는 든든한 버팀목이 되었고, 이후 회복적생활교육과 교과 통합 수업, 평화교육과정을 만들고 운영하는 출발점이 되는 위력을 발휘했다. 위험을 만났을 때, 모여서 대화하는 일은 변화를 만들어 내는 힘을 가지고 있다.

좋은교사운동은 지난 2024년 교육계를 향해 '말걸기 캠페인'을 제안하였다. 말걸기 캠페인은 서이초 사건 이후 학교 구성원 사이의 관계 단절에 대한 고민 속에서 시작되었다. 교사들은 반복되는 악성 민원들 속에 지쳐가고 있었고, 다수의 양식 있는 학부모들은 조심스러워 교사에게 다가가기 어려워하는 현실 속에서, 대화의 단절이 교육공동체 회복의 길이 될 수 없다고 생각했기 때문이다. 문제 상황-민원 제기-대화 단절-악성 민원-문제 악화-대화 단절이라는 악순환의 고리를 끊어내는 시도를 그 어디에선가 해야 한다고 생각하고, 대화하기를 선택하는 방식으로 교육공동체 회복의 새로운 물꼬를 트는 일을 시작한 것이다. 캠페인을 벌이면서 캠페인 효과에 대한 연구도 함께 진행했는데, 효과는 긍정적이었다. 먼저 개인적 차원에서는 교사의 심리적 안녕감(증가 95%), 교직 만족도(증가 84%), 교사 효능감(증가 95%), 의사소통 자신감(증가 86.6%), 일상의 긍정적 감정(증가 93.3%) 등에서 모두 매우 증가 또는 약간 증가를 나타냈으며, 관계적인 차원에서는 동료 교사 관계 만족도(증가 95%), 학생 관계 만족도(증가 91.7%), 학부모 관계 만족도(증가 63.4%), 교육 공동체 일원 소속감(증가 91.7%), 학교 내 신뢰도(증가 88.3%) 등에서 매우 증가 또는 약간 증가를 보였다. 교육활동 차원의 만족도 또한 증가하였다. 교육활동의 적극성(증가 88.3%), 수업 중 학생 상호작용 빈도(증가 86.7%), 새로운 교육활동 방식 시도(증가 73.3%), 학생 지도 자신감(증가 78.3%), 학생 수업 참여도(증가 78.3%) 등에서 모두 캠페인을 시작하기 전보다 캠페인에 참여한 후에 매우 증가 또는 약간 증가를 보였다.[3] 관계의 단절이라는 위험 앞에서 대화하기를 선택하는 것이 상황을 변화시키는 힘이 있음을 보여주는 또 다른 사례라 할 수 있다.

돌봄과 민주주의를 중심에 둔 새로운 학교

궁극적으로 성찰적 학교가 지향해야 할 핵심 가치는 '돌봄Care'과 '민주주의Democracy'다. 돌봄을 중심에 둔 학교는 모든 학생을 입시 경쟁의 부속품이 아니라, 저마다의 속도와 빛깔을 가진 존엄한 존재로 대하는 학교다. 이는 단순히 취약 계층 학생을 위한 복지를 넘어, 모든 학생과 교사의 신체적, 정신적, 정서적 안녕을 학교의 최우선 과제로 삼는 것을 의미한다. 단순히 가정의 육아를 대체하는 수준의 돌봄이 아니라, 한 존재의 존엄을 중심에 두고, 존재의 존엄을 지키고 살피는 의미로서의 돌봄이 학교의 핵심 가치라 할 수 있다.

---

3) 좋은교사운동 보도자료(2025.5.13.), 스승의 날 기념, 교육공동체 회복을 위한 말 걸기 캠페인 연구 성과 보고

학교 안에 돌봄의 기능을 확충하는 정책에 좀 더 많은 힘을 쏟아야 한다. 학생들의 마음을 돌볼 상담교사, 학생들의 문제 행동을 중재하고 지도할 교사, 학생 간의 갈등을 중재할 교사 등 마음이 아픈 학생들을 조기에 발견하고 지원하며, 교사들이 과도한 업무 부담에서 벗어나 학생들과 인간적인 관계를 맺을 수 있는 여유를 보장해야 한다. 학교는 지식뿐만 아니라, 타인의 아픔에 공감하고 서로를 살피는 따뜻한 관계를 배우는 '돌봄의 공동체'가 되어야 한다.

민주주의를 중심에 둔 학교는 학교의 중요한 의사결정 과정에 학생, 교사, 학부모가 실질적으로 참여하고 자신의 목소리를 낼 수 있는 학교다. 교장 중심의 수직적이고 관료적인 의사결정 구조에서 벗어나, 교사회, 학생회, 학부모회가 학교 운영의 동등한 주체로 참여하는 '학교 자치'를 강화해야 한다. 학생들이 학교 규칙을 정하는 과정에 직접 참여하고, 교사들이 교육과정을 자율적으로 편성하며, 학부모가 학교의 비전을 세우는 데 함께할 때, 학교는 비로소 모두의 것이 된다. 구성원들이 스스로 만든 규칙과 약속을 따르는 경험을 통해 책임감을 배우고, 갈등을 대화와 토론으로 해결하는 과정을 통해 민주주의를 체득하게 될 때, 학교는 살아있는 민주주의의 학습장이 될 수 있다.

돌봄과 민주주의는 분리된 가치가 아니다. 서로의 목소리를 경청하고 존중하는 민주적인 문화 속에서 진정한 돌봄이 가능하며, 서로를 아끼고 살피는 돌봄의 관계가 민주주의를 더욱 풍성하게 만든다.

학교를 위험하게 하는 것들, 그리고 우리가 만들 수 있는 희망

위험사회론은 학교를 위험하게 만드는 것들의 원인을 개인이나 집단의 악의에서 비롯된 것으로 바라보지 않는다. 물론 개인의 책임도 있다. 그러나 위험사회론의 관점에서 학교의 위험은 성공을 향한 우리 모두의 욕망이 빚어낸 빚어낸 '시스템'의 문제이며, 풍요의 이면에 숨겨진 위험을 개인의 책임으로 떠넘겨 온 우리 사회의 구조적 모순이 학교라는 공간에 응축되어 나타난 결과라 할 수 있다. 교사는 교사대로, 학생은 학생대로, 학부모는 학부모대로 각자의 자리에서 최선을 다해왔지만, 그 결과는 아이러니하게도 모두가 불안하고 고통스러운 '각자도생의 정글'이었다.

그러나 절망 속에서도 희망의 단서는 발견된다. 울리히 벡이 위험의 전 지구적 확산이 역설적으로 새로운 '세계시민적 연대'의 가능성을 연다고 보았듯이, 학교의 위기가 모두의 문제가 되었다는 사실은 역으로 우리 모두가 함께 이 문제를 해결할 주체가 될 수 있음을 의미한다. 2023년 여름, 교사들의 외침에 수많은 시민과 학부모가 공감하고 연대했던 모습은 그 가능성을 보여준 생생한 증거다. 우리는 더 이상 혼자가 아님을, 우리의 고통이 연결되어 있음을 확인했다.

학교를 위험하게 하는 것은 '경쟁, 고립, 불신, 책임 전가'였다. 그렇다면 우리가 만들어갈 희망은 그 반대편에 있을 것이다. '협력, 연결, 신뢰, 공동 책임'의 가치를 회복하는 것이다. 이는 거창한 구호만으로 이루어지지 않는다. 성적 이야기가 아닌 아이의 성장에 대해 이야기하는 학부모 모임에서, 동료의 아픔에 기꺼이 손 내밀어주는 교무실에서, 친구의 노트를 함께 보며 머리를 맞대는 교실에서, 학교의 규칙을 바꾸기 위해 토론하는 학생들의 진지한 눈빛 속에서 희망은 조용히 싹튼다.

물론 입시 제도의 개혁, 교사의 법적 지위 보장, 교육 당국의 책임 있는 행정 지원 등 거시적인 제도 변화는 반드시 필요하다. 그러나 그보다 더 중요한 것은 우리 안에 내면화된 '위험사회의 문법'을 스스로 성찰하고, 조금씩 다른 방식으로 관계 맺고 행동하려는 노력일 것이다.

소설가 윤대녕이 한 신문과의 인터뷰에서 말했다. "삶을 지속하기 위해서는 타인의 존재가 절대적으로 필요하고, 타인의 고통을 자기화하는 지점에서 비로소 삶이 발생한다는 얘기를 소설을 통해 하고 싶었다."[4] 타인이 고통이 되는 시대 속에서도 타인의 존재는 내 삶의 지속을 위해 반드시 필요하다. 그리고 타인의 고통을 좀 더 체감하고 자기화하는 곳에서 새로운 삶의 길도 열리기 마련이다. 서로에 대한 적대적 감정을 내려놓고, 동시대를 살아가며 공동의 위험에 직면한 위험공동체의 동료임을 인식하며, 조금이라도 더 힘이 남아 있는 이가 타인의 고통에 먼저 다가가기를 선택하자고 말하고 싶다. 우리가 학교를 돌봄과 민주주의가 살아 숨 쉬는 성찰적 공동체로 바꾸어낼 수 있다면, 그것은 단지 학교를 구하는 것을 넘어, 위험과 불안에 잠식된 우리 사회 전체를 치유하는 가장 중요한 첫걸음이 될 수도 있다. 쉽지는 않겠으나 아주 불가능한 일은 아닐 것이며, 어렵다고 포기할 수도 없는 일이다.

---

4) 11년 만의 장편소설 윤대녕 "타인의 고통을 자기화하는 지점에서 비로소 삶이 발생한다". 경향신문 2016.4.10.

평균이 사라진 교실, 모두를 품는 학생맞춤통합지원

최 지 윤
군산월명중학교 교장

10

요즘 교실은 기성세대가 기억하던 교실과는 많이 다르다. 학생 수는 감소하고 있지만 학급을 구성하는 학생들은 훨씬 다양하고 복잡하다. 교사의 특별한 관심과 배려가 필요한 학생도 감당할 수 없을 만큼 늘어나고 있다. 정서·정신 건강의 위기나, 기초학력 미달 학생의 증가는 일상적인 수업조차 어렵게 만들고 있다. 교사가 수업 한 시간을 진행하기 위해서는 이전보다 더 많은 에너지와 시간을 투자해야 한다. 더 이상 전체를 대표하는 평균이나 일괄적인 기준이 의미가 없어졌다.

2024년 교육 기본 통계 조사 결과 발표(23.8.29)에 따르면, 우리나라 유·초·중·고 학생 수는 4월 1일 기준 568만 4,745명으로, 1986년 1,031만 명을 정점으로 지속적으로 감소하고 있다. 1980년대에 50~65명에 이르던 학급당 학생 수는 현재는 25명 내외로 감소했다.[1] 이런 추세라면 앞으로 2034년 9.8명, 2060년 8.7명, 2070년까지 6.0명까지 내려갈 것이다.[2] 학급당 학생 수는 줄어드는데 학급 구성은 날로 다양해지고 복잡해진다. 같은 교실에서 생활하지만, 가족 배경, 특성, 욕구 등에서 학생들 간의 보이지 않는 거리는 점점 넓어졌고 일상생활과 수업이 '힘든' 아이들이 급격하게 증가했다. 과거 50~60여 명이 모여 있던 기성세대의 교실에서는 이런 '힘든' 아이들이 두세 명 정도 눈에 띄었다면, 지금 25명이 생활하는 교실에서는 힘든 아이들이 대략 1/3 혹은 절반가량에 이르는 학교도 많을 것이다.

관련 통계를 근거로 대략적으로 추정해 보자면, 예를 들어 중학교 한 학급에는 경제적 지원과 돌봄, 언어 지원, 개별학습 지원 등이 필요한 학생이 줄잡아 5~6명이 넘을 것이다. 또한 ADHD, 우울증, 자해·자살 시도, 스마트폰·게임 중독 등 정서·정신 건강상의 문제를 가진 아이들과 학교폭력, 교권 침해 등의 불

---

1) 학급당 학생 수: 유치원 15.7명(전년 대비 0.4명↓), 초등학교 20.0명(0.7명↓), 중학교 24.5명(0.1명↓), 고등학교 23.4명(0.5명↓), 1980년대 학급당 학생 수는 대략 초등학교 51.5명, 중학교 65.5명, 고등학교 59.8명.

2) (통계청 조사 인용) '초등학교 학급 규모는 2034년까지 한 자릿수로 줄어들 것으로 예상',(더코리아타임즈, 2024.7.5.)

씨를 안고 있는 아이들이 4~5명 될 것이다. 기초학력 부진으로 일상 수업을 따라가기 어려운 아이들이 3~4명이 될 것이고, 수업 시간에 자거나 집중하지 않는 아이들까지 합하면 5~6명이 넘을 것이다. 이 모든 위기는 대개 한 학생에게 서로 중첩되어 나타날 가능성이 크지만 이를 감안하더라도 한 학급에는 '힘든' 아이들이 대략 1/3, 혹은 절반에 이르게 된다. 학급에서 교사가 평균적인 학생을 가정하고 '수업'과 '생활지도'만 하면 되던 시절은 지나간 것이다.

교실은 아이들이 학습 공간이자 하루 중 가장 많은 시간을 함께 보내는 생활 공간이다. '평균'이 사라진 교실에서 다양한 아이들이 안전하고 평화롭게 배우고 성장하려면 과거와는 질적으로, 양적으로 다른 시간과 노력이 필요하다. 학교는 어디까지 준비되어 있고 무엇을 갖추어야 하는가?

다양해진 학급 구성과
특별한 지원이 필요한 아이들

사례 A

2024년 중학교 1학년 3월 첫 주, 특수학급 학생들이 한 학급에 2~3명 배치되었다. 초등학교에서 막 올라온 아이들이 관계 형성을 하는 시기로 누구나 불안하고 불편함을 겪는데, 이중 특수 학생의 불안은 더 크다. 특수 학생 몇 명이 수업 시간에 교사가 하는 말을 그대로 따라 하거나 노래를 부르기도 했다. 교사가 제지하면 소리를 지르거나 교실 바닥에 누워 뒹굴었고, 이를 말리는 학생을 할퀴어 학교폭력으로 신고가 되었다. 한 특수 남학생은 쉬는 시간에 여학생 신체 일부에 손이 닿아서 성 관련 사안으로 비화될 뻔한 상황도 발생했다. 특수 학생의 학부모는 특수학교보다는 일반학교 통합학급에 배치를 선호하지만 교실에서 일반 학생들과 동일한 규칙을 지켜야 하는 환경에는 익숙하지 않다. 담임교사는 학부모가 초등학교보다 충분한 배려와 보호를 받지 못한다고 느낄까 늘 신경을 쓰면서도 동시에 다른 학생들의 학습권도 보장해야 하는 어려움에 놓여 있다.

2020년을 전후로 학급이라는 생활세계는 급격히 변화하였다. 외국에서 온 이주배경학생이 등장했고, 특수교육 대상 학생이 증가했으며, '느린학습자'(경계선 지능 학생)가 가시화되었다. 경제적 지원이나 돌봄에 대한 요구도 폭발적으로 증가했다. 학급에서 이질적인 배경과 다양한 요구를 가진 학생들이 증가한다는 것은 예전에는 없던 새로운 문제들이 발생하고 있다는 것을 의미한다. 그것은 언어와 문화의 차이로 인한 소통 문제, 경제적 어려움으로 인한 낙인과 소외의 문제, 특수교육이나 느린 학습자 등에 대한 상호 이해와 배려의 문제, 통합교육 문제 등이다. 이 문제들은 교실 안에서 서로 얽혀 교실의 관계망을 더욱 복잡하게 만들었고, 교사와 학생은 모두 새롭게 형성된 교실 생태계에 적응해야 한다. 교사는 이들의 '차이' 혹은 '결핍'이 '낙인', '소외' 등으로 나타나지 않도록 학급운영에 더욱 세심한 주의를 기울여야 하는 동시에 다양한 아이들을 학급공동체에서 하나로 통합하는 과제를 부여받았다. 개별화 교육, 또는 개인별 맞춤형 교육을 통해 모두가 잘 배우는 일과, 서로 다른 학생들이 차이를 존중하고 배려하며 평화로운 학급공동체를 이루어 내는 일이 동시에 중요해진 것이다.

학교의 특별한 지원과 돌봄이 필요한 학생들의 증가와 함께 이들이 학교에 요구하는 지원 영역도 확대되고 있다. 특별한 지원이 필요한 학생들은 주로 교육복지우선지원사업의 대상자가 중심이 된다. 교육복지우선지원사업은 교육격차 완화를 위해 교육 취약 계층 학생에게 교육·문화·복지·상담 지원을 종합적으로 제공하는 사업이다. 2003년 교육부 시범사업으로 시작하여 2015년 이후 시·도교육청 자체 사업으로 운영 중이다. 교육부「교육복지우선지원사업 관리·운영에 관한 규정」(2020)에 따르면 대상 학생은 교육급여수급권자, 차상위계층, 한부모가족, 북한 이탈주민 자녀, 다문화가족, 특수교육 대상자, 그 외 교육감이 지정한 자이다. 수혜 대상자의 범위와 지원 내용은 지역별 편차가 큰 편이지만, 일반적으로 대상 학생이 많은 학교(예를 들면 40명 이상)는 교육복지 중점학교로 지정되고, 일부 학교에는 전문 인력인 교육복지사가 배치된다. 한국교육개발원 분석자료에 의하면 2024년 기준, 전국의 중점학교는 4,838교(전체 학교 12,072교의 약 40.1%)이며, 이 중 38.7%인 1,873교에 교육복지사가 배치되어 있다. 교육복지 수혜 대상 학생은 우리나라 전체 학생의 약 15%에 달한다.[3] 이들은 2022년 28.5만 명에서 2023년 30.5만 명을 넘어 2024년 32.9만 명으로, 최

---

3) 한국교육개발원,『2024년 교육복지우선지원사업 및 교육복지안전망 운영현황 조사 결과』, 2025.

근 2년간 약 4.5만 명(15.8%) 증가했다. 유형별 비율로 보면, 교육 급여 수급자 43.1%, 차상위계층 2.9%, 한부모 3.4%, 다문화 13.4%, 특수교육 대상자 4.4%, 중위소득 기준 학생 21.0%, 기타(문화·적응 취약 등) 11.7% 등을 포함하며, 수혜 대상은 경제적 취약군을 넘어 문화·정서·적응 취약군까지 확대되는 추세이다.

교육복지사업 대상 학생 중 최근 급격하게 증가하는 영역은 이주 배경(다문화 학생)[4]과 특수교육 대상 학생이다. 2024년 다문화 학생은 전체 학생의 3.8%(약 19만3,814명)[5]로, 10년 전보다 약 2.9배 증가한 수치이며 2012년 조사 시작 이후 최대치를 기록했다.[6] 다문화 학생들은 특정 지역에 밀집해 있는 경우가 많은데, 인천과 경기 안산 일대 등은 다문화 학생 비율이 80%에 이른다(인천 문남초, 함박초, 안산 원곡초, 충남 아산 둔포초 등). 최근 다문화 학생의 범위는 점점 확장되고 있다. 중도 입국 학생뿐 아니라, 국내 출생 국제결혼 자녀, 중도입국 국제결혼 가정자녀, 외국인가정 자녀를 비롯하여 학력 증명이 곤란한 무국적, 난민 아동 등도 포함된다.[7]

특수교육 대상 학생 역시 2024년 기준 유·초·중·고 학생(약 568만 명) 중 약 2.0%(약 115,610명)로 교육부의 관련 통계 집계 이후 최대치를 기록했다.[8] 대상 학생들은 일반학교(특수학급 또는 전일제 일반학급)에 배치되거나, 특수학교 및 특수교육기관에서 교육을 받고 있다. 특수교육 대상 학생의 증가에 반해 특수학교·학급 확충 속도는 이를 따라가지 못하면서 2024년 유·초·중·고교 과정 특수학교나 일반학교 특수학급 가운데 과밀학급[9] 비율은 10.1%에 이르렀고, 이 수치는 2022년 8.8%, 2023년 9.9%, 2024년 10.1%로 매년 증가하는 추세이다. 현재

---

4) 이글에서는 이주 배경과 다문화를 병용하여 사용함.
5) 2024 교육기본 통계
6) 다문화 학생 비율은 초등학교가 4.4%로 가장 높고, 중학교는 3.3%, 고등학교는 1.7% 순임.
7) 박에스더, 「공존의 교실을 위한 다문화 교육의 오늘과 내일」, 대한민국교육트렌드 2025.
8) 국립특수교육원 '2024 특수교육 통계'
9) '장애인 등에 관한 특수교육법' 상 특수학급 정원은 유치원 4명, 초·중학교 6명, 고등학교는 7명 이하임.

일반 학교(통학학급과 일반학급 전일제)에 배치된 학생은 전체 특수교육대상학생 중 73.7%(85,220명)으로 이들 중 16.6%인 약 2만 명가량의 학생은 일반학급에서 전일제로 교육을 받고 있다. 특수교육대상은 아니지만, 수업과 일상생활에서 어려움을 겪고 있는 경계선 지능 학생도 급격하게 증가했다. 이들은 지적 장애(IQ 70 이하)에 해당하지는 않지만, IQ 71~84 구간에 놓여 있는 학생들이다. 초등학교 경계선 지능 학생에 관한 연구에 따르면 초등학생 35만6천여 명 중 약 4.6%(16,414명)가 경계선 지능 학생으로 이는 학급당 1명 정도에 해당한다.[10] 이 중 남학생이 8천5백여 명, 여학생이 4천2백여 명으로 남학생 비율이 더 높고, 학년별로 보면 초등학교 1학년이 4.2%로 가장 높았다. 이들은 체계적인 교육과 훈련을 받으면 학습과 정상적인 생활이 가능해 '느린 학습자'라고 불리는데, 반대로 제대로 교육받지 못하고 방치되면 지능이 더 떨어져 지적 장애인 판정을 받거나 학업을 중단하는 경우도 많다. 교육부 자료에 의하면 경계선 지능 청년 중 16.3%가 학교를 중퇴한 경험이 있다.[11]

한 학급에서 특별한 지원과 관심이 필요한 학생들이 급증하고 이들의 다양성이 증폭됨에 따라 학교는 개별 학생들의 문제에 다층적으로 대응하면서 학교교육과정과 학교행정의 재편을 준비 중이다. 이주 배경 학생들은 언어 소통, 학습 속도, 생활 적응 등으로 어려움을 겪고 있고, 학력 공백, 정체성 형성과 진로 설계 등에서 개별적이고 세심한 지원이 필요하다. 다문화 이외에 비슷한 어려움을 겪는 북한 배경(탈북 가족) 학생도 다수 존재한다. 이들 역시 언어·학력 공백, 트라우마 대응, 학력 인정과 학업 경로 설계 등 학교 적응과 진로지도에서 특별한 지원이 필요하다.[12] 특수교육 대상 학생의 증가와 다변화(자폐성, 지적, 정서·행동 등)로 인해 통합교육의 방향과 내용의 재정비도 중요하다. 통합교실의 적

---

10) 인천광역시교육청, 『경계선 지능 학생 실태 및 지원 방안 연구』, 2024
11) 교육부, '경계선 지능인 지원방안' (2025.7.3.)
12) 강구섭, 「우수사례 고찰을 통해 살펴본 북한배경 교육 활성화 방안」, 탈북청소년지원센터 온라인 뉴스레터 2024 Vol.37.

응 문제, 특히 초등학교에서 중학교로 학교급이 전환되는 시기나, 학기 초 관계 형성 기간의 교육과정 재설계가 필요하며 수업방해나 관계갈등, 대상 학생의 지역 및 학교별 쏠림 방지 등에 대한 구체적인 대응책이 필요하다. 또한 일반 학생과 장애 학생 사이에 끼여 사회적 관심과 정책적 지원을 받지 못하여 방치되고 있는 경계선 지능 학생에 대한 대책도 시급하다.[13] 교사는 이러한 다양성을 염두에 두고 개별 학생에 필요한 한국어 수업, 특수교육, 보충수업 등을 고려해서 수업, 평가를 진행하고 학급을 운영해야 한다. 이를 위해 학교에는 개인별 맞춤학습이 가능하도록 교육과정, 수업, 평가를 재구성하고 전·입학, 성적처리 등 학사 행정과 각종 규정을 재편하는 일도 새롭게 부과되었다.

학생 개인이 가진 문제는 복합적이고 중층적으로 나타나기 때문에 복지 및 지원과 관련된 다양한 사업을 통합하고 지원체제를 재구조화하는 일도 필요하다. 다문화, 기초학력, 특수 등 학교에 들어와 있는 다양한 사업들은 교육부, 교육청의 각 부서에서 독립적으로 시행하는 사업들이다. 하지만 학교에서는 대상자가 중복되는 경우가 많아 비효율적이고 사업 방식이 유사하여 교직원의 행정업무 부담이 크다. 여기에 경제적 지원과 관련된 업무는 교사, 행정직, 공무직의 업무 갈등을 불러일으킬 소지도 크다. 교육부는 내년부터 '학생맞춤통합지원'의 전국 시행을 예고했다. 통합지원체제 구축은 필요한 일이지만 학교는 지원체제 강화를 먼저 요청하고 있다. 교사의 시선이 학생들에게 오래 머무를 수 있어야, 지금의 학생들이 한 교실에서 각자의 방식으로 배우고 더불어 성장하는 일이 가능해지기 때문이다.

---

13) 나라살림연구소, '경계선 지능인 지원동향'(2024.7.22.)

위기 학생의 증가와 심화

사례 B

코로나19 종식이 선포된 다음 해, 2023년 중학교 1학년 3월 첫 주, 교실에서 먼저 눈에 띄는 것은 자해 학생이었다. 이 여학생은 3월 한 달 내내 자신의 손과 팔에 크고 작은 상처 내기를 반복했다. 같은 반에 친구가 있어 쉬는 시간에는 곧잘 어울리지만, 수업 시간에는 교사의 모든 지시를 거부한 채 그냥 엎드려 있다. 교사가 뭔가 대화를 시도하면 다시 커터 칼을 꺼내 상처를 냈다. 한번은 종일 반복되는 자해 행동으로 교실 전체에 피 냄새가 퍼져서 몇 명은 창문을 열고 복도에서 수업을 듣는 상황까지 벌어졌다. 학부모를 어렵게 설득한 끝에 입원 치료가 시작되었지만, 오래가지 않아 퇴원 후 다시 등교하게 되었다. 3월 정서·심리검사 결과, 이 학급에서는 5명이 위험군으로 진단되었고, 이들이 서로 정보를 공유하며 모방 자해를 시도할 위험이 커져서 집단 상담이 진행되었다.

이제 정서·정신건강에서도 평균적인 아이는 없다. 아이들은 같은 교실에 앉아 있지만, 온라인에서는 서로 다른 시간과 공간을 넘나들며 살고 있다. 현실 세계에서는 상대방을 이해하고 관계를 맺는 데 미숙하다. 불안하고 외로운 아이들, 정신건강의 위기에 처한 아이들도 증가하고 있다. 그래서 한 학급에서 아이들이 일상을 함께 하는 일이 갈수록 어려워진다. 그들의 마음을 무겁게 내리누르는 우울, 혼란, 불안의 무게로 학급의 수업과 일상은 위태롭게 흔들린다. 2024년 우리나라 청소년 건강행태조사에서 학생 스트레스 인지율은 42.3%, 우울감 경험률은 27.7%, 자살 시도율은 2.8%로 나타났다. 오늘날 교실은 적어도 대여섯 명의 '마음이 힘든 아이들'이 뒤섞여 있는 것이다.

정서·정신건강의 문제로 어려움을 겪는 아이들이 증가함에 따라 교실 내에서 학교 부적응, 학업 중단, 인터넷·게임 과의존, 학교폭력 등의 문제가 복합적으로 표출되고 있다. 특히 코로나19 이후 정서행동위기 학생이 급증하면서 교실은 언제든 위기가 터질 수 있는 복합적 불안정 상태 속에 놓이게 되었다. 이들은 하루하루를 견디느라 자신도 힘들지만, 학급의 다른 학생들과 교사에게도 엄청난 어려움을 준다. 수업 시간에 집중하지 못하고 자해 또는 언어적·신체적 공격 등으로 정상적인 수업과 일상을 방해할 뿐 아니라 학급 구성원 전체의 안전과 건강마저 위협한다. 교실은 점점 복잡하고 예측하기 어려운 생태계로 변하고 있고, 학교는 어느덧 학습과 생활지도를 넘어 '정신건강 1차 대응체계'의 최전선에 서 있는 상황이다. 최근 교사들의 정신건강마저 악화되고 있어서 학교의 시름은 날로 깊어져 간다.

우리나라 학생들의 정서장애의 종류는 우울증, 인터넷 중독, 주의력 결핍과 과잉행동장애ADHD, 분노조절장애, 자해 및 자살 생각 등이다. 최근 초등학교나 중학교 저학년에서 ADHD(주의력결핍 과잉행동장애) 학생들이 급격히 증가했다.[14] 현장 교사들은 이렇게 증언한다. "수업 시간에 가만히 있지를 못합니다. 사물함 위에 드러눕거나 갑자기 바닥에 침을 뱉고, 돌아다니면서 친구들 책에 낙서하기도 해요. 이런 '금쪽이'가 한 반에 한 명은 꼭 있다고 보시면 됩니다."(서울 초등교사 A씨), "10년 전 한 학년에 이런 아이들이 1~2명이었다면, 지금은 한 반에 1~2명 정도입니다. 교사 한 명이 다른 아이들을 가르치며 문제 행동을 하는 아이를 책상에 붙들어 놓는 건 불가능에 가깝습니다"(경기 초등교사 B씨).[15] 다른 한편에서는 수업을 방해하지는 않지만 혼자서 조용히 무너지는 아이들이 있다.

---

[14] (건강보험심사평가원 통계 인용, 만 5~14세 ADHD 환자 수는 2024년 11만 4천 명(2.7%)로 2022년 7만 3천여 명(1.6%)에서 증가), "멀쩡한 우리 아이, 왜 ADHD 환자 취급하나"…요즘 초등학교 근황'(KBS, 2025.8.18.)

[15] '수업 중 바닥에 드러눕고 침 뱉고…'교실의 금쪽이'를 어쩌나'(연합뉴스, 2025.8.17)

이들은 학급에서 그다지 눈에 띄지 않으며 매사에 의욕이 없고 무기력하다. 수업 시간에는 주로 "아파요", "졸려요"라는 핑계를 대며 잠을 자거나 조퇴를 한다. 아이들의 우울증은 일종의 기분부전증으로 일시적 기분 저하가 아니라, 장기간 지속되어 학업·관계·생활 전반에 영향을 주는 만성적 상태에 가깝다.[16] 전문가에 의하면 아이들의 우울은 가장 흔하지만 가장 알아차리기 어렵다. 성인과 달리 감정표현이 일상적인 짜증·분노 등으로 표출되고, ADHD·인터넷 중독처럼 외부에서 즉각 눈에 띄지 않기 때문이다. 조기 발견과 진단이 지체될수록, 우울은 성적부진, 자기 비난으로 이어지는 악순환을 겪으며 학업 중단이나 자살 위험과도 연결될 수도 있다.

건강보험심사평가원의 데이터를 분석한 자료에 따르면, 우리나라 만5~19세 아동·청소년 중 ADHD나 우울증으로 병원 진료를 받은 환자는 2024년 전체 아동·청소년 인구 약 650만 8천 명의 약 3.7%에 해당하며 이는 2017년과 비교할 때 8년간 3배 증가한 수치이다.[17] 이 중 ADHD 환자는 약 2.3%, 우울증은 약 1.4%이며 연령별로 보면 ADHD는 15세 이하가 가장 많고, 우울증은 15~19세가 가장 많다.[18] 자료에 의하면 지금의 증가추세로 볼 때 2030년에는 아동·청소년 ADHD 환자가 30만 명, 우울증 환자는 15만 명을 넘길 것으로 예상된다.

우울은 자해·자살 시도로 이어질 수 있다. 코로나 이후 자해·자살 시도가 급증했고, 중학생과 여학생의 비율이 지속적으로 높다. 질병관리청 조사에 따르면 청소년(중1~고3)의 자살 시도율은 2024년 2.8%로 2020년 2.0%보다 증가했다. 특히 주목할 점은 최근 여학생의 시도율이 남학생보다 일관되게 높고,[19] 중

---

16) 김현수, 「2024 대한민국 아이들 진단」, 대한민국교육트렌드 2024, 에듀니티.
17) 좋은교사운동 자료 인용, '어린이·청소년, ADHD·우울증 합해 24만 7천 명…매해 증가'(세계일보, 2025.7.13.)
18) ADHD는 5~9세(2.9%), 10~14세(2.6%), 15~19세(1.7%)/ 우울증은 15~19세(2.9%), 10~14세(0.84%), 5~9세(0.14%)
19) 질병관리청, '2024 청소년건강행태조사', 2024년, 2024년 자살률은 남학생(2.2%), 여학생(3.3%), 2020년 남학생(1.4%), 여학생(2.7%)

학생이 고등학생보다 일관되게 높았다는 것이다.[20] 우울, 자살, 자해 시도 등 정신건강 위기에 대해 중학교 단계와 여학생에 대해 좀 더 세심한 관찰과 위기 대응이 필요함을 보여준다. 자살은 사소한 시도일지라도 학급공동체에 심각한 충격과 후유증을 남긴다. 최근에는 온라인을 통해 자살·자해 정보를 공유하고, 학급 등 공개된 장소나 인스타그램 등을 통해 자살·자해 시도를 실시간 중계하는 일까지 발생하고 있어 학생들의 충격과 모방 시도의 위험도 커지고 있다.

교육부의 '2024 정서행동특성검사' 결과, 전체 관심군 비율은 전체 학생의 5.1%(21,075명)이고, 이 중 자살 위험군은 2.7%(11,500명), '우선관리' 그룹은 3.4%(14,198명)에 이른다.[21] 학교는 진단 결과를 근거로 전문적 치료와 상담을 제공하며 위기 사례를 관리한다. 하지만 이 검사가 모든 위기 학생을 정확하게 진단할 수 없고, 실제로 청소년 자살 중 50%가 침묵군[22]에서 발생하기 때문에 학급과 가정에서 자살징후를 사전에 알아채지 못한다면 이들의 불행한 선택을 막을 방법이 없는 실정이다.

수업 시간에 주로 엎드려 자고, 교사가 깨우면 짜증을 내거나 책을 던지는 아이들도 많아졌다. 이들은 밤새 스마트폰으로 게임이나 숏폼을 보느라 수면이 부족한 '스마트폰 과의존' 학생일 가능성이 크다. 과의존 위험은 인터넷, 스마트폰 때문에 자기조절이나 일상생활에 어려움을 겪어 전문 기관의 도움이 필요한 상태를 말하는데, 우리나라 전체 청소년(10~19세)의 절반가량이 스마트폰 중독 위험군에 해당한다. '2024 청소년 건강관리형태 조사' 결과, 만10~19세 청소년 중 '스마트폰 의존 위험군'은 전체 학생의 42.6%로, 2023년보다 2.5%, 2019년보다 10% 이상 증가한 수치이다(질병관리청). 여성가족부 2025년 조사에

---

20) '정은경 전 질병청장도 우려한 중학생 '정신건강'…코로나 탓? 디지털기기 때문?'(경향신문, 2024.11.24.).
21) 전체 관심군 비율: ①폭력피해 관심군: 1.1% (4,778명), ②자살 위험: 2.7% (11,500명), ③우선관리 그룹: 3.4% (14,198명), ④일반그룹: 1.6% (6,877명), ⑤관리그룹 (우선관리 내 우선적 관리 대상): 0.3% (1,551명)임, 우선관리군은 전문 기관의 관리를 받고, 학교 상담을 매월 1회 이상 실시함.
22) 심리부검실시결과, 전체자살자의 50%에 이름(김현수, 「2024 대한민국 아이들 진단」, 대한민국교육트렌드 2024.

서도 조사 대상의 17.2%가 인터넷과 스마트폰으로 일상생활에 어려움을 겪고 있었는데[23] 중학생이 40.1%로 가장 높고, 고등학생 35.2%, 초등학생 26.8%가 뒤를 이었으며, 성별로 보면 남자 청소년이 55%로 여자 청소년보다 많다. 청소년들이 주로 이용하는 매체는 숏폼, SNS, 동영상이 가장 많고, 그 밖에 메신저, 인터넷 개인방송 및 동영상 및 게임 등이다.[24] 최근에는 게임 방식을 빌린 온라인 도박으로 학교와 가정에 비상이 걸렸다. 스마트폰과 온라인 플랫폼의 확산을 통해 도박 사이트들이 게임머니 충전으로 학생들을 유혹하고 있다. 불법 온라인 도박 사이트는 성인인증이나 금액 제한이 없어 청소년들이 쉽게 이용할 수 있는데, 한 남학생은 4년 동안 5천만 원을 잃었고, 한 시간에 3백만 원을 잃었다는 보도가 있었다.[25] 도박 중독은 금전적 손실 이외에 학교 부적응과 관계 갈등, 아르바이트 집착, 범죄 연루 등 2차 피해도 심각하다. 이외에도 온라인(다크웹, SNS)을 통한 마약(불법 약물) 범죄도 증가하고 있어,[26] 청소년 정신건강의 취약성 및 스트레스가 마약 중독과 범죄로 이어질 위험성이 어느 때보다 크다.

위기학생 중에는 학급에서 수업과 학교 안전을 심각하게 해치는 행동, 즉 반복적 공격성과 위협, 심각한 규칙 위반, 재산 손괴, 폭력, 절도 등의 행동을 반복하는 아이들도 포함된다. 이들은 특히 사춘기의 정점에 서 있는 중학교 교실에서 자주 발견된다. 품행장애는 일반적으로 소아기부터 시작되며 청소년기까지 상당히 흔하게 발생하는 질환으로, 거짓말을 자주 하거나 싸움을 하며, 학교나 집에서의 규칙은 물론 사회규범도 지속적으로 어기는 행동 양상을 보인

---

23) '2025년 청소년 미디어 이용습관 진단조사': 전국 학령 전환기 청소년(초 4, 중 1, 고 1) 123만여 명과 보호자 23만여 명 대상, 인터넷및스마트폰 과의존군은 조사 대상의 17.2%(21만 3,243명)으로 중학생 40.1%(8만 5,487명), 고등학생 35.2%(7만 527명), 초등학생 26.8%(5만 7,229명), 남학생 11만 6,414명, 여학생(9만 6,829명)
24) '2024 청소년 매체 이용 경향': 숏폼콘텐츠(94.2%), 인터넷/모바일 메신저(92.6%), 인터넷 개인 방송 및 동영상 사이트(91.7%), TV 방송(89.7%), 온라인/모바일 게임(88.3%),
25) '마약만큼 무섭다'…아이들 파고든 '바카라' 중독, (MBC 뉴스, 2023.11.05.)
26) 국가통계연구원. '2024 마약류오남용실태', 한국의 사회동향,

다.[27] 품행장애는 학교폭력과 청소년 범죄로 이어질 가능성이 크다. 이런 증상을 보이는 아이에게는 빠른 진단과 치료가 필요하고, 특히 이들의 약 40%는 ADHD, 우울증, 불안장애, 인터넷 중독 등을 동반하기 때문에 전문가에 의한 진단과 치료가 필수적이다. 이런 학생이 학급에 한 명만 있어도 교사의 지시나 지도가 통하지 않아 수업과 일상은 마비될 위험에 처한다.

학교는 해마다 초4, 중1, 고1을 대상으로 '정서행동특성검사'를 통해 자해·자살 위험군 학생을 관리하고 전문적 치료를 지원한다. 교육부의 Wee 프로젝트, '학생마음건강지원 강화계획'(2024) 등으로 위기 학생의 조기 발견과 진단 및 치료가 수월해졌고 상담과 치료 비용 지원도 점차 확대되고 있다. 하지만 진단·대응 체제만으로는 학급에서 발생하는 위기에 대응하기에 부족한 측면이 있다. 최근 수업 방해뿐 아니라 학교 내 흉기 사건 등 공격적이고 폭발적인 행동이 증가하고 있다.[28] 자해·자살 시도가 수업 중에 발생할 수도 있다. 교실에서 이런 위기 상황이 발생했을 때 교사와 학생을 보호할 수 있는 지원시스템이 필요하다. 수업 도중 학생이 난폭한 행동을 할 때 학생을 물리적으로 제어할 수 있는 사람이 있어야 하고, 흥분을 가라앉힐 수 있는 공간도 필요하다. 학교생활 지도 규정상 분리 조치가 명시되어 있지만 이를 수행할 공간, 인력, 구체적인 프로그램은 부재한 상황이다. 위기 상황에 노출된 교직원과 학생을 보호할 치유·회복 프로그램과 절차도 미비하다. 수업 시간 중 발생하는 학생의 자해·자살 시도는 학생과 교사에게 큰 충격을 남긴다. 학급에서 위기 상황을 목격한 교사(교직원)에게 일정한 회복 과정이 필요하고, 학급 전체가 참여하여 공동체의 회복력을 높이는 프로그램도 마련되어야 한다. 학생 개인별 진단-예방-관리의 체계 구축을 넘어 학급공동체의 치유와 회복을 실질적으로 지원하는 정책과 실천이 절실하다.

---

27) 미국정신의학회의 정신질환 진단 및 통계 편람에서 명백한 정신과 질환으로 분류, 진단기준(DSM-5)을 제시함.
28) '학교비정규직노조 "고교생 흉기 난동 피해자 대책 아무것도 없다"'(뉴스1, 2025.8.2.)

평균이 사라진 교실
: 벌어지는 격차, 학교를 떠나는 아이들

"학교교육 자체가 의미가 없어요, 선생님 수업이 오히려 방해돼요. 수능만 잘 보면 되는데요, 크면 클수록 학교는 대학입시를 위해 공부만 하는 곳인가? 굳이 필요할까? 그런 생각이 들어요. 대입만이 목표라면 고등학교는 없어도 된다고 생각해요."

- 학생 인터뷰 요약 (EBS 다큐)[29]

중간이 사라지는 교실에서 수업하기는 점점 어려워진다. 학생들의 학습 동기, 속도, 방법 등이 서로 다를 뿐만 아니라 그 격차도 점점 벌어지고 있다. 최상위권 학생이나 사교육의 도움을 받는 학생은 교실 수업이 만족스럽지 못하고, 하위권 학생은 수업을 따라가지 못해 좌절하고 포기한다. 여기에 정서·심리적 위기와 관계 갈등으로 학생들의 학습 포기와 거부는 가속화된다. 최근에는 학부모 민원 등을 우려해 아이들에게 직접 개입하는 것이 더욱 부담스러워졌다. 수업 시간에 눈앞에서 엎드려 자는 학생이 있어도 어쩔 수 없이 수업을 계속할 수밖에 없는 현실은 교사들의 수업에 대한 의욕마저 떨어뜨리고 있다.

학력 격차도 갈수록 극심해진다. '2022년 국제학업성취도평가'PISA 결과 우리나라 학생들의 평균 학업 성취도는 높았지만, 상위권과 하위권 학생·학교 사이의 성취도 격차는 OECD 평균보다 컸다. 수학 과목의 경우, 성취 수준 격차

---

[29] https://www.youtube.com/watch?v=afzseup9kDo

를 보여주는 '학교 내 분산 비율'이 98.1%로 OECD 평균(68.3%)을 훨씬 웃돌았다. 학교 간 성취 수준 격차를 나타내는 '학교 간 분산 비율' 또한 수학 과목에서 40.3%로 OECD 평균(31.6%)보다 높았다.[30] 실제로 현장 교사들은 중간층이 줄어들고 상위권과 하위권이 늘어나는 현상을 체감하고 있다. 중학교의 성적 분포 변화(2016~2020)연구[31]에 의하면 2학기 수학 내신 상위권은 더 성적이 올라가고, 하위권은 더 내려가고, 중위권이 약해진 현상을 확인할 수 있다. 특히 코로나19가 시작된 2020년에 표준편차가 4점 이상 확대되는 등 학습 격차가 급격히 심화되었다. 고등학생 역시 중위권 성취도가 하락하고 상위권은 오히려 상승하는 결과를 보여주었다.[32]

학력 격차를 심화시키는 사교육 시장의 위력은 갈수록 커진다. 2024년 국내 사교육 총액은 29.2조 원으로 전년 대비 약 7.7.% 증가했으며 이제 30조 원을 코앞에 두고 있다.[33] 인터넷 검색 결과, 국내 산업 중 배달 앱 시장이 약 26조 원, 국내 영화산업 약 2조 원, 국내 게임산업 약 23조 원임을 고려하면 사교육 시장의 엄청난 영향력을 짐작할 수 있다. 초중고 사교육 참여율은 87%에 이르고 1인당 연평균 사교육비는 약 410만 원으로 가계 소득에 따라 사교육 격차는 매우 크다. 학생들이 학업에 대해 느끼는 스트레스와 미래에 대한 불안은 당연한 결과이다. 여성가족부 2025년 청소년 통계에 따르면, 청소년들이 가장 많이 고민하는 문제는 48.8%인 공부(적성, 성적)이다. 최근 몇 년 사이 공부 이외에 진로(직업) 고민도 눈에 띄게 증가하고 있다. 학교를 이탈하는 학생들도 증가한다. 학업의 위기는 학생의 미래에 대한 불안과 삶 자체에 대한 희망을 잠식시키고 있다.

---

30) '한국, 학생·학교별 수학 실력차 OECD서 가장 컸다'(한겨레, 2023.12.5.)
31) 정연준, 한천우, 오택근, 「중학교 수학 학습격차 분석」, 교육과정평가연구, 2022; 25(3):173-191
32) 김경근, 심재휘, 임혜정, 「코로나19를 전후한 고등학생 수학 성취도 변화: 실태 및 영향요인」, 교육과정평가연구, 2022; 25(4):63-88
33) 통계청, '2024년 초중고 사교육비 조사 결과'

2024학년도 국가수준성취도평가 결과, 국어, 영어, 수학 과목에서 기초학력 미달 학생의 비율은 약 7~13%에 존재하며,[34] 이들은 중3 국어, 고2 수학, 영어를 제외하면 전년보다 증가했다. 한편 지역·규모별 격차가 드러났는데, 중3 국어에서 3수준 이상 비율이 대도시는 71.9%, 읍·면 지역은 58.2%로 읍·면 지역의 하위권 비중이 뚜렷했다. 성별 차이도 나타났는데, 중3, 고2 모두 국어, 영어, 수학 과목에서 남학생의 기초학력 미달 비율이 모두 여학생보다 통계적으로 유의미하게 높게 나왔다.[35]

기초학력 미달 학생의 증가는 코로나19 이후 급격하게 가시화되었다. 교육부의 기초학력 미달 학생의 비율(7~13%)을 근거로 추정한다면 한 학급당 3~4명 내외가 될 것으로 예상한다. 하지만 지역·학교에 따라서는 이 숫자를 훌쩍 넘는 학교도 많을 것이다. 실제로 중학교 교사가 체감하는 '혼자서 학습이 어려워서 학습을 포기할 가능성이 높은 학생들'의 숫자는 학급당 국어 5~6명, 수학 11~12명, 영어 10~11명에 이른다.[36] 기초학력 미달 학생은 수업에 참여하지 못하고 교실에서 소외될 가능성이 크고, 기초학력의 결손은 자기효능감, 자존감을 해치고 무기력과 학교 부적응으로 이어질 위험이 크다.

기초학력 미달 학생보다 더 우려스러운 것은 '수업 시간에 자거나 딴짓을 하는' 아이들이다. 이들이 모두 기초학력 미달 혹은 느린 학습자이거나, 정서적 문제를 가지고 있는 것은 아니다. 원인은 다양하다. 수면 부족과 만성피로, 학생들의 흥미와 집중력을 떨어뜨리는 일방적인 강의식 수업, 학업 격차에 따른 학업 무기력과 수업에 대한 의미 상실, 선별 중심과 결과 중심의 학업 시스템, 스트레스나 불안, 우울감 등 정서 심리적 요인 등 여러 가지 요인이 영향을 미

---

[34] 중3(국어 10.1%), 수학(12.7%), 영어(7.2.%)/ 고2 (국어 9.3%), 수학(12.6%), 영어(6.5%)
[35] 성별차이: 중 3 국어(남학생 14.1%, 여학생 5.8%) 고 2 국어(남학생 13.4%, 여학생 5.2%). '고2 '수포자' 감소·· '기초학력 미달' 지역별·성별 격차 뚜렷'(MBC 뉴스, 2025.7.25.)
[36] 김영식, 「정서행동위기학생, 긍정적행동지원을 위한 다층의 지원체계로」, 대한민국교육트랜드 2023, 에듀니티.

칠 수 있다.[37] 이런 학생들은 학교급이 올라갈수록 많아진다. 고등학교에서는 수업을 아예 포기하거나 수업 중 대놓고 학원 숙제나 다른 공부를 한다는 사례가 언론에 자주 보도되고, 교원단체의 설문[38] 역시 같은 결과를 보여주고 있다.[39] 교육부의 정책연구보고서를 인용한 보도에 의하면[40] "우리 반 학생들은 수업 시간에 자는 편이다"라는 문항에 그렇다고 답한 비율은 27.3%에 이르렀고, 이런 응답은 수학(29.6%)과 영어(28.9%)에서 더 많았다. 또한 자는 학생의 비율은 일반고가 외국어고나 자율고보다 높고 '수업 시간에 시끄럽고 무질서하다'라는 문항에 그렇다고 답한 비율도 일반고가 더 높다고 보고되었다.[41]

아이들의 학업 위기는 학업 중단으로 이어진다. '2024교육기본통계' 결과, 2023년 한해만 초·중·고 5만 4,615명이 학교를 떠났다. 초·중·고등학교를 그만두는 학생의 수는 2020년 3만 2,027명에서 2021년 4만 2,755명, 2022년 5만 2,981명에서 계속 증가하고 있다. 학교급별로 보면 학업 중단율은 초 0.7%, 중 0.7%, 고 2.0%로서, 고등학교가 가장 높다. 관련 분석자료 역시 학업 중단율이 코로나19를 겪던 2020년을 기점으로 계속 증가해 왔고, 고등학생이 차지하는 비율도 지속적으로 상승했음을 보여준다.[42]

학교를 떠나는 아이들은 단지 학업 포기자에만 국한되는 것은 아니다. 최근 일반 고등학교에서는 '전략적 자퇴'가 급증하고 있다.[43] 전략적 자퇴란 내신이 기대에 못 미칠 경우, 내신 불이익을 우려해 자퇴 후 검정고시를 치르고 40%까지 넓어진 정시에 집중하는 전략을 채택하는 것을 의미한다. 사설 입시학원에

---

37) 성열관, 『수업시간에 자는 아이들』, 2018, 학이시습.
38) 전교조(2020.5) 전국 유·초·중·고교 교사 4만 9천여 명을 대상으로 한 설문 조사
39) '자신의 수업시간 중 자는 학생이 없다'고 답한 교사 비율은 초등학교가 70.5%, 중학교는 21.1%, 고등학교는 7.3%임. '자는 학생, 어떻게 해야 하나?' (중도일보, 2021.2.22.)
40) '교실 수업 혁신을 위한 고등학교 수업 유형별 학생 참여 실태 조사', 전국 교사 1,211명과 고교 1~2학년생 4,430명을 대상 (2023.6.28.~7.14.),(경향신문, 2024.1.17.)
41) 일반고 학생 28.6%, 외국어고 학생 13.1%, 과학고 14.3%, 자율고 17.9%
42) 청소년정책분석평가센터 학업중단율
43) '내신 낮으면 자퇴하고 검정고시 봐요…SKY 합격 200명 넘겼다'(한국경제, 2025.7.13.).

서 발표된 2024 고등학생 학업 중단율은 2.1%(2만7,049명)로 22년 만에 최고치를 기록했다.[44] 이 수치는 학교알리미에 공시된 전국 2,384개 고교의 학업 중단자를 분석한 결과인데 2024년 수치는 2023년의 2%(2만5,792명)보다 높을 뿐 아니라, 2002년 2.1% 이후 22년 만에 최고치이다. 이런 현상은 고등학교에서 학생들의 전략적 자퇴가 최상위권 대학을 위한 하나의 대입 루트로 자리 잡았음을 여실히 보여준다. 최상위권 학생들의 전략적 선택은 공교육에 대한 불신과 불만을 여실히 반영하고 있으며, 이제 학교의 존재 이유마저 흔들고 있다.

그동안 모두에게 의미 있는 수업을 만들기 위한 노력이 끊이지 않고 지속되었다. 교육부는 2022년 「제1차 기초학력 보장 종합계획(2023~2027)」을 발표하고 AI/CBT 기반 진단 평가, 국가기초학력포털, 두드림학교·튜터링 등 국가-교육청-학교를 잇는 다중 안전망 구축 계획을 발표한 바 있다. 그 결과 2024년은 다양한 진단검사가 학교로 쏟아져 들어왔다. 기존의 국가수준성취도평가 이외에 '맞춤형학업성취도평가'가 시행되었고, 시·도교육청의 기초학력 진단·보정 평가(진단보정시스템)가 운영되었으며, 일부 교육청은 자체검사를 진행했다(서울 학생 문해력·수리력 진단). 또한 2024년에는 평균에 맞춘 수업에서 탈피하고, 잠자는 교실을 깨우기 위해 AI 디지털교과서를 포함한 '교실 혁명' 정책을 대대적으로 추진했다.[45] 정교한 진단 시스템이나 에듀테크가 일부 학생에게 맞춤형 교육을 제공하는 데 효과적일 수 있지만, 이것만으로 잠자는 학생을 일으켜 세우기에는 현재 수업의 위기가 너무 심각하다. 또한 현장에서는 거꾸로 수업, 하브루타, 배움의 공동체 등 수업 방법의 개선과 혁신학교가 시도되었고, 교육부는 자유학기제와 고교학점제 등 선택형 교육과정의 제공 등으로 해법을 제시했다. 하지만 수업 방법의 변화나 교육과정 다양화, 혹은 IT, AI, 에듀테크 등 신기술만으로는 지금 당면한 수업 위기, 공교육의 위기를 해결할 수 없다는 것을

---

44) '검고 출신' 수험생 2만 명 돌파…교육계 "문제는 입시제도"(더팩트, 2025.8.16.)
45) 교육부(2024) '교사가 이끄는 교실 혁명! 이렇게 시작합니다'(네이버 블로그)

수많은 연구와 데이터, 그리고 현장의 경험이 증명하고 있다.

  수업 포기는 학생 각각의 학습 의욕이나 능력의 부족, 혹은 문제 행동으로만 볼 수 없다. 이는 단순히 개인의 흥미, 능력, 노력의 부족 때문만은 아니다. 오히려 성적 경쟁 속에서 공부에 상처를 입고 결국 포기를 선택하는 것으로 '공부 상처로 인해 배우려는 욕망을 스스로 제거하는 심리'가 내재되어 있다.[46] 수업 포기는 구조적 경쟁 체제에서 밀려난 아이들이 선택할 수밖에 없는 현실이자 생존방식인 것이다. 수업 포기와 학습 부진은 경쟁구조, 학벌 중심의 사회적 분위기, 교육정책 등 집단적 구조적 차원에서 다루어야 할 문제이며, 학생들을 깨우는 데 필요한 것은 성적에 상관없이 학생이 수업에 참여할 이유와 의미를 만들어 주는 데 있을 것이다.[47]

  학생들이 아이들이 학교를 떠나는 가장 큰 이유는 '학교가 의미가 없어서이다'. 이 말에는 수업 시간에 앉아 있는 것의 힘겨움과 무의미함 그리고 '이미 수업을 따라잡을 수 없을 만큼 벌어진 학력 격차'에 대한 절망이 담겨 있고, '자신의 미래에 도움이 되지 않는 수업과 학교교육과정에 대한 불신'이 담겨 있다. 이제 학교는 중요한 선택을 해야 한다. 교육 체계가 학생들의 다양성과 개별성을 충분히 수용하여 모두에게 의미 있는 수업 시간을 만들지 못하면 각자의 다양한 이유로 학업을 중단하고 학교를 떠나는 아이들은 점점 증가할 것이다. 공교육의 근간이 흔들리면 머지않아 사회의 통합과 발전도 위기에 처할 것이다. 이제 학교 교육은 학생들에게 포기와 절망이 아니라 각자의 속도대로 성장할 수 있는 희망을 제시해야 한다.

---

46) 김현수, 『공부상처』, 2015, 에듀니티.
47) 성열관, 『수업시간에 자는 아이들』, 2018, 학이시습.

모두를 품는 학교를 위한 사례와 제언

우리 학교는 이 문제에 어떻게 대응했는가?

우리 학교는 중소도시 외곽의 구도심권에 위치해 있으며 주변에는 항구와 인접한 공단이 있다. 7년 전 공단의 큰 공장이 폐업하고, 도시의 반대편에 신시가지가 조성되면서 학교 주변은 급격히 쇠락했다. 그 결과 우리 학교에는 특별한 보살핌이 필요한 학생들이 많다. 학교 주변에는 방과 후에 아이들이 이용할 만한 문화시설이나 학원이 거의 없어서 학교 의존도가 높은 편이다. 신도시 지역은 학교가 부족하고 구도심권은 학생이 부족하다 보니, 구도심에 위치한 우리 학교도 시내에서 차량으로 통학하는 아이들이 많다. 학생들 사이의 경제, 문화적 격차도 크다. 교육복지실에서 보살피는 아이들이 전체 학생의 20~30%에 이르고, 특수교육, 이주배경가족(다문화) 비율도 높은 편이다. 과거 학교폭력이나 낙후지역이라는 평판으로 인해 비선호 학교가 된 탓에, 한동안 우리학교는 신규교사나 저경력 교사들로 채워져 왔다.

우선 가장 시급한 것은 학생들 사이의 격차와 결핍을 채우는 일이었다. 각 반에는 코로나19 기간 가정에서 고립되거나 방치된 흔적이 보이는 학생이 많았고, 다문화 학생 수도 매년 증가하였다. 또한 특수학급이 증설되면서 1학년은 학급당 1~2명씩 특수학급 학생이 배정되었다. 학교에는 이들을 보살필 '엄마' 같은 존재가 필요했다. 다행히 경력이 풍부한 교육복지사와 선생님 몇 분이 그 역할을 훌륭하게 해주었다. 복지실 냉장고에는 아이들 간식과 영양제가 채워져서, 아이들은 수시로 복지실을 들락거리며 간식도 먹고 외부 강사와 함께 글자와 숫자 공부를 할 수 있었다. 비슷한 아이들이 모여서 공부를 하다 보니, 또래 그룹이 만들어져서 자칫 소외되기 쉬운 아이들 마음을 단단하게 잡아주었고, 자해위험군 아이도 이들과 섞일 수 있었다. 가족 캠핑을 부러워하는 아이들을 위해 한부모와 조손 가정 중심으로 글램핑을 시행했다. 어렵게 시간을 내어 모닥불 앞에 마주 앉은 가족들이 새벽까지 도란도란 대화를 나누는 모습에서 학교가 대신해 줄 수 없는 가족 안에서의 회복과 치유의 힘을 확인했다. 학생 문제의 출발점은 대부분 가정이기 때문에 필요하면 교육복지사와 담임교사가 같이 가정방문을 했고, 아동학대나 방치, 사각지대 가족들을 지원할 수 있었다. 지역에서 오랫동안 활동해 온 교육복지사의 네트워크가 학부모 소통과 문제 해결에 큰 도움이 되었다. 주민자치센터, 지역아동센터, 정신건강센터, 경찰서 등 지역의 다양한 기관과의 협의를 통해 학생의 가족까지 상담, 치료를 지원했다. 자해·자살 고위험군 학생도 지역 네트워크를 통해 신속하게 상담이나 병원 치료와 연계하고 사후 관리도 할 수 있었다. 올해는 군산시, 보건복지부, 한국생명존중희망재단과 생명존중안심마을과 MOU를 맺는 등 학교의 대응체계가 좀 더 탄탄해졌다.

교내에도 담임교사 및 학생인권안전부장교사, 전문상담교사, 보건교사, 사서 등 비교과 교직원들의 협업 체계가 만들어졌다. 학교폭력이 발생하면 담임교사와 학생인권안전부간의 사안 처리로만 종결되었던 관행을 벗어나, 문제 해결을 위한 협업과 역할 분담이 시작되었다. 초기에 몇 차례의 경험과 신뢰가 쌓이고 나자 공동의 문제 해결 구조와 문화가 자리를 잡아갔다. 2024년 학생맞춤통합지원(이하 "학맞통") 사업 선도학교로 지정된 이후에는 교내 사례 관리 회의체계[48]가 정례화되어 올해는 학맞통 협의체를 중심으로 사례 관리, 사각지대 학생 발굴, 역할 분담 등을 좀 더 체계적으로 진행하고 있다. 학맞통 회의에

---

48) 월 1회, 2025년 4월~7월 학생맞춤통합지원 협의회 대상은 총 79명.

는 교장, 교감이 모두 참여하여 각 반의 '힘든' 학생들의 사례를 듣고 지원 방법을 찾는다. 학맞통 협의체는 학생을 깊게 이해하고, 복지, 상담, 다문화, 기초학력 등 각 부서에 흩어진 예산을 통합하여 그들에게 필요한 보충 교육 프로그램이나 축구, 농구, 영화, 연극, 공연 등의 프로그램을 제공하는 데 큰 도움이 되었다. 이런 활동에는 교사들이 자발적으로 참여해서 방과 후나 주말 시간을 아이들과 함께 보내며 그들의 보이지 않는 결핍을 채워주셨다.

다음은 학생, 교직원, 학부모의 관계를 튼튼하게 엮어내는 일이 필요했다. 코로나19 이후 학교 공동체의 흔적은 거의 사라지다시피 했고, 교사와 학생은 학교폭력과 불복 소송으로 서로가 깊은 상처를 입고 있었다. 그러던 중 중견 교사 한 분이 자신이 젊었을 때 자주 했던 뒤뜰 야영을 제안하였다. 시작 당시 그다지 관심을 보이지 않던 교사들도 시간이 지나자 거의 모두 참여하게 되었다. 한 학급이 야영을 시작하면 다른 학급에서도 학생들 성화에 못 이겨 야영을 감행할 수밖에 없었고, 나중에는 학부모회가 주관하는 가족 캠프까지 운영하게 되었다. 금요일 수업 후 학교 뒤뜰에서 선생님들과 아이들이 식사 준비를 하느라 북적거리고, 고기 굽는 냄새가 퍼지면 다른 반 아이들도 기웃거리는 풍경, 강당에서 밤늦게까지 학급 놀이를 하고 하룻밤을 같이 보내는 모습이 학교의 문화로 굳어졌다. 교사들은 서로 품앗이를 하며 동료 교사의 캠프를 도왔다. 그렇게 아이들과 교사가 서로 가까워지고 하나가 되는 모습은 참으로 오랜만에 다시 보는 아름다운 풍경이었고, 젊은 교사들의 시선이 우리 아이들에게 오래 머무는 것이 정말 다행스러웠다.

이밖에 학교폭력, 교권 침해 등 구성원의 관계 갈등에 대응하기 위해 학교 내부의 규칙과 질서를 세우고 일정한 문제 해결 프로세스를 정착시키는 것이 필요했다. 회복적 생활교육 등 학급 단위 공동체 프로그램이 큰 도움이 되었다. 회복적 생활교육은 교사 연수, 학부모 연수부터 시작해서 전문가의 도움을 받아 모든 학급으로 확장시켰다. 학급에서 관계 세우기, 경계 만들기(바운더리 탐구) 등 관계 중심 활동은 일상생활에서 발생하는 관계 스트레스를 완화하고 더 성숙한 관계 맺기를 시도하는 계기가 되었다. 작년에는 한 학기에 걸쳐 모든 학교 구성원이 참여하여 '학교생활협약'을 탄생시켰다. '학교생활협약'을 만들어내는 긴 과정은 그 자체로 학급공동체를 세우고 그 속에서 자신을 성찰하는 좋은 계기가 되었다. 학교폭력이 발생할 경우에도, 사소한 갈등은 학생부장이 중심이 되어 회복적 대화 모임을 통해 학교장 자체 해결로 종결할 수 있었다. 그 덕분에 작년에는 지역교육청으로 넘어간 학교폭력 심의가 거의 없었고, 지방 검찰청으로부터 준법 우수학교 상패를 받기도 했다.

이제까지 언급한 우리학교의 노력은 모든 학생이 학교에서 배우고 성장할 수 있는 기반을 다지는 일이었고, 이를 토대로 기초학력 미달, 학습 결손 문제에 대응하는 것이 가장 중요했다. 학교에는 상당수의 기초학력 미달 학생이 존재했고, 그들 사이의 수준 차이도 매우 커서 수업에 어려움이 컸다. 우리는 기초학력 미달 학생을 세 그룹으로 나누고, 1그룹은 교사의 방과후 교과 보충수업을 진행하고, 읽기나 셈하기 등 기초능력이 부족한 2그룹은 외부 튜터가 풀아웃 방식으로(수업 시간 중 별도로 나와서 하는 수업) 읽기와 셈하기를 지도했다. 그리고 이보다 더 학습이 어려운 3그룹은 외부 강사를 통한 그림책 읽기나 놀이 수학을 지도했다. 3그룹은 복지실에서 운영했으며 방학 중에도 10일 정도는 아이들이 학교에 나와 공부하고 점심을 먹고 귀가했다. 기초학습지원은 미달 학생 모두를 참여시키지는 못했다. 학부모의 동의 여부와 학생들의 꾸준한 참여가 변수가 되었기 때문이다. 하지만 참여 학생들은 속도는 더딜지라도 학기가 끝날 무렵이면 조금씩 성장하는 모습을 보였다.

마지막으로, 이 모든 일을 함께할 교직원의 의지와 역량이 중요했다. 처음에는 다소 난관이 있었지만, 정기적인 연수와 워크숍을 통해 공동의 비전을 공유하려고 노력했고, 모든 문제 해결에 학생을 중심에 두고 판단하는 원칙을 세우고자 했다. 학부모 민원 등 혼자 해결하기 힘든 문제에 대해서 교장, 교감을 비롯하여 동료교사가 함께 해결하는 경험을 반복하면서 학교 구성원 간의 신뢰가 싹트기 시작했다. 그리고 일정한 시간이 지나면서 경력 교사들이 리더십을 발휘하기 시작했다. 특히 저경력 교사가 대다수인 우리 학교에서 이들의 중간 리더십이 큰 역할을 하였다. 임용고사를 갓 통과한 교사들이 생활지도나 학부모 민원 등의 어려움에 처했을 때, 선배 교사의 경험과 지식을 바탕으로 한 지지와 도움이 문제를 해결하는 데 큰 힘을 발휘했다. MZ 교사들이 학습공동체 안에서 좋은 교사로 성장하고, 중간 경력의 교사들이 공동체를 이끌며 교육 리더로 성장하는 모습을 확인하는 것은 교장으로서 누릴 수 있는 가장 큰 행복이자 보람이었다.

학교는 지금 무엇이 가장 필요한가?

지금 학교는 관계와 연결이 어느 때보다 중요하다. 교사와 학생에게 좋은 학교는 학교의 일상이 평온하게 유지되고, 교사와 학생이 수업과 활동에 집중할 수 있는 학교이다. 그 평범한 일들이 쉽지 않게 된 시대에 이런 일을 가능하게 하는 것은 바로 관계와 연결, 이를 통한 소속감과 유대감이다. 학생들에게 학교에서 경험하는 따뜻한 공동체는 그들의 부정적 에너지를 긍정적으로 전환하게 도와주고, 유아기의 심리적 내상도 치유하는 힘이 있다. 의학적인 관점에서 볼 때 제2의 성장기에 접어든 학생들의 뇌는 사회적 민감성이 매우 커서 동료의 평가와 판단, 인정을 통해 변화할 수 있다.[49] 또래 친구들과 형성하는 유대감과 그들로부터의 인정은 학생들의 소속감과 자존감을 높이고 그들을 사회적 존재로서 바로 세운다. 교사와 학생의 유대감도 그들의 지적인 성장과 인격적 성숙에 필수적이다. 교사는 단지 좋은 어른의 역할에 그치지 않고, 학습 동기

---

49) 이찬승, '청소년에 대한 바른 이해: 고정관념을 깨자', 교육을 바꾸는 사람들, 2024.5.16.

를 부여하고 안내하는 전문가로서 학생들을 이끌 수 있다. 교사의 시선이 학생에게 머무르며 가족보다 민감하게 그들의 변화를 포착하는 일은 회복과 변화의 첫걸음이 된다.

다른 한편으로, 학교 공동체에서 관계와 연결은 디지털 네이티브인 학생들이 실제 삶을 경험하고 자아를 형성하는 가장 중요한 공부 과정이기도 하다. 요즘 학생들은 어렸을 때부터 삶을 온라인으로 경험하며 실제 삶에서는 점점 멀어지는 세대이다. 전문가에 의하면 아이들은 죽음을 캐릭터화하고 죽었다가 다시 살아나는 것으로 생각할 만큼 삶과 인간관계에 대한 인식이 단순하고 피상적이다.[50] 코로나19 이후 아이들은 사람과의 관계에 대한 '조망 수용 능력'이 현저하게 약해져서 자신의 느낌이나 욕구에는 매우 민감하지만, 상대방의 반응을 제대로 예측하거나 이해하지 못한다. 심지어는 자신을 제외한 나머지 대상을 모두 자신을 위한 캐릭터나 대상으로 느끼는 현상도 관찰된다. 학급공동체 안에서의 관계와 연결은 가정과 마을을 대신해서 아이들이 삶을 경험하고 자아를 형성하게 돕는 자기형성적[51] 교육과정이라고 할 수 있다. 학교와 학급에서 관계와 연결을 단단하게 다지면서 소속감과 자존감을 높이는 일은 지금 학교가 당면한 위기를 해결하는 첫 번째 관문이며, 학생 한 명 한 명의 마음을 지켜내고 우리 사회의 미래를 지키는 일이 될 것이다.

다음으로, 학교가 이런 일들을 잘 수행하고 교육적 회복력을 높이기 위해서는 선결되어야 할 문제들이 있다. 지금까지의 정책은 지원 대상자 선별, 정서위기학생의 사전 진단, 기초학력 미달 학생의 선별에 집중되었다. 그러나 이제는 학교안에 교육적 개입과 해결 시스템을 갖추어야 한다. 교육복지, 상담, 다문화, 기초학력 등에서 제공하는 다양한 프로그램은 학생들에게 소속감과 자존감을 주고 일상을 회복하는 데 큰 도움이 된다. 하지만 일회적 프로그램만으

---

50) 안해용, 청소년 자살 사례에 관한 월명중학교 특강. 2024.6.24.
51) 김진경, '창조적 인간과 국민참여형 교육정책'. 서울신문. 2020.12.7.

로는 학생이 학습에 참여하고 자신의 미래를 설계하도록 이끄는 데 부족하다. 아이들을 수혜 대상만으로 남겨놓지 않고, 자신의 삶을 스스로 개척해 나가도록 돕기 위해서는 매우 전문적이고 정교한 교육적 해결 시스템이 필요하다. 그중 하나가 자해·자살 시도 등으로 입원 치료 후 학교에 복귀하거나, 학교폭력 처분을 받고 복귀한 학생들에 대한 사후 프로세스와 시스템을 마련하는 일이다. 이들이 학급에 스며들어 수업에 참여하고 일상을 회복하는 과정은 아직 공백 상태로 남겨져 있다. 학부모를 어렵게 설득해서 병원에 입원하더라도, 여러 가지 사정으로 학교에 빨리 복귀할 수 있다. 학생들이 학교폭력, 교권 침해로 특별교육이나 사회봉사를 마치고 돌아왔는데도 태도에는 변함이 없는 경우도 많다. 이들이 학급에 복귀하는 데에도 일정한 과정과 시간이 필요하다. 현재 독립적인 개별화 교육과정, 전문 교사, 학급이 갖추어진 것은 특수교육이 유일하다. 이와 유사한 수준의 전문 교사, 대안 교육과정, 대안 교실이 필요하다. 학력 부진 학생을 돕는 과정도 마찬가지이다. 기초학력 미달의 층위와 양상이 다양하고 복잡해졌고, 느린학습자도 증가하고 있어서 전문적이고 집중적인 치료와 훈련을 통해 이들을 도와야 한다. 교사의 호의와 설득, 혹은 수업 방법만으로는 이들의 학급 복귀와 일상 회복 그리고 수업 참여를 이끌어낼 수 없다. 실질적인 교육적 개입과 회복 프로세스의 공백이 학생 개인의 변화를 어렵게 하고 학급공동체를 위태롭게 만든다. 이제 학교안에서 정교하고 전문적인 해결 시스템이 마련되어야 하고 학교는 구체적인 방식과 실천을 고민할 필요가 있다. 정책으로 시행할 일과 학교가 할 수 있는 일을 구분하고 정책이 채우지 못하는 공백을 학교 맥락에 맞는 교육적 실천으로 채울 수 있어야 한다. 지금 학교에는 지침을 성실하게 준수하는 관리자를 넘어 공동체의 역량을 통합하여 학생 개인과 공동체의 해결할 수 있는 교육 리더가 절실하게 필요하다.

학생맞춤통합지원은 어떻게 풀어 갈 것인가?

정부는 학령인구 감소와 학생 구성의 다변화, 위기학생의 증가 등 교육환경의 급격한 변화에 대응하기 위해 「학생맞춤통합지원법」(2026. 3. 1. 시행)에 근거하여 2026년부터 모든 학교에 학생맞춤통합지원 사업을 시행한다. 「학생맞춤통합지원 체계 구축 가이드북」(2025, 한국교육개발원)에 따르면 학교에는 교감, 담임, 교육복지사, 전문상담교사, 관련 부장교사를 포함하는 통합지원팀이 구성되고, 교육청에 지원센터가 구축된다. 지역청은 사례 관리의 컨트롤타워가 되고, 시·도교육청은 정책 총괄 및 지자체와 유관기관 협력을 담당할 계획이다. 정부는 이를 통해 학업, 정서·행동, 생활, 진로 등의 영역[52]을 통합적으로 지원하여 사안 중복 대응을 방지하고, 전문인력 협업체계를 확립하여 교사의 개별적 부담을 줄이는 대신 학생의 문제를 통합적 관점에서 제공할 수 있을 것이라 기대하고 있다.

관련 보고서에 의하면, 2024년 전국적으로 전체 학교의 약 31%(4,838교)가 중점학교, 연계학교 등으로 확대 중이다.[53] 이중 중학교는 정서행동위기, 학업부진, 또래관계 문제를 중심으로, 고등학교는 입시부담, 학업중단 위험, 진로 등을 중심으로 지원이 이루어졌다. 전체 예산은 주로 교육복지사 인건비(약 60~65%), 학생 프로그램비, 지역 연계 활동비로 사용되었으며, 시·도교육청별 예산집행 편차가 커서 일부 지역은 프로그램 위주, 일부는 인력 중심으로 집행되었다. 사업 시행 결과, 학생 정서·행동 문제 초기 발견, 복합위기 학생 통합지원에 긍정적 성과를 거두고 있으나, 학교급별(초·중·고) 지원 불균형, 교육복지사의 업무 과중, 지역사회 연계 미흡 등이 한계로 지적되었고, 향후 학교 지원체계, 운영방식의 개선, 교육청의 컨트롤타워 역할 강화 등이 핵심 개선과제로 제시되었다.

실제로 학생 한 명의 위기는 가정문제, 정서정신건강, 스마트폰 중독, 학업

---

52) 학업지원(기초학력보장, 학습부진 진단·지도, 멘토링), 정서행동지원(심리상담, 정서치유 프로그램, 학교폭력예방), 생활지원(경제적 지원, 돌봄, 복지 연계), 진로지원(진로탐색 설계, 진학취업 연계)
53) 한국교육개발원, 「2024년 교육복지우선지원사업 및 교육복지안전망 운영현황 조사 결과」, 2025.

부진, 관계갈등이 중첩되어 있어서 개별사업만으로는 이들의 문제를 해결하는 데 한계가 있다. 학생 위기의 증가에 따라 통합지원의 제도적 필요성에는 학교의 공감대도 클 것이다. 하지만 다양한 제도적, 문화적 제약으로 인해 실행 과정에서는 상당한 진통이 예상된다. 학교는 교육복지, 정서위기대응, 기초학력, 학교폭력예방 등의 사업에 대한 학생 중복 문제 이외에도 각 사업의 유사성으로 인해 업무부담과 피로감이 크다. 예를 들면, 학교에는 참석자가 중복되는 유사한 협의체가 다수 존재하며[54] 업무별로 사전 선별(진단), 상담 일지(사례관리) 기록, 지역사회 및 전문가 연계, 예방교육, 보고 등이 반복되는 경향이 있다. 교육청, 교육부 사업부서의 예산과 보고방식이 통합되지 않을 경우, 학교는 증가하는 행정 절차와 업무로 인해 새로 추가되는 사업을 형식적으로 운영하는데 그칠 가능성이 있다.

학생의 민감한 개인정보 관리와 사업별 기록 중복 문제도 실질적인 운영을 어렵게 하는 요소이다. 학생맞춤통합지원 기록은 「학생맞춤통합지원법」에 학생 지원을 위한 기록·사례 관리 의무가 명시되어 있고 현재 시행령·세부 지침이 마련 중이다. 여기에는 심리상담·가정환경·건강·복지 내역 등 민감정보(개인정보보호법 제23조)가 다수 포함된다. 이를 학교나 교사가 기록·보관할 때, 개인정보 보관, 접근 권한, 열람·파기 절차 등에서 세심한 주의가 필요하고 추가업무로 이어질 수 있다. 기초학력 미달 학생 기록은 「초·중등교육법」 제28조, 시행령 제54조에서 학업부진 학생 판별과 지도 기록을 학교장이 관리하도록 위임하고 있다. 정보의 민감성은 학맞통보다 상대적으로 낮으며 보관 기간·삭제 등이 학교 재량에 맡겨져 있지만, 대상 학생이 중복될 가능성이 커서 기록 내용과 방식을 통합하고 절차를 간소화할 필요가 있다. 또한 각 기록의 목적이 통계나 행정 보고인지 실제 지원을 위한 자료인지 분리되지 않았고, 특히 학맞통 기록

---

54) 기초학력영역의 학습지원대상지원협의회, 다중지원팀(학교밖 전문가 연계), 상담실의 정서행동협의회, 정서위기관리협의회, 복지영역의 교육복지위원회와 교육복지통합지원팀(학교밖 전문가 연계)

은 심리·복지 영역까지 포괄하기 때문에 교사 전문성 한계를 넘어서는 기록 요구가 많아 부정확하거나 형식적 기록으로 흐를 우려도 크다.

지역의 컨트롤타워 역할을 수행해야 할 교육청, 교육부의 어려움도 예상된다. 제도가 잘 설계되어 있어도 아직은 교육청의 각 사업과 예산이 분절되어 있고 협업 구조가 미흡한 상태이며 기존의 관행적 운영방식이 그대로이기 때문이다. 오히려 새로운 사업의 안착을 위해 당분간 실적 취합, 담당자 회의와 연수 등으로 학교의 시간과 에너지를 더 빌려야 할지도 모른다. 실행과정에서 학교와 지역의 상황이 각각 다르기 때문에 교육지원청의 역량과 의지가 중요한 변수로 작용할 것이다. 농어촌 지역의 60명 이하 소규모 학교는 교사 1인당 담당 업무가 많고 지역 연계에 필요한 인프라가 부족하기 때문에 격차 방지 대책도 필요하다.[55]

학생지원과정에서 발생할 수 있는 민원이나 갈등으로부터 학교를 보호할 대책도 시급하다. 정부는 위기 학생의 상담, 치료에 대한 학교의 긴급지원의 법적 근거를 마련하기 위해 올해 「초중등교육법」 제18조5(학생의 정서·행동 지원 등)[56]를 신설하였다. 이에 따라 2026년 3월 1일부터 학교는 학생과 보호자에게 상담을 권고하고 상담 결과를 반영하여 치료 권고, 상담, 학습지원 등을 할 수 있다. 보호자가 정당한 사유 없이 학교의 치료 권유를 거부할 경우, 교육감, 교육장, 학교장은 전문가의 의견을 들어 긴급 지원으로 상담 및 치료를 받게 할 수 있다. 학교의 적극적 대응을 위한 법적 근거가 마련된 것은 다행스럽지만 실제 시행과정에서 학교나 교사가 짊어져야 할 부담과 책임감이 더욱 무거워졌기 때문에 학교의 실행을 돕는 적극적이고 섬세한 지원행정이 필요하다.

학생맞춤통합지원 체계는 학생들의 다양성, 개별성을 반영하여 학교가 전면적인 재설계를 시작하는 중요한 첫 발걸음이라고 할 수 있다. 현실적인 제약

---

[55] 한국교육개발원, 『2024년 교육복지우선지원사업 및 교육복지안전망 운영현황 조사 결과』, 2025.
[56] 2025.4.1.본조 신설, 2026.3.1.시행

으로 인해 실행과정에서 상당한 진통과 어려움이 예상되는 만큼, 학교에서 실질적으로 작동하도록 학교의 부담을 덜어주는 것이 가장 중요하다. 학교 현장에서는 시간 부족과 전문성 부족을 호소하며, 복지사 등 전문인력 확충과 지원체제를 요구하고 있다. 학맞통 담당 교사(부장)는 기본업무 이외에도 각 부서에 흩어져 있는 업무(예산)의 조정과 통합, 지역 내 기관, 단체 연계까지 총체적으로 관리해야 한다. 교과수업과 생활지도를 병행하면서 수행하기에는 업무가 과중하고 각 부서의 협력과 소통을 요구하기 때문에 조직 내의 영향력과 리더십이 필요하다. 업무를 총괄하는 교장, 교감 역시 인사관리, 복무관리, 교육과정 운영 등 핵심 업무 이외에 최근 위기 학생 관리, 학부모 민원, 교사 갈등 조정 등으로 업무가 급증한 상황에서, 통합지원이라는 고난도의 사업 시행이 실질적으로 가능할지 난감해하고 있다. 학맞통 정책은 과거에 비해 훨씬 복잡하고 다양해진 학교 생태계를 고려하여 학교의 부담을 덜 수 있는 지원체계를 마련해야 한다. 이 조건이 충족되어야 학생 개개인의 위기에 대한 선제적 대응과 통합적 지원이라는 목표를 달성하고, 궁극적으로는 모든 학생이 회복과 치유를 통해 잘 배우고 성장하게 도울 수 있을 것이다.

학교는 지금 코로나19 기간의 결핍과 발달 장애의 대가를 혹독하게 치르고 있다. 평균이 사라진 교실, 복잡해진 학교 생태계에 적합한 방향 전환이 시급하다. 지금의 학교가 겪고 있는 학생들의 위기는 머지않아 우리 사회가 감당해야 할 과제이다. 지금 아이들의 문제를 기초부터 다시 바로잡지 않으면 미래에 우리 사회가 치러야 할 사회적 비용이 너무 클 것이다. 공교육은 나무를 뿌리부터 다시 살피고 북돋는 일과 비슷하다. 우리가 뿌리를 잘 돌보고 치료한다면 모든 아이들은 결국 각자의 결대로 자라 푸른 숲을 이룰 것이라 믿는다.

공부는 뿌리에 힘쓰는 것입니다. 잎, 꽃, 열매는 그다음입니다. - 신영복

02.

2026년 한국교육이 직면한 10대 쟁점과 과제

국가교육위원회 재설계,
사회적 합의를 가능하게 하는 조건

김 범 주
국회입법조사처 입법조사관

11

국가교육위원회에 관한 '시행'과 '착오'

시행착오는 'trial-and-error'를 그대로 옮긴 말이다. 에드워드 리 손다이크 Edward L. Thorndike는 사람이 문제의 해결 방법을 어떻게 학습하는지를 고양이 실험을 통해 확인했다. 배고픈 고양이를 창살이 있는 상자에 넣고 상자 밖에는 먹이를 둔다. 상자 안의 끈을 당기면 문이 열린다. 고양이는 우연한 시도 끝에 끈을 만지다가 문을 여는 데 성공한다. 고양이가 밖으로 나오면 다시 상자에 넣는다. 이를 반복하면, 고양이는 문을 열기까지 불필요한 행동이 감소하고 탈출 시간도 단축된다. 손다이크는 사람 역시 고양이처럼 시도(시행)와 실패(착오)를 반복하면서 적절한 해결책을 습득하게 된다고 보았다.[1] 이것이 학습의 가장 기본적인 형태라는 것이다.

제도나 조직도 이처럼 기본적인 학습의 형태를 거칠 수 있다. 「국가교육위원회 설치 및 운영에 관한 법률」(이하 "국가교육위원회법")은 2021년 7월 20일 제정되어 2022년 7월 21일부터 시행되었다. 이에 따라 국가교육위원회가 2022년 9월 27일 구성되었다.[2] 이른바 '출범'과 함께 취임한 위원장과 위원의 임기 3년도 지났다. 법률로 정한 위원의 임기만을 보자면, 시기부터 종기까지 한 번의 '시행'을 마친 셈이다. 그러나 국가교육위원회는 '고양이가 문을 여는 데 성공'하듯 기꺼이 조직의 중요 임무를 마치지 못했다. 새로운 '시행' 이전에 실패 또

---

1) 『학습심리학 - 인간의 사고, 정서, 행동의 이해 - 』, Matthew H. Olson & B. R. Hergenhahn(신종호, 이선영 역). 학지사, 2015. pp85-87
2) 「국가교육위원회 출범의 닻을 올리다」, 국가교육위원회 보도자료. 2022.9.26.

는 착오로부터 배워야 한다. 그런 의미에서 이 글의 목적은, 이 법에 따른 국가교육위원회가 임무를 달성하기까지 불요한 행동을 애써 반복하지 않는 몇 가지 길을 제안하려는 것이다.

국가교육위원회의 설치 목적과 '사회적 합의'

「국가교육위원회법」 제1조(목적)에 따르면, 이 법은 국가교육위원회를 설치하여 교육정책이 사회적 합의에 기반하여 안정적이고 일관되게 추진되도록 함으로써 교육의 자주성·전문성 및 정치적 중립성을 확보하고 교육발전에 이바지함을 목적으로 한다. 정책학에서는 정책을 통해 이룩하려는 바람직한 상태 desirable state를 정책목표라 하고, 이를 달성하기 위한 정책수단의 종류를 실질적 정책수단 substantive policy means과 실행적 정책수단 instrumental policy means으로 구분한다. 이상의 개념에 비추어보면,[3] 위 목적 규정 진술의 구조는 아래와 같이 분명하다.

「국가교육위원회법」 목적 규정에 따른 정책목표와 정책 수단

	이론적 개념	목적 규정 중 대응하는 진술
정책목표	• 정책을 통하여 이룩하고자 하는 바람직한 상태	• 교육의 자주성·전문성 및 정치적 중립성을 확보하고 교육발전에 이바지함
실질적 정책수단	• 상위목표에 대해서는 정책수단으로서, 하위수단에 대해서는 목표로서의 역할	• 교육정책이 사회적 합의에 기반하여 안정적이고 일관되게 추진되도록 함
실행적 정책수단	• 실질적 정책수단을 실현시키기 위하여 필요한 수단	• 국가교육위원회를 설치하여

---

3) 『정책학원론』. 정정길 외. 대명출판사. 2023. pp37-46

그런데 국가교육위원회 제도의 존부와 관계없이 헌법 제31조 제4항[4] 등에 따라 국가는 마땅히 교육의 자주성·전문성·정치적 중립성을 확보하고 교육발전에 이바지해야 한다. 즉, 이 법이 가리키는 바는 이 같은 정책목표를 달성하기 위하여 정책수단의 어느 하나를 정하려는 것이다. 다만, 이 문언만으로는, 실질적 정책수단으로서 교육정책에 관한 '사회적 합의'나 그 실행적 정책수단으로서 '국가교육위원회'가 무엇을 가리키는지에 하여 당시 입법자의 의도를 파악하기에 충분치 않다.

이에 국회에서 이 법률안이 본회의에서 가결되던 당시 그 제안이유를 고려할 필요가 있다. 제21대 국회에서 국가교육위원회 설치에 관한 5건의 제정법안이 발의되었는데,[5] 2021년 6월 10일 국회교육위원회에서 이를 통합·조정한 대안이 국회법제사법위원회에서 일부 수정되어 다음 달 1일 열린 본회의에서 가결되었다. 이 대안은 그 제안이유를 "초정권적인 독립적 기구인 '국가교육위원회'를 설치하여 하향식 정책 추진이 아닌 사회적 합의를 통해 미래교육비전을 제시하고 중장기적이고 안정적인 교육정책을 추진함으로써 교육의 자주성·전문성·정치적 중립성을 확보하고 교육발전에 이바지하고자 함"이라고 밝혔다.[6]

발췌한 대목은 시행 중인 법률의 목적 규정[7]과 '거의' 같게 진술되어 있다. 그런데 국가교육위원회라는 첫 시도에 관한 입법자의 의도를 헤아리는 데 중요한 몇 가지 단서를 포함한다. 하나는 실질적 정책수단으로서 '사회적 합의'란

---

4) 「대한민국헌법」 제31조 ④교육의 자주성 · 전문성 · 정치적 중립성 및 대학의 자율성은 법률이 정하는 바에 의하여 보장된다.
5) 안민석의원안(2020.6.5., 의안번호 2100190), 정청래의원안(2020.7.13., 의안번호 2101874), 유기홍의원안(2020.9.10., 의안번호 2103719), 강민정의원안(2020.9.16., 의안번호 2103944), 정경희의원안(2021.1.22., 의안번호 2107562)이다.
6) 「국가교육위원회 설치 및 운영에 관한 법률안(대안)」(의안번호 2111241). 국회교육위원장. 2021.6.10. pp2-3
7) 「국가교육위원회법」 제1조(목적) 이 법은 국가교육위원회를 설치하여 교육정책이 사회적 합의에 기반하여 안정적이고 일관되게 추진되도록 함으로써 교육의 자주성·전문성 및 정치적 중립성을 확보하고 교육발전에 이바지함을 목적으로 한다.

'하향식 정책 추진이 아닌' 것을 가리킨다는 점이다. 소수의 교육전문가와 관료 중심의 하향식 정책결정 방식으로는 사회적 갈등을 해소하는 데 한계가 있어서, 폭넓은 시민 참여를 보장하려는 것이다. 다른 하나는 '국가교육위원회'의 성격을 '초정권적인 독립적 기구'라고 적시했다는 점이다. 상술하면, 교육에 관한 정책결정이 집권 정부의 5년 임기에 종속되지 않게 하려는 것이다.

시행: 사회적 합의에 기반한 교육정책 결정, 그 첫 번째 시도

2022년 9월 27일, 국가교육위원회가 정원 21명 중 2명을 제외한 19명으로 구성되었다. 법 제3조(위원회의 구성) 제1항에 따른 21명 가운데 교원 관련 단체가 추천하는 2명의 위원을 위촉하지 않았기 때문이다. 두 달여 늦은 11월 28일 한국교원단체총연합회가 추천한 1명이 위촉되고 20명이 되었으나, 나머지 1명의 추천과 위촉은 구성 3년을 도과하기까지 이루어지지 못했다.[8] 와중에 2022년 9월 27일부터 3년의 임기를 채운 위원은 8명이었다.[9]

「국가교육위원회법」 제10조 제1항에 따르면, 위원회의 소관 사무는 크게 세 가지이다. 첫째, 국가교육발전계획 수립에 관한 사항(제1호), 둘째, 국가교육과정 기준과 내용의 고시 등에 관한 사항(제2호), 셋째, 교육정책에 대한 국민의견 수렴·조정 등에 관한 사항(제3호)이다. 그 밖에 다른 법률에 따라 위원회의 소관으로 정한 사항(제4호)도 포함된다.

이를 위한 국가교육위원회 회의는 3년간 60차례 이루어졌고, 총 34건에 대

---

8) 「국가교육위원회 설치 및 운영에 관한 법률 시행령」 제3조(교원 관련 단체 등) 제2항에 따라 교원 관련 단체가 둘 이상인 경우에는 자율적으로 합의하여 추천자를 정하되, 합의가 이루어지지 않은 경우에는 회원 수 또는 조합원 수가 많은 단체 순서로 각 1명씩 추천자를 정해야 한다.

9) 2022년 9월 27일 위촉 또는 임명된 14명의 비상임위원 중 8명이 중도 사임했으며, 국가교육위원회 위원장 이배용이 2025년 9월 1일부로 사임했다.

한 의결이 이루어졌다.[10] 안건의 성격을 소관 사무에 따라 구분하면, 국가교육발전계획 수립(제1호)과 관련된 안건은 1건도 의결되지 못했다. 국가교육과정(제2호) 관련 안건이 14건이고 교육정책에 대한 국민의견 수렴·조정(제3호) 관련 안건이 1건이었다. 나머지 19건은 대개 위원회 내부 운영에 관한 사항으로서, 즉 산하 기구를 구성한다거나 외부위원 위촉에 관한 것이었다.[11]

결과적으로 첫 번째 '시행'을 두고 성공이라고 평가할 만한 지점을 찾기 어렵다. 「국가교육위원회법」 제2조(국가교육위원회의 설치) 제1항[12]이 규정한 대로, 국가교육위원회의 설치 이유가 사실상 국가교육발전계획 수립에 있다는 점을 고려하면 더욱 그렇다. 교육정책에 대한 국민의견 수렴·조정과 관련해서는 교육부가 요청한 '2028 대학입시제도 개편 시안' 1건이 있다. 교육부로부터 2023년 10월 10일 안건이 제출되고, 국가교육위원회가 2023년 12월 22일 동 시안에 대한 국민의견 수렴·조정 결과로 권고안을 의결한 것이다.[13]

착오: 되풀이하지 않아야 할 것

먼저, 「국가교육위원회법」 등으로 정하고 있는 바가 있는 그대로 확인될 필요가 있다. 국가교육위원회는 입법부·행정부·사법부 어디에도 속하지 않는 기관이 아니고 행정부 소속의 중앙행정기관 내지 합의제행정기관으로서 행정

---

10) 국가교육위원회 누리집 '위원회 일정 및 회의록' 탭에 게시된 각 회의록과 의결서 등을 분석한 것이다. 상정된 안건 중 심의·의결안건 또는 의결안건은 2022년 2건, 2023년 11건, 2024년 17건 2025년 4건이었다.
11) 예컨대, 제19차 회의(2023.11.3.)의 '국민의견 수렴·조정 전문위원회 구성 및 위원 위촉(안)', 제28차 회의(2024.4.12.)의 '특별위원회 구성분야(안)', 제31차 회의(2024.6.14.)의 '중장기 국가교육발전 전문위원회 위원 위촉(안)' 등이다.
12) 제2조(국가교육위원회의 설치) ① 사회적 합의에 기반한 교육비전, 중장기 정책 방향 및 교육제도 개선 등에 관한 국가교육발전계획 수립, 교육정책에 대한 국민의견 수렴·조정 등에 관한 업무를 수행하기 위하여 대통령 소속으로 국가교육위원회(이하 "위원회"라 한다)를 둔다.
13) 국가교육위원회 2023.12.22.자 2023-11 의결

업무를 수행한다는 점이다.[14] 즉, 집권한 정부의 영향력 아래 있다. 예산과 관련하여 국회·대법원·헌법재판소 및 중앙선거관리위원회와 같은 '독립기관'도 아니다.[15] 국가교육위원회 구성 첫해인 2022회계연도 예산은 14.5억 원이었다.[16] 연간 환산 기준 60억 원이 채 되지 않는다. 이듬해 2023회계연도 국가교육위원회 예산은 약 98.9억 원이고,[17] 국회에 제출한 2026회계연도 예산안 규모는 약 104억 원이다.[18] 법률 제정 당시 국회예산정책처가 추계한 재정소요의 50%를 겨우 넘는 수준만 확보하고 있다. 2002년 대통령 선거에서 공약으로 등장한 후 꾸준히 사회 각계각층에서 논의해 온 대로,[19] 국가교육위원회 조직 여건을 갖추지 못한 것으로 보인다. 지금 그대로의 조건 위에서, 국가교육위원회에 기대했던 바가 달성될 리가 없다. 객관적 조건이 변화되어야 한다.

다음으로, 국가교육위원회는 법률로써 창설되었다는 점에서 민주적 정당성을 갖추고 있기는 하지만,[20] 민주적 대표성을 담보하는 국민의 대의기구는 아니라는 점을 확인하여야 한다. 우리 국가에서 국민을 대표할 수 있는 기관은 오로지 국민에 의하여 직접 선출되는 국회의원과 대통령뿐이다. 국가교육위원회의 위원장은 물론 상임위원과 비상임위원 모두 대통령에 의하여 임명·위촉되고, 그 일부는 국회에 의하여 추천되었을 뿐이다. 권한을 국민으로부터 직접 위임을 받은바 없다는 것은 국민이 선거 등을 통하여 직접 책임을 물을 수 없는 대상이라는 의미이기도 하다. 다시 말해서 간접적으로 정당화되는 재위임받은

---

14) 관련하여 헌법재판소는 국가인권위원회의 법적 지위에 대하여 대통령을 수반으로 하는 행정부에 속한다고 보았다. 이상에 대해서는 헌법재판소 2010.10.28. 선고 2009헌라6 결정 참조
15) 「국가재정법」 제6조(독립기관 및 중앙관서)는 독립기관을 별도로 규정하고, 동법 제40조(독립기관의 예산)에 따라 정부는 예산과정에서 독립기관의 장의 의견을 최대한 존중하여야 한다.
16) 『2022회계연도 결산 위원회별 분석 [교육위원회·문화체육관광위원회]』, 국회예산정책처, 2023. p133
17) 『2023회계연도 결산 위원회별 분석 [교육위원회·문화체육관광위원회]』, 국회예산정책처, 2024. p81
18) 『2026년도 예산안 및 기금운용계획안 사업설명자료(Ⅱ-1)』, 국가교육위원회, 2025. p1
19) 국가교육위원회 설립준비단 발족, 교육부 보도자료, 2021.9.16.; '국가교육위원회 설치 법률안' 국회 본회의 통과, 교육부 보도자료, 2021.7.1.
20) 「합의제 중앙행정관청의 조직법적 쟁점」, 이현수, 공법연구, 제41집 제3호, 한국공법학회, 2014. p55

권한은 제한될 수밖에 없고, 그래야 한다. 이를 보충하려면 적어도 국회가 제정한 법률을 집행하고 국회에 대한 설명의무, 응답의무를 진다는 의미의 책임성을 다 해야만 한다.[21] 이른바 '비밀주의'라는 지적[22]에서 벗어나야 한다.

끝으로, 이 기관이 입법목적을 달성하기 위한 전문성을 갖추고 있는지 점검될 필요가 있다. 교육정책에 관한 '사회적 합의'에 이르려면 그 이전에 사회갈등을 효과적으로 관리할 수 있어야 한다. 국가교육위원회는 그 구성에 있어서 일정한 자격 요건을 요구하는 전문가주의를 표방하면서도(법 제3조 제2항), 동시에 여러 교육당사자가 고루 포함되도록 정하고 있다(법 제3조 제3항). 사회적 갈등이 당사자 사이에 서로 다른 경쟁적 입장으로 인해 발생하는 긴장 상태라고 한다면, 두 가지 또는 그 이상의 입장이 서로 상충하지 않도록 타협안을 도출할 수 있어야 한다. 대화와 협상으로 갈등을 풀기 위해서는, 쟁점 사안에 대하여 당사자들이 자기 입장을 명확히 표현할 수 있어야 하고, 각 쟁점에 대하여 갈등 당사자가 취하고 있는 입장의 배경과 근거를 파악할 것도 요구된다.[23] 단지 대화와 타협에 관한 역량만 아니라 교육정책에 관한 여러 쟁점에 대하여 고도의 전문성을 갖추어야 한다. 그러나 구성되는 위원 모두가 이처럼 높은 수준의 자격이나 역량을 갖출 수 없을 것이다. 그렇다면 의사결정을 보조하는 조직과 인력이 뒷받침되어야만 한다. 21명의 위원이 이 기구에 전속되어 있는 것도 아니기 때문에, 누군가는 각 쟁점에 대하여 고도의 전문성을 바탕으로 조사·분석·연구를 전담하도록 해야 한다. 예컨대, 법 제19조에 따른 '전문위원'을 두어 전문성에 관한 공백을 메우려는 노력이 중요하다.

---

21) 「합의제 중앙행정관청의 조직법적 쟁점」, 이현수. 공법연구. 제41집 제3호. 한국공법학회. 2014. pp71-72
22) '사회적 합의 기구' 국교위는 왜 '비밀주의' 고집할까?. 경향신문. 2024.9.17.
23) 『갈등사회의 공공정책-자유와 책임의 관점에서』. 권혁주. 서울대학교출판문화원. 2022. pp68-69

‘사회적 합의’로 가는 길에 관한 규칙 짚어보기

교육정책에 관하여 '사회적 합의'에 이른다는 것은 국가교육위원회 설치라는 정책수단을 통해 기대되는 목적을 달성하는 것이다. 현재의 시점에서 첫 번째 '시행'을 두고 성공이라고 평가할 만한 지점이 별로 없다는 점을 고려할 때 국가교육위원회라는 수단은 정비대상이다. 국가교육위원회 내부 지침이나 관행이 전반적으로 검토되고 개선되어야 할 필요가 있겠지만, 이 장에서는 이 기구를 설치·운영하도록 한 근거인 「국가교육위원회법」이 '사회적 합의'로 가는 길에 관하여 적정한 규칙으로서 시행되고 있는지에 대하여 점검한다. 법률을 제정한 입법자의 의도, 즉 입법목적을 달성하기 위하여 현행 법률의 정비와 개선이 필요한 사항을 검토하는 것이다.

국가기관으로서 법적 위상: '독립기관'도, '중앙행정기관'도 아닌

국가교육위원회는 행정부 소속의 합의제행정기관[24]이라고 할 수 있다. 「국가교육위원회법」 제2조(국가교육위원회의 설치) 제1항은 명시적으로 "대통령 소속으로 국가교육위원회를 둔다"라고 규정하였기 때문이다. 행정부 소속인 점은 명확하다. 「국가교육위원회법」에서 위임한 사항을 대통령령으로 정하고 있다

---

24) 「정부조직법」 제5조(합의제행정기관의 설치)에 따라 행정기관의 소관사무 일부를 독립하여 수행할 필요가 있는 때 설치하는 합의제행정기관을 말한다.

는 점도 근거가 된다.[25] 따라서 제정법안 논의과정에서 제기되었던 대통령 소속이 아닌 독립된 국가기구[26]라거나 입법부·행정부·사법부 어디에도 속하지 않는 기관[27]이어야 한다는 취지는 현행법에 반영되어 있지 않다.

한편, 국가교육위원회가 '중앙행정기관'이 아니라서 관 사무에 맞는 법적 위상을 확보하지 못했다는 지적이 있다. 「정부조직법」 제2조(중앙행정기관의 설치와 조직 등) 제2항은 "중앙행정기관은 이 법 및 다음 각 호의 법률에 따르지 아니하고는 설치할 수 없다"라고 규정하고, 국가교육위원회를 열거하지 않고 있기 때문이다. 다만, 실무적으로는 다른 중앙행정기관과 마찬가지로 국가교육위원회는 「국가재정법」에 따라 소관 예산안을 편성하고, 「행정기관의 조직과 정원에 관한 통칙」에 따라 대통령령으로 정하는 별도 직제도 시행하고 있다. 헌법재판소가 「정부조직법」에 별도 규정이 없는 기관인 경우에도 중앙행정기관이라고 본 결정례도 참고할 필요가 있다.[28]

검토할 수 있는 두 가지 방향

「국가교육위원회법」이 제정되기까지 기구의 법적 위상에 대하여 다양한 논의가 있었으나, 법률 문언으로 구체화하는 과정에서 모두 고려되었다거나 반영되었다고 보기는 어렵다. 제19대부터 제21대 국회까지 11건의 국가교육위원회 설치 및 운영에 관한 법률안에서 '국가교육위원회'라고 가리킨 바가 모두

---

25) 국회, 대법원, 헌법재판소, 중앙선거관리위원회과 같은 독립기관은 헌법상 근거에 따라 법률에 저촉되지 아니하는 범위 안에서 내부규율 등에 관한 규칙을 제정할 수 있다. 예컨대, 「국회법」에 따라 위임된 사항은 국회규칙, 「법원조직법」에 따라 위임된 사항은 대법원규칙, 「헌법재판소법」에 따라 위임된 사항은 헌법재판소규칙, 「선거관리위원회법」에 따라 위임된 사항은 중앙선거관리위원회규칙으로 각각 정한다.
26) 「국가인권위원회법」과 「고위공직자범죄수사처 설치 및 운영에 관한 법률」은 국가인권위원회와 고위공직자범죄수사처 설치 규정에서 "대통령 소속으로"와 같은 명문을 두지 않고 있다.
27) 당시 법안 검토보고에 따르면, "국가교육위원회를 국회 등과 같은 헌법기관으로 하려는 경우에는 개헌이 필요하다"라는 의견이 제시되었다.「국가교육위원회의 설치 및 운영에 관한 법률안(안민석의원 대표발의, 2100190) 검토보고」, 국회교육위원회 수석전문위원. 2020.8. p9
28) 헌법재판소 2021.1.28. 선고 2020헌마264 · 681(병합) 결정 등 참조

같지 않다. 현행 법률이 이전에 제안되었다가 임기만료로 폐기되거나 대안반영폐기된 각 법률안의 내용을 모두 포함한 것도 아니다. 이에 두 가지 방향을 염두에 두고 정비를 검토해볼 수 있다.

하나는, 차제에 개헌 논의과정에서 국가교육위원회 헌법상 설치 근거를 마련하여 헌법기관으로서의 위상을 확보하는 방안이다. 예컨대, 헌법에 따라 창설되는 국회·대법원·헌법재판소 및 중앙선거관리위원회의 경우 「국가재정법」에서 '독립기관'으로 규정되고, 독립기관의 재정적 자율성을 보장하기 위한 특례 규정이 적용된다. 국가인권위원회 역시 마찬가지로 헌법기관으로서 동렬의 위치에 있지 않기 때문에 독립기관으로서의 재정적 자율성을 확보하지 못하고 있다는 지적을 참고할 필요가 있다.[29]

다른 하나는, 중앙행정기관으로서의 지위를 명시적으로 확보하는 방안이다. 구체적으로 「정부조직법」 제2조 제2항 각 호로 "「국가교육위원회 설치 및 운영에 관한 법률」 제2조에 따른 국가교육위원회"를 규정하는 것이다. 이에 방송통신위원회, 공정거래위원회, 국민권익위원회, 금융위원회 등과 같이 중앙행정기관의 지위를 명시적으로 확보하는 방안이 검토될 수 있다. 다만, 이 방안은 전술한 3부 어디에도 속하지 않은 독립기관으로서의 위상을 확보하는 것과는 거리가 있다는 점이 고려되어야 한다.

위원회의 구성

국가교육위원회의 위원은 「국가교육위원회법」 제3조(위원회의 구성) 제1항에 따라 상임위원 3명(위원장 1명을 포함한다)을 포함하여 21명의 위원으로 구성된다. 동조 제2항은 국가교육위원회 위원은 각 호의 어느 하나의 자격요건을 갖추어

---

[29] 「국가인권위원회 독립성의 규범적 의의」, 신현석. 법제논단. 제704권. 법제처. 2024. pp30-31

야 한다고 정하고 있다.[30] 교원·학생·학부모뿐만 아니라 유관 공무원이나 단체의 임직원, 지역 주민까지도 포함하고 있다. 또한, 그 밖에 국가교육발전을 위한 전문성과 지식을 가졌다고 인정되는 사람까지도 열거하고 있어서, 이른바 위원에게 높은 교육의 전문성을 요구하는 기준이라고 보기는 어렵다. 나아가 동조 제3항 단서 규정에 따라, 21명의 위원을 구성할 때 어느 하나의 자격요건에 해당하는 사람이 30%를 넘지 않도록 하고 있다. 위원의 구성 시 특정 집단에 편중되지 않는 최소 규정을 둔 것이다.

전술한 자격요건을 갖춘 21명의 사람 중 다음에 해당하는 사람을 대통령이 국가교육위원회의 위원으로 임명 또는 위촉하게 된다. 첫째, 상임위원 2명을 포함하여 국회가 추천하는 9명(1명은 비교섭단체가 추천), 둘째, 상임위원 1명을 포함하여 대통령이 지명하는 5명, 셋째, 교육부차관, 넷째, 전국시도교육감협의회(이하 "교육감협의회") 대표자, 다섯째, 대통령령으로 정하는 교원 관련 단체가 추천하는 2명, 한국대학교육협의회(이하 "대교협")가 추천하는 1명 및 한국전문대학교육협의회(이하 "전문대교협")가 추천하는 1명, 대한민국시도지사협의회(이하 "시도지사협의회")가 추천하는 1명이다. 또한, 국회는 9명의 위원을 추천하면서 학생 또는 청년 2명 이상, 학부모 2명 이상을 각각 포함하여야 한다.

---

30) 제3조(위원회의 구성) ② 위원은 교육에 관하여 전문지식과 경험이 풍부하고 소관 업무를 공정하고 독립적으로 수행할 수 있다고 인정되는 사람으로서 다음 각 호의 어느 하나에 해당하는 요건을 갖추어야 하며, 위원의 구체적인 자격요건 및 기준 등과 관련하여 필요한 사항은 대통령령으로 정한다.
  1. 학교(「유아교육법」 제2조제2호에 따른 유치원 및 「초·중등교육법」 제2조에 따른 학교를 말한다) 교원으로서 10년 이상 있거나 있었던 사람
  2. 교육 또는 그 밖의 관련 분야를 전공한 사람으로서 대학에서 부교수 이상의 직에 있거나 있었던 사람 또는 이에 상당하는 직에 10년 이상 있거나 있었던 사람
  3. 교육 또는 교육 관련 분야에 관한 경험이 있는 3급 이상 공무원(이에 상당하는 교육공무원을 포함한다)의 직에 있거나 있었던 사람
  4. 교육·문화·언론·고용·산업·복지·과학기술 또는 그 밖의 관련 분야 단체나 기관(연구기관을 포함한다)의 대표자 또는 임직원의 직에 10년 이상 있거나 있었던 사람
  5. 학생, 청년, 학부모, 지역 주민 등으로서 교육발전과 관련하여 해당 사회계층을 대변할 수 있는 사람
  6. 그 밖에 국가교육발전을 위한 전문성과 지식을 가졌다고 인정되는 사람

제22대 국회에서 위원회 구성 변경에 관한 논의

제22대 국회에서는 「국가교육위원회법」 제3조(위원회의 구성) 제3항을 변경하는 내용으로, 3건의 국가교육위원회 설치 및 운영에 관한 법률 일부개정법률안이 발의되어 있다. 발의일 순으로 고민정의원 대표발의안(2025. 1. 8., 의안번호 2207355)(이하 "고민정의원안"), 김문수의원 대표발의안(2025. 2. 6., 의안번호 2207956)(이하 "김문수의원안"), 김영호의원 대표발의안(2025. 6. 12., 의안번호 2210780)(이하 "김영호의원안") 등이다.

▨ 국가교육위원회 위원회 구성안 비교(제22대 국회)

구분	현행	고민정의원안	김문수의원안	김영호의원안
국회 추천	9*	7	7	7**
대통령 지명	5	3	3	3
교육부차관	1	-	1	-
교육감협의회	1	1	1	1
교원 관련 단체	2	3	2	3
대교협·전문대교협	2	2	2	2
시도지사협의회	1	1	1	1
저출산고령사회위원회(영유아전문가)	-	-	-	1
교장 관련 단체	-	1	-	-
교수 관련 단체	-	2	-	2
교육 관련 학회	-	1	-	1
학생·청년 관련 단체	-	-	2	-
학부모 관련 단체	-	-	2	-
정수	21			

* 비교섭단체 추천 1인 포함, 제21대 국회 당시 더불어민주당 4명, 국민의힘 3명, 정의당 1명, 국회의장 1명 추천하기로 합의
** 여당(대통령이 소속되거나 소속되었던 정당의 교섭단체)이 2명 추천, 야당인 교섭단체 4명·비교섭단체 1명 추천

검토가 필요한 사항

국가교육위원회 구성의 변경에 관한 논의는 첫발을 뗀 수준이다. 관련 내용을 포함하는 세 건의 법안은 2025년 7월 22일 국회교육위원회 법안심사소위원회에 상정되었는데, 논의가 진척되는 과정에서 관련 법안이 추가 발의될 수 있거나 위원회 대안을 마련하는 과정에서 제3의 안이 반영될 가능성도 배제하기 어렵다.

이상을 전제로 추후 논의과정에서 고려하거나 검토가 필요한 사항을 제안하면 다음과 같다.

첫째, 국회 추천 2명을 줄이는 방안은 신중하게 검토될 필요가 있다. 국회가 추천하지 않게 되는 인원만큼 행정부(대통령)의 인사 재량이 확대되는 것으로 보이기 때문이다. 일시적인 특정 정치세력의 영향이나 집권자의 통치 의도로부터 교육의 자주성 등을 보장하려는 헌법 규정의 취지에 비추어볼 때,[31] 이 방안이 교육의 정치적 중립성 확보에 더 부합한다고 평가하기도 어렵다. 유일한 국민의 대표기관으로서 합의체기구인 국회가 국가교육위원회의 구성에 관여하게 할 필요성이 고려될 필요가 있다.

둘째, 교수 또는 교장 관련 단체 규정 신설은 곧 교원 관련 단체 비중의 확대라는 점이 고려되어야 한다. 교장이나 교수는 교원에 포함되고, '교장 관련 단체', '교수 관련 단체' 역시 '교원 관련 단체'에 포함된다. 교육과 관련이 있는 단체의 추천 비중을 높여 국가교육위원회의 교육 전문성을 확보하려는 취지는 바람직하게 보인다. 그러나 고민정의원안에 따르면 교원 관련 단체 추천이 최소 6명에 이르게 된다. 대학 교원은 대교협·전문대교협이나 신설되는 교육 관련 학회 추천에 의해서도 늘어날 수 있다. 결과적으로 다양한 사회계층을 포함하여 교육정책에 관한 사회적 합의를 강구하려는 입법 취지와는 경합하게 된

---

31) 헌법재판소 1992.11.12. 선고 89헌마88 결정 참조

다는 점이 십분 고려되어야 한다.

끝으로, 국가교육위원회 위원의 임기가 서로 달라 구성의 변경 시 해촉 등 불가피한 부담이 있을 수 있다. 즉, 위원회 구성에 관한 규정을 개정 시 기존 위원의 임기에 관한 경과조치 규정이 수반될 수밖에 없다. 즉, 위원회 구성 규정을 개정하려는 경우, 국가교육위원회 위원 전원의 임기를 일시에 종료하고 새롭게 구성해야 할 가능성까지 염두에 두고 논의가 진행될 필요가 있겠다.

'사회적 합의'로서 의결정족수

「국가교육위원회법」 제15조(회의) 제2항에 따르면, 국가교육위원회의 회의는 재적위원 과반수의 출석으로 개의하고 재적위원 과반수의 찬성으로 의결한다. 입법연혁을 고려할 때, 이 법에서 교육정책에 관한 '사회적 합의'란 집권 정부에 의해 하향식으로 추진되는 것이 아니라 폭넓은 시민 참여를 기반으로 이루어지는 것으로 이해된다. 그런데 국가교육발전계획과 국가교육과정 등 안건의 성격을 구분하지 않고 모든 안건에 대해서도 재적위원 과반수 찬성이라는 의결정족수가 동일하게 적용된다. 법률에서는 '사회적 합의'에 필요한 최소 요건이 재적위원 과반수 찬성으로 표현되고 있는 것이다.

제22대 국회에서 의결정족수 특례에 관한 논의

제22대 국회에서는 「국가교육위원회법」 제15조(회의) 제2항에 따른 의결정족수를 변경하는 내용으로, 2건의 국가교육위원회 설치 및 운영에 관한 법률 일부개정법률안이 발의되어 있다. 발의일 순으로 고민정의원안, 김영호의원안 등이다.

▨ 위원회 의결정족수 강화 관련 법률안(제22대 국회)

현행	고민정의원안	김영호의원안
제15조(회의) ① (생략) ② 위원회의 회의는 재적위원 과반수의 출석으로 개의하고, 재적위원 과반수의 찬성으로 의결한다. 〈단서 신설〉	제15조(회의) ① (현행과 같음) ② ---. 다만, 제11조에 따른 국가교육발전계획 수립 및 변경에 관한 사항은 재적위원 3분의 2 이상의 출석과 출석위원 3분의 2 이상의 찬성으로 의결한다.	제15조(회의) ① (현행과 같음) ② ---. 다만, 제10조에 따른 위원회의 소관 사무로서 대통령령으로 정하는 중요 사항(이하 "중요안건"이라 한다)은 재적위원 과반수 출석과 출석위원 3분의 2 이상의 찬성으로 의결한다.

검토가 필요한 사항

일반적으로 법률로 정하고 있는 위원회의 의결정족수는 과반수 찬성으로 정하는 경우가 일반적이다. 국가인권위원회, 방송통신위원회는 '재적위원 과반수의 찬성'으로 정하고 있고, 개인정보보호위원회, 금융위원회, 국민권익위원회 등은 '재적위원 과반수의 출석과 출석위원 과반수 찬성'과 같이 정하고 있다. 국가교육위원회의 경우 전자의 요건을 따른다.

국가교육발전계획 또는 중요사안에 대하여 의결정족수를 과반수보다 강화하는 것은 「국가교육위원회법」의 목적이나 국가교육위원회를 설치하는 취지 등을 고려할 때 형식적인 '사회적 합의'의 최소 요건을 어떻게 구체화하느냐의 문제가 된다. 참고로, 국회는 일반적인 안건에 대하여 '재적의원 과반수 출석과 출석의원 과반수 찬성'으로 의결하면서 일부 안건에 대하여 특별정족수를 적용하고 있다. 먼저, 헌법상 직접 근거 규정을 포함하는 특별정족수 적용 안건은 다음과 같다. 국회의원 제명안, 헌법개정안, 대통령 탄핵소추안, 국회의원 자격 상실 결정 의결에 대해서는 '재적의원 3분의 2 이상 찬성'으로 의결하고, 법률안 재의결의 경우 '재적의원 과반수 출석과 출석의원 3분의 2 이상 찬성'으로 의결한다. 한편, 「국회법」 제85조의2(안건의 신속처리)에 따른 신속처리안건 지정안 또는 동법 제106조의2(무제한토론의 실시 등)에 따른 무제한토론 강제종료안의 경우, '재적의원 5분의 3 이상 찬성'으로 의결한다.

의결정족수 강화는 국가교육위원회가 목표로 해야 하는 사회적 합의의 최소 수준을 견인한다는 의미가 있다. 다만, 이 경우 쟁점에 대한 위원 간 간극이 좁혀지지 않는 안건은 논의 자체가 쉽지 않게 되는 우려도 커질 수 있다. 살펴본 입법례를 고려할 때, '3분의 2 이상의 출석과 출석위원 3분의 2 이상의 찬성'이라는 정족수의 기준은 매우 엄격하다는 점도 고려되어야 한다. 추후 논의과정에서 「국회법」에 따른 특별정족수를 참조하여 '재적위원 5분의 3이 상 찬성'과 같은 요건으로 조정하는 방안도 검토해볼 수 있을 것이다.

기타 더 살펴봐야 할 것들

회의의 공개와 회의록 작성

제22대 국회에서는 「국가교육위원회법」 제15조(회의) 제3항 및 제5항에 따른 회의의 공개 또는 회의록의 작성·보존에 관한 사항을 변경하는 내용으로, 2건의 국가교육위원회 설치 및 운영에 관한 법률 일부개정법률안이 발의되어 있다. 발의일 순으로 백승아의원 대표발의안(2024.12.19., 의안번호 2206718), 고민정의원안 등이다.

▨ 회의의 공개 및 회의록의 작성 등 관련 법률안(제22대 국회)

구분	현행	백승아의원안	고민정의원안
회의의 공개 (제15조 제3항)	• 위원회 의결에 따라 회의 비공개 가능	• 회의 비공개 요건 신설 - 국가안전보장을 해칠 우려가 있는 경우 - 개인·법인 및 단체의 명예를 훼손할 우려가 있다고 인정되는 경우	
회의록의 작성·보존 (제15조 제5항)	• 회의록을 작성·보존하여야 한다고 규정하고 있으나, 이 법에서는 별도 세부 규정 없음 (「공공기록물 관리에 관한 법률」 등 적용)	• 회의록 및 녹음기록을 작성·보존하고, 회의록은 속기방법으로 작성하도록 함 • 회의록에 포함하여야 하는 사항 별도 규정	• 회의록을 속기방법으로 작성하여 보존 • 회의록에 포함하여야 하는 사항 규정
회의 방청	• 회의 방청에 관한 별도 규정 없음		• 위원장 허가에 따라 방청 가능, 위원장의 질서 유지를 위한 퇴장명령권 신설

먼저, 회의의 비공개 요건을 강화하는 것은 불가피한 경우가 아니면 국민의 알 권리를 위하여 회의내용을 공개하여야 한다는 입법자의 의도를 명확히 하려는 것으로 보인다. 다만, 위원장이나 일부 위원의 의사에 따른 임의적인 비공개 운영이 어렵도록 의결정족수 요건을 강화하는 방안이나 개정안에서 적시하고 있는 비공개 요건 중 "개인·법인 및 단체의 명예를 훼손할 우려가 있다고 인정되는 경우"의 경우 위원회가 자의적으로 해석할 가능성이 있어 이를 방지하기 위한 장치가 고려되어야 한다.

다음으로, 회의록의 작성·보존 등에 관한 세부 규정을 두는 방안은 다른 법률과의 관계를 고려하여 신중하게 검토할 필요가 있다. 즉,「공공기록물 관리에 관한 법률」등 에서 관련 내용을 규정하고 있는 만큼 실질적 변경을 가져오는 법

효과는 제한적이기 때문이다. 다만, 현재 국가교육위원회가 '발언 위원의 성명을 적시하지 않는' 방식으로 회의록을 작성하여 공개하고 있는 만큼, 발언자의 성명 등 공개·공표하여야 한다는 구체적 요건의 필요성은 검토될 수 있겠다.

끝으로, 위원회 회의 방청에 관한 별도 규정을 마련하는 것은 의미가 있다. 회의의 공개 수준이 높아질수록 회의내용의 밀도나 긴장도는 높아질 수 있다. 종래 지적되어 온 국가교육위원회의 형식적 회의 운영을 극복하는 하나의 방법일 수 있다. 최근 국무회의가 생중계로 송출되고 있는 사례 등을 고려할 때,[32] 추후 논의과정에서 현장 방청이 아니더라도 중계 형식의 방청 방안이 종합적으로 검토될 수 있겠다.

위원장 인사청문 실시

제22대 국회에서 국가교육위원회 위원장을 임명하면서 국회의 인사청문을 거치도록 하는 3건의 법률안이 발의되어 있다. 발의일 순으로 고민정의원안, 김문수의원안, 허영의원 대표발의안(2025.7.10., 의안번호 22121411) 등이다.

국가교육위원장 후보자에 대한 인사청문회 실시

현행	고민정·김문수·허영의원안
제3조(위원회의 구성) ① ~ ⑤ (생략) ⑥ 위원장은 상임위원 중에서 대통령이 임명한다. 〈후단 신설〉 ⑦·⑧ (생략)	제3조(위원회의 구성) ① ~ ⑤ (현행과 같음) ⑥ ------------------------------. <u>이 경우 위원장은 국회의 인사청문을 거쳐야 한다.</u> ⑦·⑧ (현행과 같음)

---

32) 중대재해 반복 발생 근절대책 관련 이규연 홍보수석 브리핑. 대통령실. 2025.7.29.

국가교육위원장은 위원회를 대표하고 사무를 총괄하는 등 그 역할과 책임이 막중하다. 위원장에 대하여 국회 인사청문 대상으로 포함하려는 이유 역시 사회적 합의에 기반하여 안정적이고 일관되게 교육정책을 추진할 책무를 지고 있으므로 자질 및 직무적합성 등을 검증하려는 것으로 이해된다.

그런데 정부조직법상 중앙행정기관의 장이라고 하더라도 방송통신위원장, 금융위원장에 대해서는 인사청문을 실시하지만, 국민권익위원장이나 개인정보보호위원장 등에 대해서는 인사청문을 실시하지 않는 경우도 있다. 국가교육위원회와 같이 「정부조직법」에 명시적으로 중앙행정기관으로 열거되지 않은 합의제행정기관의 장이라도 하더라도, 국가인권위원장과 같이 인사청문을 실시하기도 한다. 결국 이를 인사청문 대상으로 포함할 것인지는 입법자의 재량에 속하는 문제이고, 참조할 만한 일관된 입법례는 없는 것으로 보인다.

위원의 임기 계산 방식

2022년 9월 27일 구성된 국가교육위원회를 '제1기'라고 칭하고, 임기 3년 뒤 임명된 상임위원과 함께 구성되는 국가교육위원회를 '제2기'라고 칭하는 경우가 있다.[33] 정명(正名)이 아니다. 「국가교육위원회법」 제5조(위원의 임기) 제2항에 따라 위원이 결원되었을 때 새로 임명 또는 위촉된 위원의 임기는 임명 또는 위촉된 날부터 계산하기 때문이다. 위원장이나 상임위원도 마찬가지이다. 임기의 시기와 종기가 따로 정해져 있지 않고, 각 위원이 임명 또는 위촉된 날로부터 3년씩이기 때문에 위원회의 '제1기', '제2기'와 같은 구성은 성립될 수 없는 개념이다.

물론 현행 규정과 달리 임기를 정하는 방식도 있다. 즉, 결원된 자리에 임명 또는 위촉된 자의 임기를 전임자의 잔임기간으로 하는 방식이다. 행정기구 중

---

33) 출발부터 '삐걱' 1기 국교위, 유명무실 속 파국으로 막 내려. CBS노컷뉴스. 2025.9.6.

에는 「방송통신위원회의 설치 및 운영에 관한 법률」 제7조(위원의 임기) 제2항에 따라 방송통신위원회가 결원에 대한 보궐위원의 임기를 전임자 임기의 남은 기간으로 정하고 있다. 선출직 중에서는 「공직선거법」 제14조(임기개시) 제2항 및 제3항에 따라 국회의원, 지방의회의원, 지방자치단체장이 이와 같이 임기를 정한다. 따라서 어떤 임기의 기수나 대수를 구분하는 것이 가능하다. 다만, 나머지 대부분의 합의제행정기관은 국가교육위원회와 같은 위원의 임기 계산 방식을 취하고 있다.[34]

'전문위원' 제도의 실효성

앞 절에서 위원회의 교육정책에 관한 전문성을 뒷받침하기 위하여 '전문위원'을 둘 필요가 있다고 제안하였다. 강조하는 이유는 두 가지이다. 하나는 국가교육위원회 '전문위원회의 위원'과 '전문위원'은 전혀 다른 것인데도 혼동하여 사용하는 경우가 많다는 것이다. 다른 하나는 국가교육위원회는 아직까지 단 한 명의 전문위원도 두지 않고 있다는 점이다.

먼저, '전문위원회의 위원'이란 「국가교육위원회법」 제17조에 따라 설치하는 회의기구의 성원이다. 참고로, 제21대 국회에서 제정안을 마련하던 당시 교육위원회 대안에서는 '분과위원회'라고 하였으나 법제사법위원회 체계·자구 심사를 거쳐 '전문위원회'로 변경된 것이다. 이것은 후술하는 '전문위원'과 전혀 다른 비상근 위촉직으로 구성된 회의체일 뿐이다. 전문위원회 회의가 소집되어야만 국가교육위원회에 대한 실무적 자문이나 심의·의결 사항에 관한 사전 검토 기능을 수행하기 때문에, 안건에 관한 사항을 직접 생산·기획할 수 있는 조직이라고 보기도 어렵다.

반면, '전문위원'은 동법 제19조에 따라 소관 사무에 관한 전문적인 조사·연

---

[34] 국가인권위원회, 국민권익위원회, 원자력안전위원회, 공정거래위원회, 금융위원회, 개인정보보호위원회 모두 결원에 새로 임명되거나 위촉된 위원의 임기가 새로 시작된다.

구 등을 수행하기 위하여 둘 수 있는 상근 직원을 가리킨다.[35] 예컨대, 경제사회노동위원회는 합의제행정기관이 아닌 자문위원회임에도 불구하고,「경제사회노동위원회법」제13조(전문위원)에 따라 위원회 업무에 관한 전문적인 조사·연구를 위하여 전문위원을 두고 있다.「경제사회노동위원회법 시행령」제14조(전문위원의 수·자격 등)에 따르면, 전문위원의 수를 30명 이내로 하며 관련 분야 전공 박사학위 소지자 등 해당 분야에 학식과 경험이 풍부한 사람 중에서 위원장이 임명한다. 2024년 말일 기준, 경제사회노동위원회는 1명의 수석전문위원과 12명의 전문위원이 상근하고 있다.[36] 국가교육위원회의 경우 '전문위원'을 둘 수 있도록 법률에서 정하고 있지만, 전혀 위촉하여 운영하고 있지 않다.

다만, 이 제도가 실효적으로 운영되려면 대통령령인「국가교육위원회 직제」를 개정하여 국가교육위원회 공무원 정원을 현행 32명보다 크게 확대하여야 하고, 정원 내에 전문위원을 포함시키면서 관련 인건비 등 운영 예산이 확보되어야 한다. 나아가「국가교육위원회법」제19조 제1항의 "둘 수 있다"는 "둔다"로, 동조 제2항의 "위촉한다"는 "임명 또는 위촉한다"로 개정하는 방안이 적극 검토되어야 한다.「경제사회노동위원회법」제13조(전문위원) 제1항은 "둔다"라고 규정한 점,「경제사회노동위원회법 시행령」제14조(전문위원의 수·자격 등) 제2항은 "임명한다"라고 규정한 점이 각각 참조될 필요가 있다.

---

[35] 「행정기관위원회법」제10조(위원회의 사무기구 등)에 따르면 합의제행정기관인 위원회에는 사무기구를 설치하거나 상근인 전문위원 등의 직원을 둘 수 있다.
[36] 『2024 경제사회노동위원회 활동보고서』, 경제사회노동위원회, 2025.6, p130

벌칙 적용 시 공무원 의제 규정

국가교육위원회의 위원은 공무원으로서 대통령에 의해 '임명'되는 경우가 있지만, 공무원이 아닌 민간위원으로서 '위촉'되는 경우가 더 많다. 그런데 국민의 권리·의무와 관련되는 안건을 다루는 위원회의 경우, 위원회에 위촉되는 공무원이 아닌 민간위원에 대하여 「형법」 등에 따른 벌칙 적용 시 공무원으로 의제하도록 규정할 필요가 있다.

예컨대, 「행정기관 소속 위원회의 설치·운영에 관한 법률」(이하 "행정기관위원회법") 제6조(위원회의 설치절차 등) 제3항은 행정기관의 장은 국민의 권리·의무와 관련되는 인·허가, 분쟁 조정 등 공정하고 객관적인 심의·의결이 필요한 위원회를 설치할 때에는 공무원이 아닌 위원(제3항에 따른 분과위원회 등의 위원을 포함한다)에 대한 벌칙 적용에서 공무원 의제에 관한 사항이 관련 법률에 명시되도록 필요한 조치를 하여야 한다고 규정하고 있다.

한편, 현행법은 국가교육위원회의 위원 중 공무원이 아닌 위원에 대한 벌칙 적용 시 공무원 의제 규정을 별도로 두고 있지 않다. 공정하고 객관적인 심의·의결이 가능하도록 이와 같은 규정을 신설할 필요가 있다. 나아가 국가교육위원회의 위원뿐만 아니라, 국가교육발전계획의 수립 및 변경 등 중요한 안건에 대한 의사결정에 영향을 미칠 수 있는 전문위원회, 특별위원회 등의 위원에 대해서도 이와 같은 공무원 의제 규정이 적용되도록 하는 방안이 검토되어야 할 것이다.

국가교육위원회가
2026년 마주해야 할 길

국가교육위원회는 교육정책에 관한 '사회적 합의'를 향해 두 번째 '시행trial'에 진입하고 있다. 앞서 상술한 것처럼 '제2기'는 분명히 아니다. 일부 위원이 새로 임명되거나 위촉되었을 뿐, 일부 위원은 계속 임기 중이다. 사무처를 비롯한 위원회 각종 기구 등 조직의 변화 역시 크지 않을 수 있다. 무엇보다 「국가교육위원회법」 등 관련 법제가 당장 정비되리라고 보기에는 각 쟁점에 대한 논의가 미진한 측면도 있다. 그렇다고 이번 시도 역시 '고양이가 문을 여는 데 성공'하지 못하는 '착오error'로 마무리되리라고 낙담할 수만도 없다. 그런 의미에서, 국가교육위원회가 사회적 합의로 가는 긴 여정에서 당장 검토해야 할 두 가지 제안을 하고 싶다.

하나는 2026년 국가교육위원회 예산을 대폭 증액하고 조직과 인력을 크게 확대하는 것이다. 국회에 제출된 2026회계연도 예산안에 편성된 규모는 약 104억 원이고,[37] 「국가교육위원회 직제」에 따른 공무원 정원은 32명이다. 제21대 국회 논의 당시 국회예산정책처가 제출한 제정법안에 대한 비용추계서에 따르면, 공무원 정원은 104명으로 가정하였으며 2025년 기준 재정소요는 총 190여 억원이었다.[38] 입법자의 의도대로 예산과 조직·인력이라는 객관적 조건을 변경하지 않는 한 입법목적을 달성하기 어렵다. 국회는 2025년 말 예산심의

---

[37] 『2026년도 예산안 및 기금운용계획안 사업설명자료(Ⅱ-1)』, 국가교육위원회. 2025. p1
[38] 「국가교육위원회의 설치 및 운영에 관한 법률안(유기홍의원 대표발의, 의안번호 2103719) 비용추계서」, 국회예산정책처. 2020.11.6. p9

과정에서 행정부에 대하여 증액을 요구해야 하고, 정부 역시 이재명정부 국정운영 5개년 계획[39])에 따라 국가교육위원회 확대 및 기능 강화에 상응하는 여건을 조성해야 한다. 국고를 확보하고,「교육세법」을 개정하는 과정에서 일부 늘어난 세입을 국가교육위원회에 투입하는 방안도 검토될 수 있다. 정원 확대에는 단지 사무처 조직의 확대뿐만 아니라 전문위원 직제를 신설하는 내용도 포함되어야 한다. 본예산 심의과정에서 충분하지 않다면 회계연도 중 추가경정예산을 통해서라도 2026년부터 조건을 정비할 필요가 있다.

다른 하나는 국가교육발전계획의 시행 시기를 최소한 2028년 이후로 연기하는 결정을 해야 한다. 이 기구의 첫 번째 소관 사무이자 교육정책에 대한 사회적 합의의 생산물이 국가교육발전계획이라는 점은 재론의 여지가 없을 듯하다. 당초 이 계획은 2026년부터 10년간 시행되는 내용을 2025년 3월 31일까지 확정할 예정이었다.[40]) 2024년 경과가 미진하여 결과적으로 1년을 연기했고, 2027년부터 시행되는 계획을 2026년 3월 31일까지 확정할 예정이다.[41]) 애석하게도 수립·시행을 당초 연기할 수밖에 없었던 불비한 여건은 1년이 지나서도 특별히 달라지지 못했다. 예정하고 있는 내년 3월까지는 불과 수 달이 채 남지 않았다. 이와 같은 일정은 사회적 합의의 길잡이가 되기 어렵다. 조급하게 내년 3월까지 계획을 확정하기보다, 2027년 3월 31일까지의 로드맵을 충실히 마련하여 내놓는 것이 우선되어야 한다. 전술한 조직과 예산의 정비는 물론이고, 국회와 협의하여 법령개정의 시점도 어느 정도 밝힐 필요가 있다. 한정된 시간은 어찌할 도리가 없지만, 사회적 합의의 길에 조급한 시간의 개념이 개입되는 순간 다시 착오를 반복할 가능성은 더 커질 수 있다. 사회적 합의에 이르기까지 적절한 해결책을 습득할 시간이 조금 더 주어져야만 한다. 국

---

39) 『이재명정부 국정계획 5개년 운영 계획(안)』, 국정기획위원회, 2025.8, p151
40) 「국가교육위원회 2024년 업무계획(안)」, 국가교육위원회, 2024, p5
41) 「국가교육위원회 2025년 업무계획(안)」, 국가교육위원회, 2025, p4

가교육발전전문위원회 공동위원장으로 일했던 김영화의 말을 넉넉히 곱씹을 필요가 있다.

> "(…) 시간에 쫓기면서 일정한, 그러니까 사회적 합의라는 그런 방법을 쓰기에는 시간이라는 개념이 들어오면 안 되는데, 그것을 시간을 가지고 더 논의하고 숙의하고 이렇게 갔어야 되는데, 그게 항상 짜여진 일정 때문에 늘 저희가 급하게 간 것은 사실이고요."
>
> - 2024년 국가교육위원회 국정감사에서 증인 김영화의 진술 중[42]

---

42) 제22대 국회 제418회 교육위원회 회의록, 2024.10.08.

윤석열 정부가 남긴
이재명 정부의 과제

김 승 호
실천교육교사모임 대외정책실장

12

윤석열 정부의 교육정책을
돌아봐야 하는 이유

정권이 바뀔 때마다 사람들은 늘 새로운 희망을 품는다. 대통령이 새로 취임하면 지난 정부의 잘못된 정책은 바로잡히고, 미뤄졌던 개혁도 제대로 추진될 것이라고 기대한다. 교육정책은 특히 그런 기대가 큰 영역이다. 아이들의 학습과 생활, 가정의 일상, 그리고 미래 진로까지 직접적으로 연결되어 있기 때문이다. 새로운 정부가 들어설 때마다 "이번에는 교육이 달라지겠지"라는 희망이 반복해서 제기되는 이유가 여기에 있다.

하지만 실제 현실은 그 기대와는 다르다. 정권이 교체되었음에도 정책의 방향은 크게 바뀌지 않거나, 바뀌더라도 오래가지 못한다. 이름만 새로울 뿐 내용은 과거와 비슷하고, 잠시 새로운 길을 가는 듯하다가도 어느새 다시 원래 제도로 되돌아오곤 한다. 이는 경로의존성 path dependency 때문이다.

경로의존성이란 말 그대로 한 번 특정한 길 path에 들어서면, 그다음부터는 그 길에서 벗어나기 어렵다는 뜻이다. 더 합리적이고 효율적인 대안이 눈앞에 있더라도, 이미 선택된 제도와 그에 적응한 사람들의 습관, 이해관계, 사회적 기대가 새로운 선택을 가로막는다.

이러한 맥락에서 새로운 정부가 등장해도 과거 정부가 만들어 놓은 제도와 관행, 그리고 그 안에 얽힌 수많은 이해관계자들의 연속선상에서 정책을 추진해야 하기 때문에, 급격한 전환은 쉽지 않다. 결국 새로운 정부도 기존의 경로 위에서 조심스럽게 발을 디뎌야 하며, 때로는 원치 않더라도 앞선 정부의 정책을 이어받을 수밖에 없다.

이런 점에서 윤석열 정부의 교육정책을 되돌아보는 것은 곧 이재명 정부에서 무엇을 해야 하고 무엇을 할 수 있는지를 구분하는 일이 될 것이다.

윤석열 정부 교육정책의
세 가지 실험과 한계

윤석열 정부는 출범 직후 교육을 노동, 연금과 함께 3대 개혁 과제로 내세웠다. "교육의 힘으로 사회 난제를 해결합니다"[1]라는 목표처럼 사회 문제, 특히 저출산과 관련된 내용들이 교육 목표에 강하게 표출되었다.

국가교육책임제 강화, 디지털 기반 교육혁신, 첨단분야 인재 양성, 지역혁신 대학 지원 등이 주요 과제로 제시되었지만, 그중에서도 국민의 눈길을 가장 끈 것은 세 가지였다. 바로 AI 디지털교과서(이하 "AIDT"), 유보통합, 그리고 늘봄학교다.

AIDT는 미래교육으로 디지털 기반 교육혁신이었고, 유보통합은 수십 년 동안 해결되지 못한 유아교육·보육의 구조적 문제를 풀려는 시도였다. 늘봄학교는 맞벌이 가정의 돌봄 부담을 완화하는 사회적 정책 성격이 강했다. 매우 중요한 문제였기 때문에 단계적 로드맵들이 필요했지만, 윤석열 정부가 택한 방식은 협의와 합의보다는 속도전이었다. 그 결과는 갈등과 혼란, 그리고 좌초로 이어졌다.

---

1) 모두를 위한 맞춤교육…교육의 힘으로 '사회 난제' 해결한다. 대한민국 정책브리핑. 2024.12.4.

AIDT: 법적 기반 없는 속도전과 시행령 정치

AIDT는 윤석열 정부 교육개혁의 상징과 같은 정책이었다. 영어·수학·정보 과목에서 인공지능이 학생 개개인의 학습 수준을 분석하고, 맞춤형 문제와 피드백을 제공한다는 아이디어였다. 교사에게는 수업 자료와 평가 도구를 자동으로 제시해 업무 부담을 덜어주겠다는 청사진도 있었다. '교실 혁명', '하이터치 하이테크 High Touch, High Tech'라는 표현들이 새로운 교육의 모습을 상징하는 언어들로 사용되었다.

막대한 예산이 들어간다는 비판과 교과서마저 디지털을 사용할 필요 있냐는 비판을 받았지만, 이주호 장관은 꿋꿋하게 추진해 나갔다. 이러한 추진이 부딪히기 시작한 것이 AIDT의 법적 지위 정당성 논쟁이다.

「교과용도서에 관한 규정」 개정 내용

	교과용도서에 관한 규정
개정 전	제2조(정의) 2. "교과서"라 함은 학교에서 학생들의 교육을 위하여 사용되는 학생용의 서책·음반·영상 및 전자저작물 등을 말한다.
개정 후 (23.10.24.)	제2조(정의) 2. "교과서"라 함은 학교에서 학생들의 교육을 위하여 사용되는 학생용의 서책, 지능정보화기술을 활용한 학습지원 소프트웨어(이하 "디지털교과서"라 한다) 및 그 밖에 음반·영상 등의 전자저작물 등을 말한다.

많은 교육정책들이 시행령을 통해 실행되곤 한다. 이러한 시행령을 통한 방법은 정치적으로 빠른 길처럼 보이지만, 제도적으로는 불안정한 토대다. 그 결과 늘 교육정책은 정권에 따라 흔들린다는 비판을 받곤 한다.

AIDT 역시 「교과용도서에 관한 규정」이라는 시행령 개정의 방식을 택했다. 2023년 10월, 교육부는 「교과용도서에 관한 규정」을 개정해 "지능정보화기술을 활용한 학습지원 소프트웨어"를 교과서 범주에 포함시켰다.

그런데 이러한 방식이 과연 정당한 것인지 논란이 되기 시작했다. 우리 「헌법」 제31조 제6항은 교육제도의 기본 사항은 반드시 법률로 정하도록 규정하기 때문에, 교과서와 관련된 내용은 법률로 정했어야 한다는 것이었다.[2] 추진 과정에서 일종의 절차적 하자를 보인 셈이다.

국회는 관련 법률을 개정해 AIDT를 '교과서'가 아닌 '교육자료'로 규정했다. 법률이 시행령보다 상위에 있으므로 정부의 조치는 무력화됐다. 윤석열 정부 임기 내에는 재의요구권(거부권)을 행사할 수 있었지만, 정부가 바뀌자 국회는 다시 한번 해당 법안을 통과시켰고 AIDT는 교육자료로 격하되었다.

이 사례는 한국 교육정책에서 반복되는 시행령 정치, 혹은 교육부 주도 정책의 한계를 보여준다. 정책을 법적 기반 없이 추진하면, 정권이 교체되는 순간 쉽게 무너질 수 있다.

처음 있는 일이 아니다. 문재인 정부에서도 자사고, 외고의 일반고 전환 정책 역시 시행령을 통해 이루려다가 정권이 바뀌자 없던 일이 되었다. 더 앞으로 가면 박근혜 정부의 역사국정교과서 추진도 그러했다. 교육정책은 사회 전체의 신뢰를 바탕으로 해야 하는데, 법률적 근거 없는 정책은 정권에 따라 흔들리기 쉽다는 것을 다시 한번 증명하였다.

그럼에도 AIDT가 남긴 흔적이 전혀 없는 것은 아니다. '교실혁명 선도교사' 연수, '찾아가는 학교컨설팅' 연수 등을 통해 전국의 많은 교사가 AIDT 관련 연수를 받게 되면서 AI 기술을 광범위하게 접했고, 또 커뮤니티를 형성했다.

이를 통해 교육 현장에서 AI 활용에 대한 두려움이 줄고 일부 교사들은 AI가 학생 개별학습 지원에 실제 도움이 될 수 있다는 가능성을 확인했다. 정책은 좌초했지만, 현장에 남은 '학습 효과'가 새로운 출발점이 될 수도 있다. 실패

---

[2] 「AI 디지털교과서의 법적 성격과 입법 과제 : AI 디지털교과서는 어떻게 "교과용 도서"가 되었나」. 김범주. NARS현안분석 제326호.. 국회입법조사처. 2024.8.

한 정책이라도 경험은 남아, 다음 정책의 토대가 될 수 있기 때문이다.

유보통합: 오랜 숙원, 그러나 깊어진 갈등

유보통합은 유아교육(유치원)과 보육(어린이집)을 하나로 합치자는 정책이다. 한국 사회에서 유보통합은 1995년 김영삼 정부 이래 오랫동안 이어져 온 과제였다. 유치원은 교육부 소관으로 교육과정 중심의 체계를 갖추고 있었고, 어린이집은 보건복지부 소관으로 양육과 돌봄에 더 초점을 맞추었다.

이원화 구조는 교사 자격, 양성 체계, 시설 기준, 평가 제도, 재정 지원 등 거의 모든 부분에서 차이를 만들었다. 부모 입장에서는 같은 나이의 아이를 맡기더라도 기관에 따라 교사의 학력이 다르고, 수업의 질과 프로그램 구성이 달라 불만이 컸다. 특히 보육료·학부모 부담금 등 재정 구조가 달라서 아동 간 격차 문제가 꾸준히 제기되었다.

이 문제는 역대 정부가 모두 안고 있었던 숙제였다. 박근혜 정부나 문재인 정부도 유보통합을 공약으로 내세웠으나, 교육부와 복지부 간의 갈등, 교사단체의 반발, 재정 구조 조정의 어려움 때문에 본격적인 성과를 내지 못한 채 임기를 마쳤다.

윤석열 정부는 이 문제를 '더 이상 미룰 수 없는 개혁'으로 규정하고 임기 초부터 강한 추진 의지를 보였다. 2023년 7월 유보관리체계 일원화 방안을 발표하고, 그해 12월 정부조직법을 개정해 보건복지부가 담당하던 보육 사무를 교육부로 이관했다.

이주호 장관은 정부조직법이 통과되자 '이번 정부조직법 개정은 유보통합을 성공적으로 실현할 수 있는 첫걸음'이라며 감사 메시지를 밝혔다. 이로써 유보통합의 제도적 틀을 만든 듯 보였다.

하지만 정부가 다음 단계로 계획한 '유보통합 3법'(영유아보육법, 지방교육자치법,

지방교육재정교부금법 개정안)은 국회에 계류된 상태로 남았다. 충분한 소통 없이 진행했던 유보통합은 이해관계자들의 충돌이 뒤따랐다. 교원단체들은 정부조직법을 개악이라고 비판하거나 졸속이라고 비판했다.[3] 2024년 12월 계획됐던 유보통합 공청회는 한국어린이집총연합회 회원들이 시위를 벌이며 취소됐다.

2025년 들어서는 갈등이 더 격화되었다. 어린이집과 일부 학부모 단체는 아예 "이원화를 유지하자"는 입장을 공개적으로 표명했고, 결국 '유보이원화연대'라는 단체까지 출범했다.[4]

같은 해 6월에는 한국국공립유치원교원총연합회가 현행 유보통합의 방식이 아닌 새로운 방향 전환을 요구했다. 7월에는 24개 학술단체 및 학부모 시민단체들이 윤석열 정부가 추진했던 모든 유보통합 정책을 "어린이 중심에서 재검토"해달라고 요청했다.[5] 지금까지의 진행 상황을 모두 다시 하자는 주장이다.

결국 윤석열 정부의 유보통합은 '오랜 숙원 과제에 첫발을 내디뎠다'는 상징성에도 불구하고, 실제로는 갈등을 더 심화시킨 결과를 낳았다. 통합은 단순히 행정 체계를 바꾸는 문제가 아니라, 교사·학부모·지자체·전문가·정치권까지 수많은 행위자가 얽힌 복잡한 협의의 산물일 수밖에 없다.

그러나 윤석열 정부는 여러 의견을 수렴하기보다 말뚝을 먼저 박는 방향으로 추진했다. 그 결과 졸속으로 진행된다는 비판과 함께 '윤석열식 유보통합'[6]이라는 명칭이 붙었다. 구체적인 내용이 없이 추진부터 한다는 평가였다.

이재명 정부는 이 혼란 속에서 유보통합의 논의를 이어받았다. 정부조직법은 통과되었고, 이후의 방향은 어떤 방식으로든 결정되어야 한다. 그러나 앞서 살펴본 것처럼 많은 이해관계자는 원점 검토 또는 자신들의 방향을 요구하고 있다. 가기로 정해졌지만 갈 길이 정해진 것이 없는 상황이다.

---

3) 유보통합과 늘봄학교 갈등 속 숨은 쟁점 시사IN. 2024.1.25.
4) 0~2세 보육·3~5세 교육, '유보통합 반대' 유보이원화 연대 출범 에듀프레스. 2025.1.27.
5) "이재명 정부는 윤석열 정부가 추진한 유보통합, 어린이 중심으로 재검토해야". 베이비뉴스. 2025.7.22.
6) 전교조 "윤석열식 유보통합 철회해야"…대통령실 인근 집회. 뉴시스. 2023.2.12.

어떤 길이든 가자니 동력은 부족하고, 그 길이 아니라고 지적하는 사람들이 많은 상황에서 유보통합의 다음 단계는 최대한 논란을 줄이는 방식이 되어야 한다. 제도를 송두리째 바꾸려 하기보다는, 점진적이고 합의 기반의 접근이 필요하다. 그렇게 하지 않는다면 유보통합은 또다시 '실패한 개혁의 역사'로 남게 될 것이다.

늘봄학교: 국가책임 돌봄의 명분과 현실의 벽

늘봄학교는 윤석열 정부가 가장 자신 있게 내놓은 대표 정책이었다. 맞벌이 가정이 급속히 늘어나면서 초등학생 돌봄 수요가 폭발적으로 증가했고 저출산 문제 해결 차원에서도 부모의 돌봄 부담을 줄이는 것이 중요한 과제가 되었다.

2022년 기준, 전국 초등학생 약 60만 명이 방과후 돌봄 서비스를 이용했는데, 이 가운데 절반 이상은 지자체나 민간기관이 제공하는 프로그램에 의존했다. 학부모들은 "아이를 맡길 곳이 없다"는 호소를 반복했고 국가가 직접 돌봄을 책임져야 한다는 여론도 크게 형성되었다.

이런 사회적 요구를 배경으로 정부는 모든 초등학교에서 오후 8시까지 돌봄과 다양한 프로그램을 제공하는 늘봄학교를 추진했다. 피아노, 미술, 스포츠, 독서 활동 등 사교육에서만 접할 수 있던 프로그램을 공교육 안으로 끌어들여, 돌봄과 학습을 동시에 책임지겠다는 구상이었다.

정책의 취지는 분명했다. 국가가 돌봄을 책임지고, 사교육비 부담을 줄이며, 교육 기회의 평등을 실현한다는 것이었다. 학부모들의 반응도 대체로 긍정적이었다. 2024년 한국교육개발원 조사에 따르면 늘봄학교 이용 학생, 학부모의 만족도는 80%를 넘겼다.[7]

---

[7] 학부모 10명 중 7명 "늘봄학교가 '학원 뺑뺑이' 줄였다". 국민일보. 2024.12.13.

그러나 한국의 학교는 오랫동안 '교육'을 중심으로 운영되어 왔고, 교사들도 교육 전문가로서 정체성을 형성해 왔다. 이러한 상황에서 돌봄의 확대는 혼란을 낳았다. '늘봄지원실'이라는 새로운 체제를 도입하는 것 역시 쉽지 않았다. 시행 1년이 지난 지금 여전히 나타나고 있는 문제는 다음과 같다.

첫째, 사교육을 줄이겠다는 과감한 목표와 달리 2025년 발표된 사교육 통계에서 초등학생 사교육 참여율은 오히려 늘어났다. 이는 늘봄학교가 애초 목표했던 사교육 대체 효과를 거두지 못했음을 의미한다. 오히려 '기본적인 돌봄'과 '질 높은 교육'에 대한 학부모들의 이중적 기대가 늘봄학교와 사교육을 동시에 이용하는 현상을 낳았다.

학부모들에게 늘봄은 사교육을 대체할 수 없는 것으로 보인다. 실제로 2025년 발표된 사교육 통계에서 초등학생 사교육 참여율은 더욱 늘어났다. 학부모들의 늘봄학교 만족도는 높았지만, 그것이 실제로는 학원 가기 전의 돌봄 수준에 머무르는 것이다.

둘째, 충분한 자원 확보 문제다. 늘봄학교 확대 과정에서 지속적으로 제시된 문제는 인력, 공간, 프로그램 등의 문제였다. 교사들은 이미 과중한 업무 환경에 대한 불만이 많았다.

이로 인해 늘봄을 전담하는 늘봄지원실 체계를 구축하고 늘봄지원실장을 임기제 연구사로 선발하였으나, 1인 1교 배치가 아니라 3~5개 학교까지 담당하면서 늘봄전담사들의 부담도 늘어났다. 늘봄지원실장에 대한 보상 체계도 불확실했고, 그 빈자리에 대한 교원수급 계획도 안정적이지 않았다. 공간 역시 새롭게 확보되지 못한 채 학년 확대만 이루어졌다. 프로그램과 강사 인력도 마찬가지였다. 이 과정에서 리박스쿨 논란마저 터졌다.

특히 지역별 격차 문제가 심각했다. 수도권과 대도시 지역은 상대적으로 다양한 프로그램과 강사를 확보할 수 있었지만, 농산어촌이나 소규모 학교는 기본적인 돌봄조차 제대로 제공하기 어려웠다. 이는 늘봄학교가 교육 격차를 해소하기보다는 오히려 새로운 격차를 만들어낼 위험이 있음을 보여준다.

지자체와 학교 간의 역할 분담도 명확하지 않았다. 돌봄은 본래 지자체의 고유 업무 영역이었는데, 갑작스럽게 학교로 이관되면서 예산, 인력, 시설 등 모든 면에서 혼란이 발생했다. 특히 교육청과 지자체, 학교 간의 협력 체계가 구축되지 않아 중복 투자와 비효율이 발생했다.

오히려 모범사례로 평가받던 지자체 사업이 중단되는 일이 발생하기도 했다. 교원단체들은 계속해서 늘봄학교 정책에 문제를 제기하며, 지자체 돌봄을 주장했다. 민주당도 총선 공약 등을 통해 온동네 돌봄을 내세웠다.

늘봄학교는 '국가책임 돌봄'이라는 대의명분을 추구했고 참여 학부모들의 높은 만족도를 이끌어냈다. 그러나 구체적인 제도 설계에서는 장기적 전망이 보이지는 않고 있다. 늘봄'학교'라는 이름으로 학교가 끌어안게 된 돌봄은 프로그램의 질과 교사 업무 부담, 사교육 대체 효과 등에 대한 검증 없이 일괄적으로 확대되었다.

다만, 정책의 구체적 설계와 추진 방식에는 문제가 많았지만, 국가가 돌봄을 책임져야 한다는 사회적 인식을 확산시켰고, 학부모들의 돌봄 부담을 실질적으로 줄인 것도 사실이다. 이재명 정부는 '온동네 초등돌봄'이라는 과제를 내세웠다. 기존의 성과를 바탕으로 보다 체계적이고 지속가능한 돌봄 시스템을 구축하는 것이 다음 정부의 과제가 될 것이다.

윤석열 정부 교육정책 평가

윤석열 정부의 세 가지 정책은 모두 나름의 필요성과 명분을 갖고 있었다. 그러나 추진 방식은 지나치게 속도에 치우쳐 있었다. 법적 기반을 무시하고 시행령으로 추진하거나, 수십 년간 유지된 제도의 관성을 고려하지 않거나, 이해관계자의 합의 없이 확대하려 한 결과 정책은 뿌리내리지 못했다.

정부가 개혁을 추진하기 위해서는 관련 법령이 필수적이다. 윤석열 정부 임기 내내 여당인 '국민의힘'은 소수당이었기에 야당과 협조를 거쳐야만 법안이 국회를 통과할 수 있었다.

그러나 윤석열 정부는 협조를 구하기보다는 거칠게 밀어붙이는 방식을 택했다. 그 결과 교육개혁은 허약한 토대 위에서 추진되었다. 게다가 윤석열 정부 스스로 문재인 정부의 자사고, 외고 폐지 시행령 예고를 뒤집은 경험이 있었다.

윤석열 정부 교육정책에서 또 한 가지 평가해야 할 점은, 앞선 정부에서 이어진 과제를 제대로 수행하지 않았다는 것이다. 대표적인 것 두 가지를 꼽으면 국가교육위원회와 고교학점제다.

국가교육위원회는 문재인 정부 때 법이 통과되었지만, 협의 과정에서 그 구성을 새롭게 출범하는 윤석열 정부에 맡겼다. 정부의 방향에 맞지 않는다 하더라도 이미 형성된 법을 정부가 외면할 수 없다. 그러나 법 내에서 정부의 재량권은 있다. 윤석열 정부는 그 기능과 규모를 대폭 축소시켰다. 3년이 지나 국가교육위원회 1기 위원들의 임기가 끝나가지만, 중장기 교육계획을 비롯해 어느 것 하나 국가교육위원회가 제대로 완성한 것이 없다.

한편, 2025년 전면 도입이 예고되었던 고교학점제도 정부 임기 내내 주요 개혁 과제에 밀려 큰 관심을 받지 못했다. 그 결과 2025년 3월부터 출석 체크 문제, 최소성취수준 보장 논란 등이 터져 나오며 폐지 요구에 휩싸였다. 계엄과 탄핵이 없었다면 현재 고교학점제 논란은 윤석열 정부가 고스란히 받았어야 할 일이다.

이재명 정부가 출범하면서 교육개혁에 대한 기대가 모아지고 있지만 윤석열 정부를 통해 쌓은 경험이 보여주는 것은 분명하다. 앞선 정부의 정책이라 할지라도 현 정부가 충분히 다루지 못한다면 그 책임과 평가는 현 정부가 가져가야 할 일이라는 것이다. 이재명 정부는 앞선 정부가 던진 과제들을 어떻게 해결할 수 있을까?

이재명 정부가 이어받은 과제

윤석열 정부의 교육정책이 갈등과 혼란을 남긴 상태에서 이재명 정부의 교육정책은 기존 정책 추진 과정에서 이해관계자들과 그들 나름의 기대와 적응을 외면할 수 없다. 따라서 새로운 정부는 기존 정책을 잘 검토하고 어떻게 변용할 것인지를 결정하여야 한다. 그런 의미에서 이재명 정부가 내세운 국정과제를 살펴보자.

이재명 정부 교육 관련 국정과제

번호	국정과제	실천과제
국정목표 3. 모두가 잘사는 균형성장		
전략 1. 자치분권 기반의 균형성장		
5	지역교육 혁신을 통한 지역인재 양성 (교육부)	1. '서울대 10개 만들기'로 국가균형성장 추진 2. 지역산업과 국립대-사립대 동반성장을 위한 RISE체계 재구조화 3. 누구나 일하면서 학습할 수 있는 열린 평생·직업교육 체계 구축 4. 대학생 취·창업 및 진로지원 강화 5. 지역 실정에 맞는 유연한 학교 체제 구축
국정목표 4. 기본이 튼튼한 사회		
전략 4. 인구위기를 극복하는 대전환		
89	청년의 정책 참여 확대와 기본생활 지원으로 함께 만드는 미래 (국조실·교육부 등 공동주관)	1. 맞춤형 취업·창업 지원을 통한 청년의 일할 기회 확대(교육부 등) 2. 공공주택 확대 등 청년 주거 안정 보장(국토부·교육부) 3. 청년 자산형성 지원 강화(금융위) 4. 청년 교육·복지 등 기본생활 지원 확대(교육부 등) 5. 청년 당사자성 강화(국조실) 6. 지속가능한 청년제도 기반 구축(국조실)

전략 7. 각자의 가능성을 키우는 교육		
99	AI 디지털시대 미래인재 양성 (교육부)	1. 초중고 AI 교육 강화 및 데이터 기반 미래교육체제 구축
		2. 고등교육 혁신을 통한 AI 융복합(AI+X) 인재 양성
		3. 생애주기 맞춤형 AI 교육 강화
		4. 글로벌 AI 인재 육성 체계 구축
		5. AI 인재양성의 기반인 기초학문 및 인문학 교육 확대
100	시민 교육 강화로 전인적 역량 함양 (교육부)	1. 시민·헌법·기후환경·생태전환교육 강화
		2. 민주주의 회복을 위한 역사교육 강화
		3. 경제·금융·노동교육 강화
		4. 학교 문화예술 및 체육교육 활성화
101	교육격차 해소를 위한 공교육 강화 (교육부)	1. 국가책임 공교육으로 사교육비 부담 완화
		2. 방과후학교 지원 확대 및 온동네 초등돌봄 도입
		3. 교육·보육의 질을 높이는 '정부책임형 유보통합' 추진
		4. 통합·특수교육 강화로 모두의 학습권 보장
		5. 학생의 마음건강을 위한 다층적 지원체계 구축
102	학교자치와 교육 거버넌스 혁신 (교육부)	1. 민주적 학교 운영 기반 마련
		2. 교권 보호 및 교원의 정치기본권 확대
		3. 모두가 안심할 수 있는 학교 안전체계 강화
		4. 국가교육위원회의 확대 개편 및 사회적 합의 기능 강화 (국가교육위원회)

교육 관련 국정과제를 보면 'AI 디지털 시대 미래인재 양성', '시민 교육 강화로 전인적 역량 함양', '학교자치와 교육 거버넌스 혁신', '지역의 교육력 제고' 등이 포함되어 있다. 특히 초·중·고 AI 교육 강화, 교육·보육의 질을 높이는 '정부책임형 유보통합' 추진, 온동네 초등돌봄 도입 등은 기존의 AIDT, 유보통합, 늘봄학교 정책과 비슷한 듯 다른 모습을 보인다.

AI 교육: 기초교육부터 단계적으로

먼저 AI 디지털 시대 미래인재 양성의 초·중·고 AI 교육 강화와 관련해서는 어떤 정책들이 도입되어야 할까? 이 부분은 AI 교육이 AIDT와는 어떻게 다른지를 설명하는 과정이 필요하다. 우선 AIDT 논쟁 과정에서 나타난 주장들을 크게 3가지로 분류해 볼 수 있다.

▨ AIDT 논쟁의 분류

	교과서라는 형태여야 함	교과서가 아니어야 함
AI 교육 긍정	① 교육에 AI가 적극적으로 들어와야 하며, 그 형태는 국가가 관리하고 데이터를 수집하는 'AI 디지털교과서'여야 한다는 주장	② AI 활용 교육은 찬성하지만, 그 형태는 국가주도 플랫폼보다 자유롭게 개발되는 에듀테크/ 또는 온라인 콘텐츠여야 한다고 보는 주장
AI 교육 부정	③ AI 교육에 부정적이며 기존의 서책형 검정 교과서 체제를 선호하는 주장	AIDT 논쟁과 무관

①번 주장은 AIDT의 핵심 주장과도 같다. 데이터를 국가가 관리할 수 있도록 국가플랫폼을 구축하고 기업은 교과서라는 제한된 형태의 도구를 만들어서 검증받는 체제로 투입되는 것이다.

AIDT를 반대했던 주장들은 크게 ②와 ③으로 나눌 수 있다. ②번 주장은 AI 활용 교육이 필요하다고 생각하지만, 그것이 지금과 같은 AIDT 형태에서는 안 된다고 보는 편이다. 이들은 AI를 활용하는 방법이 교과서와 지식 주입이라는 기존의 방식에서 벗어나야 한다고 보는 입장이다.

이 관점을 확장하면 AIDT는 사실 AI 교육이나 AI 활용 교육이 아니다. 개발된 AI 기술을 통해 아주 전통의 학습을 하는 방법일 뿐이다. 예를 들어 수업 시간에 학생들이 AI를 활용하여 무언가를 생성하거나, 혹은 교사가 AI 도구들을 활용하여 수업을 설계하는 방식으로 AI 활용이 이루어져야 한다고 생각한다.

반면 ③번 주장은 초·중·고 수준에서 AI 교육이 이루어지는 것 자체를 부정적으로 본다. 지금도 학생들이 디지털이나 AI에 많이 노출되어 있는데, 교육마저 그래서는 안 된다는 질문을 던진다. 외국에서 디지털교과서를 사용하다가 서책형으로 돌아왔다는 사례는 ③번 주장의 좋은 근거다.

따라서 AIDT에 대한 반대 입장은 사실 전혀 다른 두 입장이 묘하게 결합되어 있는 것이었다. 물론 이 구분이 딱 잘라서 고정된 입장을 갖는 것은 아니다. 예를 들어 교육 대상과 과목에 따라 답이 달라질 수 있다.

게다가 제법 오랜 논의가 있어왔지만 여전히 AI 교육이라는 것도 정확히 무엇을 말하는 것인지가 불분명하다. AI와 수학은 밀접한 관련이 있다. 그런데 수학 교육을 강화하면 그것이 AI 교육인지 수학 교육인지 확실치 않다. 국정과제에 있는 'AI 역량의 기반인 기초·인문학 교육 강화'도 마찬가지다. 실제로 초등학교 1학년부터 AI 교육을 하겠다는 이재명 대통령의 취임 100일 기자회견에 대해 '초등학교 1학년은 구체적 조작 활동을 배우는 시기'라는 반대 의견이 나타난다.[8]

따라서 AI 교육 혹은 AI 활용 교육이 무엇인지 명확히 설정할 필요가 있다. 이재명 대통령의 국정과제로 제시된 AI 교육이 정확히 무엇을 말하는 것인지는 구체적 방법에 달려 있을 것이다. AI 교육이라고 할 때 그 내용으로 AI 기초 교육과 AI 활용 교육, AI 윤리 교육 등 여러 의미가 포함되어 있다는 것을 먼저 잘 구분해야 한다. 그리고 이렇게 구분된 내용들이 초·중·고에서 체계화시킬 방안과 기존의 과목과 연결점들을 차분히 논의하여 설계하여야 한다.

AI 교육을 무엇이라고 설정하느냐에 따라 초등학교에서도 AI 교육을 할 수 있다. 심지어는 컴퓨터나 스마트폰 등의 도구 없이도 가능해진다. 새로운 교육과정이 아니라 기존의 수학, 과학교육이나 실과, 기술 교육을 잘 실행하는 것

[8) 저학년부터 'AI 교육' 강조한 李…전교조 "강력히 반대". 뉴시스. 2025.9.11.

역시 광범위하게는 AI 교육이 될 수 있기 때문이다.

단, 초등학교와 중학교, 중학교와 고등학교의 교육과정 연계를 어떻게 이어나갈 것인가는 교육과정 설계와 실행 과정에서 깊게 고민될 필요가 있다. 교육과정은 계열성, 계속성, 연계성 등을 가지고 초등학교부터 고등학교까지 이어져야 하지만 실제로 이 부분이 잘 이뤄지지 않고 있다. 초등학교와 중등학교의 교육과정 연계가 약하게 이루어지면서 초등학교에서 이미 배운 내용이나 갖춘 역량이 중학교에서 다시 기초부터 배우거나, 혹은 배우지 않은 것을 이미 배웠다고 생각하고 넘어가는 일이 발생하면서 교육과정 공백이 발생한다.

이런 논의의 과정에서 교육자료가 된 AIDT 역시 활용 가능성이 있을 것으로 보인다. 특히 AIDT는 교과서라는 형식을 벗어나지 못하고, 이것을 수업 도구로 삼으면서 논의를 제한시킨 측면이 있다. 사실 코스웨어와 같은 도구들은 그 자체로 수업보다는 학습에 유용하다. 시중에 코스웨어들이 어떻게 쓰이는지를 생각해보면 명확하다. 즉, 부족한 학습의 반복이나 앞선 단계에서 미흡하게 학습된 내용을 복습하는 도구로써 AIDT는 여전히 유용한 측면이 있다고 봐야 할 것이다.

물론 AIDT뿐 아니라 여러 에듀테크들이 교육자료로써 경쟁할 수 있는 시장이 형성되어야 한다. 그러려면 일종의 에듀테크 마켓 구축이 필요하다. 여기에는 꼭 AI만 포함되지는 않을 것이다.

유보통합: 거버넌스 구조 만들기

유보통합과 관련하여서 이재명 정부의 방향은 뚜렷하지 않다. 국정과제에서도 교육·보육의 질을 높이는 '정부책임형 유보통합' 추진이라고 되어있을 뿐이다.

단순하게 보면 두 가지 길이 놓여있다. 먼저 '유보통합 3법'이라고 불리는 기존 윤석열 정부에서 주도하여 발의한 법안을 통과시키는 것이다. 다른 하나는 새로운 유-보 운영 방안을 마련하는 것이다. 그 방안은 통합일 수도 이원화일 수도 있다.

제22대 국회 교육위원회에서 가장 많은 정책 세미나가 열린 주제는 유보통합이었다. 그러나 여전히 뾰족한 답을 찾지 못했다. 그 이유는 대안을 가진 각 주체들이 서로 소통하지 못하고 있기 때문이다.

교육정책에는 교사, 학부모, 학생, 지자체, 사교육 기관, 학술단체 등 수많은 이해관계자가 얽혀 있다. 이들을 단순히 설득해야 할 대상으로 보는 것이 아니라, 정책 설계 단계에서부터 함께 참여시키는 것이 필요하다. 그러나 서로 다른 의견들이 많은 상황에서 이들이 논의할 구조가 없는 것은 문제다.

문재인 정부 때 있었던 교육부와 교원단체 간에 형성되었던 거버넌스가 윤석열 정부 들어서면서 해체됐다. 이주호 장관은 '함께학교' 플랫폼과 '함께차담회'라는 형태로 정책 소통을 주도했다. 함께차담회의 경우 75차례가 열렸으며 정부 정책을 현장과 소통하는 방식으로 이용했다. 함께차담회의 논의 과제 중 66%를 정책에 반영했다고 밝히기도 했다.[9]

그러나, 이러한 기획 자체가 교육부의 입장을 옹호할 사람들을 선택하여 듣는 자리라는 비판도 받았다.[10] 특정 입장만 듣게 돼서는 정책의 추진력을 얻기가 힘들다.

우선 큰 틀에서 유보통합의 주무 부처가 교육부라는 것까지는 윤석열 정부가 나아간 셈이다. 이제 어떻게 통합할지에 대해서는 새 정부의 몫이다. 이미 추진된 단계에 의해 다음 단계는 계속해서 요구될 것이다.

특히 이른바 '7세 고시'를 비롯해 영어유치원 등으로 인해, 유아 단계에서의 의무교육에 대한 요구가 거세질 것이다. 윤석열 정부 초기 박순애 교육부장관

---

9) 이주호 부총리 주재 '함께차담회' 논의 과제, 66% 정책 반영. 머니투데이. 2024.5.8.
10) 이주호, 초·중·고 학부모와 '의대 증원' 차담회…의대생 부모 항의도(종합). 뉴시스. 2024.10.25.

이 시도했던 만 5세 초등학교 입학은 거센 반대에 부딪혔다. 이로 인해 초등교육의 확장을 통한 학제 개편은 어려워졌다고 봐도 무방할 것이다. 그러나 이후에도 만 5세 의무교육에 대한 논의 자체는 꺼지지 않았다. 이것이 만 5세 의무교육으로 이어질지, 만 5세 의무교육·보육으로 이어질지는 역시 협의가 필요하다.

여러 논의에서 타협을 찾기 어려우면 동시에 여러 모델을 시범적으로 운영하는 방안이 있을 수 있다. 전국 단위로 일괄 도입하기보다는 교육특구 등을 활용하여 지역별 시범 모델을 운영하는 방식이 가능하다. 서울이나 경기 같은 대도시, 농산어촌, 저출산 지역 등 지역 특성에 맞는 다양한 모델을 실험하고, 그 결과를 축적해 점차 전국으로 확산하는 방법도 생각해볼 수 있다. 지자체와 교육청의 운영 방식은 충분히 협의 가능한 영역이다.

늘봄학교: 온동네 초등돌봄으로 확장

이재명 정부 국정과제에 '온동네 초등돌봄 도입'이 명시되면서 기존 늘봄학교 정책의 이름은 계속되지 않을 것으로 보인다. 정권이 바뀔 때 기존 정부의 정책 명칭을 바꾸는 것은 자주 있는 일이기도 하다. 게다가 리박스쿨 논란으로 인해 늘봄학교에 부정적 꼬리표가 일부 붙게 된 것도 사실이다. 그러나 학부모 만족도가 매우 높았던 늘봄학교를 전혀 없었던 일로 한다는 것 역시 쉽지 않다.

그런 점에서 온동네 초등돌봄은 기존의 늘봄학교라고 이름 붙은 학교 돌봄 체계를 크게 손대지 않는 범위에서 지역 돌봄 체계를 구축하는 방향으로 이뤄질 가능성이 높다. 그러나 아직 모델이 충분하지 않은 상황이기 때문에 지역별 시범체계들을 갖춰야 한다. 지역에 따라 지자체와 협력하는 모델, 지역 예술·체육 단체와 연계하는 모델, 공공도서관과 협력하는 모델, 혹은 동네 서점을 비롯한 지역 상점 등을 활용한 모델 등을 운영할 수 있다. 이렇게 하면 지역의 특성과 수요를 반영할 수 있고, 동시에 제도가 현장에 뿌리내릴 가능성도 높아진다.

다만 학교 돌봄의 경우 지금처럼 계속해서 법제화 없이 진행할 것인지가 주어진 과제이다. 방과후와 돌봄을 법제화하기 위해 김문수 의원이 발의한 「초·중등교육법」 일부개정법률안(의안번호 2211433호)은 7,626건의 의견이 달렸고 대부분이 반대 입장을 보였다. 돌봄은 물론이고 2000년대 초반부터 계속해서 지속해 온 방과후 법제화에 대해서도 여전히 부정적 반응이 크다.

그러나 이 장에서 언급하듯 법 제정을 통한 정책 안정성 확보는 필요하다. 특히 온동네 초등돌봄처럼 학교를 넘어 국가와 지자체, 마을 등이 역할을 해야 할 경우 단순히 예산을 투입하고 시범사업을 확대하는 데 그칠 것이 아니라, '돌봄 기본법'과 같은 법적 틀을 마련해 국가·지자체·학교의 역할을 규정해야 한다. 그래야 이른바 부처 간 장벽을 넘어서는 근거 마련이 될 수 있다. 게다가 교육부장관이 기존의 사회부총리 자격을 잃은 상황에서 이와 관련해서 교육부가 더 이상 컨트롤타워가 되지 못한다는 것 역시 고려해야 할 요소다.

법적 기반을 세우는 과정에서 가장 중요한 것은 국회와의 합의다. 이전 정부와 다르게 이재명 정부는 여대야소라는 유리한 조건을 갖추고 있다. 교육위-법사위-본회의를 거치는 동안 여당이 주도권을 쥘 수 있다. 장기적인 관점에서 보면 속도가 늦더라도 국회의 협의라는 형식을 거쳐 국민의 여론을 받아 제도를 확립하는 것이 훨씬 효과적이다.

특히 윤석열 정부는 연구학교나 시범학교라는 교육부의 단계적 접근방식을 무시했다. AIDT나 늘봄학교 모두 모든 학교에 동일하게 적용하는 것보다는 다양한 형태의 협력 모델을 실험하며 나아갈 수 있었음에도 일괄 도입하면서 반발을 낳았다. 전국 일괄 도입보다 '특정지역 시범운영-결과공유-점진확대'식의 통합모델 도입이 훨씬 성공 확률이 높다. 이재명 정부는 다양한 모델을 생성할 수 있는 접근이 필요하다.

국가교육위원회: 교육정책의 사회적 신뢰 회복

결과적으로 여러 대안들은 국가교육위원회를 통해 논의될 가능성이 높다. 실제로 이재명 대통령 역시 교육과 관련해서는 국가교육위원회를 신임하겠다는 의사를 드러낸 바 있다.[11] 이는 지난 정부에서 역할과 기능이 축소되었던 합의제 기구인 국가교육위원회에 다시 무게를 싣겠다는 것으로 보인다.

윤석열 정부의 교육정책이 실패로 평가되는 이유 중 하나는 내용보다도 추진 과정에서 신뢰를 잃었기 때문이다. 충분한 논의 없이 속도전을 펼치고, 반대하는 집단을 설득하기보다는 갈등을 무릅쓰고 밀어붙였던 방식이 오히려 정책의 정당성을 약화시켰다.

이재명 정부가 성공하기 위해서는 정책 추진 과정에서 국민의 신뢰를 확보해야 한다. 공청회와 토론회, 시범사업 등 다양한 절차를 통해 현장의 목소리를 경청하고, 그 결과를 정책에 반영하는 과정이 필요하다. 국민이 "이 정책은 우리를 위해, 우리를 통해 만들어졌다"는 확신을 가질 때, 비로소 정책은 뿌리를 내릴 수 있다.

이러한 역할은 국가교육위원회가 주도할 것으로 보인다. 특히 이 과정에서 그들만의 논의가 아니라 모두의 논의가 될 수 있도록 가급적 많은 이들이 참여할 수 있는 방안을 고려해야 한다. 그러기 위해서 국가교육위원회의 규모가 지금보다 커져야 한다. 국가교육위원회가 그들만의 논의가 된 것 중 하나는 조직 자체가 작기 때문도 있다.

이재명 정부는 '국민과 현장에 책임지는 개방적 정부'의 상징성을 만들어야 한다. 빠른 추진보다 공정하고 투명하고 예측 가능한 정책 전환이 절대적이다. 특히 교육정책에서 자주 언급되는 공정성을 정책 수립과정부터 평가과정까지 참여할 수 있는 절차적 공정으로 프레임화시켜 이끌어 나갈 필요가 있다.

---

11) 이재명 대통령 "교육개혁 논의는 국교위가…저학년부터 AI 가르쳐야". 머니투데이. 2025.9.11.

새 정부 교육정책 안착을 위한 조건

이재명 정부는 이제 막 시작했지만, 당면한 교육 문제들은 새 정부의 역량을 시험하는 중요한 과제다. 특히 이번 대통령 선거 과정에서 교육이 쟁점화되지 못한 점은, 정책 수립과 추진에 있어 더 큰 어려움을 예고하고 있다. 충분한 공론화 과정 없이 제시된 '서울대 10개 만들기'같은 정책이 취임 이후에야 논란의 중심에 선 것이 이를 잘 보여준다. 이러한 상황은 새 정부가 과거의 실패를 답습하지 않고, 교육 현장과 소통하며 정책 성공을 위해 아래의 기반이 조성되어야 한다.

정책 결정 과정의 '민주적 거버넌스' 재구축

새 정부 교육정책 성공의 첫걸음은 공정한 정책 논의의 장을 만드는 데 있다. 윤석열 정부에서 유명무실해졌던 국가교육위원회의 위상을 제고하고, 시도교육감협의회와의 정례적인 협의를 통해 지역 교육의 목소리를 중앙 정책에 실질적으로 반영해야 한다. 또한, 교원단체, 학부모 단체, 시민사회 등과의 소통 채널을 상시적으로 운영하여 다양한 의견이 정책 수립과정에 녹아들게 해야 한다. 이는 단순히 의견을 수렴하는 것을 넘어, 정책 결정의 투명성과 책임성을 높이는 근본적인 방식이다.

또 이들의 적극적 참여를 이끄는 방법으로 '녹서' 방식을 고민해 볼 필요가 있다. 녹서란 정책의 제안을 의논하고 심의하기 위해서 만들어지는 첫 문서를 말하는데, 백서를 생성하기 위한 전 단계에 해당한다. 흔히 참여를 유도하는 방식으로 '의견'을 제시하도록 하고 그 의견을 모아 백서를 작성한다. 그러나 일반 시민들이나 학부모들은 자신의 의견을 내는 것이 익숙하지 않다. 교사들도 마찬가지다. 또 의견을 내기 위해 전문 지식이 필요하다고 생각해서 위축되는 경향도 있다.

거버넌스 형성을 위해 우리 교육이 진짜 논의해야 할 의제가 무엇인지를 중심으로 다시 구축해 가는 것이 필요하다. 지난 대선 기간에 민주당은 6,315개의 국민 질문을 모은 '녹서 2025'를 발간했다.[12] 6천여 개의 질문에는 이미 교육 분야 질문도 많이 포함되어 있다. 이러한 작업이 일회성에 그치지 않고 지속적으로 이루어지고 이에 대한 답을 찾는 과정을 병행하면서 정책의 목소리를 형성하고 모을 필요가 있다.

'현장 주도형 정책 학습' 시스템 구축

정책은 탁상공론이 아닌, 현장의 지혜와 경험이 응축된 결과여야 한다. 정책 당사자들이 현실적 어려움을 호소하며 '반대 행위자'가 되는 악순환을 끊기 위해서는 현장 교직원들을 정책의 공동 설계자로 참여시켜야 한다. 정책 성공과 실패에 대해 함께 분석하고, 교훈을 찾는 정책 학습 기회를 제공하는 것이 핵심이다. 특히, 실패 사례를 숨기거나 덮어두는 것이 아니라, 공개적으로 분석하고 공유하는 문화를 조성해야 한다.

구체적 방안으로는 첫째, 새로운 정책이 현장에 적용될 때, 교사들이 직접 참여하는 모니터링단을 구성하여 현장의 목소리를 실시간으로 정책 당국에 전달할 수 있는 커뮤니티를 구축한다. 둘째, 과거 정부의 교육정책을 평가받는

---

12) '국민 질문 6315개' 출정식서 받아든 이재명. 경향신문. 2025.5.12.

사례들을 심층적으로 분석한 백서를 정기적으로 발간하여, 교육계 전반의 '정책 학습' 자료로 활용해야 한다. 이는 성공과 실패를 통해 배우는 성숙한 정책 문화를 정착시키는 계기가 될 것이다.

'지역 교육자치'의 성공 모델 확산 및 공유

교육감 선거를 통해 각 지역은 저마다의 특색을 살린 교육 모델을 만들어 왔다. 이러한 지방의 창의적 실험이야말로 국가 교육 발전의 새로운 동력이 될 수 있다. 이재명 정부는 중앙 주도의 획일적인 정책 추진에서 벗어나, 지역의 성공 사례들을 적극적으로 연구하고 이를 전국적으로 확산시킬 방안을 모색해야 한다. 이는 시도교육감협의회와 긴밀하게 협력하여 성공 모델의 노하우를 공유하고, 다른 지역에서도 벤치마킹할 수 있도록 지원하는 방식이 될 수 있다. 이를테면 '지역 교육정책 백서' 등을 통해 각 시도의 특색 있는 교육정책 사례와 성과를 담은 백서를 정기적으로 발간하여 교육계 전반에 공유함으로써, 지역 교육자치가 상향평준화될 수 있는 기반을 다져야 한다.

이재명 정부의 교육정책은 단순한 제도 개편을 넘어, 교육 공동체의 신뢰와 책임감을 회복하는 과정이 되어야 한다. 위에서 아래로 주입되는 지시가 아니라, 현장의 경험과 지혜가 모여 만들어지는 집단적 창조물이 되어야 한다. 거버넌스 혁신과 현장 참여를 통해 교육 주체들이 모두 정책의 주인으로 서는 순간, 우리는 비로소 혼란의 시대를 넘어 새로운 교육의 희망을 발견할 수 있을 것이다.

03.

더 나은 교육을 위한 현장의 모색과 실천

— 정책과 현실 사이, 교사가 말하는, 지금 교육이 나아가야 할 길
　유재 * 정왕중학교 교감

— 고흥 작은학교 공동교육과정
　_지역소멸에 대응하는 작은학교들의 유쾌한 연대
　고일석 * 고흥여자중학교 교감

— 도시형 마을교육공동체 _해밀교육마을의 도전과 가능성
　유우석 * 전 해밀초등학교 교장

03.

더 나은 교육을 위한 현장의 모색과 실천

정책과 현실 사이, 교사가 말하는, 지금 교육이 나아가야 할 길

유 재
정왕중학교 교감

13

학교교육이 잘 바뀌지 않는 이유

개혁은 계속 반복된다. 예전과 똑같거나 같은 조건은 아니지만, 개혁은 여전히 지속되고 있다. 교실을 목표로 한 개혁안 중 영구적으로 통과되는 것이 거의 없다는 점은 매우 중요하다. 정책 입안자, 실무자, 관리자 및 연구자는 개혁을 다시 추진할 때 학교교육의 규칙성이 실질적으로 바뀌지 않는 이유를 이해하는 것이 중요하다. 이해 부족으로 인해 발생하는 위험에는 문제에 맞지 않는 해결책을 시도하거나, 불필요하게 에너지를 낭비하거나, 절망을 축적하는 것이 포함된다.

- Reforming again, again and again(Larry Cuban 중에서)

미래교육, 교육대전환과 같은 이름으로 이루어지는 수많은 개혁은 알고 보면 계속 반복되는 이야기가 다른 외피를 두르고 나온 것일 뿐이다. 어쩌면 실패하는 개혁은 모두 현장과 동떨어져 머릿속으로 자체 정합성을 추구하며 만들어낸 상상물일지도 모른다. 교육계에서 흔히 "현장에 답이 있다"는 말을 사용한다. 정말 현장에 답이 있는지는 잘 모르겠지만, 명확한 것은 현장을 깊이 살펴봐야 비로소 문제가 무엇인지 명확히 알 수 있다는 것이다. 래리 큐번Larry Cuban의 말처럼 문제를 명확히 이해하고 있지 않으면 엉뚱한 해결책을 시도하거나, 불필요한 에너지와 예산을 낭비하거나, 절망을 축적하여 현장을 무기력하게 만들 것이기 때문이다. 그리고 그 이해의 시작은 지난 정부(윤석열 정부 이전도 포함)부터 시작된 정책들에 어떤 문제가 있는지 살펴보는 것이어야 한다. 그

것이 올바른 해결의 시작이기 때문이다.

 오늘 좌담회의 주제는 AI 디지털 전환과 교사의 역할, 현장체험학습, 고교학점제, 늘봄/돌봄으로 하였고, 마지막으로 단체별로 이재명 정부에게 바라는 것이 무엇인지 이야기 나누고자 한다. 선정된 주제가 이 책의 1부, 2부의 내용과 중복되기도 하지만, 학교 현장에서 고민이 많은 주제를 중심으로 선정하였다. 좌담회 참여자 추천은 6개 교원단체에 요청하였고 한국교원단체총연합회를 제외한 5개 교원단체에서 응해주었다. 또한 오늘 좌담회에서 나오는 이야기는 각 단체의 공식 입장과 다를 수 있으며, 이야기 순서는 교사노동조합연맹, 새로운학교네트워크, 실천교육교사모임, 전국교직원노동조합, 좋은교사운동(가나다 순) 순으로 진행됨을 밝힌다.

☐ **좌담회 참석자**
  장세린 교사노동조합연맹 사무총장, 서우철 경기새로운학교네트워크 정책위원장,
  천경호 실천교육교사모임 회장, 진수영 전국교직원노동조합 참교육실장,
  한성준 좋은교사운동 공동대표, 유재 교육트렌드 2026 기획팀

☐ **일시** 2025년 9월 3일 오후 6시

☐ **장소** 에듀니티 회의실

☐ **토론 주제**
  1. AI 디지털 전환과 교사의 역할은 무엇인가?
  2. 현장체험학습은 여전히 필요한가?
  3. 고교학점제, 보완할 것인가? 폐지할 것인가?
  5. 늘봄·돌봄, 학교와 교육의 문제로 떠넘겨서는 안 돼
  5. 이재명 정부에 바란다

AI 디지털 전환과 교사의 역할은 무엇인가?

AIDT 논란을 어떻게 바라보고, 우리 교육에 주는 시사점은 무엇인지

_____ 유재 * 사회자

2024년에는 AIDT로 학교현장이 혼란스러웠다면, 2025년은 학교 내 스마트폰 사용 제한에 대한 법률문제로 논란이 많습니다. 저도 이러저러한 기회에 AIDT를 검토했는데, 아무리 찾아봐도 일반적인 알고리즘만 있을 뿐 AI 기능을 확인할 수는 없었습니다. 현재 AI가 시대적 대세이고 디지털 전환에 대한 사회적 요구가 있는 것도 사실입니다. 지난 AIDT 논란을 어떻게 바라보고, 그 과정에서 우리가 간과한 것은 무엇인지 편안하게 말씀 주시면 감사하겠습니다.

디지털 도입이 교육 격차를 더욱 크게 해…

_____ 장세린 * 교사노동조합연맹

저는 시골 소규모 학교에서 근무하다 왔어요. 축사 한가운데 학교만 덩렁 있고, 전교생이 30명도 안 되는 곳에서 근무했습니다. 제가 가르쳤던 학생들은 타자 칠 줄도 모르는데 AIDT를 사용하라고 할 때, 정말로 현장을 이해하고 들여왔는가에 대해서 의문이 들었습니다. 현재의 아이들은 '디지털 네이티브 알파세대'라고 하지만 스마트폰에만 익숙하지, 후천적인 보살핌이 있지 않는 한 PC에 익숙한 세대가 아니거든요. 저는 학생들에게 컴퓨터 끄고 켜는 것, 검색창이 무엇인지, 주소창이 무엇인지 그리고 네 손가락으로 타자를 쳐야 한다는 것부터 가르치면서 시작해야 했습니다. 그런데 'AI 교육해라', '코딩 교육해라' 그리고 'AI DT 사용하라'고 하니 괴리감이 들었습니다. 정책을 추진할 때 수도권 아이들만 타깃으로 할 게 아니라 비수도권, 그리고 부모의 돌봄을 받지 못하는 아이들을 우선 생각해야 한다고 봅니다. AI라는 기술 자체에는 죄가 없지만, 기술을 들여오기 위해서 사회 전반적으로 준비해야 하는 부분들이 있습니다.

에듀테크를 통한 기술 중심의 교수법으로는 깊이 있는 수업이 어렵다

_____ 서우철 * 새로운학교네트워크

저도 말씀하신 문제점에 깊이 공감합니다. AIDT를 강제로 시행하게 하다가 학교마다 공동체가 의사결정을 통해 선택할 수 있도록 2월쯤 뒤늦게 변경되면서 우리 학교는 진행하지 않았어요. 천만다행이란 생각이 들 정도로 진행하고 있는 주변 학교들을 보니 엉망이었습니다. 부모까지 회원 가입을 해야 하는데, 거기서부터 오류가 나기 시작해서 제대로 진행하기 어려운 상황인데 교육청에서는 계속 관리자를 통해 회원 가입률과 이용률을 높이라고 하는 상황이었습니다. 학교에서 제대로 이용하지 못하고 있는데 막대한 예산이 사용되고 있는 점이 안타까웠어요. 에듀테크 중심의 교수법이 각광받고, 이를 중심으로 교사 연수가 되고 있는데, 정말 이런 것을 통해 깊이 있는 수업이 이루어질 수 있느

나에 대해 의문이 들었습니다.

AI를 우리가 어떻게 교육적으로 활용할 것인가에 대한 제대로 된 토론도 없이 그냥 밀고 들어온 점이 가장 큰 문제입니다. 중앙 단위뿐 아니라 단위 학교에서도 자기 학교 학생 수준에 맞추기 위해 어떻게 활용해야 하는지 토론이 있어야 했습니다. AI가 가장 큰 장점을 발휘할 수 있는 게 학생 맞춤형 교육인데, 특화된 학생 맞춤형 교육을 어떻게 구현하는 것이 아이들한테 도움이 될 것인가를 더 고민하고 시스템을 개발했어야 했습니다.

학습, 정서, 인지 발달 측면에서 학습자 이해 없이 추진

천경호 • 실천교육교사모임

저는 서우철 선생님이 말씀하신 "공동체 의사결정에 맡긴다"라고 하는 것이 오히려 위험하다는 생각도 듭니다. 왜냐하면 학교별로, 개인별로 에듀테크와 에듀테크가 학생의 발달에 미치는 영향에 관한 정보의 격차가 너무 크기 때문입니다. AI에 대한 이해도도 다르고, 그것을 다루는 사람들의 역량도 전부 다른데, 각기 공동체 안에서 관련 정보에 관한 충분한 사전학습 없이 의사결정을 내리는 것이 위험하다고 생각합니다. 두 번째로는 충분한 사전 준비 없이 일괄 시행하며 생기는 여러 가지 혼란을 교사, 학생, 학부모가 온전히 짊어지는 시스템은 문제가 있습니다. 마지막으로 제일 큰 문제는 학습자에 대한 이해가 너무 없다는 겁니다. 작년에 여러 가지 해외 논문들을 찾아봤는데 이런 식으로 진행되면 안 되겠다라는 생각이 너무 많이 들었어요. 단적으로 1인 1기기를 사용한다고 했을 때, 내 동료와 30cm 이내에 같은 기기를 사용하면 옆에 있는 친구에게 계속 주의를 기울이게 되거든요. 이런 식으로 주의가 분산되다 보니까 오히려 주의력이 산만해진다는 연구 결과가 있습니다.

또한 사회 정서 학습이 중요하다고 교육부에서 사회정서성장지원과를 만들었음에도, AI 디지털교과서가 또래와의 사회적 상호작용을 가로막는 걸림돌이 될 수 있다는 점을 간과하고 있습니다. 아이들의 인지 기능이 발달하려면 일정한 양의 인지 부하가 필요한데, AI가 요약하고 정리하고 정보를 검색해 주는 등 자동으로 학습자의 수고로움을 없애면 오히려 인지 부하를 줄이는 문제점이 발생합니다. 이로 인해 기억, 이해, 종합, 평가 등과 같은 기본적인 인지 기능의 발달이 오히려 저해될 수 있습니다. 이와 같이 AI가 가지고 있는 위험성과 학습자에게 미치는 영향에 대해 우리는 충분한 이해를 해야 합니다. AI가 대세적 기술이니까 빨리 익히고 빨리 아이들한테 가르쳐야 한다라고 하는 것은 매우 위험합니다.

AIDT 사용하는 교실은 조용, AI는 교육이 아닌 행정부터 먼저 활용해야

_____ **진수영** * 전국교직원노동조합

AIDT 논란은 교육적 필요나 학생의 발달 단계, 효과나 부작용에 대한 고려 없이, 교사에게 준비할 시간은커녕 논의조차 없이 일방적으로 추진한 정부의 접근 방식에서 생긴 문제입니다. 도구를 수단이 아닌 목적처럼 생각하는 행정가들이 만든 논란입니다.

일반적으로 AI 기술이 도입되면 선생님이 없어도 된다고 생각할 수 있는데, 지난 시기 코로나19를 겪으면서 교사의 역할이 결코 대체될 수 없다는 것을 알게 되었습니다. AI 교과서가 만들어지고 각종 기기가 주어지는 상황 속에서 교사와 학생이 프로그램과 기술에 종속되지 않기 위해서는 오히려 학교와 교사의 기능이 훨씬 더 중요해지고 고도화될 수밖에 없습니다. 학생에게 배움이 있는 좋은 수업이 되기 위해서는 아이들의 상황과 내용에 따라 어떤 도구를 활용하고 어떻게 평가할지를 교사가 적절히 판단하고 결정할 수 있어야 합니다. 수업에서 학생에게 진정한 배움이 일어나기 위해서는 질문과 활발한 소통이 있어야 하는데, AIDT를 사용한 교사들은 학생들이 조용히 혼자 활동하며, 상호작용이 줄어든다고 이야기합니다.

현재 학교는 생활지도, 민원 등으로 교사들이 너무 소진돼 있는데, 여기에 새로운 정책이 무분별하게 쏟아져 들어오면 그 정책을 실행할 교사는 거부감이 먼저 생길 수밖에 없는 실정입니다. 그래서 AI 기술은 교육이 아닌 행정에 먼저 적용해서 교사들 업무를 효율화하고 지원하는 것부터 시작했으면 합니다.

지금은 AI 디지털교과서 발행이 아닌
AI 활용 교육을 위한 질문을 해야 할 때

———— 한성준 * 좋은교사운동

AI 디지털교과서가 마치 미래 교육의 전형인 것처럼 이야기하지만, 그 추진 방식을 보면 산업화 시대의 벽돌 찍어내는 방식과 유사하게 정책을 집행했습니다. 지금은 AI 디지털교과서를 만들 때가 아니고 AI 기능을 교육에 어떻게 접목시킬 것인지, 그래서 이 시대에 맞는 교사의 역할은 무엇인지, 배운다는 것은 어떤 의미가 있는 것인지, 학습의 주체를 어떻게 세우고 수업을 설계해서 평가해야 하는지 이런 질문들을 만들어내고 현장의 논의를 모아야 할 시기입니다.

이번 AIDT 진행 과정을 보면서 들었던 또 하나의 의문은 '왜 초등 저학년 단계부터 우선 적용했을까'입니다. 단순히 2022 개정 교육과정과 맞물려 진행한 것 같은데, 오히려 저는 고등학생부터 필요한 상황에 활용하는 게 적절하다고 봅니다. AI라는 기능을 교육에 접목하는 것 자체가 비난받을 일은 아니니까요. 그리고 모두에게 적용하기보다 오히려 배움이 느린 학생이나 특수교육 대상 학생과 같이 일반적인 상황과 일반적인 조건에서 배움이 잘 형성되지 않는 학생을 위해 우선 적용해 보고 이를 바탕으로 학습 데이터를 모으는 방식으로 진행되었다면 이번과 같은 큰 반발과 부작용은 없었을 것 같습니다.

마지막으로 입시 제도의 변화와도 맞물렸으면 좋겠습니다. 세계 최초의 최첨단 기술을 도입해 결국은 '한 줄 세우기'하자는 것인지 교사 입장에서 자괴감이 들기도 합니다. 새로 도입되는 AI 정책들이 보다 근본적인 구조나 입시 제도의 문제와 맞물리면 좋겠습니다.

> **디지털 과잉을 어떻게 바라봐야 하고
> 교사의 역할은 무엇인지…**
>
> ——— 유재 * 사회자
>
> 현재 아이들은 아침에 눈을 뜨면서부터 잠들기 전까지 각종 스마트 기기의 화면만 바라보는 상황입니다. 이런 상황에서 학교에서조차도 화면만 바라보며 공부하고 있는데, 우리는 과연 이를 어떻게 이해하고 아이들을 위해 교육적으로 어떻게 접근해야 할지 고민스럽습니다. 학교란 공간은 어떠해야 하는지 그 속에서 교사의 역할은 무엇인지 순서에 관계없이 말씀 부탁드립니다.

고도화될 수밖에 없는
교사의 역할에 맞는 권한 강화가 필요

——— 장세린 * 교사노동조합연맹

저는 교사의 역할에 대해서 고민하기 이전에 교육이 무엇인가에 대해서 조금 고민해보았습니다. 교육은 때로는 하고 싶은 것을 하지 못하게 하고, 하기 싫은 것도 해야 한다는 것을 가르쳐주는 것이라 생각합니다. 물론 교육에 다양한 목적과 성격이 있지만 교사의 역할과 이를 위해 무엇이 필요한지 이야기하고자 합니다. 과거와 달리 현재 아이들 한 명, 한 명이 처한 상황이 너무나 다릅니다. 그렇기 때문에 교사의 역할은 극도로 고도화될 수밖에 없고, 이를 잘 수행하기 위해서는 교사의 권한 강화가 수반될 수밖에 없다고 생각합니다. 그래서 교사가 학생의 수준이나 필요성을 살펴 투입되어야 할 자원을 판단하면 그 판단이 존중받고 바로 실행될 수 있어야 합니다. 지금이 이와 같은 제도적인 기반을 마련해야 할 시점입니다.

그리고 디지털 과잉과 관련하여 저희는 학교 내 스마트폰 사용 금지 법안에 대해 계속 환영 입장을 내어 왔습니다. 많은 의견과 반론이 있겠지만, 법안의 취지 자체가 수업 시간 내에 스마트폰을 금지하는 것이고, 이것이 앞서 제가 말씀드렸던 교육에 포함된다고 저는 생각합니다.

하지 말아야 할 것을 기억하느라, 해야 할 것을 알지 못한다

___ **천경호** • 실천교육교사모임

미국에서 진행한 부정적 아동기 경험 연구Adverse Childhood Experiences Study가 있습니다. 아동 청소년기에 경험했던 외상성 스트레스 사건들이 건강, 직업 및 학업 등의 성인기 삶에 아주 부정적이고 결정적인 영향을 미친다는 겁니다. 반대되는 연구도 있습니다. PCE 연구Positive Childhood Experiences Study라고 하는 건데 긍정적 아동기 경험과 관련된 연구입니다. 긍정적 아동기 경험을 재는 척도의 문항이 총 7개가 있는데 거기서 5개가 학교와 상관이 있습니다. 결과적으로 또래 친구들과 우정을 만들 수 있는 기회를 제공하고, 교사가 학생에게 긍정적인 기대와 관심을 갖고 아이들을 잘 가르치는 것 자체가 사회 경제적 지위에 따른 격차를 해소하는데 아주 결정적인 영향을 미친다는 것입니다. 그런 의미에서 교사가 아이들과 1대 1의 상호작용을 하고, 나와 다른 계층의 또래를 만나는 경험을 학교에서 할 수 있도록 기회를 제공하는 것이 중요한데, 현재 그런 기회를 박탈하고 있는 건 아닐까요? 그래서 학교 안에서 또래와 건강한 상호작용을 할 수 있도록 하는 것이 필요합니다. 아동·청소년 사망 원인 1위가 자살이고 교제 폭력으로 사망하는 여성의 수가 1년에 약 200명가량 된다고 합니다. 이를 예방하기 위해선 청소년기에 친밀한 관계를 어떻게 맺어야 하는지 가르치는 게 매우 효과적입니다. 지금은 학교교육이 자꾸 학교 폭력 예방 교육, 성폭력 예방 교육으로만 접근하고 있는데 사랑을 가르치고 우정을 가르치는 교육으로 전환해야 합니다.

현재 아이들은 하지 말아야 할 것들을 기억하느라 무엇을 해야 할지 기억하지 못한 채 어른이 되고 있습니다. 이런 방식이 지속되다 보니 아이들은 학폭 가해자가 되지 않기 위해 또래와 관계를 맺지 않는 방법을 선택하기도 합니다. 그러니까 주변으로부터의 지지가 계속 줄고, 결국 고립되고 이후 스스로 목숨을 끊는 상황까지 가고 있는 겁니다. 이를 예방할 수 있는 가장 효과적인 방법은 아동 청소년기에 좋은 관계를 맺고, 그 관계를 건강하게 유지하는 법을 배워야 하고, 교사는 그런 걸 가르치는 역할을 해야 하는 것이 아닌가 생각합니다.

기술의 사용이 아닌
아이의 성장을 중심에 둬야

___ **서우철** * 새로운학교네트워크

말씀대로 아이들이 상호 작용을 통해서 관계를 맺고 성장하는 게 정말 필요하고, 이를 위한 규제가 필요하기도 하지만 모든 걸 다 법으로 하는 것에 우려가 됩니다. 아이들과 소통해서 스스로 규제해 나가고 있는 학교들이 많을 텐데, 이를 법으로 재단하면 학교에 악영향을 미칠 수 있습니다. 지금까지 법으로 학교 현장을 제어해 왔던 것들이 의도와 다르게 악영향으로 되돌아오는 상황을 봤을 때 좀 더 논의가 필요합니다. 앞으로 스마트 기기의 악영향을 줄이면서도 학생과 학교의 자율성을 높이는 방안으로 지혜를 모았으면 합니다.

교사의 역할도 시대가 변함에 있어서 변화하는 것이 당연하지만, 그 어떤 상황에서도 중심은 아이들이 바르게 성장하는 데에 중심을 두어야 합니다. 기술적 측면을 너무 강조하다 보면 그것에만 빠져들게 되고 자칫 아이들이 제대로 보고 배우고 느껴야 하는 것들에 집중을 못 하는 상황이 만들어질 수 있습니다. 교사는 교실 밖의 이러한 오류에도 중심을 잃지 말고 교육의 본질에 다가갈 수 있도록 고민하는 존재가 되어야 합니다.

여전히 교육의 시작과 주체는 교사, 다만 코칭가로서의 역할이 추가되어야

―― 한성준 * 좋은교사운동

AI가 교사를 대체한다든지 학습을 대체할 수 있다는 생각은 과도한 신념입니다. 결국 AI 시대에도 교육의 시작과 주체는 교사라고 저는 믿습니다. 다만 교사 역할에 코칭가로서의 부분이 조금 더 추가되지는 않을까 예상합니다. 수업 속에서 면밀히 살펴보면 지식 자체를 모르는 학생이 있고, 지식 자체는 알지만, 그것을 구성하는 방식을 모르는 학생이 있고, 또 구성 그 너머의 지식을 찾는 학생이 있습니다. 그 부분을 AI라는 기술을 활용했을 때 일정 부분 대체될 수도 있지만 학생의 상황과 배움의 수준에 따라서 교사들이 이를 어떻게 가르칠지는 학생마다 다를 수 있습니다. 그래서 코칭가로서의 교사의 역할이 조금 더 강조되지 않을까 생각합니다.

디지털 활용이 알리바이 교육과정일 수 있어, 교사 주체성이 더욱 중요

진수영 * 전국교직원노동조합

저는 디지털 기술의 발달과 이를 활용하는 정책이 학습과 교육의 본질을 해치고 있다고 생각합니다. 조금 전 한성준 선생님께서 말씀하셨듯이 학습의 주체는 인간이라는 데 깊이 공감하고, AI 기술이 들어온다고 해서 교육학에서 말하는 교수·학습 이론이 새로운 이론으로 대체 되지는 않을 것입니다. 특히 2022 개정 교육과정에서 초등에 디지털이 무분별하게 들어와 있습니다. 수업 중 학생들이 QR을 찍어 뭔가 수행하고 패들렛에 잘 정리되면 겉보기에는 학습이 잘 이루어지는 것처럼 보이지만, 실제로는 가짜 공부가 진행되는 '알리바이 교육과정'[1]이 되어버렸습니다.

복잡해진 사회에서 교사의 판단이 더 중요해져 교사의 주체성이 더 커질 수밖에 없다고 생각합니다. 새로운 기술의 도입이 살기 좋은 세상으로 연결될 것이라는 생각은 바뀌어야 합니다. 모두가 존엄성을 보장받는 살기 좋은 세상이 실현되려면 어떤 기술을 개발해야 하는지로 방향을 바꿔야 합니다. 그리고 교육도 마찬가지입니다. 좋은 배움과 교육의 모습을 상정하고, 이걸 실현하기 위해 어떤 기술을 활용해야 하는지 살펴보는 것부터 출발해야 합니다. 하지만 현재 교육 관료들은 AI 교육이 되면 맞춤형 교육이 될 것이라 얘기합니다. 그것은 학생의 학습 속도만 다를 뿐, 결국 같은 교육을 하는 '획일적 맞춤형' 교육일 뿐입니다.

---

1) 알리바이 교육과정: 실제로는 교육과정이 잘 이루어지지 않았음에도 겉보기에 잘 이루어진 것처럼 포장하는 교육과정

학생들은 놀이, 협업, 예술, 자연주의 등 학습하는 방식이 20가지가 넘는다고 합니다. 디지털 기기가 도입되면서 신체 활동, 대면 활동 등 상호작용이 크게 줄어 진정한 배움이 많이 줄어든 것은 아닌지 우려됩니다. 디지털 기기는 이미 아이들의 일상에 깊이 들어와 생활 공간이고, 상호작용을 하는 매개이며, 학습과 놀이를 하는 장이 된 상황이지만 이를 어떻게 제한하고 활용하고 교육할 것인가에 대해 사회적인 합의를 이 기회에 반드시 해야 합니다.

현장체험학습은 여전히 필요한가?

현장체험학습 여전히 필요한가?
무엇이 바뀌어야 하는가?

_____ 유재 • 사회자

최근 현장체험학습 인솔교사 유죄판결이 학교 현장에 큰 파장을 일으켰습니다. 교사들이 현장체험학습 안전 지도에 너무나 큰 부담을 떠안게 된 상황에서 현장체험학습을 강행할 수도 없고, 그렇다고 학생과 학부모의 요구를 마냥 무시할 수도 없는 상황이 지속되고 있는데요. 학교 내 갈등만 커지는 것이 아닌지 우려스럽습니다. 과거와 달리 학생들이 부모와 다양한 경험을 하는 경우가 많기 때문에 이번 기회에 현장체험학습 자체에 대해 다시 생각해 봐야 한다는 의견도 있고, 여전히 필요하다는 의견도 있습니다. 또한 교육적 필요에 의해서 실시하는 현장체험학습 비용을 왜 고등학교만 지원하는지도 의문입니다. 당분간 해결될 기미가 보이지 않는데, 안전지도 측면과 교육적 측면 상관없이 자유롭게 말씀 부탁드립니다.

책임을 져야 한다면 권한도 달라

_____ 장세린 • 교사노동조합연맹

강원도 현장체험학습 사건[2]에서 볼 수 있듯 현재로서는 사고 발생 시 교사가 모든 책임을 질 수밖에 없는 구조입니다. 이와 같은 상황 속에서는 교사가 현장 체험학습 추진 여부 자체를 결정할 수 있어야 하고, 실시 여부에 대한 교

---

2) 학교 체험학습 연기·취소 잇따라..."안전·책임 불안", KBS, 2025.03.18

육적 판단 역시 교사에게 맡겨야 한다고 생각합니다. 책임을 지는 사람에게 권한이 따라야 합니다.

또한 교사 보호를 위한 대책으로 학교 안전법 개정안이 나와 있는데 교원의 면책을 위해서 의미 있는 시도라고 볼 수 있지만, 여러 부분에서 보완되어야 할 지점들이 있습니다. 교직원 등에 대해 민형사상 면책 규정이 있지만, 민법상의 손해배상 책임 규정 및 형사상 업무상 과실치사 관련 법과 다른 법이 상충될 경우 어떤 법이 먼저 적용되어야 하는지가 불명확합니다. 그래서 「학교안전법」 10조 5항에 의해 교사들이 면책받을 수 있을지 의문이 남아 있는 상황입니다. 따라서 현장체험학습에서의 안전사고에 관해서는 「학교안전법」이 우선 적용될 수 있도록 추가 개정할 필요가 있다고 생각합니다.

안전사고에 대한 책임은 교육주체가 함께 져야

서우철 • 새로운학교네트워크

모든 책임을 교사에게 돌리는 것 자체가 가장 큰 문제입니다. 이번에 「학교안전법」이 나왔을 때 처음에는 환영했지만, 이후 세부 내용을 살펴보니 모호한 내용이 많아 여전히 교사들이 모든 책임을 질 수밖에 없었습니다. 이런 상황에서 교사의 자발성이 일어날 수는 없습니다. 교육과정 운영에 고민이 많고 스스로 체험학습이 필요하다고 느끼는 경우, 어려운 상황에서도 체험학습을 기획하여 실행하는 교사들이 있습니다. 현장체험학습을 실시하는 교사들을 위해 필요한 점은 안전사고 대비에 대한 모든 책임을 교육 주체가 함께 져야 한다는 것입니다. 예를 들어, 관리자가 책임 주체로 함께 동반하고, 학부모들도 체험학습에서 도우미 역할을 함으로써 함께 책임을 진다면 더 나은 교육을 위한 체험학습으로 자리 잡을 수 있을 것입니다.

또한 체험학습을 준비하면서 처리해야 하는 업무의 양이 과도한 수준을 넘어서고 있습니다. 그러다 보니 교육적 필요에 의해서 시작했다가도 중간에 진행을 포기하는 경우가 생겨나기도 합니다. 업무량을 줄여야만 합니다.

형식적 문서를 최소화하고
안전 지원 시스템을 만들어야

천경호 • 실천교육교사모임

학교에서 체험학습을 기피하게 된 첫 번째 계기는 세월호 사건이라고 생각합니다. 세월호 사건 이후로 현장 체험학습 매뉴얼이 매우 강화되면서 간단한 체험학습을 한 번 나갈 때 작성해야 할 공문의 수가 너무 많아졌습니다. 두 번째 계기가 된 것이 강원도에서 체험학습 도중 발생한 사건에서 안전 요원이 충분히 배치되지 못했고, 지원해 주는 시스템이 없었는데 교사 개인이 그 모든 책임을 안고 유죄판결을 받은 것입니다. 이렇게 교사가 수많은 학생들의 안전을 온전히 책임지는 구조가 수십 년간 지속되었다는 것이 제일 큰 문제가 아니었나 생각합니다. 교사들이 교단을 떠나야 할 수도 있는 체험학습이라면 차라리 가지 않는 선택을 하는 게 어찌 보면 당연한 일이 아닌가 생각합니다. 그로 인한 피해는 누가 입을까요? 이 역시 저소득 계층 아이들의 경험이 축소되는 방향으로 귀결될 것이 불 보듯 뻔합니다.

현장 교사들의 불안과 업무상 스트레스를 줄여주는 방법은 지금까지 정책이 진행된 방향과 정반대로 하면 됩니다. 우선 체험학습에 관한 문서 작성을 최소화할 수 있는 시스템을 만드는 겁니다. 예를 들면, 체험학습 답사에서 수

질 안전, 시설 안전, 소방 안전 이런 것을 교사가 왜 다시 해야 하죠? 국가에서 허가를 내준 기관인데 비전문가인 교사가 왜 다시 확인해야 하는지 이해가 되지 않습니다. 그다음에 학생 수에 따른 적절한 수의 안전 요원이 배치될 수 있도록 교육지원청에서 책임을 지고 학교를 지원할 수 있는 시스템을 갖춘다면 현장 교사들도 적극적으로 체험학습을 진행할 것이라고 생각합니다.

지침·매뉴얼·절차로 안전을 보장하려는 행정 논리가 문제

진수영 * 전국교직원노동조합

안전사고가 나면 교사들이 책임지고 처벌받을 수 있다는 상황을 학부모에게 설명하면 체험학습을 가야 한다는 요구가 좀 줄어드는 것 같습니다. 교사의 어려움을 그만큼 공감하고 있다고 생각합니다. 우리가 개인적으로 여행을 가도 언제든지 사고가 발생할 수 있는데, 교사가 많은 인원의 학생들을 인솔하는 경우 아무리 준비를 많이 해도 사고의 가능성을 완전히 없앨 수는 없습니다. 교육과정에 의해 체험학습을 진행했다면, 국가가 이에 대해 제도적 안전망을 마련하라는 것이 교사들의 요구입니다. 사회도 막지 못하는 사고와 참사를 지침과 매뉴얼과 절차들을 많이 만들면 막을 수 있다는 행정 논리가 문제라고 생각합니다. 학교에 더 많은 주의와 예방을 강요할 것이 아니라 교사를 어떻게 지원할 것인지, 국가적 차원에서 어느 선까지 면책할 것인지 얘기해야 한다고 생각합니다. 앞서 이야기한 것처럼 절차를 간소화하고, 안전 보조 인력을 배치하고, 행·재정지원을 하는 것이 교사들이 원하는 것입니다.

도대체 교사가 몇 번을 뒤돌아봐야 안전 조치 의무를 다한 것인가?

한성준 • 좋은교사운동

속초 현장체험학습 1심 판결 결과가 매우 아쉽습니다. 도대체 선두에서 인솔한 교사가 뒤를 몇 번 돌아봐야 주의 의무를 다했다는 것인지, 너무 과도한 판결입니다. 학교안전사고 예방 및 보상에 관한 법률 제10조에서 밝힌 "학교안전사고 예방 및 안전 조치 의무를 다한 경우"라는 표현도 너무 모호해서 학교에 도움이 될지 의문입니다. 그리고 현장체험학습 관련한 매뉴얼이나 운영 지침이 어떤 측면에서는 「학교폭력예방법」과 똑같은 방식으로 왜곡되고 있습니다. 소송이 많아짐에 따라 학교 폭력 처리 매뉴얼이 점차 양이 많아지고 엄밀해지는데, 이는 절차적 정당성을 확보하기 위함입니다. 현장체험학습도 똑같은 구조로 돌아가고 있습니다. 안전 조치를 다 했다는 것이 도대체 어디까지인지, 어디까지 교육하면 되는 것인지, 이 부분을 보다 명료하게 정리할 필요가 있습니다.

그리고 학교 현장에 현장체험학습의 교육적 필요가 아직도 유효한가에 대해서는 배움의 깊이와 넓이를 학교 안으로만 한정 지을 수 없기에, 저는 여전히 필요하다고 봅니다. 오히려 더 내실화된 현장체험학습이 필요합니다. 다만 지금처럼 모든 책임을 교사가 지게 되는 구조에서 교사들의 헌신만으로는 이 문제를 해결할 수 없습니다. 책임을 나누고, 관련 규정을 조금 더 명료화하고, 전문 안전 인력을 더 넓은 차원에서 구성하고, 현장체험학습 비용을 지원해 주고, 학교의 자율권을 높여 주는 방식 등이 필요합니다.

고교학점제,
보완할 것인가? 폐지할 것인가?

보완할 것인가? 폐지할 것인가?

—— 유재 · 사회자

초등학교에 돌봄이 있다면, 고등학교에는 고교학점제가 있습니다. 그만큼 논란이 많은 주제인데요. 잠든 교실에 변화를 주겠다는 본래의 취지가 무색해질 만큼 혼선이 거듭되고 있는 것 같습니다. 교육적으로도 학생의 진로 설계 및 변경의 어려움, 대입과의 불일치, 대학교는 통합 방향으로 가고 있는데 고등학교가 선택제로 운영하는 것이 맞느냐는 근본적 의문까지 있습니다.

오랜 시간 준비한 정책임에도 불구하고 왜 이런 지경에 이르렀는지에 대한 의견을 듣고자 합니다. 또한, 현재 상황이 수정 보완해서 해결될 수 있는 것인지 아니면 전면 폐지해야 한다고 생각하는지도 궁금합니다.

학교 간, 지역 간 격차가
편의점과 백화점만큼 크다

—— 장세린 · 교사노동조합연맹

저는 단순히 고교학점제를 교육과정의 문제로만 보지 않습니다. 어쩌면 지방 소멸이나 인구 문제와도 긴밀하게 연관되어 있다는 생각을 했습니다. 왜냐면 고교학점제라는 제도의 본질상 수요를 파악하고 선택권을 존중해야 하는데, 그럼 필연적으로 규모의 경제가 적용될 수밖에 없습니다. 학생의 선택권을 존중한다는 것은 결국 학교의 규모, 교사 수, 개설할 수 있는 과목이 어느 정도 담보되어야 하는데, 문제는 어떤 학교의 규모는 편의점 수준이고, 어떤 학교의 규모는 백화점 수준이라는 점입니다. 당연히 학부모들 입장에서는 대입과 연관되어 있기 때문에, 작은 학교에서 큰 학교로, 김제 아이들은 전주로, 전주 아이들은 광주나 대전으로 전학 가는 사례가 충분히 발생할 수 있다고 보고, 벌써 그런 사례들이 들려오고 있습니다. 따라서 단순히 이 제도를 교육과정 차원에서만 논의하는 것은 위험하다고 생각합니다. 'KTX의 발전이 지방 의료를 붕괴시킨 것과 같이 고교학점제도 마찬가지의 결과를 낳을 수 있지 않을까?'라는 생각도 듭니다. 그래서 저는 현재 상황에서는 원점에서 다시 논의하는, 전면 대개혁 수준의 재설계가 필요하다고 생각합니다.

또한 현대는 기술 발달에 따른 직업 변화가 굉장히 빠른데 '일찌감치 진로를 설계해서 어떤 분야에 대한 선행 지식을 쌓는 것이 과연 의미가 있을까?'하는 의구심이 있습니다. 학창 시절에 배운 도스DOS 운영체제를 성인이 되어 쓰신 분은 거의 없을 겁니다. 어떤 직업을 가지더라도 사용할 수 있는 기본 소양을 기르는 것이 먼저인지, 아니면 일찌감치 진로를 설계해서 필요한 지식을 학습하는 게 먼저인지, 그리고 그런 설계 자체가 지금 가능한 사회인지, 이런 부분들이 사회적으로 합의가 된 건지 의문입니다. 따라서 선택 과목을 확대하는 것 자체가 그렇게 중요한 담론은 아니라고 보고요. 또한 대한민국의 경쟁교육이나 서열화의 주원인은 노동시장의 문제이기 때문에 노동의 관점과 사회의 관점에서 다각적으로 논의해야 한다고 생각합니다.

준비할 시간이 충분히 있었음에도
현 상황에 이른 것이 큰 문제

서우철 • 새로운학교네트워크

　제도가 처음 생길 때는 우리 교육에 많은 문제점을 상당히 개선해 줄 거라는 믿음으로 설계되고 진행이 됐던 것 같습니다. 하지만, 지난 3년간 정부에서 AIDT와 늘봄으로 모든 예산이 쏠리면서 이에 대한 준비를 할 수 없었다는 것이 문제였습니다. 『KIS 교육은 무엇이 특별한가』[3]라는 제목의 호치민시 한국국제학교에 관한 책을 읽었더니, 그 학교에서는 자체 예산으로 교사를 채용해 많은 문제점을 해결하는 걸 봤습니다. 물론 우리나라 시스템에선 인력 운영에 대해 자율권을 주는 것이 매우 제한적일 수밖에 없습니다. 하지만, 고교학점제가 본래의 취지대로 작동하기 위해서는 기본적으로 교사 수가 더 많아져야 함에도 불구하고, 이에 대한 준비가 하나도 안 돼 있어 해결의 실마리를 찾기 어려운 것입니다. 이런 상태에서 시행되다 보니 학교 간 격차, 지역 간 격차를 줄일 수 없는 상황이라고 생각합니다. 시골 지역과 구도심 등 어려움이 예상되는 지역부터 문제를 해결할 방법을 고민했어야 하고, 일반적인 단위 학교의 어려움을 지원할 수 있는 거점 형태의 공간들을 만들었어야 했습니다. 억지로 진행하기보다는 지금이라도 이런 여건을 만들고 추진해야 한다고 생각합니다.

---

[3] KIS 교육은 무엇이 특별한가. 손성호 외 지음. 에듀니티. 2025.4.1

너무 이른 시기 진로 선택은
직업 적응 유연성을 떨어뜨린다

천경호 • 실천교육교사모임

우리나라 성인이 생애 주기에서 평균적으로 5~6개의 업종에서 종사한다고 합니다. 이렇게 다양한 분야의 직업에 종사할 수 있으려면 그 직업에 대한 적응 유연성이 갖춰져야 하는데, 너무 이른 시기에 결정해버리면 오히려 경직성을 만든다고 합니다. 그래서 다른 직종에 들어갔을 때 오히려 부적응할 가능성을 높이게 된다는 연구 결과를 봤습니다. 그런 의미에서 아이들이 조기에 진로를 설계하고 선택할 수 있도록 돕는 구조가 오히려 장기적인 관점에서 학생들의 성인 이후의 삶에 부정적인 영향을 미칠 수 있다고 생각합니다.

제약회사에서 약을 개발할 때 아주 오랜 기간에 걸쳐서 임상 실험을 하듯이, 모든 교육정책도 실행하기 전에 충분한 임상을 거쳐 실행했으면 합니다. 물론 임상 과정에서 실행할 수 없다고 판단되면 매몰 비용을 생각하지 않고 정책을 폐지하는 것이 오히려 더 낫다고 생각합니다.

학급 공동체를 붕괴시킨다는
학생의 이야기에 귀 기울여야

진수영 • 전국교직원노동조합

전교조는 고교학점제 폐지를 주장하고 있습니다. 앞서 말씀하셨던, 학생들에게 조기 진로 선택을 강요하고, 도시와 농어촌 그리고 학교 간의 학습 격차를 오히려 더 확대한다는 말씀에 깊이 공감합니다. 전교조는 이 제도가 처음 설계

됐을 때부터 지금 나타나는 부작용에 대해서 이야기했습니다. 교원이 확충되지 않고서는 고교학점제 운영이 불가능하고, 지금처럼 출결이나 생활기록부 관리와 같은 행정 업무에 대한 문제도 지적했고, 최소성취수준 보장지도 관련해서도 학습 부진한 학생들을 학교 밖으로 내모는 결과로 이어질 수 있다고 주장했습니다. 그리고 평가 제도 개선과 대입 제도 개편과 연계되어야 함을 지속적으로 이야기했습니다. 고등학교 과목을 세분화하고 파편화할 게 아니라 기본 소양 통합 교육 등 고교 교육과정 정상화에 대한 요구를 했습니다. 사실 7~8년 동안의 시간이 있었는데 이런 우려 점에 대해 하나도 해소하지 못하고 전면 도입이 됐기 때문에 예견된 실패로 저는 고쳐 쓸 수 없다고 생각합니다.

더 심각한 문제는 고교학점제가 학급 공동체를 붕괴시키고 있다는 선생님들과 학생들의 우려입니다. 한 선생님은 "지금 고등학교에서는 선택에 따라서 이동하기 때문에 학생들이 뒤에서부터 앉고, 어떤 질문을 했을 때 발표를 하지 않는다. 같은 수업을 듣는 학생들과 관계가 깊지 않아 '내가 하는 말이 틀리면 어떡하지'라는 것을 의식하게 되기 때문이다."라고 말했습니다. 또, 얼마 전 교원 3단체가 국회에서 고교학점제 관련 토론회를 했을 때 부산의 한 고등학교 학생이 이런 말을 했습니다. "이동 수업을 하는데, 예전 같으면 같은 반에 자는 친구가 있으면 깨워서 함께 수업에 가자고 했을 텐데 지금은 자고 있는 학생을 깨워서 이동 수업에 데리고 가지 않는다" 이렇게 학급 공동체가 붕괴되고 입시 경쟁은 가속화되며, 고액의 컨설팅 등 사교육 시장은 더 커지는 현실은 고교학점제가 본래의 목적과 취지를 전혀 실현하지 못하고 있다는 것을 보여줍니다.

8년간 서서히 말려 죽인 정책, '수업 선택'이란 화두가 모든 것을 잠식한 것

_____ 한성준·좋은교사운동

　AIDT나 늘봄학교가 너무 단기간에 밀어붙여 현장을 어렵게 만든 정책이라면, 고교학점제는 서서히 말려 죽인 정책이 아닌가 싶습니다. 한 정책을 8년간 시범 운영했음에도 불구하고, 전면 도입됐을 때 이렇게 많은 문제가 드러났다는 것은 교육 당국이 크게 책임져야 할 일입니다. 물론 결정적 시기가 윤석열 정부 3년이었지만, 그 이전 정부에게도 책임이 있습니다.

　고교학점제 논의가 지나치게 학생의 수업 선택이라는 화두를 중심으로만 이야기된 것이 무척 아쉽습니다. 고교학점제가 함의하는 교사 수업과 평가방식의 개선, 입시와 제도의 개선 등이 무력화된 것이 본질적인 문제입니다. 자사고·외고·국제고의 일반고 전환이 없던 일이 되고, 2028 대입제도 개선은 상대평가 확대로 결정되어 버리니 고교학점제가 함의하는 근본적인 조건들이 서로 어긋나 버렸습니다. 그러니 출결이나 최소성취수준 보장지도, 학생부 기록의 과중 등의 문제는 터질 수밖에 없고요.

　저는 고교학점제를 고쳐 쓰자는 입장입니다. 왜냐하면 우리나라에서 고등학교교육 문제를 풀기 위해선 고교서열화 문제, 절대평가 도입의 문제, 대학입시 문제 문제를 같이 건드리지 않을 수는 없습니다. 고교학점제는 이런 모든 의제를 초반에 톱니바퀴처럼 맞물려 놓았지만, 지난 8년의 시간을 겪으면서 톱니바퀴들이 모두 어긋나 버렸습니다. 지금이라도 고교학점제가 고교서열화 해소, 절대평가 도입, 대입 제도 변화 등의 근본적인 문제들과 맞물릴 수 있도록 고쳐 가야 합니다.

늘봄·돌봄,
학교와 교육의 문제로 떠넘겨서는 안 돼

사회적 관심이 많은 정책, 하지만 문제도 많아 보여

_____ 유재 * 사회자

매번 대선의 주요 교육 의제로 올라올 만큼 사회적으로 관심이 많은 정책이기도 하고 수요가 많은 지역에서는 학교 내 여유 시설이 부족하고, 반대로 학교 내 여유 시설이 많은 곳에는 수요가 없는 등 뭔가 잘 맞지 않는 듯한 느낌도 듭니다. 또한 학교 내 구성원 간의 갈등의 원인이 되기도 하는데요. 중등 교원인 제가 봤을 때 늘봄과 돌봄은 사실상 큰 차이도 없어 보이는데, 이렇게 별도로 진행해야 하는 건지도 잘 모르겠습니다. 초등에서 늘 뜨거운 감자인 늘봄과 돌봄에 대해 말씀 부탁드립니다.

돌봄을 학교와 교육의 문제로 떠넘겨서는 안 돼

_____ 장세린 * 교사노동조합연맹

사회적인 돌봄에 대한 철학 자체에 물음표를 던지고 다시 정립할 필요가 있다고 생각합니다. 노동시장을 전면 개편하여 부모를 가정으로 돌려보내는 것과 부모가 편하게 노동할 수 있도록 학교에서 자녀를 돌봐주는 것 중에 과연 무엇이 우리 사회가 지속가능한 방향으로 움직일 수 있게 하는 것인지 논의할 필요가 있습니다.

교사노조연맹의 입장은 '돌봄은 지자체로 온전히 이관'해야 한다는 겁니다. 한 아이를 키우기 위해서는 온 마을이 필요하다고 하는데 지금 돌봄에 대한 책임이 학교로만 들어오고 있다고 생각합니다. 그리고 이상하게도 돌봄 관련 논의에서 엄마와 아동 사이에 학교만 끼어 있고 국가와 아버지는 보이지 않는 것 같습니다. 논의 자체가 굉장히 좁은 풀에서 이루어지고 있지 않나 하는 생각이 듭니다.

늘봄과 돌봄은 처음부터 다시 세팅돼야

서우철 * 새로운학교네트워크

돌봄의 문제를 교육계에서는 마을과 함께해 나가길 원하지만, 대다수의 외부 사람들은 학교에서 감당해야 한다고 생각하고 있어 차이가 크게 납니다. 아이들이 학교에 갇혀 있다는 생각은 하지 못하는 것 같습니다. 일본에 가서 돌봄을 살펴봤을 때, 돌봄교실에 근무하는 사람들은 모두 지자체 소속이었습니다. 아울러 '공민관'[4]이라고 불리는 주변 학습관에서 돌봄과 방과 후 교육을 모두 담당하고 있는 걸 보았습니다. 우리나라도 이런 시도를 안 한 것은 아닌데 돌봄에 종사하시는 분들의 이해관계로 무산된 적이 있습니다.

지금 학교에는 돌봄 전담사가 있는데, 학교가 줄어들고 있어 더 이상 인원을 늘릴 수가 없습니다. 돌봄의 수요는 많고 인원을 늘릴 수 없다 보니, 지금의 늘봄과 같은 기형적인 형태가 나오게 된 것 같습니다. 맞벌이 가정이 아니어서 돌봄교실에 못 들어가는 아이들이 늘봄에 가게 되는데, 돌봄이 안 되니까 강

---

4) 공민관: 우리나라의 주민센터와 유사한 성격의 시설로 행정 서비스 제공과 주민 간 교류, 교육 등이 이루어지는 공간

사를 채용해서 수업을 합니다. 방과후 교육은 선택이라도 할 수 있지만, 늘봄은 선택도 못 하고 학교에서 정한 대로 수업만 듣게 됩니다. 조금 듣다가 자기가 선택한 방과 후 교육이나 학원이 시작하면 끝까지 듣지도 않고 가버리기도 합니다. 한 교실에 고작 3~4명이 참여한 상태로 계속 돈을 쏟아붓고 있습니다. 아이의 입장에서 보면 돌봄도 안 되고 학습에도 도움이 안 되는 상황입니다.

그리고 규모가 큰 학교가 더 큰 고통에 시달리고 있습니다. 교실을 마련할 수 없어 1, 2학년 교실을 공동으로 사용하다 보니 담임교사와 늘봄 강사 간에 갈등이 엄청나게 일어나고 있습니다. 학교 관리자들은 강사로는 아이들 관리가 안 되니까 1일 담임형이라도 해서 아이들을 돌볼 수 있게끔 하고 싶은데, 이런 정책 전환도 쉽게 받아주지 않고 있습니다.

예산 사용에도 문제가 많은데, 이번 여름에 늘봄 플러스 정책이 시행되면서 3주에 3천만 원에서 5천만 원을 사용하는 것이었습니다. 신청은 했는데 그 짧은 시간에 많은 예산을 사용해야 하다 보니, 값비싼 승마 교육이나 운동장에 간이 수영장을 설치하는 등 예산이 방만하게 사용되는 측면이 있었습니다. 외부 공간을 활용하여 위탁한다든지 협동조합 형태로 운영하여 큰 학교를 보완해 줄 수 있는 형태로 전환하는 것이 필요할 것입니다.

마지막으로 돌봄 사업부서를 교육부에서 여가부나 다른 부서로 바꿔야 한다고 생각합니다. 돌봄은 교육의 문제가 아니라 가족의 문제입니다. 교육부 사업 중에 만족도가 가장 높고 예산도 가장 많아 교육부가 반대하겠지만 여가부로 넘어가야 학교교육과 분리되어 제대로 된 돌봄이 이루어질 수 있습니다.

현 정책의 수요와 공급 불균형 해소를 위해
돌봄 개념을 다시 정립해야

___ **천경호** • 실천교육교사모임

만약 돌봄에 관해서 아이들에게 물어본다면 아이들은 학교에서 돌봄을 하고 싶어 하지 않을 거로 생각합니다. 공간마다 그 공간이 주는 의미가 있는데, 공간의 목적이 다양해지면 혼란을 겪기도 합니다. 학교라는 공간은 아이들 입장에서는 학습의 공간으로 있어야 한다고 생각합니다. 또한 돌봄 정책 추진에 학부모 만족도 조사는 있지만 교육적 정당성 측면의 연구는 없는 것 같습니다. 돌봄에 참여한 학생과 참여하지 않은 학생을 비교해서 추적 조사를 통해 아동 발달에 어떤 영향을 주는지 연구도 하지 않고 그냥 밀어붙이고 있는 것이 아닌가 생각합니다.

또한 돌봄이 현재 비장애 아동과 초등, 그리고 방과 후에 한정되어 있습니다. 아이들이 등하교할 때 돌봄을 필요로 하는 학생이 있고, 장애아동 같은 경우에도 맞춤형 돌봄을 전담해 줄 전문 인력들이 필요한데, 여기에 대한 사회적 관심이나 지원은 없고 학부모에게 전가되어 있습니다. 그로 인한 통합 교육의 책임도 교사에게 전가되고 있는 실정입니다. 이런 문제들을 좀 확장시켜서 장애아동, 유치원, 초등 또는 그 이외에 사회·경제적 지위가 낮은 계층에 있는 아이들을 지원할 수 있는 시스템으로 확장할 필요가 있다고 생각합니다. 현재 수요와 공급에 맞는 지원을 해주지 못하는 불균형이 오랫동안 지속되어 왔기 때문에 이를 해소하는 측면에서 돌봄에 대한 개념을 바꿀 필요가 있다고 생각합니다.

공교육에서 돌봄을 떼어내어
공보육 체계를 만들어야

___ 진수영 • 전국교직원노동조합

전교조는 '학교는 교육과정에 따라서 교육을 하는 교육 기관'이라는 입장입니다. 국가책임돌봄은 필요하지만, 그것을 학교와 교사에게 떠넘기는 방식은 교육과 돌봄 모두의 질을 떨어뜨리고, 지자체 전담 체계를 구축해야 합니다. 늘봄과 돌봄은 안전하고 새로운 공간, 집과 가까운 공간에서 이루어져야 한다고 지속적으로 얘기해왔습니다. 지금의 늘봄은 '돈 안 들이고 학교에 떠넘긴' 교육지책입니다. 학교는 교육에 집중하고 공교육에서 돌봄을 떼어내어 공보육 체계를 만들 필요가 있습니다. 현재는 1단계 정도의 과도기로 돌봄을 교사의 업무에서 분리한 상태인데, 그다음으로 운영과 공간을 분리해야 합니다. 현재 보건복지부가 노인 돌봄에만 집중하고 있는데 아동·청소년 돌봄까지 포함해서, 돌봄 체계를 국가가 꾸려 동네마다 노인정이 있듯이 아동·청소년들의 공간을 만들어야 한다고 생각합니다.

국정기획위원회의 교육 과제 중에서 지자체 중심의 돌봄 교육 모델의 확산과 온 동네 돌봄, 교육 센터 확충 내용에 대해 환영하며 운영 주체와 공간을 분리해서 공보육 체계를 공들여서 잘 만들었으면 좋겠습니다.

학교에 모두 전가하는 방식은
지속가능하지도, 교육적이지도 않다

____ 한성준 · 좋은교사운동

돌봄 문제는 자녀를 키우는 부모 입장에서 굉장히 수요가 큰 사업이고, 수요가 크다는 것은 정치 입장에서 표가 되는 정책이라는 이야기입니다. 또한 정부 입장에서는 정책 효과를 숫자로 표현하기 쉬운 정책이고요. 이 정책을 문재인 정부까지만 해도 지자체와 힘을 나누는 방식을 추구했는데, 윤석열 정부 들어서면서 이 모든 책임을 학교로 몰아넣는 구조로 바꾸었습니다. 국가 차원의 큰 필요를 학교라는 조직에 모두 전가하는 방식은 지속 가능성도 없고 교육의 측면에서 봤을 때도 적절하지 않은 조치입니다. 결국은 인력의 문제를 포함해서 지자체와 같이하는 돌봄 체계를 구축하는 방향으로 가는 것이 적절합니다.

이재명 정부의 국정과제를 보면 돌봄 정책에 대해서 문재인 정부와 거의 비슷한 표현을 쓰고 있습니다. 국정과제만을 놓고 보면 그냥 갈등 관리하는 수준에서 머물겠다는 것 같아 매우 우려스럽습니다. 문재인 정부의 한계를 이재명 정부에서 어떻게 뛰어넘을지를 잘 주시해야 합니다.

이재명 정부에 바란다

지금은 대한민국의 중요한 분기점, 이재명 정부에 바란다

___ 유재 • 사회자

지금까지 4개의 주제에 대해서 말씀 주셨고 개인적으로도 많은 인사이트가 있었다고 생각합니다. 이재명 정부가 들어선 지 100일이 조금 넘었습니다. 국제정세도 혼란스럽고 사회도 급변하고 있습니다. 저는 지금이 대한민국의 중요한 분기점이 아닐까 생각합니다. 이번 대선 과정에서 어느 당을 막론하고 교육 관련 공약이 매우 빈약한 것을 보면서 현재 교육의 위상을 생각하게 되고 답답함을 넘어 교육계 일원으로 매우 속상하기까지 했습니다. 정권이 들어서고 100일이 지나서야 겨우 교육부장관이 임명되었는데요 각 단체에서 이재명 정부에게 하고 싶은 말씀 마지막으로 부탁드립니다.

학교는 사회적 격차 해소의 마지막 보루

___ 장세린 • 교사노동조합연맹

힘들고 소외된 아이들이 많은 학교에서 근무했는데, 그곳에서 저는 학교가 사회적 불평등이나 격차로 인해 하루하루 투쟁하는 곳이라는 걸 느꼈습니다. 학교는 지금 점점 더 커지고 있는 사회적 격차의 마지막 보루 같은 곳이고, 그곳의 맨 앞에 교사가 있다는 것을 잊지 않았으면 합니다. 그렇기에 교사의 교육권 보호는 곧 학생의 학습권 존중으로 이어집니다.

아울러, 정부의 철학을 말해주는 것이 그 정부의 명칭인데, 이재명 정부는 '국민주권 정부'로 정한 것으로 압니다. 빠른 시일 내에 교사 정치 기본권이 확립되어 교사 또한 국민주권 정부의 진정한 민주시민으로 거듭날 수 있도록 입법을 서둘러 주셨으면 하는 바람입니다.

현재는 학교교육의 위기 상황…, 학교와 교사의 어려움을 우선 살펴야

서우철 · 새로운학교네트워크

코로나19와 서이초 사건 이후, 학교교육은 큰 위기에 직면해 있습니다. 학교교육력이 예전에 비해서 크게 떨어져 있고, 온갖 갈등에 노출돼 있으며, 교육주체들의 자발성이나 공동체성이 완전히 파괴되어 가고 있습니다. 그런데, 교육청과 정부에서는 계속 새로운 이슈만 자꾸 쫓아가고 있습니다. 지금 학교교육이 얼마나 무너져 있고, 교사들이 얼마나 어려워하고 있는지 먼저 살피고 어떻게 우리 교육을 다시 세울 것인가를 근본적으로 고민해줬으면 합니다.

학교는 집단 외상 상태, 잘 가르치고 잘 배울 수 있는 환경을 제공해야

천경호 · 실천교육교사모임

코로나19와 서이초 사건이 우리나라 교육에 중요한 변곡점이라는 생각이 듭니다. 코로나19를 통해서 아이들끼리 어울려서 보내는 시간이 매우 소중하다는 것을 알게 해주었고, 서이초 사건은 지금과 같이 사회에서 필요한 인재를 길러내는 교육은 앞으로의 사회에는 맞지 않다고 하는 신호를 주는 것이 아니었나 생각합니다. 이를 통해 우리는 사회적으로 집단 외상을 경험한 것 같습니다.

어떻게 해야 교사가 잘 가르칠 수 있고, 어떻게 해야 아이들이 잘 배울 수 있고, 어떻게 해야 부모들이 잘 양육하고, 아이들이 안정된 환경에서 잘 자랄 수 있는지 고민하고 그런 환경을 제공해 주는 사회로의 변화가 절실해 보입니다. 그리고 우리가 아이들의 삶에 더 관심을 갖고, 그들의 목소리를 더 많은 사람이 이해할 수 있도록 이야기해야겠다고 다짐하게 됩니다. 현 정부도 그런 관점에서 단 한 명의 아이도 빠짐없이 자기다운 삶을 살아가고 이를 즐길 수 있도록 일해줬으면 좋겠습니다.

교육 현장의 주체들과
충분한 소통과 합의를 통해 추진해야

___ 진수영 • 전국교직원노동조합

현 정부에게 바라는 것을 이야기하기 위해선 우선 지난 정부 평가를 해야 할 것 같습니다. 오늘 토론 주제이기도 했던 AI 디지털교과서나 고교학점제나 늘봄 및 돌봄, 유보통합 등은 현장에 혼란만 가중시켰습니다. 이 제도들의 공통점은 교육 현장의 주체들과 소통과 합의 없이 졸속으로 추진한 점입니다.

새 정부에게 하고 싶은 얘기는 세 가지입니다. 첫째, 내란을 겪고 새로 출범한 정부이기 때문에 우리 교육의 본질이자 목적이었던 민주시민 양성에 깊은 관심을 기울여야 한다고 생각합니다. 어떻게 민주시민 교육을 강화하고, 교사의 정치 기본권을 보장해서 리박스쿨 같은 극우가 교육에 다시는 발붙이지 못하도록 해야 한다고 생각합니다.

두 번째는 교사가 교육개혁의 대상이 아니라 교육과정과 평가의 주체로서 온전히 권한을 보장받을 수 있도록 하고, 이를 침해하는 것들로부터 어떻게 보호할 건지 명확히 해주었으면 합니다.

마지막으로, 국가책임교육을 했으면 좋겠습니다. 돌봄이나 유보통합 문제 등에서 알 수 있듯이 우리나라에 기형적인 구조인 구조가 많습니다. 좀 더 적극적으로 국가가 교육에서의 책임성을 강화하는 방향으로 한발 더 나아가기를 바랍니다.

새 정부는
교육 전반의 신뢰를 높이는 것에 힘써야

_____ 한성준 * 좋은교사운동

교육에 있어 가장 중요한 가치는 신뢰입니다. 하지만 지금은 교육 주체 간의 신뢰도, 공동체성도 사라지고 있습니다. 저는 오늘의 교육을 '교육의 근간이 흔들리고 있는 상황'이라고 진단합니다. 새로 출범한 이재명 정부가 제시한 국정 원칙은 경청과 통합, 공정과 신뢰, 실용과 성과입니다. 저는 실용과 성과라는 원칙이 교육 문제와 어떻게 만날 수 있는 것인지 우려하고 있습니다. 실용과 성과의 가치가 자칫 교육에 잘못 접목되면 단기간에 표가 되고, 성과를 낼 수 있는 교육 문제만 관심을 기울일 수 있기 때문입니다. 그런데 교육이 어디 그러한가요? 우리 교육의 발전을 붙잡고 있는 오래된 숙제와 같은 고교서열화의 문제, 대학입시의 문제, 대학 서열화의 문제, 상대평가의 문제, 사교육의 문제 등을 실용과 성과의 잣대로 외면하지 않았으면 좋겠습니다.

공정과 신뢰의 국정 원칙을 교육의 문제와 연결한다면 신뢰는 교사와 학교에 대한 신뢰를 어떻게 더 높일 것인지가 중요한 지점입니다. 저는 교사의 전문성을 제고하는 전문교사제 도입으로 학교와 교사의 신뢰도를 높여 가야 한다고 봅니다. 또한 교육정책의 신뢰도를 높이기 위해선 사회적 합의에 기반해서 정책을 추진해야 합니다. 이를 위해 만들어진 것이 국가교육위원회입니다. 출범 이후 제 역할을 하지 못했지만 새 정부에서는 국가교육위원회가 제도 도입의 목적을 실현하는 조직으로 거듭나기를 기대합니다. 새 정부가 교육정책의 신뢰 회복, 학교나 교사에 대한 신뢰 회복, 그리고 교육 공동체 회복 등으로 이어지는 교육정책을 펼쳐 가기를 바랍니다.

> **모든 것은 이미 예전에 언급되었지만,
> 아무도 듣지 않기에 우리는 계속해서 다시 시작해야 한다.**
> -
> 앙드레 지드

_____ 유재 * 사회자

예정된 시간을 1시간 이상 넘겼지만 좋은 말씀을 많이 해주셔서 시간 가는 줄 몰랐습니다. 정책에 대해 다양한 시각으로 바라보고 깊이를 더하며 서로를 이해할 수 있는 시간이었던 것 같습니다. 오늘 나온 많은 이야기는 어쩌면 이미 오래전부터 주장해왔고 실천해왔던 이야기일지도 모릅니다. 오늘 5개 교원단체가 모여 이렇게 한목소리를 내는 것은 어쩌면 우리의 얘기를 아무도 들어주지 않기 때문이기도 합니다. 프랑스 비평가 앙드레 지드의 말처럼 우리는 계속해서 다시 시작해야 합니다. 그리고 오늘 그 시작을 멋지게 열어주신 5분의 선생님들께 다시 한번 깊이 감사를 드립니다.

03.

더 나은 교육을 위한 현장의 모색과 실천

고흥 작은학교 공동교육과정

지역소멸에 대응하는 작은학교들의
유쾌한 연대

고 일 석
고흥여자중학교 교감

14

너무나 가까이 다가온 지역소멸, 고흥의 현재

　1960년대 인구수 23만의 전국 최대의 군 단위 기초지자체인 고흥군은 2025년 현재 6만의 소도시로 인구소멸이 가속화되고 있다. 2017년 통계청의 인구통계자료를 살펴보면 전국 최초의 인구감소 고위험지역으로 지정되었으며, 경북 의성 다음으로 전국 2위의 심각한 인구소멸 위기에 내몰리고 있다.

　통계청의 인구이동통계를 살펴봐도 전국 시·도별 유소년 인구 증감률은 전남의 경우 2020년 192,000명에서 2050년 69,000명으로 45% 급감할 것으로 예측되어 17개 시·도 중 1위의 불명예를 안을 것으로 보인다. 이로 인한 학령인구의 변화추이를 살펴보면 더욱더 그 심각성을 알게 될 것이다.

　다행히 고흥군과 고흥교육지원청은 지역소멸과 학령인구의 감소를 해결하기 위한 거버넌스 구축과 학교교육 지원 강화, 학교 밖 마을의 교육력 회복을 위한 다각도의 노력을 기울이고 있다.

　특히, 고흥군에서는 청년 일자리 창출을 위한 장기적인 로드맵을 만들고 우주항공산업, 스마트팜, 드론·UAM 산업을 핵심 영역으로 한 고부가가치의 미래 일자리 창출을 통한 청년층의 인구 유입으로 인구소멸을 극복하고자 한다. 하지만 일자리가 생긴다고 해서 과연 한반도의 끝자락 고흥으로 청년 인구의 유입이 가능할 것인가?

청년층의 사회문화적 욕구와 자녀의 돌봄·교육에 대한 근본적 욕구를 해결해 주지 못한다면, 일자리는 창출되겠지만 인구 유입 효과는 기대하기는 쉽지 않다. 지금도 고흥의 일부 청년들은 인근 도시인 순천에 거주하며 고흥으로 출퇴근하는 가슴 아픈 현실이다.

실질적인 인구 유입 효과를 가져오기 위해서 본질적으로 해결해야 할 가장 중요한 것은 가족 단위 주거지역 이동의 결정권을 가지고 있는 30~40대 여성들을 위한 양질의 일자리 제공이다. 더불어 '고흥'이라는 지역공동체 의식을 가질 수 있는 사회문화적 교류가 가능한 유·무형의 플랫폼 공간(광장)이 필요하다. 또한 귀농·귀촌인이라는 배타적 인식에서 벗어나 지역공동체의 일원으로 참여할 수 있는 기회와 권한을 부여하는 지역민의 포용적 인식 전환이 필수적이다.

마지막으로, 가장 중요한 과제로 인식해야 할 것은 자녀 돌봄과 교육에 대한 욕구를 충족시켜야 한다는 것이다. 지자체와 마을중심 돌봄 시스템을 구축하여 미취학 아동부터 노인층까지 안전한 사회적 돌봄을 제공함으로써 아동의 돌봄과 성장을 개인과 가족 단위를 넘어 지역사회가 함께 책임진다는 인식을 가질 수 있도록 해야 한다.

고흥의 학교는 안녕할까?

학령인구에 대한 전라남도교육청의 자료를 살펴보면 2020년 192,000명이던 학령인구는 2030년 164,000명으로 30,000명이 감소할 것으로 보이며, 이 통계자료를 근거로 예측해 본 결과, 전남의 작은학교[1] 500여 개가 사라질 위기에 놓여 있다.

2025년 현재, 전남의 학교 수(분교장 제외)는 821교[2]이다. 다시 말해 순천, 여수, 목포, 나주 등 도시권 학교와 읍 단위 학교를 제외한 대부분의 작은학교는 2030년이 되면 폐교나 통폐합을 걱정해야 하는 매우 심각한 현실을 직면하고 있다는 것이다.

고흥의 작은학교 현황

□ 초등학교

(단위: 명)

교명	고흥동초	녹동초	풍양초	풍남초	도덕초	금산초	도화초	포두초	봉래초
학생 수	619	273(+7)	28	22	33	49	33	34	29
교명	백양초	점암초	영남초	과역초	남양초	동강초	대서초	두원초	
학생 수	20	21	22	33	22	43	15	32	

---

1) 전라남도교육청의 작은학교 기준: 전교생 60명 이하의 학교
2) 전라남도교육청 홈페이지 참조

□ 중학교

(단위: 명)

교명	고흥중	고흥여중	녹동중	풍양중	도덕중	금산중	도화중
학생 수	237	211	200	18	18	36	16

교명	포두중	봉래중	백양중	점암중앙중	과역중	남양중	동강중	대서중
학생 수	43	20	8	19	28	10	43	32

출처: 고흥교육지원청 홈페이지

위 표에서 확인하다시피 고흥의 면 단위 초·중학교 학생 수는 평균 60명이 아닌 20~30여 명대를 유지하고 있다. 신입생 유치를 위한 홍보전략으로 학생 개인별 맞춤교육이 가능한 장점을 부각하기도 하고, 농산어촌 유학 프로그램으로 수도권 학생들의 단기 유학을 통한 학생수 유지를 위해 안간힘을 쓰고는 있지만, 현실은 그렇게 녹록지 않다.

공동교육과정의 시작

쉽지 않은 출발, 교사들의 마음을 얻다

2023년 고흥교육지원청 사업계획서를 살펴보면 '작은학교 공동교육과정 운영'은 존재하지 않았던 사업이었다. '학생 수 급감으로 인한 폐교 위기에 내몰린 작은학교를 살릴 수 있는 대안으로 작은학교 공동교육과정을 개발·운영해 보자'는 고흥교육지원청 교육장의 제안과 강력한 의지로 시작되었다.

미래혁신팀에서는 작은학교 활성화를 위한 종합계획을 수립하고, 작은학교 교육과정을 내실화하기 위한 대안 중 하나로 작은학교 공동교육과정을 유·초등교육팀과 중등교육팀이 주관하여 운영하기로 하였다. 행정지원과와 학교지원센터에서는 공동교육과정 운영을 위한 학생 이동이나 공동급식 등 행정적으로 지원이 필요한 사안을 학교에 사전에 안내하고 협조를 구하였다.

공동교육과정은 기존에 운영되어 왔던 체육대회나 체험학습의 공동 추진을 넘어 일상적인 교육과정의 공동 운영과 수업혁신으로 작은학교 교육력을 제고하는 것을 궁극적 목표로 정했다. 실행계획을 수립하는 과정에서 초·중등 교사들의 문화적 차이와 인적 특성을 고려해 서로 다른 추진 방식을 마련하였고, 이를 서로 존중했다.

경력교사가 많은 고흥 초등학교의 특성을 반영해 공동교육과정 개발교사를 모집하고, 공동교육과정 운영에 적합한 주제에 맞는 교육과정을 먼저 개발하였다. 2학기에는 교육과정을 함께 운영할 교사를 교육지원청이 연결해 주는 방식으로 추진되었다. 교과별 특성이 강한 중등의 경우 코로나 시기를 거치면서 유명무실해진 지역 내 교과연구회를 다시 복원하고 교과 단위에서의 논의와 선택을 존중하며 추진하기로 하였다.

3월 말 열린 관내 학교장 연찬회에서 작은학교 공동교육과정 운영과 관련한 사업 계획을 안내받은 일부 교장은 '작은학교 통폐합을 위한 사전 정지작업이지 않느냐?'는 우려를 나타내기도 하였지만, 대부분의 교장들은 그 필요성에 대해 공감하였다.

4월, 교사들을 대상으로 한 교과협의회에서도 예상했듯이 중견교사들을 중심으로 "지금도 힘들다", "제발 학교를 건들지 마라" 등 우려 섞인 목소리가 나오기 시작했다.

하지만 지역소멸과 폐교 위기에 내몰린 고흥지역 학교의 현실 앞에 현재의 학교를 유지하는 것에 만족한다면, 이는 고흥교육의 지속가능성을 담보할 수 없는 '책임 방기'일 수도 있다는 절박함으로 교사들을 설득하였다. 다행히 교사들은 교과연구회를 통해 공동교육과정 운영을 비롯한 교과 단위 전문성 신장을 위한 다양한 논의를 열어놓고 진행하기로 하였다.

교장과 교사의 마음이 움직였다는 것은 절반의 성공이다. 고흥교육지원청에서도 교과연구회가 원활히 운영될 수 있도록 공문 발송, 협의장 섭외, 운영비 지원 등을 통해 행·재정적 부담 없이 교사들이 모여 관련 논의가 가능토록 지원을 아끼지 않았다.

교육장의 혁신적 리더십과 장학사들을 비롯한 직원들의 헌신적 노력이 결합되면서 작은학교 공동교육과정의 실체가 만들어지게 되었다.

공동교육과정이란?

고흥 작은학교 공동교육과정은 전혀 새로운 교육과정을 창조했다기보다 고흥교육지원청의 교육계획 속에서만 존재했던 '작은학교 교육과정 운영 지원'이라는 문장을 지역 내 교사공동체의 집단지성으로 학교 간 교육과정을 연결하고, 직접 운영했다는 점에서 매우 유의미하다.

우리가 스스로 만들어 낸 공동교육과정에 대한 개념은 다음과 같다.

> 작은학교 학생의 다양한 학습 경험과 배움의 질을 보장하기 위해, 학년(교과)별 교육과정을 분석하고, 이를 토대로 다수의 소통과 협력이 가능한 효과적인 수업 단원(주제)을 추출하여 소규모학교(소인수 학급) 간 공동으로 운영하는 교육과정

공동교육과정의 교육적 목표 달성을 위한 원칙과 절차도 추진되는 과정에서 자연스레 정리되었다.

> □ 공동교육과정 운영 원칙
> 1. 소규모학교(학급) 학생의 질 높은 교육을 보장
> 2. 일회성 행사나 체험학습을 지양
> 3. 교육과정과 수업중심 대안 찾기
> 4. 교사의 자발성과 성장에 기반

□ 공동교육과정 추진 절차

1. 준비단계: 공감대 형성과 자발적 참여
   - 학교 안 교사 공동체 문화 구축
   - 학교 밖 교과(학년) 단위 전문적학습공동체 구성

2. 개발 단계
   - 주제 선정
   - 교육과정 개발(교과중심형, 교과융합형, 지역연계형 등)
   - 운영 선택(고정형, 집중형, 혼합형)
   - 교육과정 개발 시 유의점
     - 교·수·평·기 일체화
     - 10차시 이상 수업 설계
     - 학기별 1회 이상(프로젝트형)
     - 학교 교육과정과 통합 편성

3. 운영 단계
   - 권역 단위 희망학교 매칭
   - 팀티칭을 위한 교사 역할 분담
   - 공동교육과정 운영(수업+평가)

4. 수업나눔

5. 교육과정 성찰 워크숍 운영

우리는 공동교육과정 개발과 운영을 통해 '수업은 교사 개인의 전문성에 기반한 독립된 영역'이라는 기존의 고정관념을 깨고, 공개된 공유 공간으로 수업을 가져와 공적 영역임을 확인하는 계기가 되었다.

교사와 교사의 연결, 수업과 수업의 연결, 학교와 학교의 연결을 통해 교육과정과 수업의 얼개가 더욱 완결성을 가지게 되고 있음을 직접 경험하게 되었다. 또한 아래 표에서처럼 읍내 학교 교사들의 참여, 더 많은 교과의 참여, 초등의 경우 교과전담교사의 참여, 2개교 공동교육과정을 넘어 3개교 공동교육과정이 운영되기도 하였다.

▨ 공동교육과정 추진 현황

학교급	연도	참여학교 수	참여학급수	운영교사 수	참여학생 수	비고
초	2023	8교	10학급	10명	43명	2개 학급 연계
	2024	13교	24학급	22명	98명	3개 학급 연계 교과전담교사 참여
	2025	13교	33학급	31명	181명	

학교급	연도	참여학교 수	참여교과 수	운영교사 수	비고
중	2023	13교	4개 교과	28명	국, 영, 사, 예술(음/미)
	2024	15교	8개 교과	54명	국, 영, 수, 사, 과, 체, 음, 미
	2025	13교	8개 교과	48명	고흥여중 프로젝트 수업 형태로 결합

수업전문가에서 교육과정 전문가로 성장

고흥교육지원청에서는 교사의 교육과정 설계 역량을 강화하기 위해 공동교육과정 설계를 위한 '공동교육과정 운영을 통한 더 큰 배움터 구축' 연수를 자체 기획하여 운영하였다. 10개 교과군 100명의 고흥 관내 중등 교원의 참석을 목표로 연수 강좌의 내실 있는 설계와 해당 분야의 최고의 실천가인 교사를 강사로 섭외하기 위해 노력하였다.

경기도 교·수·평·기 일체화 연구회 소속 교사 7명과 전남에서 혁신적 교육실천가이자 교과 교육과정의 전문가인 교사 4명을 교과별 강사진으로 섭외하였다. 여름방학이 시작되는 날인 7월 20일~21일(1박 2일)을 연수 일정으로 정하고, 학교단위 1학기 교육과정 반성회와 통합적으로 운영될 수 있도록 기획된 대규모 실행연수가 펼쳐지게 되었다. 전라남도교육청 교육자치과와 전남교육연수원의 전폭적인 지원으로 가능한 연수였다.

1박 2일간의 실행연수를 통해 10개 교과군에서 6개 교과군이 2학기 공동교육과정 운영을 위한 얼개를 완성하고, 실제 운영을 위한 교육과정과 수업지도안을 만들기로 합의하였다. 물론 6개 교과군 중 2개 교과군은 최종적으로 공동교육과정 개발과 운영까지 도달하지는 못하였지만 2개 교과군의 도전 역시도 아름답다고 이야기할 수 있다.

공동교육과정 운영의 실제

2023년부터 3년째 운영 중인 고흥 작은학교 공동교육과정의 실천 사례는 초등의 경우 2개교에서 3개교 공동교육과정으로, 중등의 경우 교과 내 공동교육과정에서 교과통합형 공동과정으로 진화하는 등 다양한 형태와 내용으로 확장되어 가고 있다. 구체적인 사례는 실제 운영에 참여했던 교사들의 언어로 만나는 것이 좋을 듯하여 이번 지면을 통해서는 필자가 직·간접적으로 참여했던 중등 교과 중심의 일부 사례를 소개하고자 한다.

공동교육과정의 시발점, 중등 예술(음악·미술) 교과

현재 고흥 지역에서 진행 중인 공동교육과정의 중등 버전은 2018년 고흥문화예술교육연구회 주관으로 추진된 통합수업에서 시작되었다. 본교를 포함해 3교를 순회하며 겸임수업을 해야 하는 음악·미술 교과 교사들은 2016년까지 별도로 운영 중인 지역 내 교과연구회를 고흥문화예술교육연구회로 통합 운영하기로 하였다. 또한 겸임 수업으로 인한 수업의 질 하락을 막기 위한 대안으로 고흥 관내 중등 음악과와 미술과 교사들이 모두 참여하는 지역사회 연계 예술교육과정을 개발하여 운영해 보기로 하였다. 2018년 여름방학, 현장맞춤형 직무연수를 활용해 2015 교육과정에 기반한 통합형 예술교과 교육과정 10차시를 자체 개발하고 2학기 공동수업을 실시하게 되었다.

사례 1: 배움이 즐거운 학교(2018년)

▨ **수업 기획 의도**

> '학교공간은 우리에게 어떻게 존재해야 하는가?'라는 질문에 대한 탐구를 진행하며, 학교공간 안에서의 민주주의를 실현하기 위한 예술(음악/미술)적 과제를 수행한다. 교실과 학교 안에 머물고 있는 예술수업을 지역사회의 자원(인적/물적)을 활용하여 실생활에 필요한 예술적 재창조와 성찰적 배움을 만들어내고자 한다.

▨ **통합형 예술교과 수업 운영 계획**

미술과	음악과
• 1~2차시: 학교란 무엇인가? • 3~4차시: 학교공간 분석하기 • 5~6차시: 새로운 학교를 상상하라 • 7~8차시: 학교공간 리모델링 • 9~10차시: 고흥을 사랑하라	• 1~2차시: 학교란 무엇인가? • 3~4차시: 교육(학교)의 문제점 파악하기 • 5~6차시: 새로운 학교를 노래하라 • 7~8차시: 랩과 영상 제작하기 • 9~10차시: 감상 및 비평하기

※ **연홍도 프로젝트 - 미술**: 목제 의자 완성(모둠별 1작품), **음악**: 합동 버스킹 공연

미술수업에서는 학생들의 배움과 삶의 공간인 학교를 살펴보고 불친절하게 존재하는 학교 공간의 한계를 극복하기 위한 현실적 대안으로 학생들이 편히 쉬고 대화할 수 있는 공간을 마련하고 목제 의자를 디자인하고 직접 제작하는 것이었다.

음악수업을 통해 학교 안에서 아름다운 인간으로 성장하기 위한 다양한 악기를 다루고, 학생들의 이야기를 노래로 재해석 가는 예술 활동에 참여하는 것이었다. 마지막으로 수업에 참여한 학생들이 지역사회의 문화공간이라 할 수

있는 연홍미술관 앞마당에서 '연홍도 프로젝트'라는 지역연계 문화예술축제를 추진하였다.

연홍도 프로젝트의 내용은 링크된 영상을 통해서도 확인할 수 있다.

사례 2: 숲에서 배움(2024년)

　예술교과의 경우 교과 간 통합을 넘어 지역사회 연계 교육과정을 편성·운영하는데 매우 유용한 교과이다. 2018년부터 교사 주도의 교과통합형 공동교육과정을 개발하고 운영해 왔다면, 2024년에는 개정 교육과정의 취지에 맞춰 지역사회와 연계한 공동교육과정을 개발·운영하는 진화된 모습을 보여주고 있다. 2024년 2학기 진행된 예술교과 공동교육과정은 교사들 간의 주도적 협력을 넘어 마을교육공동체와 공동으로 교육과정을 설계 운영하는 모습을 만들어 내기에 이르렀다. 2023년부터 고흥 마을학교 운영에 참여한 과역면 소재 '봄햇살마을학교'는 마을학교 뒤편 야산에 숲생태 놀이터를 조성하여 고흥의 아이들이 자연에서 맘껏 뛰어놀고 건강하게 성장하는 마을교육의 비전을 가지고 있다. 2024년에는 예술교과 공동교육과정으로 봄햇살마을학교에서 추진 중인 숲생태놀이터 조성을 학생들이 직접 참여하여 설계해 보면 좋겠다는 의견이 오고 갔고, 이 사실을 관내 예술교과 선생님들이 검토해 본 후 2024년 2학기 공동교육과정을 진행하기로 합의하였다.

▨ 수업 기획 의도

> 2022 개정 교육과정에서는 깊이 있는 학습을 위해 '삶과 연계한 학습', '교과 간 연계와 통합교육', '학습과정에 대한 성찰'이 이루어져야 한다고 명시하고 있다. 본 예술교과 통합 프로젝트 수업을 통해 나를 감싸고 있는 공간과 지역에 대한 이해와 지역연계 교육활동을 통해 생태적 감수성과 배움에 대한 즐거움, 나아가 지역과 함께 성장하는 로컬기반 시민의식을 강화하고자 하였다.

▨ 지역연계 예술교과 수업 운영 계획

미술과	음악과
• 1~2차시 : 공간혁신에 대한 이해 • 3~4차시 : 생태놀이터 조감도 만들기 • 5~8차시 : 생태 숲체험 및 모험놀이	• 1~2차시 : 개별 악기 연습 • 3~4차시 : 합동 공연곡 연습 • 5~8차시 : 합동공연 및 초청공연

※ 봄햇살마을학교
- 숲 활용 모험놀이 부스 운영(마을활동가 참여)
  ① 해먹 체험 ② 숲 놀이 ③ 짚라인 ④ 활 만들기 ⑤ 솔방울 넣기 ⑥ 이구동성
  ⑦ 우드버닝 ⑧ 죽방 놀이 ⑨ 마시멜로우 ⑩ 새총
- 숲속 작은음악회 공간 조성 및 행사 실무 총괄
- 초청공연팀 섭외: 지역출신 청년 퓨전국악인
- 학생 간식 제공 등

마을학교가 공동교육과정 기획 단계에서 운영의 주체로 참여함은 학교 밖으로 나와 교육활동을 펼쳐야 하는 교사 입장에서는 큰 힘이 되었다, 교육과정 운영 시간을 맞추기 어려워 4개교만 참여하게 되어 아쉬움이 남지만, 교육과정 설계 단계에서 교육과정 운영 단계까지 학교 간 공동교육과정의 단계를 넘어 학교와 지역사회가 함께 한 공동교육과정으로 진화해 가는 모습은 매우 유의미했다. 향후 공동교육과정의 내실 있는 운영을 위해 적극 고려되어야 할 지점이라고 본다.

고흥의 예술교과 교사들은 교과융합이나 지역연계 교육과정으로 재구조화하는 데 예술교과가 매우 유의미한 교과적 특성이 있음을 다시 한번 확인하였다.

글로컬 교육의 실체를 만들어 낸 중등 영어교과

사례 3: 영어 동화책 만들기와 국제교육봉사활동(2024년)

2024년부터 전남 교육계에서는 '글로컬 Glocal'이 화두이다.

글로컬이란 글로벌 Global과 로컬 Local의 합성어로 '아이들에게 삶의 터전인 지역사회에 대한 애정을 기반한 글로벌마인드를 갖게 한다' 정도로 이해하면 좋을 것 같다. K-POP이 한국 문화·예술적 특성에 기반해 세계적으로 인정 받고, 세계인이 환호하는 대중문화의 중심으로 성장하고 있듯이, 내가 태어나고 자란 지역에 기반한 글로벌 마인드를 키우는 글로컬 교육은 미래교육이 지향해야 할 방향성이기도 하다.

특별한 인연으로 고흥 지역 작은학교의 교육활동을 지원하고 있는 '사단법인 아름다운배움'이라는 교육단체가 있다. 아름다운배움은 2013년부터 관내 고흥도덕중학교와 포두중학교의 대학생 멘토링 프로그램인 '꿈사다리학교'를 운영 중이며, 학생자치캠프 등 학생들의 자기주도성을 키우는 교육활동과 교사워크숍 등을 지원해 오고 있는 신뢰할 수 있는 교육 파트너이다. 아름다운배움에서는 최근 캄보디아, 필리핀, 베트남 등 동남아시아 국가의 학생들을 위해 우리나라 아이들의 책장에서 잠자고 있는 그림책을 영어로 번역해서 작은도서관을 만들어 주는 국제교육사업을 펼치고 있다.

2024년 공동교육과정을 준비 중인 중등 영어과 교사들을 만나 다문화교육, 글로컬 교육 등에 대한 고민을 나누며 국제 교육봉사활동 등과 연결해 영어과 공동교육과정으로 운영해 보자는 제안을 하였다. 필자의 제안에 대부분 교사들이 매우 흥미를 가졌고 함께 참여해 보고 싶다고 의견이 모아져 일회성 해외 체험학습을 넘어 글로컬 교육의 실재를 만들어내는 역사를 완성해 내었다.

영어과 공동교육과정을 통해 번역된 그림책은 수업에 참여한 학생들이 직접 캄보디아의 학교에 방문하여 양국의 문화교류와 작은도서관 설립에 함께 참여하였다. 학교에서 직접 추진하기 어려운 국제교류 사업은 고흥교육지원청이 기획하고 아름다운배움이 주관하여 진행하였다.

'아시아를 품은 글로컬고흥청소년캠프'는 대한민국 최초로 프로젝트 수업과 국제교육봉사활동을 통합하여 기획된 영어과 공동교육과정의 최종 결과물이다. 글로컬고흥청소년캠프는 2025년 1월 19일부터 5박 7일간의 일정으로 성공적으로 마무리될 수 있었다.

글로컬고흥청소년캠프에 참여한 학생들을 대상으로 한 사후 워크숍에서는 캄보디아의 무덥고 습한 날씨 때문에 힘들었다는 이야기가 많이 나오기는 했지만, 그래도 본인들의 손으로 직접 캄보디아 현지 학교에 "Goheung Office of education LITTLE LIBRARY(고흥교육청 꼬마도서관)"를 개관하게 되어 무척 보람된 시간이었다고 평가하였다.

> **학교명_** Troey Koh Secondary School
> **기부 물품_** 500권의 영어책, 책장 등
> **개관일_** 2025년 1월 24일

캠프에 참여한 지도교사들 역시 캄보디아의 날씨와 음식에 적응이 되지 않아 학생들 못지않게 힘들었지만, 국제교육봉사활동에 참여하는 학생들의 인생에 잊을 수 없는 소중한 경험과 배움을 줄 수 있어서 행복했다고 한다.

작은학교 공동교육과정 운영의 성과

첫 번째, 작은학교 간 공동교육과정을 통해 적정 규모 학생들이 공동수업으로 공동체성 강화와 협동심을 키우는 교육활동이 가능해졌다. 초등학교에서부터 이어져 온 소인수 학급 내에서의 역동적 교육활동의 약화로 인해 발생할 수 있는 지적 호기심과 경쟁의식 저하, 배움의 질 하락이라는 약점을 극복하기 위한 대안이 되었다.

두 번째, 교실과 학교안에 머물던 교사의 전문성이 학교 담장을 넘어 지역기반 교육전문성으로 확장되고 성장하는 계기가 되었다. 학년별, 교과별, 주제별 다양한 형태의 교사학습공동체가 운영되면서 2022 개정 교육과정이 지향하는 학교교육과정의 지역화를 위한 교육과정 중심 교사전문성이 신장되었다.

세 번째, '교육지원청이 왜 필요한가?'라는 존재의 이유를 교사들이 발견하였다. 학교와 교육지원청의 강력한 연대와 지원을 통해 학교교육과정의 내실화와 교사의 성장을 위해 교육행정기관이 어떤 역할을 해야 하는지 함께 확인하고 신뢰를 쌓아가는 계기가 되었다.

네 번째, 풀뿌리 교육자치의 시대를 열어가고 있다. 고흥교육지원청과 고흥의 교사들은 상급 기관이라 할 수 있는 정부와 도교육청으로부터 내려오는 정책과 사업만을 집행하는 말단 교육행정기관이 아닌 고흥지역의 교육적 난제들을 진단하고, 대안을 만들고, 함께 협력하며 실천하는 과정을 통해 고흥교육의 미래를 열어가고 있다.

공동교육과정
그 다음

교육과정의 특성화로 단위학교 경쟁력 강화

작은학교 활성화 방안에서 제시된 대안으로 공동교육과정 운영과 함께 지역사회의 교육자원을 활용한 특색교육과정을 개발·운영한다는 것이다.

예를 들어, 나로우주센터와 우주과학관, 국립청소년우주센터가 있고, 다도해 해상 국립공원 내에 있는 나로도권 학교의 경우 우주항공과 해양 생태와 연계된 특색교육과정을 개발하고 농산어촌 유학 사업과 연결하여 전국 단위 학생 모집이 가능한 특성화학교로 운영한다면 폐교 위기를 넘어 고흥의 작은학교들이 지향하는 지역연계 미래학교의 모습을 만들어 낼 수 있을 것이다.

학교단위 교사 정원이 해마다 줄어드는 상황에서 지역연계 학교단위 특색교육과정 개발·운영은 작은학교에서 도전하기 쉽지 않은 과제이다. 다만 교사 수가 상대적으로 많은 읍 단위 학교는 2022 개정 교육과정의 현장 안착과 연계하여 학교교육과정의 구조적 완성도를 높이는 차원에서 도전해볼 과제이다. 2025년 고흥여자중학교에서는 지역연계 미래학교 공동교육과정인 '로컬드림 프로젝트'를 교육과정을 재구조화하여 운영 중이다.

학년별 특징을 고려하여 1학년은 기초학력 미달 문제 해결과 문화적 감수성을 강화하여 민주시민으로 성장을 지원하는 '아름다움, 나을 채우다'라는 문화예술 교육과정, 2학년은 고흥시장을 중심으로 한 지역사회 탐구활동과 수학여행을 연계해 고흥의 미래를 청소년이 다시 디자인해 보는 '우리가 만드는 고흥의 미래'라는 지역화 교육과정, 3학년은 경제 발전이 더딘 변방의 도시 '고흥'이 아닌 자연이 가장 잘 보존된 생태도시로서의 경쟁력을 확인하는 '내가 그린 꿈의 학교'라는 생태교육과정이다.

고흥동초등학교, 녹동초등학교, 고흥중학교, 고흥여자중학교, 녹동중학교의 교육과정에 대한 질이 담보되지 않고 고흥지역 학교교육의 질을 논할 수 없다.

고흥 관내 초등학생 1,300여 명 중 890여 명이 읍내권 2개교에 재학(68% 이상) 중이며, 중학생 919명 중 648명이 읍내권 3개교에 재학(70% 이상)하고 있는 것을 고려하면, 학교단위 특색교육과정 개발과 운영은 고흥교육 전체의 질적 성장에 커다란 기여가 될 것이다.

다양한 유형의 학교모델을 고민할 때

개별 맞춤형 교육이 가능한 작은학교의 장점을 살려 학교의 교육경쟁력을 살릴 수 있는 방안을 마련하는 것이 최선이다. 하지만 소수의 학생 수 유지가 학습자의 사회성과 공동체성 함양에 부정적 영향을 주는 경우도 많이 보아왔기 때문에 생활권이 같거나 통합에 갈등 요인이 적은 경우 권역 단위 적정규모 학교로의 통합에도 적극적으로 임해야 할 것이다. 지역민의 1면 1교의 간절함이 크다면 장흥 유치초·중학교[3]처럼 초·중등교육법 학교의 범위에는 명시되어 있지 않지만, 행정적으로 가능한 초·중 통합운영학교도 가능한 대안 중 하나이다.

---

3) 초·중등교육법 제2조(학교의 종류)에는 초·중 통합학교는 규정되어 있지 않다. 전라남도교육청을 비롯한 많은 교육청에서 면 단위 초·중학교를 유지하는 방안으로 "초·중 통합운영학교"를 만들어 운영중이다.
2002년부터 초중통합운영학교로 운영중인 유치 초·중학교는 혁신학교 정책과 연결되어 전남의 초·중 통합운영학교 중 가장 모범사례로 꼽히는 학교이다.

전국 최초, 신규교사 성장아카데미 운영

50대 이상의 교사들이 명예퇴직으로 학교를 떠나가고, 30~40대 교사들은 인근 도시로 떠나간다. 해마다 20명이 넘는 신규교사들이 고흥으로 발령을 받는다. 그러나 이들도 2~3년 후엔 대부분 고흥의 학교에 근무하지 않는다. 그래서 해마다 20명이 넘는 신규교사들이 다시 고흥으로 발령을 받는다. 전략이 필요했다.

고흥의 신규교사들이 고흥교육의 변화와 혁신을 위한 새로운 동력이 될 수 있도록 1년간 집중적인 성장프로그램을 제공하기로 하였다. 낯설고 열악한 환경의 반도의 끝자락 고흥의 농어촌학교에 발령받은 신규교사들의 학교 적응과 교육과정과 수업, 생활교육의 전문가로의 성장을 지원하기 위해 고흥교육지원청이 전국 최초로 직접 기획, 연중 운영했다.

▨ 2023 고흥 신규교사 성장아카데미 연중 일정표

월/일	내용	강사	비고
3월 30일(목)	환대와 공감 워크숍	고○○(고흥교육지원청)	
4월 27일(목)	학급운영과 학급자치	박○○(광양골약중)	
5월 24일(목)	수업과 교육과정	정○○(도교육청)	
6월 22일(목)	학교폭력과 생활교육	이○○(동광양중)	
7월 14일(금)~15일(토)	[미래교육 현장탐방]	순천별량중 죽곡함께마을학교 미실란	곡성 강빛마을 (1박2일)
9월 21일(목)	학교공동체에 대한 공감대화	고○○(고흥교육지원청)	
10월 26일(목)	학교공간-배움을 담다 고흥향토음식 문화체험/ 고흥향토음식연구소	정○○(포두중) 고흥향토음식연구소장	전남혁신학교
12월 1일(금)~2일(토)	교사성장 워크숍	오○○(순천별량중) 서○○(삼호중)	고흥썬밸리리조트 (1박2일)

※ 2024 학교밖 전문적학습공동체 연계 지속성 강화

2023년 신규교사 대표이자 성장아카데미에 한 번도 빠지지 않고 참여한 금산중학교 교사 김○○는 "어렵게 임용고시에 합격한 기쁨과 흥분도 잠시, 고흥이라는 멀고 낯선 지역에 발령받아 막막했다. 하지만 고흥교육지원청에서 마련해 준 '신규교사 성장아카데미'를 통해 선배 교사들의 실천 경험을 나누며 그들의 삶 속에 깊이 녹아 있는 교육에 대한 고민과 문제의식, 창조적 대안들을 공유하고 토론하는 자리가 돼 너무나 유익하고 행복했던 시간이었다. 교육지원청과 선배 교사들로부터 받은 사랑을 어떻게 아이들에게 돌려줄 것인지에 대해 고민하고 실천하는 교사가 되겠다"고 말했다.

올해 3년 차가 된 2023년 신규교사들은 고흥 작은학교 공동교육과정 운영에 주도적으로 참여하고 있을 뿐 아니라 학교 내 교육과정 운영과 교과연구회 내에서 중심 역할을 하고 있다.

학교안·밖 전문적학습공동체 운영 내실화로 자생력 회복

일반적인 교과연구회와 달리 전문적학습공동체는 학교 안과 지역단위 공동의 교육적 현안을 해결하는 교사공동체여야 한다. 고흥 관내 대부분의 학교는 두 가지의 현안이 존재한다. 첫 번째는 코로나19 시기를 지내온 학생들의 파편화된 개인주의와 민주시민의식 부재를 해결하기 위한 생활교육과 상담역량 강화, 교과연계 민주시민교육 내실화 방안을 찾아가는 것이며, 두 번째는 형식적인 수업공개 문화를 개선하여, 일상 수업을 들여다보고, 그 안의 학생의 배움과 교사의 가르침을 함께 나누는 수업나눔 확산으로 교육과정과 수업 중심의 교사공동체 문화로 전환하는 것이다.

저경력 교사와 담임교사를 중심으로 생활교육 관련 학습공동체와 중견교사와 비담임교사 중심의 교육과정과 수업 관련 학습공동체를 구축한다. 그다음 우리 학교 학생들을 함께 들여다보고, 다양한 시선으로 해석해 내는 역량을 키우며, 교사 개인의 교과 전문성을 넘어 학교교육과정의 질이 향상될 수 있는 실천적 대안을 함께 찾아가는 도전을 학교안 동료교사들과 함께하는 경험이 중요하다.

학교안 전문적학습공동체를 내실화하는 전제 조건으로 교육지원청의 공모 방식이 아닌, 학교 본 예산에 반영하고 세부 지침으로 학교장 책임하에 교사협의를 통해 주제 선정과 운영방식 등을 함께 마련한다. 더 나아가 학교는 일과 시간 안에 전문적학습공동체 운영 시간을 최소 월 2~4시간 이상 보장하는 것이다.

학교밖 전문적학습공동체의 경우 고흥의 사례처럼 지역단위 공동교육과정이나 개정 교육과정 적용 시기에 맞춰 '학교자율시간을 위한 교과목 개발' 등 시기적으로 필요한 전략적 과제들을 교육지원청과 함께 선정한다. 지역단위 전문적학습공동체의 경우 장학사의 참여 권장과 전문적인 교사연수 프로그램을 지원하는 방식으로 교육지원청의 현안 과제와 지역단위 교사들의 공동 목표를 일치시키는 전략이 필요하다.

커뮤니티형 교직원 관사 필요

교육의 질은 담보하기 위한 교사들의 삶에 대한 투자를 아끼지 말아야 한다.

2023년 신규교사 성장아카데미에 참여한 교사 중 1년 만에 타 지로 전출을 희망한 교사가 있었다. 떠나는 1년 차 교사는 "신규교사 성장아카데미에 참여하면서 저도 고흥 아이들에 대한 애정, 특히 함께 발령받고 1년간 좌충우돌하며 함께 한 동기들 때문에 고민했지만, 관사를 배정받지 못해 매월 월세 50만 원을 내고 열악한 주거환경에서 사는 것이 힘들었어요. 순천의 경우 훨씬 더 저렴한 월세에 최신의 원룸을 구할 수 있거든요"라는 말에 교사들의 학교밖 삶에 대한 만족도를 높일 수 있는 파격적인 대책이 필요함을 절실하게 느끼게 되었다.

관사에 대한 고정관념을 깨고 기존 교직원 관사에 대한 시설 현대화와 더불어 근거리 폐교 부지나 읍내 공휴지를 확보해 원룸식 공간 분리형 연립관사가 아닌 교직원 간의 소통과 문화를 향유할 수 있는 커뮤니티형 시설을 갖춘 교직원 관사를 신축하여 신규교사들을 비롯한 고흥에 근무하는 교사들의 주거 여건을 획기적으로 개선해야 한다. 또한 고흥군청에서 추진중인 청년 주거지원 사업의 대상으로 청년교사들이 포함될 수 있도록 사업 내용을 보완해 고흥의 교사가 고흥의 주민으로 정착할 수 있도록 고흥교육지원청과 머리를 맞대어야 한다.

지역교사 선발 및 학교현장 추가 배치

최근 전남을 비롯한 지방의 학교들은 학교와 지역사회의 요구가 아닌 국가단위의 강제 교사 정원감축 방침에 따라, 해마다 교사들의 희생과 학생들의 불이익을 감내하며 정상적인 교육활동이 이루어질 수 있도록 애쓰고 있다.

교사의 국가직 공무원으로서 지위를 지방직으로 전환하면 선출직 교육감의 결단으로 지역 실정에 맞는 교사 정원을 확보할 수 있지만, 이는 교사 전체의 반발이 예상되는 만큼 쉽지 않은 선택이다. 그렇다면 현실적으로 학교의 교사 정원을 추가로 확보할 수 있는 대안은 무엇일까?

현행 초·중등교육법 교육공무원임용령[4] 제9조 2항의 2에 의거 시·도교육감만이 교육공무원 신규채용 임용권을 가지지는 않는다.

---

4) 초중등교육법 / 교육공무원임용령[시행 2025. 7. 22.] [대통령령 제35660호, 2025. 7. 22. 일부개정]

> **교육공무원임용령 제2장 제9조 2항 2**
>
> **제2장 신규채용**
>
> 제9조(교사의 신규채용) ① 교사의 신규채용은 공개전형에 의하여 선발된 자로 한다.
> ② 제1항에 따른 공개전형은 해당 교사의 임용권자가 실시하되, 공개전형의 일부 또는 전부를 다른 임용권자와 공동으로 실시하거나 다음 각호의 어느 하나에 해당하는 기관에 위탁하여 실시할 수 있으며, 국립학교의 장은 그 전형을 해당 학교가 소재하는 교육감에게 위탁하여 실시할 수 있다. 이 경우 공개전형 실시권자는 장애인(「장애인고용촉진 및 직업재활법」 제2조 제1호에 따른 장애인을 말한다. 이하 같다)의 공무원임용을 촉진하기 위하여 필요하다고 인정할 때에는 선발 예정 인원의 일부분은 장애인만이 응시할 수 있도록 분리하여 실시할 수 있다.<개정 2005. 4. 15., 2020. 5. 4.>
>
> 1. 「정부출연연구기관 등의 설립·운영 및 육성에 관한 법률」 제8조 제1항에 따라 설립된 한국교육과정평가원
> 2. 그 밖에 **교육부장관**이 제1항에 따른 공개전형을 실시하기에 적합한 인력과 시설을 갖추었다고 **인정하는 기관**
>
> [전문개정 1990. 12. 31.]

당장 추진에는 여러 가지 법적 정비가 선행되어야 하겠지만, 기초지자체가 '지역소멸대응기금'으로 지역단위 교사 운영에 필요한 예산을 확보하여, 신규임용 관련 사무를 전라남도교육감에게 위탁하여 선발하고 고흥교육지원청으로 파견하는 절차를 거쳐 학교에 근무를 명할 수 있다.

지역선발 교사의 경우 임용조건으로 고흥 출신의 예비교사들에게 인센티브를 주어 고흥의 학교에 장기 복무할 수 있는 기회를 보장한다거나, 지역 실정에 맞는 선발 조항을 제시함으로 인해 지역민으로 함께 살아가는 교원을 선발하는 지역특화 임용방식을 시도해볼 만하다.

교육공무원 임용권자인 교육감의 의지만 있다면 지금 당장도 실현해 볼 수 있는 방안도 있다. 전국 시·도의 중등교사 임용 전형을 살펴보면 경기도와 충청남도의 경우 소수이지만 지역구분 전형이 존재한다. 전남에서도 신규교사 선발 및 임용방식에서 지역적 특성을 고려한 '지역정주형 교사'를 선발하고, 지역 내 교사 총정원의 10%~20% 이내로 상한선을 두고 지역 내에서 순환할 수 있도록 인사규정을 재정비하면 된다. 고흥을 비롯한 교사들의 근무 여건이 열악한 지역의 경우 지역정주형 교사 임용을 적극적으로 시행할 필요가 있다. 지역정주형 교사의 경우, 의무 근무연한 최소 10년, 본인의 희망과 객관적 평가를 거쳐 10년 단위로 근무연한을 연장해 주는 방식을 통해 지속성과 더불어 혁신성을 담보해 가야 한다.

지역 내 교사중심 워킹그룹을 만들어내는 것은 매우 중요한 과제이다. 지역정주형 교사들이 고흥교육의 핵심 활동가로 있으면서, 고흥의 역사와 문화, 자연의 특성에 기반한 특화된 교육과정을 개발·운영해 갈 수 있도록 다양한 성장 프로그램과 인센티브를 제공해야 한다.

교육핵심활동가로 활동할 수 있는 최소한의 지역정주형 교사 자원을 확보하는 것은 고흥지역의 미래교육의 비전 및 계획을 마련하고, 이를 안정적으로 실행할 수 있는 학교혁신 실천가로써 핵심동력을 확보하는 것이다.

농어촌교사 특별수당 지급

고흥으로 발령받은 신규교사들이 고흥을 떠나지 않고 오랫동안 고흥의 아이들을 가르칠 수 있으려면 무슨 지원이 실질적일까?

2024년 전라남도교육청에서는 전남에서 배움을 이어가는 학생들에게 보편적 교육복지 강화와 지역경제 활성화 차원에서 '전남학생교육수당'을 전국 최초로 지원했다. 이 정책을 교사들에게 적용하여 농산어촌의 열악한 주거환경과 교통 문제, 문화적 소외 등을 고려한다면 고흥에 근무하는 교사들에게 농어촌학교 근무 특별수당을 지급하는 파격적인 정책이 필요하다. 신규교사들에게는 의무 지급, 경력교사들에게는 가족 단위 거주를 기본조건으로 한다면 긍정적인 다양한 시너지 효과를 가져올 것이다. 예산 확보는 전라남도교육청과 고흥군이 1:1 재정 부담으로 책임을 함께 할 수 있다.

지속가능함은 교사에게서 나온다

공동교육과정 운영의 지속가능성과 농어촌 학생을 위한 교육의 질을 담보할 수 있는 방안은 무엇이 있을까?

'교육의 질은 교사의 질을 뛰어넘을 수 없다'는 격언이 있다. 미성숙한 학습자의 성장에 교사라는 존재는 절대적이다. 그동안 교육청에서는 학생들을 위한 새로운 교육사업을 제안하면서 학생을 위한 교육활동 운영비를 지원하였다. 그러나 새로운 교육정책이나 교육활동의 운영 주체인 교사의 전문성 신장을 위한 지원이 없이는 교육적 성과와 지속가능성을 논할 수 없다.

학생의 교육활동 지원과 더불어 새로운 도전이 즐거울 수 있도록 교사들의 혁신적 마인드 제고와 교육과정과 생활교육의 전문가로 성장하는 데 아낌없는 투자만이 고흥교육의 지속가능함과 학교교육의 질을 담보하는 것이 될 것이다.

고흥교육의 질을 보장하기 위해 교육과정의 내실 있는 편성과 운영, 깊이 있는 배움과 성찰이 가능한 학교 담장을 넘나드는 교육활동 등이 필요하겠지만, 지속가능한 고흥교육의 시스템을 안정적으로 구축하기 위해서는 학교와 지역 안에서 학교교육을 책임지는 교사들이 함께 교육전문가로 성장해 갈 수 있는 선순환적 시스템을 갖추는 것이 기본이자 핵심이다.

03.

더 나은 교육을 위한
현장의 모색과 실천

도시형 마을교육공동체

해밀교육마을의 도전과 가능성

유 우 석
전 해밀초등학교 교장

15

학교, 다시 지역사회로

　21세기는 교육의 근본적 전환을 요구하는 시대로 접어들고 있다. 디지털 기술과 인공지능의 발전, 기후위기의 심화, 불평등 구조의 고착화, 그리고 인구 절벽과 지역 소멸의 가속화는 기존 학교 시스템이 더 이상 온전히 기능하기 어려움을 보여준다. 울타리 안에 갇힌 학교는 이제 그 역할의 한계에 다다랐다.

　학교는 지식을 습득하고 시험을 치르는 장소를 넘어, 주민 모두가 삶 속에서 배우고 성찰하는 거대한 학습의 장(場)으로 다시 설계되어야 한다. 교육은 특정 연령이나 공간에 한정되지 않고, 지역 전체가 함께 책임지고 만들어 가는 사회적 과정이어야 한다.

　국제기구들도 이미 이러한 문제를 꾸준히 제기해 왔다. 유네스코는 2021년 발간한 「교육을 위한 새로운 사회계약 Reimagining Our Futures Together: A New Social Contract for Education」에서 교육을 '공동재 common goods'로 정의하며, 학교가 지역사회와 연결될 때 비로소 미래를 여는 힘이 된다고 강조했다. 교육을 공동재로 본다는 것은 교육이 국가의 정책이나 개인의 사적 투자에 머무르지 않고, 모두가 함께 가꾸고 돌봐야 하는 공유 자산이라는 의미다. 이는 학교를 지역 학습 허브로 재위치시키고, 주민 참여를 제도적으로 확대해야 한다는 강력한 메시지를 담고 있다.

OECD 교육연구혁신센터의 '학교교육의 미래' 전망[1]

Ⅰ. 현상유지 시나리오 (Maintainthe Status Quo)	Ⅱ. 재구조화 시나리오 (Re-schooling)	Ⅲ. 학교해체시나리오 (De-schooling)
1. 강력한 관료제적 학교 체제 • 위계적 관료체제 • 근본적 혁신 불가능 • 끊임없는 공교육 붕괴 현상	3. 핵심 사회센터로서의 학교 • 학교에 대한 공적 신뢰와 공공재정 확보 • 지역공동체의 중심 • 교육에 의한 사회평등화 고조	5. 학습자 네트워크와 네트워크 사회 • 학교에 대한 불신 • ICT를 이용한 비형식학습 일반화 • 교육 불평등 문화 심화 가능성
2. 시장 모형 확대 • 학교에 대한 공공재정 민간 위탁 • 교육에 대한 수요자 중심 모형의 급격한 성장 • 교육 불평등 심화	4. 혁신적 학습조직으로서의 학교 • 학교에 대한 공적 신뢰와 공공재정 확보 • 광범위한 학습조직 네트워크 구축 • 수월성과 평등성 동시 담보	6. 교사 이직-해체 시나리오 • 심각한 교사 공급 부족, 교육정책 기반 붕괴 • 예산 감축, 갈등, 학업성취 수준 저하 • 학교 붕괴 혹은 급속한 개혁

OECD 또한 「미래 학교 시나리오」에서 여섯 가지 가능성을 제시하며, 그중 '지역사회 학교 모델'을 주목할 만한 대안으로 제시했다. 이 모델의 핵심은 학교를 지역사회의 중심으로 두고 다양한 학습 기회를 연결하는 것이다. 학년 구분이 사라지고, 정규 교육과 비형식 학습이 융합되며, 교사의 역할도 단순 지식 전달자가 아닌 학습 엔지니어, 즉 네트워크 속 학습 설계자로 전환된다. 학교가 지역 내 여러 자원과 연결될 때, 배움이 한정된 울타리를 넘어 확장될 수 있음을 보여준다.

우리나라 역시 예외가 아니다. 오랫동안 교육은 입시와 경쟁을 중심으로 운영되어 왔으며, 학교와 지역사회는 분리되어 있었다. 학생들은 교실에 갇혀 문제집과 시험에 매달렸고, 주민들의 삶은 교육과 동떨어져 흘러갔다.

---

1) CERI(Centre for Educational Research and Innovation), Education Policy analysis 2001, OECD, p.121.

그러나 지난 10여 년간 혁신학교 정책과 마을교육공동체 운동의 확산으로 학교와 마을의 단절을 메우려는 노력이 본격화되었다. '한 아이를 키우려면 온 마을이 필요하다'는 구호는 단순한 수사가 아니라, 새로운 교육 철학으로 자리 잡았다. 교육자치와 지역 연대, 학습 공동체라는 키워드가 바로 그 철학의 핵심이다.

특히 도시형 마을교육공동체라는 개념은 농어촌 중심으로 전개되던 마을교육 담론을 도시 맥락으로 확장했다. 도시는 익명성이 강하고, 주민 간 관계망이 약하며, 생활권이 아파트 단지를 중심으로 재편되는 특성을 지닌다. 이는 공동체 기반을 약화시키는 요인이지만, 다양한 인적·물적 자원을 갖춘 면에서 새로운 기회이기도 하다.

기업, 대학, 공공기관, 문화시설, 다양한 전문 인력을 지역사회 자원으로 연결할 수 있다면, 도시는 오히려 풍부한 교육 생태계를 구축할 수 있다. 따라서 도시형 마을교육공동체는 단순한 보완적 모델이 아니라, 앞으로 우리나라 교육 혁신을 이끌 전략적 모델로 주목된다.

▨ 해밀유, 초, 중, 고 및 복합커뮤니티 공간 조감도

해밀마을인생학교[2]

　이런 맥락에서 세종특별자치시 해밀교육마을은 매우 중요한 실험 사례로 평가된다. 해밀마을은 세종 최초로 유·초·중·고 학교가 복합커뮤니티 단지와 함께 설계된 공간에서 출발했다. 학교와 마을이 물리적으로 경계를 허물고, 주민과 학생이 일상적으로 교류할 수 있는 구조를 갖춘 셈이다. 도시형 마을교육공동체가 어떻게 구현될 수 있는지를 보여주는 최초의 종합적 사례라 할 수 있다.

　해밀교육마을협의회를 중심으로 한 해밀교육마을의 등장은 단지 신설학교 하나가 개교한 사건을 넘어선다. 그것은 '학교를 다시 지역사회로 돌려보내는' 거대한 교육 혁신의 상징이자, 우리나라 교육이 직면한 위기에 대응하는 하나의 대안 모델로서의 도전이자 시도이며 가능성의 확인이다. 인공지능과 디지털 전환의 시대에 교육은 더 이상 교사와 교과서에만 의존할 수 없으며, 기후위기와 불평등이 심화되는 시대에 교육은 더더욱 삶과 분리될 수 없다. 학교가 지역사회와 함께할 때, 교육은 다시금 공동체적 의미를 회복할 수 있고, 그 속에서 아이들은 살아 있는 배움을 경험할 수 있다.

---
[2] 2020학년도 9월 1일자 해밀초등학교 교장 공모 학교경영계획서

해밀교육마을의 형성과정

해밀마을의 공간적 특징과 설계 철학

2012년 7월 1일 출범한 세종시는 국가균형발전을 목표로 조성된 행정도시로, 처음 기획 단계부터 교육과 생활, 행정과 복지가 긴밀히 연결되는 새로운 도시 모델을 지향했다. 그중 2020년 9월, 아파트 입주와 함께 문을 연 해밀동은 세종시청, 세종시교육청, 행복청, LH(한국토지주택공사)가 함께 설계한 공간으로, 세종시 최초로 '복합커뮤니티 단지' 개념을 도입한 곳이다. 아파트 단지와 유치원, 초등학교, 중학교, 고등학교가 한 자리에 모여 있으며, 복합커뮤니티센터, 도서관, 체육관, 공원, 주민 문화시설이 유기적으로 배치되어 있다.

이는 단순한 공간 배치가 아니라, 학교와 마을의 경계를 허무는 의도적 설계였다. 전통적 학교가 높은 담장과 폐쇄적 건축으로 외부와 단절되어 있었다면, 해밀동의 학교 건물은 개방적이고 낮은 구조로 지어졌다. 건축가 유현준이 참여한 설계는 '스머프 학교'라는 별칭으로 불리는데, 작은 집들이 마치 마을 안에 모여 있는 듯한 친근한 모습 때문이다. 아이들은 교실에서 나오면 곧장 마을 놀이터로 향할 수 있고, 주민은 도서관을 찾았다가 자연스럽게 학교 운동장을 지나치곤 한다. 물리적 설계가 공동체성을 회복하게 하는 촉매제가 되고 있다.

개교 준비와 민주적 문화 형성

해밀초등학교는 2020년 9월 개교와 동시에 자율학교로 지정되었으며, 예비혁신학교로 첫걸음을 내디뎠다. 개교 준비팀은 교사 12명과 행정직원 1명이었는데, 이들은 단순히 '새 학교를 여는 일'을 넘어 '새로운 학교 문화를 만드는 일'에 더 큰 의미를 두었다.

준비 과정에서 가장 중요하게 세운 원칙은 민주적 협의와 공동 비전의 수립이었다. 교사들은 여러 차례 워크숍과 세미나를 거듭하며, 해밀초를 기존의 '혁신학교 1.0'을 넘어서는 '혁신 이후의 학교 2.0'으로 만들자는 데 뜻을 모았다. 기존의 혁신학교가 교육과정 다양화와 학생 참여 확대에 주력했다면, 해밀초는 한발 더 나아가 학교 운영 전반을 공동체적 협력 구조로 짜겠다는 비전을 세운 것이다. 이에 따라 교사들은 교과 편성, 수업방식, 생활 규정까지 함께 논의하고 결정했으며, 이러한 경험은 개교 이후 민주적 학교 문화를 정착시키는 중요한 토대가 되었다.

또한 개교 전에는 예비 학부모들을 대상으로 학교 비전과 교육철학을 함께 고민하기 위한 설문조사를 진행했고, 개교 직후에는 '학교 초대의 날'을 열어 학교 공간을 개방했다. 이 자리에서는 학생, 학부모뿐만 아니라 입주자대표협의회 등 지역 주민과 학교장이 직접 소통하는 시간을 마련하며, 학교가 지역사회에 열려 있음을 보여주었다.

이처럼 해밀초의 개교 과정은 여느 학교와는 달랐다. 대부분의 학교가 교육청의 지침과 행정 절차에 따라 준비하고 문을 여는 것과 달리, 해밀초는 교사와 학부모, 지역 주민이 초기 단계부터 함께 참여하는 '공동 설계형 개교'를 실험했다는 점에서 의의가 크다.

공모교장의 리더십: '공동체 플랫폼 학교'

해밀초의 초대 교장 유우석은 세종 혁신교육 초기 설계에 깊이 관여한 교육자로, 공모 과정을 거쳐 교장으로 임명되었다. 그는 '공동체 플랫폼 학교'라는 개념을 내세우며 학교를 교사·학생·학부모·지역사회의 네 축이 함께 이루는 공동체로 조직했다.

그의 리더십 핵심은 '권한의 분산'과 '책임의 공유'였다. 교장은 모든 의사결정을 자신이 독점하기보다, 교사·학부모·주민이 참여하는 연석회의를 통해 중요한 사안을 결정했다. 학교운영위원회가 형식적 자문기구에 머무는 경우가 많은 현실과 달리, 해밀초는 실질적으로 권한을 나누는 실험을 한 셈이다.

라. 지역사회 속의 학교

학교교육과정은 마을교육과정과 궤를 함께 한다. 해밀마을은 어린아이부터 어르신까지 살아갈 수 있는 기본 인프라가 갖춰져 있다. 즉 마을 안에서 삶의 대부분을 배우며 자랄 수 있다. 학부모 참여를 위한 공식 통로를 만들고, 교육과정의 기획 단계부터 지역사회와 함께 해나간다. 학교는 보육-돌봄-유치원-초·중등교육-평생교육으로 이어지는 전 생애의 배움이 가능한 해밀마을을 만드는 데 조력한다.

학교는 마을의 구심점에 있다. 학교 시설을 개방하고 평생교육프로그램 운영을 지원함으로써 마을 주민이 함께 배우고 나누는 데 주도적 역할을 할 수 있다. 돌봄과 배움, 상담을 지원하는 주체로서의 활동을 학교가 지원하며, 해밀교육마을협의회를 통한 소통의 창구를 열고 의사결정에 참여를 보장한다.

"수평적 연석회의를 통해 교육 거버넌스로 도약"

학교 안에는 다양한 작은 공동체가 그물처럼 얽혀 서로 소통하며, 모든 구성원이 함께 학교의 삶을 만들어 간다. 각자의 삶은 연석회의에서 수평적으로 만나고, 이를 통해 학교는 교육 거버넌스로 한 단계 도약한다. 정례적으로 열리는 연석회의는 학교교육과정의 기획과 운영, 그리고 평가와 반영의 과정을 공식화하고, 학교 안 여러 공동체들의 삶을 공동의 목표로 묶어내는 역할을 한다.

(2020학년도 9월 1일자 공모 교장 학교경영계획서의 내용을 2020학년도 해밀초교육과정 운영 계획서 반영한 내용 중 일부)

교장은 "책임은 과정 속에서 함께 지는 것"이라는 원칙을 거듭 강조했다. 이는 교육의 책임이 교사에게만 전가되는 구조를 바꾸고, 학부모와 주민 역시 교육의 주체로 서게 하는 문화적 기반이 되었다. 실제로 학부모는 독서·진로·예술 활동의 강사로 참여했고, 주민들은 공예·체육·음악 등의 프로그램을 운영하며 교육과정을 확장했다. 이러한 리더십은 학교와 지역사회가 신뢰를 쌓는 데 결정적 역할을 했다.

제도적 지원: 세종행복교육지원센터

학교의 자발적 노력만으로는 마을교육공동체가 안정적으로 운영되기 어렵다. 마을교육은 학교만이 아니라 지역과 함께할 때 가능한 일이며, 이를 위해서는 세종시청과 세종시교육청의 협력이 필수적이다. 이러한 필요성 속에서 2018년 준비과정을 거쳐 2019년 1월 두 기관이 공동으로 세종행복교육지원센터를 설립하였다.

세종행복교육지원센터는 다양한 체험처와 교육자원을 발굴하고 마을교육 프로그램과 세종마을교사 등을 연계, 지원하며 학교와 지역사회를 연결하는 역할을 수행해왔다. 특히 해밀초 개교 당시에는 '찾아가는 마을 방과후활동'을 지원하여 지역 인프라가 부족한 시기에 학생들이 정규 수업 이후에도 학교에 안정적으로 머물 수 있도록 행·재정 기반을 마련해 주었다.

이런 지원 덕분에 학생들은 정규수업 시간 이후에도 다양한 활동에 참여할 수 있었고, 교사들은 과도한 행정 업무에 매몰되지 않고 안정적인 교육과정 운영에 집중할 수 있었다. 탄탄한 제도적 지원은 해밀초가 한 학교 차원의 혁신을 넘어, 지역 전체의 교육 생태계 전환을 위한 제도적 실험을 본격화하는 기반이 되었다.

새로운학교 모델의 탄생

해밀마을의 실험은 마을교육거버넌스 기구가 작동하면서 새로운 국면을 맞이했다. 개교 초기에는 해밀유치원, 해밀초등학교, 해밀중학교가 중심이 되어 협의회를 꾸렸으나, 이후 학군 내 아파트 입주자대표회의 대표가 합류했고, 해밀동주민센터 개청과 함께 해밀주민자치회까지 참여하게 되었다.

이렇게 7개 기관이 함께 참여하는 거버넌스 기구는 '해밀교육마을협의회'라는 이름을 갖게 되었다. 흔히 사용하는 '마을교육' 대신 '교육마을'이라는 명칭을 택한 것은, 해밀동이라는 마을이 교육을 중심 가치로 삼는다는 점을 분명히 하고, 교육을 우선으로 논의하는 협의체로서의 정체성을 드러내기 위함이었다.

해밀교육마을협의회는 출범 이후, 학교와 마을이 함께 하는 축제, 우리마을교사 양성, 공유공간 확대라는 세 가지 과제를 선정하여 추진했다. 그 과정에서 '온 마을이 학교'라는 교육공동체의 모습이 구체화되었고, 학교, 지자체, 주민조직이 함께하는 교육 네트워크가 형성되었다.

실제로 협의회를 통해 각 기관이 참여하는 축제 TF를 구성하여, 현재 해밀동의 대표 행사로 자리잡은 '해밀무지개축제'가 열리게 되었다. 또 우리마을교사 양성 과정을 수료한 '프로젝트 지도사'가 팀 프로젝트 수업을 지원하면서 수업이 한층 다양해졌고, 공유 공간 확대를 위해 협의회 차원에서 MOU를 체결하여 사람, 공간, 프로그램을 매개로 학교와 마을이 연결되기 시작했다.

그러나 이러한 활동이 큰 의미를 가지는 동시에, 실무적인 부담으로 작용하기도 했다. 예를 들어 축제 TF를 운영할 때 여러 기관의 일정을 조율하고 회의를 준비, 정리하는 일은 교사들에게 큰 부담이 될 수밖에 없었다.

때마침 2022년 지방선거에서 '읍·면·동마다 마을교육지원센터 설립'이 교육감 공약으로 제시되었고, 해밀동에서는 학부모회를 중심으로 운영진을 꾸려 세종마을교육지원센터 위탁 공모사업에 선정되었다. 그 결과, 그동안 학교와 마을 협력사업으로 진행되었던 업무를 분담할 수 있는 체계가 마련되었다.

돌이켜보면, 현장의 실천이 정책으로 반영될 수 있었던 것은 세종시이기에 가능했다. 인구 규모는 약 40만 명에 불과하지만, 광역자치단체 지위를 갖고 있어 정책에 신속하게 반영될 수 있었기 때문이다. 세종시는 다양한 교육활동을 실험하고 적용할 수 있는 최적의 환경이라고 할 수 있다.

이 과정을 통해 '온 마을이 학교'가 될 수 있는 몇 가지 가능성을 확인했다.

첫째, 마을교사와 주민이 참여하는 마을교육과정 운영의 가능성이다. 학교와 마을이 함께 하는 교육과정은 단순히 물리적 공간의 결합을 의미하지 않았다. 오고 가며 학교와 마을에서 때때로 만나는 사람들은 도시에서 흔한 '익명성'을 넘어 서로 연결되며, 학교와 마을이라는 공간에서 새로운 관계와 의미를 만들어냈다.

둘째, 교육과 지역 의제를 함께 논의하고 공동 의사결정을 경험하였다. 해밀교육마을협의회 논의를 통해 학생들은 마을참여단 활동으로 주민총회에 의제를 제안했고, 그 의제가 실제로 실행되면서 자신이 사는 지역의 현안 문제가 민원으로 받아들이는 것이 아니라, 공동체의 일원으로 직접 해결할 수 있다는 경험을 얻었다. 이는 수요자의 경험을 넘어 공동체 조성자로의 경험을 의미한다.

셋째, 학교교육과 평생학습 연계 가능성이다. 프로젝트 지도사로 활동한 학부모와 지역주민, 교사들이 주민자치위원으로 함께 참여하면서 서로를 이해하는 폭이 넓어졌다. 이는 학교의 방과후 활동이나 돌봄 프로그램이 지역 주민의 주민자치프로그램과 자연스럽게 연결될 수 있음을 보여 주었다.

이 모델은 OECD가 제시한 '지역사회 학교 시나리오'를 우리나라 실정에 맞게 적용한 사례라 할 수 있으며, 도시형 마을교육공동체가 나아갈 방향을 보여 주는 선도적 경험이기도 하다.

형성과정의 의의

해밀교육마을의 형성과정은 여러 측면에서 시사점을 제공한다.

첫째, 물리적 설계가 공동체성을 촉진할 수 있음을 보여주었다. 학교 담장을 허물고, 생활 공간과 교육 공간을 맞닿게 한 설계는 새로운 교육 패러다임 전환의 출발점이 되었다.

둘째, 민주적 개교 과정은 학교 문화를 형성하는 결정적 요인이었다. 교사·학부모·주민이 초기 단계부터 참여하면서, 학교는 '함께 만드는 공간'이라는 공감대를 형성할 수 있었다.

셋째, 공모교장의 리더십은 권한 분산과 책임 공유를 가능하게 하였고, 이는 학교 구성원과 지역사회 모두의 신뢰와 참여를 끌어내는 핵심 동력이 되었다.

넷째, 행정적·제도적 지원이 지속성을 보장했다. 지자체 협력기구인 세종행복교육지원센터와 주민 참여형 마을교육지원센터는 단발적 이벤트가 아니라 구조적 실험으로서 학교와 마을 교육 협력을 안정적으로 자리 잡게 한 조건이었다.

다섯째, 도시형 마을교육공동체의 가능성을 실질적으로 증명했다. 해밀교육마을의 경험은 학교와 마을이 함께 성장할 수 있는 모델로서 의미 있는 선례가 되었다.

해밀교육마을의 교육과정과 운영 사례

해밀햇살교육과정: 하루가 곧 배움의 공동체

해밀초등학교와 해밀교육마을의 가장 혁신적인 특징은 '해밀햇살교육과정'이라 불리는 교육과정이다. 초기에는 '햇살교육 프로젝트'라는 이름으로 시작되었으나 여러 차례의 협의를 거쳐 현재의 이름을 갖게 되었고, 징검다리 교육은 '징검다리 팀 프로젝트'로 자리잡았다.

해밀햇살교육과정은 해밀초등학교의 교육과정 설계도라고 할 수 있다. 햇살이 고르게 비추듯, 다양한 곳에서 많은 어른이 협력하여 아이 한 명 한 명을 따뜻하게 바라보고 살피며 지원하고자 하는 마음이 담겨있다.

이러한 방향성을 두고 만든 해밀햇살과정은 단순한 시간표 편성이 아니라, 학교와 마을을 하나의 배움터로 통합하는 구조를 담고 있다. 해밀햇살교육과정은 크게 세 가지 축으로 나뉜다.

공통기본(오전학교)	공통선택(징검다리교육)	개인선택(오후학교)
• 모든 학생이 공통으로 학습하는 교육과정	• 모든 학생이 선택하여 학습하는 모둠별 교육과정	• 희망하는 학생이 선택하여 학습하는 개인별 교육과정

▧ 해밀햇살교육과정 운영도[3]

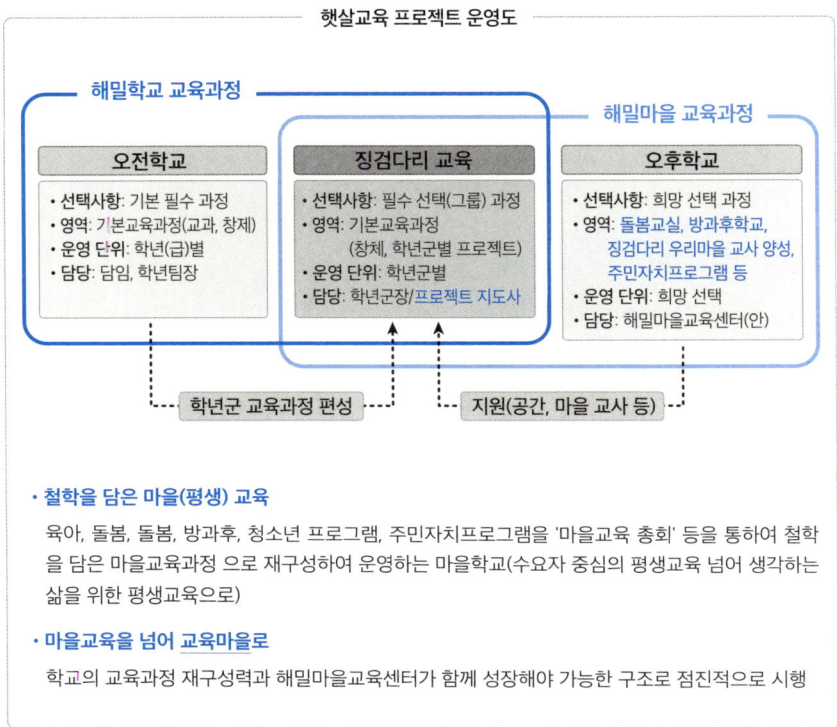

- **철학을 담은 마을(평생) 교육**
  육아, 돌봄, 돌봄, 방과후, 청소년 프로그램, 주민자치프로그램을 '마을교육 총회' 등을 통하여 철학을 담은 마을교육과정 으로 재구성하여 운영하는 마을학교(수요자 중심의 평생교육 넘어 생각하는 삶을 위한 평생교육으로)

- **마을교육을 넘어 교육마을로**
  학교의 교육과정 재구성력과 해밀마을교육센터가 함께 성장해야 가능한 구조로 점진적으로 시행

 오전학교는 기존의 정규 교육과정 운영 방식에 해당한다. 기초·기본 학습을 다지는 시간으로, 교과 학습이나 프로젝트형 수업이 학년 또는 학급 단위로 진행된다. 이 시간은 모든 배움의 토대가 되는 중요한 시간이다.

 오후학교는 방과후학교와 돌봄을 포함하여, 체험·예술·진로 등 다양한 분야에서 아이들의 흥미와 관심을 반영하도록 설계되었다. 아이들은 교실을 벗어나 마을 곳곳에서 배움의 장을 발견할 수 있으며, 주민·학부모·지역 활동가가

---
[3] 2021학년도 해밀초등학교 학교교육과정운영계획서

마을교사로 참여하는 마을 중심 교육과정이 이어진다.

향후에는 주민과 학부모를 대상으로 한 주민자치프로그램을 포함, 평생학습 프로그램과 연계될 수 있는 문도 열어두었다. 아이들의 배움이 곧 어른들의 배움으로 이어지고, 이를 통해 세대 간 경계까지 허무는 장이 마련된 것이다.

즉, 오전-오후-저녁으로 이어지는 하루의 일과는 '한 아이의 배움'과 '한 마을의 배움'을 촘촘히 연결한다. 이는 교육을 아이들만의 전유물이 아닌, 주민 모두가 함께 누리는 공동재로 재구성하려는 시도이기도 하다.

징검다리 팀 프로젝트: 학생 주도성과 마을 자원의 결합

해밀교육마을의 상징적 프로그램 가운데 하나는 '징검다리 팀 프로젝트'이다. 이 활동은 오전학교와 오후학교를 연결하며, 교사 중심이 아니라 학생 스스로 주제를 정하고 조사하며, 마을 자원을 활용해 결과물을 만들어내는 구조로 운영된다.

징검다리 팀 프로젝트는 학년군 단위로 진행된다. 1·2학년군은 학급 내, 3·4학년은 학년 내, 5·6학년은 학년군 내에서 관심 있는 주제로 10명 내외로 팀을 구성한다. 학급수보다 많은 팀이 구성되기 때문에, 우리 마을교사인 프로젝트 지도사가 팀 활동을 지원한다.

예를 들어, 어떤 학생들은 해밀동 인근의 환경 문제를 주제로 삼아 마을 하천을 조사하고, 환경 캠페인을 기획하고 실천한다. 또 다른 학생들은 마을 어르신을 인터뷰하고, 이를 바탕으로 자료를 만들어 공유한다. 이러한 활동은 매년 10월에 열리는 학교와 마을이 함께 하는 축제에 전시 또는 체험 부스로 소개된다.

징검다리 팀 프로젝트는 학생들이 교과 지식과 실제 삶을 연결하도록 돕는다. 단순히 책에서 배우는 것이 아니라, 마을의 문제를 해결하는 과정에서 배움이 구체화되는 것이다. 또한 주민과 어르신들이 학생들의 활동에 조언자·협력자로 참여하면서, 세대 간 교류와 마을 공동체의 유대도 강화된다.

마을 축제와 주민총회: 교육과 민주주의의 접점

해밀교육마을은 해마다 마을축제를 연다. 이 축제는 단순한 잔치가 아니라, 교육 성과를 공유하고 마을과 학교가 하나의 공동체임을 확인하는 중요한 자리였다. 초기 해밀교육마을협의회에서 마을축제TF를 구성하고 공모를 통해 '해밀무지개축제'라는 이름을 정했다. 축제는 1일 차 학교 내, 2일 차 학교 간, 3일 차 마을 단위로 진행된다.

학생들은 프로젝트 결과물을 발표하고, 학부모와 주민들은 동아리 공연과 작품 전시를 준비한다. 아이들의 무대와 어른들의 무대가 함께 어우러지며, 배움과 문화가 공동체 속에서 결실을 맺는 장이 마련된다.

또한 주민총회는 해밀교육마을의 민주적 운영을 보여주는 대표적 사례다. 해밀교육마을협의회를 통해 학생들이 마을참여단으로 참여하며, 활동 과정에서 도출된 의제를 주민총회에 안건으로 올린다.

이와 더불어, 해밀마을교육협의회에서는 '해담회'(해밀동 담대한 정담회)라는 공론장을 운영한다. 이 자리에서는 학생과 주민의 다양한 의제가 발표되며, 주민총회에 앞서 진행되는 교육총회 성격을 지닌다. 해담회에서 논의된 안건은 이후 주민총회 안건으로 상정되기도 한다.

해밀햇살교육과정과 해밀교육마을협의회의 협력 관계도[4]

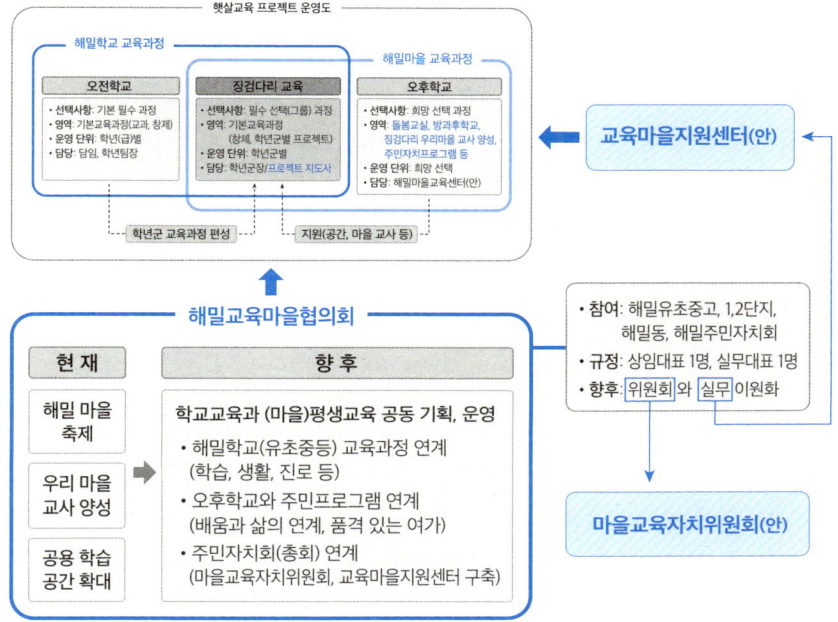

 이 과정은 학교와 마을이 단순히 협력하는 차원을 넘어, '공동 의사결정체'로 발전하고 있음을 보여준다. 교육은 곧 생활과 맞닿아 있고, 학교는 민주주의를 실천하는 훈련장이 된다.

 위 그림에서 해밀교육마을협의회는 향후 실행기관으로 '마을교육지원센터'를, 심의 기구로서 '마을교육자치위원회'를 제시하였다. 2024년 6월 마을교육지원센터는 '해밀마을교육지원센터'라는 이름으로 교육청 민간 위탁 공모를 통해 선정되어 운영 중이며, 마을교육자치위원회는 역할은 해밀교육마을협의회가 수행하고 있다.

---

4) 『새로운 학교의 탄생』 유우석 외 23명 공저. 수류화개. 2024

학부모와 주민의 참여: 교육력의 회복

해밀교육마을은 학부모와 주민을 단순한 참관자가 아니라 교육활동가로 참여시켰다. 이는 기존 학교 문화와 가장 뚜렷하게 다른 지점이다. 개교 초기부터 '해밀초 서포터즈'라는 방식으로 참여할 수 있도록 하여, 형식적인 참여가 아니라 공동체에 기여하는 주요한 역할로 참여했다.

2020년 9월 개교 당시 코로나19로 인해 모임이 쉽지 않았지만, 학부모들은 독서, 보드게임, 협동조합 준비 모임 등 소규모 동아리를 중심으로 활동하였다. 작은 모임이었지만 학습과 협력의 장으로 활발히 운영되었고, 코로나19 이후 본격적인 활동으로 이어졌다.

부모들은 독서 프로그램에서 아이들과 함께 책을 읽고 토론을 이끌었으며, 진로 멘토링, 요리·예술·과학 수업 등에서 자신의 전문성을 발휘하여 교육과정을 풍부하게 했다. 주민들은 예술가, 공예가, 체육 지도자로 참여하며 교과서에서는 경험할 수 없는 다양한 배움을 제공했다.

이 과정에서 해밀학교사회적협동조합이 교육부 인가를 받아 정식으로 설립되었다. 학교 공간을 거점으로 학교 매점을 운영하였으며, 그곳은 학생, 학부모, 교사, 지역사회가 함께 모이는 사랑방이자, 다양한 협의가 열리는 공론장이 되었다.

2024년, 해밀학교사회적협동조합은 세종시교육청에서 민간위탁 공모사업인 마을교육지원센터에 선정되어 현재 '해밀마을교육지원센터'라는 이름으로 학교와 마을을 잇는 다양한 사업을 진행하고 있다.

이러한 구조는 지역사회의 교육력 회복 과정이기도 하다. 산업화와 도시화 속에서 해체된 마을 교육의 전통이, 현대 도시 환경 속에서 새로운 방식으로 되살아난 셈이다.

교육과정 운영의 의미와 확장 가능성

해밀교육마을의 교육과정 운영은 여러 측면에서 중요한 의미를 지닌다.

첫째, 배움의 시간과 공간의 확장이다. 오전-오후-저녁으로 이어지는 햇살 교육과정은 배움을 일과 전체로 확장했고, 교실 안팎을 자연스럽게 연결했다.

둘째, 학생 주도성의 강화다. 징검다리 팀 프로젝트는 교사 중심 교육을 넘어 학생이 스스로 학습 주제를 선택하고, 문제 해결의 주체로 성장할 수 있게 했다.

셋째, 주민 참여의 제도화다. 학부모와 주민은 '재능 기부자'에 머무르지 않고, 정식 교육과정의 파트너로 자리 잡았다. 이는 교육을 '국가의 책임'에서 '지역의 공동 책임'으로 확장하는 실천이었다.

넷째, 민주적 의사결정의 훈련이다. 주민총회는 교육 의제를 생활 영역과 연결시키며, 민주주의를 일상 속에서 경험하고 실천할 수 있는 장으로 만들었다.

마지막으로, 지속가능한 관계망 형성이다. 해밀교육마을은 프로그램 종료 후에도 이어지는 신뢰와 협력의 관계망을 구축함으로써, 도시형 마을교육공동체의 안정성을 보장하는 핵심 기반을 마련하였다.

해밀교육마을의 성과와 과제

'학교'에서 '마을'로 확장된 배움

해밀교육마을의 가장 두드러진 성과는 학교와 마을이 하나의 교육공동체로 작동했다는 점이다. 이는 단순히 프로그램이 늘어난 차원이 아니라, 교육의 주체와 책임 구조가 재구성된 사건이었다.

첫째, 학생의 배움의 질이 향상되었다. 해밀햇살교육과정, 특히 징검다리 팀 프로젝트는 학생들에게 주어진 과제를 수행하는 수동적 학습이 아니라, 스스로 질문을 던지고 해답을 찾는 능동적 학습 경험을 제공했다. 교과서 지식이 마을의 삶과 연결되면서 배움은 구체성을 얻었고, 아이들은 배움이 자신의 삶과 무관하지 않음을 체감했다. 이는 '배움의 동기'를 강화하는 중요한 조건이었다.

둘째, 교육의 책임이 확장되었다. 전통적으로 교육은 교사와 국가의 책임으로만 여겨졌으나 해밀교육마을에서는 학부모와 주민이 직접 교육과정에 참여하며, 교육이 '공동 책임'으로 전환되었다. 정규 수업 이후나 방학을 활용하여 학부모가 독서 지도, 진로 멘토링을 맡고, 주민이 예술·체육·환경 교육을 담당함으로써 교육의 주체가 다층화되었다. 이는 교육의 공공성을 강화하고, 국가가 짊어진 부담을 지역사회가 함께 나누는 구조로 진화시켰다.

셋째, 교육 불평등 완화의 가능성을 보여주었다. 도시 교육에서 사교육 의존 구조는 특정 계층만 풍부한 기회를 누리고, 그렇지 않은 계층은 불리한 조건에 놓이게 한다. 해밀교육마을은 마을 차원에서 공공적 배움의 기회를 제공함으로써, 최소한의 교육 격차 완화 장치를 마련했다. 이는 교육 형평성을 강화하는 효과를 낳았다.

넷째, 평생학습과 세대 통합의 장을 열었다. 저녁 시간 운영되는 주민 평생학습 프로그램은 아이들의 학교와 어른들의 학교를 연결하며, 부모와 아이가 함께 배움을 공유할 수 있는 장을 만들었다. 이를 통해 세대 간 이해와 공감이 높아지고, 교육이 아동·청소년의 전유물이 아닌 삶 전체를 아우르는 지속적 경험임이 재확인되었다.

공동체성의 회복과 민주주의의 일상화

해밀교육마을은 교육뿐 아니라 사회적 성과에서도 의미 있는 결과를 남겼다.

첫째, 공동체성 회복이다. 도시 생활에서 흔한 익명성과 단절은 아파트 단지에서도 쉽게 나타난다. 그러나 해밀교육마을에서는 학부모·주민·교사가 정기적으로 만나 교육을 기획하고, 마을축제와 주민총회를 통해 일상을 공유했다. 아이들의 팀 프로젝트에 마을 어른이 참여하고, 학부모가 수업에 참여하면서, '타인'이었던 관계가 '이웃'으로 재편되었다.

둘째, 민주주의가 생활 속에서 훈련되었다. 주민총회는 단순한 형식적 회의가 아니라, 실제로 의제를 발굴하고 결정하는 과정이었다. 예산 배분, 프로그램 선정, 시설 운영 등이 주민의 논의와 합의를 통해 이루어졌다. 아이들은 이러한 과정을 지켜보며 민주적 의사결정이 작동하는 방식을 배우고, 어른들은 교육과 지역 생활을 함께 논의하며 생활정치의 문화를 체득했다. 이는 민주주의를 '교과서 지식'이 아닌 '일상의 실천'으로 체화하게 한 중요한 성과였다.

셋째, 행정과 지역의 협력 모델이 형성되었다. 세종행복교육지원센터는 교육청과 학교, 마을을 연결하는 중간지원조직으로 중요한 역할을 했다. 이러한 제도적 기반 덕분에 학교와 마을의 실험이 단발성에 그치지 않고 구조적 안정성을 확보할 수 있었다. 이는 향후 다른 지역으로 확산 가능한 제도적 모델을 제공한 성과이기도 하다.

한계와 남은 과제

해밀교육마을이 눈에 띄는 성과를 거두었지만, 여전히 몇 가지 중요한 과제가 남아 있다.

첫째, 마을교육 전문가 부족이다. 현재 마을교육과정의 상당 부분은 교사들의 헌신과 주민 활동가의 열정에 의존하고 있다. 그러나 교사에게 과도한 행정 부담이 집중될 경우, 교육의 질이 저하될 위험이 크다. 이를 해결하려면 마을교육을 전담하는 전문가, 즉 교육과 행정을 잇는 제도적 배치가 필요하다. 마을 코디네이터, 학습 디자이너 등 전문 인력을 양성·배치하는 정책이 요구된다.

둘째, 재정 지원의 지속성이다. 마을교육공동체는 장기간의 재정적 뒷받침 없이는 안정적으로 운영되기 어렵다. 현재는 교육청 시범사업 예산이나 공모사업 지원에 상당 부분 의존하고 있어 구조가 불안정하다. 마을교육이 일시적 프로젝트로 그치지 않으려면, 법적·제도적 기반의 안정적인 예산 지원 체계를 마련해야 한다. 지속 가능한 재정 구조를 구축하기 위해 지방교육재정에 마을교육 항목을 명시하거나, 중앙정부 차원의 지원 기금을 마련하는 방안도 고려할 수 있다.

셋째, 주민 참여의 편차 문제이다. 다른 곳보다 참여도가 높은 편이지만 여전히 일부 열정적인 주민 활동가들 중심으로 운영되는 경향이 있다. 참여가 특정 소수에게 집중되면 공동체의 지속가능성이 약화될 수 있다. 따라서 더 많은 주민이 자연스럽게 참여할 수 있는 문화 기반과 참여 장치를 마련하고, 마을교육공동체를 공모사업 수준에 머물지 않고, 제도적 틀로 정착시킬 필요가 있다.

넷째, 도시형 특수성의 도전이다. 해밀교육마을은 신도시라는 특수한 환경에서 출발했다. 다양한 계층이 유입되고, 이주민이 많은 도시에서 공동체성을 구축하는 일은 여전히 도전적 과제다. 장기적으로 정착한 주민뿐 아니라, 지속적으로 유입되는 인구까지 포괄하는 참여 구조를 설계해야 한다. 이를 위해 주민총회, 마을교육위원회 등 참여 구조를 확대하고, 다양한 계층이 자연스럽게 참여할 수 있는 문화 기반을 조성하는 것이 중요하다.

미래를 향한 메시지

해밀교육마을로 살펴 본 도시형 마을교육공동체

해밀교육마을의 경험은 오늘날 우리 교육이 직면한 여러 위기를 극복할 수 있는 중요한 단서를 제공한다. 산업화와 도시화 이후, 교육은 입시와 경쟁 중심으로 구조화되며 학교와 지역사회는 분리되었다. 그러나 21세기 사회가 요구하는 교육은 더 이상 단절된 공간 안에서만 이루어질 수 없다. 인공지능과 디지털 전환, 기후위기와 불평등, 인구 구조 변화와 지역 소멸 등은 모두 교육의 새로운 해법을 요구한다.

해밀교육마을은 이러한 시대적 과제 속에서 '학교를 다시 지역사회로 돌려보내는' 실험이었다. 도시형 마을교육공동체는 교육 혁신의 단순한 방법론을 넘어, 사회혁신의 모델로서 의미를 지닌다. 학교가 학습 허브로 기능할 때, 아이들은 교실을 넘어 삶과 맞닿은 배움을 경험하고, 주민들은 평생학습과 공동체성을 회복한다. 결국 이는 교육을 공동재common goods로 바라보는 미래교육의 흐름과 맞닿는다.

신도시라는 특수한 환경 속에서 해밀교육마을은 학교와 마을이 물리적·제도적으로 결합할 수 있음을 보여주었다. 이는 OECD가 제시한 '지역사회 학교' 시나리오의 한국적 적용 사례로 평가할 수 있다. 그러나 동시에 이 모델은 여전히 시범적 단계에 머물고 있다. 마을전문가 부족, 재정 지원의 불안정, 주민 참여의 편차 등은 제도적 보완 없이는 장기적 지속가능성을 보장하기 어렵다.

따라서 해밀교육마을은 '작은 성공의 실험실'이자 동시에 '넘어야 할 과제를 드러낸 거울'이다. 그 자체로 완결된 모델이 아니라, 앞으로 전국적으로 확산·제도화될 과정에서 참고해야 할 출발점으로 이해하는 것이 타당하다.

미래를 향한 메시지

해밀교육마을이 남긴 메시지는 분명하다.

"교육은 더 이상 교실 안에 갇혀 있을 수 없다."

교육은 마을의 삶 속에서, 주민의 일상에서 다시 태어나야 한다. 도시형 마을교육공동체는 아이들에게는 삶과 맞닿은 배움을, 주민에게는 평생학습과 공동체 경험을 제공한다. 이는 단순히 교육 방식의 변화가 아니라, 사회를 지속가능하게 만드는 혁신적 길이다.

다가올 미래 사회는 불확실성과 예측불가능, 변동성으로 가득할 것이다. 기존의 학교로는 이 문제에 대비할 수 없다. 아이들의 배움과 지역사회 회복력, 민주적 시민성을 동시에 강화하는 노력이 필요하다. 미래 교육의 길을 학교 내부 혁신이 아니라, 도시 속 마을교육공동체를 기반으로 한 학습과 삶의 통합에서 찾아야 하는 이유다. 해밀교육마을은 그 가능성을 보여준 첫걸음이었다.

따라서 우리는 이 작은 실험이 던진 사례를 전국으로, 더 나아가 세계로 확장해야 한다. 해밀교육마을은 단지 하나의 사례가 아니라, 우리나라 교육 혁신의 새로운 출발점이자, 21세기형 사회계약을 위한 소중한 이정표다.

특별기획

핀란드 교육,
신뢰의 힘과 위기의 그림자

김 은 지
탐페레대학교 박사연구원

핀란드 교육,
신뢰의 힘과 위기의 그림자

김은지 * 탐페레대학교 박사연구원

핀란드는 8년 연속 세계에서 가장 행복한 나라로 선정되었다.[1] 이는 단지 북유럽 특유의 자연환경 때문만은 아니다. 강력한 복지제도, 높은 사회적 신뢰, 그리고 공동체 중심의 삶의 방식이 어우러져[2] 국민에게 교육·고용·복지 전반에 걸친 안정감을 제공하기 때문이다.[3] 행복보고서 공동저자들은 "타인이 자신을 배려한다고 믿는 사회일수록 삶의 만족도가 높다"라고 강조했다.

한국 사회에서 핀란드는 2000년대 초반 국제학업성취도평가PISA에서 최상위권을 기록한 국가로 널리 알려졌다. 그러나 이후 학업성취도의 하락과 함께 핀란드 교육에 대한 관심은 점차 줄어들었다. 오랫동안 '이상적인 교육 국가'로 핀란드를 동경하던 한국 사회는 그 사이 새로운 교육 모델을 모색해왔다.

---

1) World Happiness Report 2025, UN Sustainable Development Solutions Network, 2025.
2) 2025년 세계 행복 보고서는 개인의 삶에 대한 자기평가를 중심으로, 다음과 같은 사회적 지표를 포괄적으로 분석하였다: ①삶의 만족도 평균 점수(0~10점 척도), ②사회적 신뢰와 친절(예: *지갑 실험), ③가족과 공동체 유대감(가구 규모, 식사 공유 등), ④정치적 양극화 및 사회적 불신, ⑤삶의 질에 대한 인식 변화(특히 젊은 세대 중심). 보고서는 특히 신뢰, 친절, 공동체성(social connection)이 행복에 미치는 영향을 강조하며, **사회적 자본(social capital)이 행복의 주요 결정 요소임을 재확인했다.
  *지갑 실험(wallet experiment)은 공공장소에 고의로 지갑을 떨어뜨린 후, 반환율을 측정해 사회적 신뢰도를 분석하는 실험으로 신뢰가 행복에 미치는 영향을 설명하기 위해 활용됨.
  **사회적 자본(social capital)은 개인 간 신뢰, 규범, 네트워크 등으로 구성되며, 공동체의 효율적 기능을 가능하게 하는 사회 구조적 자산임.
3) Finland named as happiest country for eighth year, BBC, 2025.3.20.

최근 핀란드는 러시아의 우크라이나 침공, 나토 가입, 새 대통령 선출과 연합정부 구성, 디지털기술의 급속한 발전 등 복합적인 국내외 변화를 맞아 교육을 포함한 사회 전반의 비전을 재설계하고 있다. 핀란드 교육은 정치적 독립성을 비교적 안정적으로 유지하고 있다는 평가를 받지만, 교육이 사회시스템 전반과 긴밀하게 연결된 만큼 변화와 압력으로부터 완전히 자유로울 수는 없다. 학업성취도의 하락, 고등교육 투자 축소, 그리고 사회적 신뢰를 시험대에 올려놓는 정치·경제적 도전은 '행복 국가' 핀란드 교육의 토대를 흔들고 있다.

지금 우리는 핀란드 교육을 다시 들여다볼 필요가 있다. 행복한 나라 핀란드의 교육은 무엇을 지향하고 있으며, 현재 추진되는 교육개혁의 핵심과 배경은 무엇일까? 불완전한 국내외 정치·경제 상황과 맞물려 교육은 어떻게 변화하고 있을까? 이 글은 핀란드를 교육 모델로 이상화하거나 단순히 모방하려는 목적이 아니다. 변화하는 세계정세 속에서도 핀란드가 지켜내고자 하는 교육의 방향성과 실천 전략을 짚어봄으로써, 한국 교육에 시사하는 점을 살펴보고자 한다.

트럼프 등장과 국제통상질서 변화에 따른 핀란드의 정치·경제·사회적 과제

국제질서 변화와 안보 정책 전환

2022년 2월 러시아의 우크라이나 침공은 유럽 안보 질서를 근본적으로 뒤흔들었다.[4] 중립국 지위를 유지해온 핀란드는 이를 계기로 나토NATO 가입이라는 중대한 외교·안보 정책 전환에 나섰으며(Palonen, 2023), 국내정치도 급변하는 국제정세에 맞춰 방향을 재정립했다.[5]

트럼프 대통령의 재집권은 핀란드 경제 전반에 새로운 불확실성을 더했다. 최근 몇 년간 핀란드 수출의 약 11%가 미국에 의존해 왔으며, 철강·기계·전자기기 등 주요 산업은 대미 무역 정책 변화에 특히 민감하다.[6] 핀란드 중앙은행(2025년 6월)[7]은, 무역전쟁 발생 시 수출 감소, 투자 위축, GDP 성장률 하락, 경제 회복력 약화 가능성을 경고했다.

정치 분야에서는 새로운 대통령 취임과 연합정부 구성 과정을 거쳐 '강하고 헌신하는 핀란드Strong and Committed Finland'[8]라는 국가 비전이 제시됐다. 오르포Orpo 총리 중심의 보수 연합정부는 국가 부채 감축과 나토 방위비 분담 등 국

---

4) Venäjän hyökkäys Ukrainaan. 핀란드 외교부. 보도자료. 2022.2.24.
5) Global uncertainty and trade risks slow Finland's economic recovery. Helsinki Times. 2025.3.27.
6) Yhdysvaltain kauppapolitiikan epävarmuus huolettaa suomalaisyrityksiä. YLE. 2025.6.25.
7) Trade War Escalation Poses Significant Risk for Finnish Economy. Bank of Finland Bulletin. 핀란드 중앙은행. 2025.6.30.
8) A strong and committed Finland: Programme of Prime Minister Petteri Orpo's Government 20 June 2023. 핀란드 정부. 2023.6.20.

방비 증가에 대응하기 위해 사회 전반에 걸친 긴축정책[9]을 추진하고 있다. 이러한 변화는 안보위기뿐 아니라 경제구조, 복지모델, 교육재정까지 재점검하게 만드는 변곡점이 되고 있다.

'핀란드화'에서 나토 가입까지

핀란드는 오랫동안 '핀란드화 Finlandization'로 불리는 중립외교 노선을 유지했다. 이는 러시아(구소련)와의 지정학적 현실을 고려해 군사동맹에 가입하지 않는 대신, 서방과의 경제·문화적 교류를 확대하며 자국 안보를 보장하는 전략이었다.

러시아의 우크라이나 침공은 핀란드의 중립외교 패러다임의 근본적인 재검토를 촉발했다(서현수, 2022). 전후 소련과의 특수한 관계 속에서 중립 평화외교를 발전시켜왔으나, 1995년 EU 가입과 2000년 헌법 개혁을 거치며 대외정책 결정 과정이 점차 '의회주의적'으로 전환되었다. 이러한 변화는 이번 전쟁과 같은 안보위기 상황에서도 대통령, 총리, 내각, 의회, 정당 간의 광범위한 협의 시스템이 효과적으로 작동하도록 만들었다. 실제로 나토 가입 여부를 둘러싼 국가적 토론과 숙의 과정은 사회 전반의 합의를 형성하는 데 중요한 역할을 했다.

결과적으로 2022년 당시 대통령 사울리 니니스퇴 Sauli Niinistö는 나토 NATO 가입 신청을 공식화하며 국가 안보 노선의 대전환을 이끌었다.[10] 2024년에는 대통령직이 알렉산데르 스투브 Alexander Stubb 로 이양되었고, 그의 임기 초기에 나토 가입 절차가 최종 마무리되었다.

---

9) Purra tulevista leikkauksista: "Miljardi löytyy, eikä ole edes kovin vaikeaa. YLE. 2025.6.20.
10) Presidentti Niinistö osallistui Naton huippukokoukseen Madridissa. 핀란드 대통령실. 2022.6.30.

정치 구조와 리더십 변화

핀란드는 대통령과 국회가 권한을 나누어 갖는 이원집정부제를 운용한다. 대통령은 외교·안보 분야에서 핵심적인 권한을 행사하며, 국회 Eduskunta 는 내정·재정·입법 기능을 중심으로 국가 운영을 주도한다(Raunio & Wiberg, 2014). 단원제 의회(200석)는 비례대표제로 구성되며, 한 정당이 과반을 확보하기 어려워 연합정부 구성이 일반적이다. 정부(내각)는 총리(다수당)와 각 부처 장관으로 이루어지며, 총리는 연정을 대표해 정책을 조율한다.

사울리 니니스퇴 전 대통령과 현 알렉산데르 스투브 대통령은 모두 국민연합당 National Coalition Party 출신으로, 외교·안보 정책 기조가 유사하다. 2023년 총선에서 국민연합당은 극우 성향의 핀란드인당 Finns Party 등과 함께 우파 연합정부를 구성했다. 이는 이전 중도좌파 연립정부가 추진했던 복지, 기후변화, 성평등, 이민 정책의 방향에 큰 변화를 예고했다.

'강하고 헌신하는 핀란드' 국가 비전

오르포 총리가 이끄는 보수 연합정부는 '강하고 헌신하는 핀란드 Strong and Committed Finland'라는 국가 비전을 내세우고 있다. 핵심 목표는 안보 강화와 재정 건전성 회복이다. 이 비전은 세계적 불확실성 속에서도 견고한 사회 기반을 유지하고, 국민 개개인이 자신만의 방식으로 '좋은 삶'을 영위할 수 있도록 자유와 기회를 보장하는 것이 골자다.

이 비전 속에서 교육·연구 부문은 국가경쟁력 강화의 핵심축으로 설정됐다. 구체적으로는 ① 조기교육과 종합학교 투자, ② 전 연령층을 위한 평생학습 경로 마련, ③ R&D(연구·개발)와 혁신에 대한 사상 최대 규모 투자, ④ 디지털화와 인공지능 AI 활용 확대 등을 추진한다.

교육·복지 서비스의 보편적 접근성은 유지하되, 재정 효율성과 성과 중심 운영을 강조한다. 이는 교육 부문에도 선택과 집중 전략을 적용하겠다는 방침이다.

교육정책의 '선택'과 '집중'

선택과 집중의 대표적 사례는 '유아교육 및 보육Early Childhood Education and Care'(이하 ECEC)과 '고등교육Higher Education'이다. 유아교육 및 보육ECEC의 질 향상과 참여 확대는 핵심 목표 중 하나이다. 2022년 기준으로,[11] 3세부터 의무교육 시작(예비초등) 나이까지의 아동 중 ECEC 참여율은 89%였으며, 3세 미만의 참여율은 2023년 기준 43.9%였다. 이는 유럽연합 평균(93.1%)과 유럽연합 차원의 목표치인 96%(3세부터 의무교육 시작 연령까지의 아동 참여율)에 비해 낮은 수치이다.

고등교육 이수율은 수년간 정체 상태에 있다. 2023년 기준 이수율은 39.2%로, 유럽연합 평균(43.1%)과 유럽연합 목표치(45%)보다 낮다. 이 수치는 지난 10년간 약 40% 수준에서 큰 변동 없이 유지되고 있다. 세부적으로 핀란드 내 외국 출생자의 고등교육 이수율(26.1%)이 핀란드 출생자(41.6%)보다 낮으며, 여성의 이수율(46.1%)이 남성(32.7%)보다 높다.

이를 해결하기 위해 2025년 교육 분야 예산안[12](총 84억 5,000만 유로, 한화 약 1조 3,000억 원) 중에서 ECEC에 약 600만 유로(87억 원)를 배정했고, 고등학생들의 중도탈락을 방지하고 전환기 진로 안정과 학생 복지를 강화하기 위해 직업고등학교와 일반고등학교에 각각 1,000만 유로(145억 원)를 상시 추가 지원하기로 했다. 고등교육과 연구 분야에는 39억 유로(5조 6,600억 원) 이상 배정하여, 2030년까지 연구·개발 투자 확대, 대학학위 취득률 50% 근접 목표 달성(2025년 대학 입학정원 확대), 대학운영비 증액, 박사학위 1,000명 신규 배출 시범 사업, 연구위원회 연구 프로젝트 지원 등을 강화하기로 했다.

반면, 직업교육과 일반고등학교의 일반지원 4,800만 유로(77억 5,700만 원), 문화·예술·체육·청소년 분야 3,400만 유로(55억 9,000만 원), 그리고 종교단체 지원 2,000만 유로(32억 3,200만 원)가 삭감됐다.

---

11) Education and Training Monitor 2024. European Commision.
12) EUR 8.45 billion budget proposal for the Ministry of Education and Culture for 2025. 핀란드 교육문화부. 2024.9.23.

2026년 예산안 논란과 배경

2026년 예산안 심의를 앞두고, 재무장관 리까 뿌라^{Riikka Purra}는 약 9억 유로 (1조 4,500억 원) 규모의 추가 삭감안을 발표했다.[13] 그동안 사회복지 분야(야간 진료실 폐쇄 및 통합, 실업수당 축소 및 폐지, 학생 주거보조금 축소), 근로 분야(유급 병가 제한, 파업 일수 제한)와 앞서 언급한 교육 분야 등에서 상당한 예산 삭감을 단행했지만, 이번만큼 삭감액의 규모는 크지 않았다.

▨ **재정부가 제안한 예산 삭감 목록**

1. 2027년에 국가교육위원회를 폐지하고, 그 기능을 교육문화부로 이전.
2. 대학 보조금을 2025년에 5,900만 유로, 2026년에 1억 1,200만 유로 삭감.
3. 개발도상국과의 협력 예산 1억 유로 이상 삭감.
4. 난민 할당제(연간 500명 수용) 폐지: 지방정부 및 복지 지역에 지급되던 난민 정착 보조금 폐지.
5. 시민단체 및 지방정부 지원금 삭감: 시민단체와 재단에 대한 국가 보조금 1억 유로 삭감.
6. 예술, 문화, 스포츠 분야 지원금 축소.
7. 지방정부의 기본 서비스에 대한 국가 지원금 1억 5천만 유로 삭감.
8. 기업 지원금 삭감: 연구 및 크루즈 산업과 크루즈 선박에 대한 기업 지원금 축소, 서비스 인력에 대한 지원 제외, 연구개발(R&D) 예산 목표 시점을 2030년에서 2035년으로 연기.
9. 개인 병원(private hospital) 진료에 대한 보조금 축소.

---

13) Tässä ovat Purran budjettiehdotuksen tärkeimmät päätökset ja luvut. YLE. 2025.8.6.

핀란드 고용부 장관 마띠아스 마르띠넨 Matias Marttinen (국민연합당)은 2026 예산안을 '핀란드인당 대표의 정치 모자를 쓰고' 작성된 것이라며 강하게 비판했다. 실제로 재무장관은 핀란드인당 Finns Party 의 대표이고, 이 당은 학계에서 우파 포퓰리즘 또는 급진 우파로 분류된다(서현수, 2024; Jungar & Jupskås, 2021). 극우 성향 far-right 인 이들은 강경한 반이민 정책, 유럽연합 회의주의, 기후 정책 반대, 재정 보수주의, 그리고 궁극적으로 핀란드인 우선주의를 내세우고 있다.

가장 큰 문제는 이 예산안의 핵심이 핀란드 국가교육위원회를 폐지하는, 이른바 '교육의 뿌리 흔들기'에 있다는 점이다. 이와 함께 대학 보조금과 문화·예술·체육 분야에 대한 추가 지원금을 축소하고, 연구개발 R&D 투자 확대 목표 시점도 기존 2030년에서 2035년으로 연기할 것을 제안한다.

이원화된 행정체제: 교육문화부와 국가교육위원회

핀란드 교육 행정은 정책 결정과 집행 기능이 분리된 이원화 구조를 갖는다. 최상위에는 정부를 구성하는 12개 부처 중 하나인 교육문화부가 있다. 교육문화부는 유아교육에서 고등교육, 연구, 문화, 스포츠, 종교, 저작권, 학생 지원 제도까지 광범위한 분야를 담당한다. 법률·행정령 제정과 예산 편성, 정부 정책 수립에 핵심적 역할을 하며, EU 및 국제 협력 무대에서도 핀란드를 대표한다. 2025년 기준 약 80억 유로 규모의 예산을 집행하는 이 부처는, 국가 교육의 방향성을 설정하는 '정치·전략적 뇌'에 가깝다.

그 아래에서 국가교육위원회 Opetushallitus (이하 국교위)가 정책 실행과 교육 발전을 담당한다. 국교위는 유아교육, 초·중등교육, 직업·고등교육, 성인교육을 아우르는 국가 핵심 교육과정을 제정하고, 교사 연수·국제화 프로그램·학업 데이터 관리까지 맡는다. 또한, Erasmus+, Nordplus 등 유럽 교육 프로그램의 국내 운영기관이자, 6개의 국립 교육기관을 직접 운영하는 '개발·집행 기관'이다. 대학교육은 교육문화부 관할이지만, 국교위가 수집·분석하는 데이터와 성과 지표가 대학 정책에도 영향을 미친다.

이 구조의 장점은 정책 수립과 집행이 전문화된다는 점이다. 교육문화부는 정치적·거시적 목표에 집중하고, 국교위는 현장의 필요와 국제적 흐름을 반영한 세부 실행을 맡아 교육 품질을 높인다. 그러나 동시에 이원화 체제는 정치 변화가 학문과 교수학습의 자유에 영향을 미치기도 한다. 교육문화부가 법과 예산을 통해 정책의 '큰 그림'을 통제하기 때문에, 정치적 환경 변화나 예산 배분 우선순위 조정은 곧바로 국교위의 사업 범위, 교원 연수, 교육과정 개정 등에 영향을 줄 수 있다.

핀란드 교육의 정치적 중립성

핀란드 국가교육위원회는 교육문화부 산하 11개 행정기관 중 하나다. 이사회의 구성원은 정부가 임명하며, 여야 국회의원, 지방정부, 교원노조, 학생단체, 학계 대표 등이 참여한다. 그럼에도 불구하고 핀란드에서 '교육이 정치화되지 않았다'는 말은, 국가 핵심 교육과정 개정, 교사 양성 제도, 학습 지원 체계와 같은 주요 교육정책이 정권교체와 무관하게 지속성을 유지해왔음을 의미한다. 또한 교육은 '국가의 장기적 투자'라는 공감대가 강해, 정치적 논쟁이 격화되기 전에 정당 간 합의Parliamentary Committee를 통해 추진되는 경우가 많았다.

교육정책 실행 과정에서도 정치적 수사보다 연구와 데이터에 기반한 결정이 강조된다. 대학 연구기관을 중심으로 축적된 장기적인 연구 결과가 정책 수립에 적극적으로 반영되고 있다. 학교 현장에서는 학교와 교사가 교육 내용과 교수법을 자율적으로 결정할 수 있는 전통(자율성)이 강하기 때문에, 정치권력이 교육 현장에 직접 개입하기는 어렵다. 이는 헌법에서 보장하는 학문·교육의 자유와도 맞물린다.

학문·연구·교수학습의 자유 지수 하락

그러나 최근 정치의 교육 통제 시도는 학문·연구·교수학습의 자유 지수 하락과 맞물려 우려를 낳고 있다. 학문 자유 지수 Academic Freedom Index[14]에서 핀란드는 2023년 9위에서 2025년 47위로 급락했다. 이는 단순한 통계적 변화가 아니라 연구와 교육이 정치적·경제적 압력에 노출되고 있음을 시사한다. 정부 정책이 단기 성과나 정치적 의제에 치우칠 때 연구 주제 선정과 교수·학습 내용의 자율성도 간접적으로 제약받을 수 있다.

더욱이 보고에 따르면 이민, 젠더 gender, 환경과 같은 일부 연구 주제를 다루는 학자들이 정치적 공격과 온라인 괴롭힘의 표적이 되는 사례가 늘고 있다. 정치권의 직접적 개입뿐 아니라, 예산 구조와 법제 설계가 미묘하게 자율성을 제한하는 경우도 존재한다. 이는 교육문화부와 국교위의 관계가 단순한 '분업'에 그치지 않으며, 정치적 영향력에서 완전히 자유롭지 않음을 시사한다.

핀란드 국가교육위원회를 둘러싼 논쟁[15]

2026년 1월부터 시행되는 새로운 국가교육위원회법[16]에 따르면, 국교위의 지위는 교육문화부 산하 독립 기관으로 유지되며 국립언어원 Kotus[17]이 내부 부서로 편입된다. 이 외에도 교육문화부 산하 11개 집행기관을 5개로 축소·병합한다.[18] 국교위 수장은 재정부가 제안한 국교위 폐지가 예산 절감에 영향을 주지 않을 것이라고 밝혔다.[19] 또한 국교위 폐지가 교육 기관의 전문성과 중립성 침

---

14) https://www.theglobaleconomy.com/Finland/academic_freedom_index/
15) Tyytymättömyys opetushallitukseen kasvaa - jo osa alan ammattilaisistakin näyttää vihreää valoa organisaation lakkauttamiselle. Suomen Uutiset. 2025.8.12.
16) Laki Opetushallituksesta (EV 76/2025 vp, voimaan 1.1.2026)
17) 국교위 소속 부서로 편입되지만, 자체 장에게 언어정책 결정권 부여하며, 핀란드어·스웨덴어 관리·사전사업, 소수언어(사미어, 수화, 로마니어, 카렐리아어) 사용·활성화 모니터링를 담당한다.
18) 핀란드 국회 결정문(Eduskunnan vastaus hallituksen esitykseen, HE 31/2025 vp) 및 대통령 재가문(2025.7.4)
19) Miltä Opetushallituksen lakkautusehdotus näyttää tosiasioiden ja hyvän hallinnon kulmasta?. Mikael Mantila. 핀란드 국가교육위원회. 블로그. 2025.8.20.

해는 물론 지역 수준의 독립적인 교육정책 결정을 제약할 수 있다는 우려도 크다.[20]

그러나 보수 진영을 중심으로 국교위를 향한 회의적 시각이 점차 강해지고 있다. 핀란드인당 부대표 요아킴 비겔리우스Joakim Vigelius은 국교위의 교육정책 방향이 잘못 설정되었다고 주장했다. 그는 그 근거로 PISA 성적의 하락, 벽이 없는 개방형 교실, 학교 내 휴대전화 사용이 학습 환경에 미치는 부정적 영향을 제시했다. 핀란드인당은 국교위가 주도한 새로운 현상 기반 학습, 디지털 전환, 자기주도학습 강화와 같은 새로운 교수·학습법이 오히려 성취도 저하를 불러왔다고 비판했다.

또 다른 논란은 통합교육 정책Inclusive의 실효성이다. 모든 학생을 동일한 학급에 통합하는 원칙은 평등을 지향하지만, 실제 현장에서는 학습 수준별 맞춤 지원이 약화되고 우수 학생 지원이 소홀해지는 문제가 제기되고 있다.[21] 일부 전문가들은 이를 "평등을 내세운 학습격차 심화"라고 지적한다.

9월 22일 정부가 국회에 제출한 2026년 예산 최종안에는 국교위 폐지안이 제외되었다. 대신 정부는 기관 구조 조사를 신속히 시작해, 2026년 봄 협상에서 구조조정 여부를 결정하기로 했다. 예산안은 약 3개월간 심사를 거쳐 12월 본회의에서 확정된다. 결국 이원화된 교육 행정체제가 학문·연구·교수·학습의 자유를 보장하는 방향으로 작동하기 위해서는 두 기관 모두 정치적 독립성과 전문성을 유지해야 한다.[22] 교육문화부는 장기적 비전과 안정적 예산 지원을 통해 '큰 그림'을 흔들림 없이 뒷받침해야 하며, 국교위는 현장과 학계의 자율성을 존중하는 집행 문화를 견지해야 한다. 그렇지 않다면 핀란드가 자랑해온 교육 자율성과 국제적 신뢰는 빠르게 약화할 수 있다.

---

20) Kuntaliitto: Riikka Purran esitys leikkaa talouskasvun edellytyksiä – Ovatko koulutus ja sivistys tosiaan valtion toissijaisia menoja?. Kuntalehti. 2025.8.7.
21) Peruskoulussa pitäisi kilpailla enemmän, sanoo tutkija. Helsingin Sanomat. 2025.8.11.
22) Mitä tapahtui tieteen, tutkimuksen ja opetuksen vapaudelle?. 핀란드 교원노조연합. 블로그. 2025.4.17.

교육예산안에 담긴 정치·경제적 요소

오르포 정부의 교육예산 변화(2023~2026 예산)는 다음과 같이 정리할 수 있다.

▨ 오르포 정부의 교육예산 변화와 전망(2023~2026)

시기	증액(주요 내용)	삭감(주요 내용)	순변화
2023 하반기 (정부 출범 초기)	기초교육 일부 지원 확대 (수업시수, 학습지원)	자유시민교육 2천만 유로 감액	-
2024~2025 상반기 (집권 중반기)	기초교육·형평성 재정 +3억 유로	직업교육 -1.2억, 고등교육 -0.7억, 지방보조금 감액 -2억, 기타 포함 총 -9억	약 -5억
2025 하반기 (현재)	일부 제도 개편 논의 (학생보조금·대출 구조 조정)	교육 삭감 기조 유지, 고등교육 재정 회복 미확정	순삭감 지속
2026 전망	학생 급식비 추가 지원, R&D 보강, 언어·문화정책 강화	삭감 기조 지속, 대학 기본재정 및 국고보조 감액, 초등방과후교육 감액, 교육·문화시설 및 평생학습교육 감액	순삭감 지속

교육 현장에서는 우려의 목소리가 커지고 있다. 생활비 지원이 줄어들 때 저소득층·지방 출신 학생들의 학업 지속가능성이 낮아질 수 있고, 학자금 대출 비중이 늘어나면 청년층의 부채 부담이 가중될 수 있다는 지적이 나온다.[23] 특히 핀란드가 오랫동안 유지해온 '무상 또는 저비용 고등교육과 생활 지원' 모델이 후퇴하는 신호가 될 수 있다는 경계심도 크다.

OECD의 2025년 핀란드 경제보고서[24]는 정부의 교육예산 축소가 단기적으

---

23) SAMOK's and SYL's statement on the report on student financial aid: Now the government has the opportunity to repair and to not just cut. 핀란드 전국 대학생 연합회. 2025.1.30.
24) Suomen on hyödynnettävä osaamista ja luonnonvaroja tuottavuuden kasvun ja vihreään teollisuuteen siirtymisen vauhdittamiseksi. OECD. 보도자료. 2025.5.23.

로는 재정 균형을 맞추는 데 기여할 수 있으나, 장기적으로는 국가경쟁력을 약화할 수 있다고 경고한다. 특히 고등교육 참여율이 저조하고, 고급 인력이 필요한 직종에서 구조적 인력 부족이 심화하고 있음을 지적했다. 이는 노동 시장 전반의 생산성 향상과 녹색산업 전환, 기술 혁신 역량을 제한하는 주요 요인으로 작용할 수 있다.

보고서는 이러한 문제를 해결하기 위해 ①고등교육과 기업 간 협력을 통한 단기·전문 학위 확대, ②외국인 고급 인력 유치 전략 강화, ③언어 교육과 정착 지원 확대를 제안한다. 그러나 현재와 같은 교육 투자 부진과 예산 삭감 기조가 지속한다면 구조 개혁의 실행 가능성은 낮아지고, 핀란드는 생산성과 경제 성장 잠재력에서 장기적 정체 위험에 직면할 것이라고 경고한다.

그렇다면 그동안 핀란드가 쌓아온 '복지국가'와 '교육 강국' 이미지는 사라질 것인가? 최근 국민의 정당 지지율[25] 추이를 보면, 정치 지형이 변하는 가운데 핀란드 복지사회의 핵심 기반인 교육관련 정책을 바꾸기 위해서는 충분한 숙의와 사회적 합의가 필요함을 알 수 있다.

이러한 논의의 배경에는 핀란드 사회와 국민 다수가 모든 사람에게 동등한 교육 기회를 제공하는 제도에 대한 강한 자부심을 공유하고 있다는 점이 자리한다. 유아교육부터 고등교육까지 전 과정이 무상으로 제공되고, 교사들은 높은 학력과 사명감을 바탕으로 교육에 임한다. 이 자부심은 곧 핀란드 교육이 지닌 힘 power of education 이자, 앞으로도 지켜야 할 가치 education for power 이다.

---

25) 최근 여론조사에서 핀란드인당(Finns Party)의 지지율은 집권 초기부터 지속해서 하락하여 선호도 4위(12.3%)에 머물렀다. 오르포 총리가 속한 국민연합당(National Coalition Party) 역시 올해 최저치 지지율(19.1%)을 기록하며, 지난 정부 핵심이었던 1위 사민당(Social Democratic Party, 24.7%), 그리고 2위 중앙당(Centre Party, 15.1%)에 밀려 3위를 차지했다. 사민당은 새정부출범 이후 안정적으로 지지율 1위를 유지하면서 정부 비판세력의 중심축 역할을 하고 있다. 좌파연합(Lef Alliance, 10.1%, 5위)와 녹색당(Greens, 8.6%, 6위) 지지율이 상승하면서 다수 야당의 목소리도 커지고 있다고 분석한다.

• 출처: Yle poll: Government support slumps to lowest level since taking office. YLE. 2025.8.7.

핀란드 교육 현장의 변화
: '교육의 힘'을 지키기 위한 제도 개편

핀란드에서 8월 1일은 새 학년이 공식적으로 시작되는 날이다.[26] 2025년 가을학기부터는 학생들의 학습권 보장과 교육환경 개선을 목표로 하는 여러 개혁이 동시에 시행된다. 이러한 변화는 단순한 학교 운영 규정의 조정을 넘어, 정치·경제적 불확실성 속에서도 '교육의 힘'을 지키려는 핀란드 사회의 의지를 보여준다.

교육에 대한 신뢰, 그러나 낮아진 미래 낙관

핀란드에서는 교육이 평생의 기회를 보장하는 핵심 자산이라는 믿음이 전통적으로 강하다.[27] 다수의 청소년은 '좋은 교육이 안정된 일자리를 가져다준다'라고 생각하며, 직업 세계에서의 교육 혜택을 긍정적으로 평가한다.[28] 그러나 최근 청소년의 미래 낙관 지수는 역대 최저를 기록했다.[29] 특히 학교에 대한 흥미와 소속감을 느끼는 학생 비율이 초·중등 모두에서 하락세를 보이고 있다.[30]

---

26) 기본교육 Basic education. 핀란드 교육문화부.
27) Uusi lukuvuosi on alkamassa: vahvasta koulutususkosta on pidettävä kiinni. 핀란드 국가교육위원회. 2025.8.1.
28) Nuorten tulevaisuusraportista. 청소년 기업가정신·경제교육 협회 NYT. 2025.4.14.
29) Nuorisobarometristä 2024. 국가 청소년위원회. 2025.3.19.
30) Lasten ja nuorten hyvinvointi - Kouluterveyskysely 2023:Tytöistä yli kolmannes ja pojista joka viides kokee terveydentilansa keskinkertaiseksi tai huonoksi. 핀란드 보건복지연구소. 2023.9.21.

핀란드 국가교육위원회의 미나 켈하(Minna Kelhä) 국장은 "교육의 긍정적 효과에 대한 신뢰를 유지·강화하는 것이 국가적 과제"라며, "교육관계자뿐 아니라 언론·가정·지역사회 모두가 '학교와 교육의 미래 가치'를 긍정적으로 말해야 한다"고 강조했다. 이러한 사회적 요구와 변화의 필요성은 2025년 가을학기부터 시행되는 제도 개편에도 반영됐다.

가을학기부터 달라지는 교육 제도[31]

올해 가을학기에는 국가 차원의 교육지원 정책과 현장 규범이 대폭 조정된다. 주요 변화는 다음과 같다.

학습지원(Learning support) 제도 개편

유아·초등·중등교육과 고등학교의 학습지원 제도가 전면 개편됐다. 직업교육 부문은 2026년 8월 1일부터 시행될 예정이다. 이번 개편은 모든 학습자가 필요한 지원을 가능한 한 이른 시기에 충분히 받을 수 있도록 하는 것을 목표로 하며, 유아교육부터 2단계 교육(고등학교·직업학교)까지 지원 체계를 일원화했다. 주요 변화는 기존 3단계 지원 체계[32](일반·강화·특별 지원)의 폐지이다. 학급 단위 지원을 우선 제공하며, 필요하면 개별 지원으로 확대하는 방식으로 전환한다. 집단지원을 위해 수업을 차별화하고, 특수교사와의 공동수업, 보충수업, 언어지원, 학습 환경 접근성 개선 등을 지원한다. 개별 지원은 특수교사 지도, 소규모 그룹 수업, 보조 인력 지원 등 학생 맞춤형 지원을 강화한다. 교사들의 행정 부담을 완화하기 위해 지원 관련 문서 의무를 최소화하고, 교육부가 제공하는 표준 양식을 활용하도록 한다.

---

31) Mitä on tulossa kasvatuksessa ja koulutuksessa syksyllä 2025?. 핀란드 국가교육위원회. 2025.8.1.
32) 이전 정책 참고자료: [핀란드 교육] 현직 교사 재교육 및 신규 교사 양성 과제-학습 어려움을 지원할 책임과 의무 (특수교육과 통합교육). 김은지. 교육을바꾸는사람들. 2023.9.19.

수업 시간 휴대전화 사용 금지[33]

개정된「기본교육법 Perusopetuslaki」이 발효됨에 따라, 초·중등교육 전 과정에서 수업 중 휴대전화와 기타 모바일 기기 사용이 전면 금지된다. 이는 스마트폰뿐 아니라 태블릿, 노트북, 스마트워치, 블루투스 이어폰 등 모든 휴대형 디지털 기기를 포함한다. 다만, 다음과 같은 경우에는 예외적으로 사용을 허용한다.

- **학습 목적**: 교사가 허락한 때에만 수업 활동에 활용 가능.
- **건강·안전 목적**: 교장 또는 교사의 허락하에 건강 관리.
  (예: 당뇨 환자의 혈당 측정, 발달·언어장애 학생의 보완·대체 의사소통 기기 사용 등)
- **긴급 상황**: 학생은 교사의 허락 없이도 언제든지 긴급전화(112) 사용 가능.

또한, 개정법은 수업 외 시간(쉬는 시간·점심시간·이동 시간)의 모바일 기기 사용 및 보관 방식에 대해 각 학교의 '학교 규칙 Järjestyssäännöt'에 명문화하도록 규정했다. 이에 따라, 휴대전화를 '보관 구역 Phone Park'에 놓거나 학생 개인 가방·사물함에 두는 방식이 가능해졌다. 나아가 각 교육 제공자는 필요시 온종일 사용 금지를 규정할 수도 있다.

국가교육위원회는 법률보다 더 강력한 제한을 권고하며, 점심시간·쉬는 시간·이동 시간에도 기기 사용을 제한하거나 금지할 것을 제안했다. 이는 ①수업 집중도 향상, ②교내 소음 및 방해 감소, ③사회적·신체적 활동 장려, ④건강한 식사 습관 ⑤대면 의사소통 능력 강화를 목표로 한다.

---

33) Opetushallituksen mediatilaisuus. 핀란드 국가교육위원회. 발표자료. 2025.4.30.

기본 교과 시수 확대[34]

초·중등교육에서 기본 교과인 국어 및 문학äidinkieli ja kirjallisuus'과 '수학 matematiikka'의 최소 수업 시수가 확대된다. 이는 현 정부의 '기초학력 강화' 방침에 따른 것으로, 읽기·쓰기·셈하기 능력을 장기적으로 높여 학습 격차를 줄이고, 다른 모든 교과 학습에도 긍정적인 파급효과를 가져오려는 목적이다.

- **국어 및 문학**: 1~2학년 중 한 학년에 1주 수업 시수 추가, 3~6학년 중 한 학년에 1주 수업 시수 추가(총 2주 시수 증가).
- **수학**: 1~2학년 중 한 학년에 1주 수업 시수 추가.

이로써 1~2학년의 주당 최소 수업 시수는 평균 21시간, 3학년은 23시간으로 늘어난다. 단, 시수 배분과 적용 학년은 지방 교육청·학교 차원의 '지역 교육과정tuntijako' 결정 사항이며, 학생이 2025년 8월 1일 이후 1학년에 입학할 때만 전 학년에서 추가 시수를 모두 적용받는다. 기존 재학생의 경우 해당 학년에서만 적용된다.

시수 증가는 교육과정 목표나 내용의 확대 없이 기존 내용을 더 깊이 학습하는 데 초점을 맞춘다. 예컨대 국어 시간에는 읽기 유창성, 글쓰기 훈련, 다양한 독서 과제(예: 독서 인증 제도) 등을 심화할 수 있고, 수학 시간에는 연산·문제해결력·수학적 추론 훈련 시간을 늘릴 수 있다.

국가교육위원회는 이번 시수 확대가 ①기초학력 향상, ②수업 집중도 제고, ③다른 교과 성취도 상승, ④사회적 불평등 완화에 이바지할 것으로 기대하며, 특히 '언어 인식 교육kielitietoinen opetus'[35]과 '다중문해력monilukutaito'[36] 접근을 병행할 것을 권고하고 있다.

---

34) Perusopetukseen lisää aikaa opiskella äidinkieltä ja kirjallisuutta sekä matematiikkaa. 핀란드 국가교육위원회. 2025.8.1.
35) 수업 전반에서 언어의 역할을 인식하고, 모든 학생이 학습 언어를 이해·활용하도록 지원하는 교수법.
36) 다양한 매체·형식(텍스트, 이미지, 디지털 자료 등)을 해석·비판·창조적으로 활용하는 복합적 문해 능력.

니코틴·전자담배 규제 강화

개정된 「담배법Tupakkalaki」이 발효되면서, 청소년 니코틴 제품 사용과 관련한 규제가 대폭 강화된다.

- **소지 금지 범위 확대**
  : 만 18세 미만은 기존의 모든 담배 제품뿐 아니라 니코틴 파우치(니코틴 주머니), 니코틴이 없는 전자담배 등 '담배 대체품(tupakan vastike)'도 소지할 수 없음.

- **사용 금지 구역 확대**
  : 유치원·초등·중등·고등·직업학교의 실내외 구역과 어린이집·놀이터에서 모든 무연 니코틴 제품 사용 금지.

- **학교 반입 금지**
  : 「기본교육법」, 「고등학교법」, 「직업교육법」에 따라 모든 담배 대체품의 학교·교육기관 반입 금지.

- **압수 권한 부여**
  : 교장·교사는 학생이 소지한 담배 대체품을 압수할 수 있으나, 물리적 강제나 가방·사물함 수색 금지.

핀란드 청소년 건강조사Kouluterveyskysely(2023)에서는 15~17세의 약 17%가 최근 30일 내 전자담배를 사용했다고 답했으며, 이 중 상당수가 니코틴 함유 제품이었다. 이에 정부는 학교·가정·지역사회가 협력해 조기 예방 교육을 강화할 필요성을 강조하고 있다.

지역행정청 직권 조사 권한 부여

핀란드 지역행정청 Aluehallintovirasto, AVI[37]은 기존의 민원·고발 complaints에 의한 사후 조사 방식을 넘어, 직권 own initiative으로 교육 운영 실태를 조사할 수 있는 권한을 갖게 된다.

- **기존 방식**: AVI는 주로 학부모·학생·교직원의 공식 민원 접수에 따라 학교 운영·교육 제공의 적법성을 심사.
- **변경 내용**: 앞으로는 '합리적 사유'가 인정될 경우, 민원 없이도 직권으로 조사 개시 가능.
- **합리적 사유 예시**: 다수의 학부모로부터 특정 학교의 교육 제공 방식에 대한 우려가 반복적으로 제기된 경우.
- **조사 범위**: 교육 운영 전반(학교 전체) 또는 특정 학생과 관련된 개별 사안 모두 가능하며, 수업 시간에 교사가 제공하는 교육 행위도 포함.

이 개정은 기본교육법 준수를 보다 효과적으로 감독하고, 법령 위반이나 교육 품질 저하를 조기에 발견·바로잡기 위해 도입되었다. 이를 통해 학생 권익 보호와 학습 환경 개선이 강화될 것으로 기대하고 있다.

학생 지도·징계·안전조치 구분 명확화

개정된 기본교육법은 법 조항 자체를 변경하지 않고도, 학교에서 학생 생활지도를 위해 사용할 수 있는 개입 수단을 더욱 명확히 구분·정의하였다. 이는 교사의 지도 권한과 학생의 권리를 균형 있게 보장하려는 조치다. 개정에 따라 학교의 개입 수단은 가장 가벼운 단계에서 가장 엄격한 단계로 다음과 같이 체계화되었다.

---

37) AVI(Aluehallintovirasto, 영어로 Regional State Administrative Agency)는 교육 분야뿐 아니라 보건, 환경, 안전, 소비자 보호 등 다양한 공공서비스 감독 권한을 가진 광역 행정기관이다.
- 출처: https://avi.fi/aluehallintovirastot

가. 교육적 조치(Kasvatukselliset toimet)

- **청소 의무(Siivousvelvoite)**: 학생이 수업 중 또는 학교 내에서 발생시킨 오염·훼손에 대해 스스로 정리·복구하도록 하는 조치.
- **지도 대화(Kasvatuskeskustelu)**: 교사와 학생이 문제행동의 원인과 개선 방안을 함께 논의하는 대화.

나. 징계 조치(Kurinpitokeinot)

- **과제 이행 명령**: 미제출 숙제를 방과 후에 완료하도록 지시.
- **방과 후 봉사(Jälki-istunto)**: 일정 시간 학교에 남아 지정된 활동을 수행.
- **서면 경고(Kirjallinen varoitus)**: 반복적·중대한 규칙 위반에 대한 공식 경고.
- **일시적 퇴학(Määräaikainen erottaminen)**: 일정 기간 수업 참여를 제한.

다. 안전 확보 조치(Turvaamistoimet)

- **학생의 자발적 퇴실 또는 강제 퇴거**: 수업 방해나 폭력 위험이 있는 경우 교사의 지시에 따라 교실 또는 학교를 떠나게 함.
- **수업 배제(Opetuksen epääminen)**: 학생이 다른 학생·교직원의 안전을 심각하게 위협하거나 수업을 현저히 방해할 때, 한시적으로 수업 참여를 금지.
- **물품·물질 압수(Esineiden ja aineiden haltuunotto)**: 위험물 또는 규칙 위반 물품을 회수.

수업 배제는 매우 예외적인 상황에서만 허용되며, 교내 안전과 학습권 보호를 위해 최후의 수단으로 사용된다. 이러한 체계화로 인해 교사들은 상황에 맞춰 단계별 대응을 선택할 수 있으며, 학생·학부모 역시 절차와 조치의 목적을 더 명확히 이해하게 될 것으로 기대된다.

EU 인공지능 규제 시행

EU 인공지능 규제 Artificial Intelligence Act가 교육 분야에 본격 적용된다. 이 규제의 목적은 시장에 출시되거나 학교·기관에서 도입되는 AI 시스템이 안전성, 건강, 기본권을 침해하지 않도록 보장하는 것이다.

EU 규정은 2025년 2월 2일부터 이미 일부 AI 사용을 금지했으며, 교육 분야에서는 특히 ①학생 입학·선발 과정, ②성적·평가 절차, ③시험 감독 및 감시 시스템, ④학습 성취도 자동 판별 같은 용도를 '고위험군 High-risk'으로 분류한다. 이러한 AI 시스템의 도입과 운영은 엄격한 안전·투명성 요건을 충족해야 하며, 이를 위반 할 경우 교육기관은 법적 책임을 질 수 있다.

핀란드 개인정보보호국 Office of the Data Protection Ombudsman이 교육 분야 AI 사용의 주된 감독기관으로 지정된다. 감독기관은 국가교육위원회 등 교육 행정기관과 협력하여 규제 준수를 점검하고, 필요한 시 지침과 권고를 발행한다. AI 시스템의 구매와 도입 책임은 교육 제공자(지방교육청·학교법인 등)에 있으며, 교사 역시 허용된 AI 사용 범위와 책임 있는 활용 지침을 숙지해야 한다.

이번 학기부터 시행되는 7가지 교육 제도 개편은 학습지원 강화, 학습 환경 개선, 기초학력 제고, 건강·안전 규제, 학생 지도 체계 정비, 그리고 신기술의 책임 있는 활용이라는 폭넓은 범위를 아우른다. 이러한 변화들은 단순한 법·제도 조정에 그치지 않고, 학생 개개인의 학습권과 교육의 질을 지키기 위한 핀란드 교육의 방향성을 보여준다. 특히 학습 격차 해소와 포용적 환경 조성을 위한 정책적 의지가 뚜렷하게 드러난다.

디지털 기반 교육정책과 현황 및 과제

핀란드 교육의 디지털 전환은 더는 선택이 아닌 필수가 되었다. 핀란드 정부는 2027년까지 유아교육부터 성인 평생교육에 이르기까지 모든 교육단계에서 세계적 수준의 디지털 활용 역량을 갖춘 국가로 도약하겠다는 비전을 제시하고 있다. EU 디지털 교육 행동 계획, DigComp 및 DigCompEdu 프레임워크, 그리고 '강하고 헌신하는 핀란드' 정부 프로그램은 이러한 전환의 전략적 토대를 제공한다.

디지털 기반 교육정책의 방향과 구조

핀란드의 디지털 교육정책은 단순히 기기와 인프라 보급을 넘어서, 장기적인 비전·세부 목표·실행체계를 국가 차원에서 명확히 규정하고 있다. 교육문화부가 제시한 「유아·초등·기본교육 디지털화 목표상태」(2023)는 2027년까지 달성해야 할 교육 디지털화의 방향을 7개 핵심 영역으로 구조화하였다.

- **디지털화 개발 여건**: 교육 디지털화 추진을 위한 국가·지방·학교 간의 역할 분담과 재정지원을 명확히 하며, 지속 가능한 실행 기반을 마련한다.
- **디지털 역량**: 교사·학생 모두가 미래 사회와 노동 시장에 필요한 디지털 리터러시를 균등하게 습득하도록 국가 수준의 학습 목표를 설정한다.
- **디지털 인프라·서비스·상호운용성 개발**: 전국적으로 안정적 네트워크, 학습관리시스템(LMS), AI·에듀테크 도구의 상호 호환성을 확보한다.

- **데이터 관리와 품질**: 교육 데이터의 표준화, 신뢰성 있는 학습분석 체계를 구축한다.
- **개인정보 보호·보안**: GDPR(유럽연합 일반 개인정보 보호 규정) 준수뿐 아니라 아동·청소년 학습데이터 보호를 위한 교육 현장 맞춤형 지침을 제공한다.
- **디지털화 관련 법·규제 해석**: AI·클라우드 서비스·플랫폼 활용에 대한 법적 불확실성을 해소하고, 학교가 안심하고 기술을 도입할 수 있는 환경을 마련한다.
- **디지털화 연구**: 정책 효과성과 현장 적용성을 높이기 위한 장기적·체계적 연구를 지원한다.

결론적으로 국가 차원의 일관된 목표 제시는 지방자치단체·학교·교사가 단기 프로젝트 중심이 아닌 예측 가능한 장기 계획 아래에서 디지털화를 추진할 수 있게 한다. 그러나 정책의 지향점과 현장의 체감 사이에는 여전히 간극이 존재한다.

유·초등학교 디지털화 현황 보고서

최근 교육문화부가 발간한 「2025년 유·초등교육 디지털화 현황 보고서」에 따르면, 학교의 기기 보급 수준은 전반적으로 '만족할 만한' 수준이지만, 애플리케이션·학습플랫폼 평가, 개인정보 보호·보안 규정 이행 등 법적 의무는 여전히 많은 행정 부담을 유발하고 있다. 특히 AI 활용, 정보보호, 데이터 보안은 시급한 개선과 명확한 지침이 요구되는 영역이다. 보고서는 지방교육청과 학교가 전략을 실행할 때, 학생들이 향후 진학과 사회 진출에 필요한 디지털 역량을 균등하게 습득할 수 있도록 보장해야 한다고 강조한다.

교원 측의 시각에서도 문제는 분명하다. 핀란드 교원노조연합[OAJ]의 2025년 조사에 따르면, 최근 5년간, 연간 하루 이상 디지털 역량 연수를 받은 교사는 20%도 채 되지 않는다. 전체 응답자의 5% 미만만이 10일 이상의 심화 연수를 경험했다. 기술적 활용 능력은 비교적 높지만, 이를 수업에 효과적으로 통합하는 디지털 교수·학습 설계 역량과 AI 활용 전문성은 여전히 약하다. 약 60%의 교원은 디지털화가 업무 부담과 시간을 오히려 늘렸다고 응답했고, 70%는 디지털 기기 사용이 학생들의 집중력과 장기 학습 지속성에 부정적 영향을 미쳤다고 평가했다.

디지털 교육의 성공 열쇠: 사회적 합의와 실행력

핀란드는 디지털 교육에서 여러 긍정적 변화를 이끌어왔다. 개별 맞춤형 학습, 창의성 확장, 미디어 문해력 향상 등은 그 성과 중 일부다. 그러나 기술 중심 접근이 학습 목표와 불일치하거나, 지역·학교별 역량 격차가 확대되는 상황은 개선이 필요하다. 특히 국가 차원의 장기 비전과 표준화된 품질 관리, 교사 전문성 강화, 그리고 사회·경제적 배경에 따른 디지털 불평등 해소가 시급하다.

궁극적으로 디지털 기반 교육정책은 기술의 도입 여부보다 기술을 통해 무엇을, 어떻게, 누구를 위해 가르칠 것인가에 대한 사회적 합의와 실행력이 중요하다. 이를 위해 국가, 지방, 학교, 교원, 학부모가 함께 참여하는 포괄적 거버넌스가 마련되어야 한다. 그래야만 핀란드가 지향하는 '모두를 위한, 미래를 여는 디지털 교육'이 현실이 될 수 있다.

핀란드 교육의 위기와 개혁이
한국 교육에 시사하는 점

    핀란드 교육은 지금 거대한 파도 앞에 서 있다. 국내외 정치·경제의 불확실성과 디지털 사회로의 빠른 전환은 교육에 새로운 역할을 요구하고 있다. 그러나 변화의 압력 속에서도 핀란드가 지키고자 하는 핵심은 분명하다. 모든 학습자에게 동등한 기회를 보장하고, 교육을 통해 사회적 신뢰와 공동체를 강화한다는 원칙이다.[38] 이러한 가치가 헌법과 법률, 국가 교육과정 속에 명문화되어 있다는 점이 제도적 안정성을 뒷받침한다.

    핀란드 교육개혁 과정에서 주목해야 할 점은 교육 제도 설계와 현장 실행이 유기적으로 연결되어 있다는 사실이다. 이번 가을학기부터 도입되는 다양한 정책들은 교육 현장에서 끊임없이 제기돼 온 문제와 해결 요구를, 1~2년간의 연구와 시범사업을 거쳐 제도화한 것이다. 결과적으로 학교와 지역사회, 교사와 학생이 함께 참여하는 논의 구조는 개혁이 일회성 정책으로 끝나지 않도록 만드는 힘이 된다.

    핀란드의 '미래 종합학교 프로젝트'[39] 역시 이러한 합의형 개혁의 사례다. 2024년 2월부터 2025년 12월까지 진행되는 장기 프로젝트는 약 20년 후 핀란드 미래 학교의 모습을 예측하는 것을 목표로 한다. 각 분야 연구자, 전문가, 교육 분야 대표, 교사, 학생, 학부모 공동체가 모여 교육의 미래 비전을 형성하기 위해 토의한다. 토의 결과를 포함한 프로젝트의 최종 보고서는 차기 교육과정

---

38) Yhdenvertaisuuden edistäminen vaatii tekoja. Katarina Murto. 2025.6.23.
39) Peruskoulun tulevaisuustyö -hanke 1.2.2024-31.12.2025. 핀란드 교육문화부. 2024.

개편의 토대가 될 예정이다. 핀란드 교육문화부 장관은 프로젝트를 시작하며, "학교가 더 이상 위기와 변화에 '대응'하는 장소가 아니라, 사회를 '예측'하고 원하는 미래를 '창조'하는 곳"이라고 강조한다.[40]

한국 교육도 복합적인 도전에 직면해 있다. 학령인구 감소, 교육 격차 확대, 사회 다양성 증대, 그리고 국내 정치 변화에 따른 교육·경제 구조 재편 등은 장기적 국가 비전과 구체적 현장 대응을 요구한다. 핀란드의 사례는 교육이 정치적 갈등과 국제질서의 변화 속에서 전문성과 독립성을 유지하기가 얼마나 어려운지를 보여준다. 동시에 교육개혁의 방향을 정할 때 정치적 주도성보다 사회적 합의가, 단기 성과보다 연구에 기반한 지속가능성이 우선되어야 함을 시사한다.

한국 교육은 교원 양성과정의 체계성, 교사의 높은 전문성, 국가 차원의 교육과정과 평가 관리라는 강점을 지니고 있다. 앞으로는 이러한 기반 위에서 지역·학교·교사의 자율성을 넓히고, 과도한 평가 관리 체제를 유연화하며, 지켜야 할 교육의 본질적 가치를 재확인해야 한다. 그러나 관점의 양면성을 간과해서는 안 된다. 국가주도의 교육과정 운영은 체계성의 장점으로 볼 수도 있지만, 획일성의 위험으로도 해석될 수 있다. 학교와 교사의 자율성 확대는 교수·학습의 다양화를 촉진할 수 있지만, 질적 관리의 어려움이나 불평등 심화로 이어질 수 있다는 우려도 있다.

결국 답은 민주주의의 원칙을 교육에서 어떻게 구현할 것인가에 달려 있다. 합리적 근거, 대화와 합의, 다수결의 원칙, 그리고 소수 의견의 존중-이러한 전통적 가치들이야말로 과거와 현재, 그리고 미래의 학교가 지켜야 할 교육의 방향일 것이다.

---

40) 변화와 혁신의 경계에서: 핀란드 종합학교 미래 프로젝트. 김은지. 교육을바꾸는사람들. 2025.2.19

교육개혁은 제도만으로 완성되지 않는다. 그것은 사회 전체가 공유하는 '약속'이며 학교와 교실에서 실천으로 이어져야 한다. 핀란드의 경험은 우리에게 이렇게 말한다.

> '교육의 본질적 가치를 지키는 힘은, 불확실한 시대일수록
> 제도와 현장이 함께 만들어 가는 사회적 합의에서 나온다.'

한국 교육이 앞으로 나아갈 길도 바로 여기에 있다.

참 고 문 헌

□ **이재명 정부 교육정책 분석과 전망** _한만중

- 교육부(2025.8.28) 보도자료 2026년 교육부 예산안 106.3조 원 편성
- 국정기획위원회(2025.8) 이재명 정부 국정운영 5개년 계획(안)
- 국정기획자문위원회(2017.7) 문재인 정부 국정운영 5개년 계획
- 김용 외(2023) 학교교육 당사자 간 관계의 변화 및 대응에 대한 정책 입법 분석-교원과 학부모 관계를 중심으로 서울: 서울교육청 교육연구정보원
- 더불어민주당(2025) 제21대 대통령선거 정책공약집 "이제부터 진짜 대한민국"
- 비상시국 교육원탁회의 정책자료집(2025) 교육-사회대개혁을 위한 비상시국 교육원탁회의
- 사공영호(2023) 교육정책과정의 새로운 이해: 현상학·언어철학과 진화생물학에 기초한 접근, 한국교육정책연구원
- 서울특별시교육청(2025) 교육자치와 분권 강화를 의한 정책포럼 자료집 - 국가교육위원회 3년 성과와 향후 개선과제 중심으로-
- 신선호(2025) 학생의 마음을 잇다 : 학생맞춤통합지원 체계 안의 심리·정서 지원, 그 새로운 시작, 『2025 학생맞춤통합지원 콘퍼런스 자료집』, 2025
- 여성가족부 (2025.5.27.) 보도자료 2025 청소년 통계 발표
- 전교조(2024.7.17.) [기자회견문] 서이초 1주기, 교권보호 정책 실효성 평가 설문 결과 발표
- 정정길 외(2020) 정책학원론. 대명출판사
- 한만중 외(2025) 교사와 학부모 어디로 가는가 (살림터)

□ **AI 시대, 교육의 인공지능 대전환(AX)** _장상현

- Harari, Y. N. (2015). Homo Deus: A brief history of tomorrow. Harper.
- 다나카 미칭키, (2019), 미중플랫폼전쟁 GAFA vs BATH, 세종.
- Nature. (2017). The origin of Homo sapiens. Nature, 546(7656), 289-292.
- Bloomberg. (2025, August). NVIDIA overtakes Microsoft as world's most valuable company. Bloomberg News.
- Time. (2012, September 10). The MOOC revolution: How online learning is changing education. Time Magazine.
- 장상현. (2023, April 17). [시론] 데이터이즘과 교육. 대학신문.
- 장상현. (2025, April 27). [시론] 인공지능(AI) 연구인력 확대와 학술연구지원. 대학신문.

- Gartner. (2011). Gartner report on data economy. Gartner.
- Georgia Institute of Technology. (2016). AI feedback and learning analytics research report. Georgia Tech Press.
- OECD. (2023). Artificial intelligence in education: Opportunities and challenges. OECD Publishing.
- OECD. (2024). AI and the future of education: Balancing innovation and ethics. OECD Publishing.
- UNESCO. (2019). COVID-19 and education: From disruption to recovery. UNESCO Publishing.
- UNESCO. (2023). Education in the age of AI. UNESCO Publishing.
- UNICEF. (2023). AI for inclusive education: Global initiatives. UNICEF Reports.
- WEF (World Economic Forum). (2024). Future of jobs and AI in education. World Economic Forum.
- 교육부. (2023). AI 디지털교과서 도입 계획. 세종: 교육부.
- 국정기획위원회. (2025). 국정과제 추진계획 보고서. 서울: 국정기획위원회.
- 과학기술정보통신부. (2025). 국가 AI 전략 실행 계획. 세종: 과학기술정보통신부.
- 장상현.(2025). [이슈포커스 Vol3] AI시대 평생학습을 다시 그리다. 서울평생교육진흥원
- 한국교육개발원. (1996). 5·31 교육개혁 백서. 서울: 한국교육개발원.
- 한국교육개발원. (2024). 이공계 박사 추적조사 보고서. 서울: 한국교육개발원.
- 한국교육학술정보원. (2020). KERIS 20년사: 교육정보화의 발자취. 대구: 한국교육학술정보원.
- UN. (2005). UN e-Government survey. United Nations.
- Caixin. (2025). DeepSeek and China's AI strategy. Retrieved from https://www.caixin.com
- OpenAI. (2023). ChatGPT: Optimizing language models for dialogue. Retrieved from https://openai.com/research
- Scispace et al. (2024). AI in research: Tools for summarization and generation. Retrieved from https://scispace.com
- Stanford HAI. (2025). AI Index Report 2025. Retrieved from https://hai.stanford.edu

□ 서울대 10개 만들기 정책의 과제와 실현 가능성 _홍창남

- 국정기획위원회(2025). 이재명 정부 국정운영 5개년 계획(안).
- 국회예산정책처(2025). 지방대학 육성정책 평가. 국회예산정책처 사업평가보고서.
- 김용, 김훈호, 남기곤, 이광호, 이호준, 홍창남(2025). 글로벌 초격차 10개 국립대학 구상 및 경기도 대응 전략. 경기연구원 정책연구보고서.
- 김종영(2021). 서울대 10개 만들기. 서울; 살림터.
- 윤지관(2018). 공공성 제고인가 시장화 촉진인가: 교육부 대학재정지원사업 개편을 보고. 창비 주간논평(2018.3.27.).
- 이범(2020). 문재인 이후의 교육. 서울: 메디치.
- 정진상(2004). 국립대 통합네트워크: 입시 지옥과 학벌 사회를 넘어. 서울: 책세상.
- 한국과학기술기획평가원(2017). 우리나라의 지역별 연구개발활동 현황. KISTEP 통계브리프, 26호.
- 한국과학기술기획평가원(2025). 2025년 IMD 세계경쟁력 분석. 한국과학기술기획평가원 브리프.
- 한국교육개발원(2021). 2021년 교육기본통계.
- 한국교육개발원(2023). OECD 교육지표 2023.
- 한국대학교육협의회(2023). 대학 등록금 및 사립대학교 운영손익 현황 분석. 고등교육포커스 제7호(2023.6.7.).
- 통계청(2021). 한국복지패널조사. 통계청 홈페이지.
- 통계청(2023). 장래인구추계: 2022~2072년. 통계청 보도자료.
- 통계청(2024). 2023년 초중고 사교육비 조사 결과. 통계청 보도자료.
- 홍창남(2024a). 고등교육체제의 전면 재구조화. 미래교육대토론회 자료집.
- 홍창남(2024b). 대학체제는 어떻게 바뀌고 있는가. 교육트렌드 2025. 서울: ㈜에듀니티.

□ 위기의 지역교육 살리기와 지방교육자치 _김용

- 『교사 주도 학교개혁 운동에 관한 연구』. 정진화. 서울대학교 박사학위논문. 2013.
- 『딜레마와 교육정책』. 임연기. 학지사. 2021.
- 『이제부터 진짜 대한민국 (제21대 대통령 선거 더불어민주당 정책공약집』. 더불어민주당. 2025.
- 『인구 감소에 따른 새로운 학교교육 모델 및 신규 교육재정 수요 분석 연구』. 김용, 이재림, 이혜진, 한만중. 전국시도교육감협의회·한국교육정책연구원. 2024.
- 『초저출산 및 초고령화 사회: 극단적 인구구조의 원인, 영향, 대책』. 황인도, 남윤미, 성원, 심세리, 염지인, 이병주, 이하림, 정종우, 조태형, 최영준, 황설웅, 손민규. 한국은행 경제전망 보고서. 2023.11.
- 「교육감이 수행하는 사무 구분에 관한 판례의 비판적 분석」. 김용. 교육법학연구. 28(4). 2016.
- 「교육발전특구의 법적 쟁점과 과제」. 김용. 교육법학연구, 36(2). 2024.
- 「교육자유특구: 지역맞춤형 공교육을 선도할까? 교육생태계를 교란할까?」. 김용. 교육비평. 51. 우리교육연구소. 2023.
- 「교육자치와 인사행정: 약체화한 민주주의와 지역 없는 교육자치 너머」. 김용. 『자본과 국가권력을 넘어 교육자치의 새 길을 찾다』. 강수돌 외. 학이시습. 2021.
- 「윤석열 정부 지역균형발전 철학과 기회발전특구(ODZ)」. 오문성, 이상호. 『월간 KIET 산업경제』. 286. 2022.
- 대전·충남 행정통합 급속 추진에 교육계, 정치권 반발 확산. TJB 대전방송. 2025. 8. 6.
- 도지사·교육감 러닝메이트로 뽑자... 강원특별자치도 도입 추진. 중앙일보. 2024. 3. 6.
- 교육발전특구 시범지역 지정 추진계획. 교육부(보도자료). 2023. 12. 6.
- 윤석열 정부의 지역 주도 교육개혁 본격 시작 -교육발전특구 시범지역 1차 지정 결과 발표. 교육부(보도자료). 2024. 2. 28.
- 장래인구특별추계. 통계청. 2019.
- 장래인구추계. 통계청. 2023.
- 전국 14개 모든 비수도권 시도에 기회발전특구의 닻을 올리다. 산업통상자원부(보도자료). 2024.11.8.
- 지방시대 신(新) 성장거점, 기회발전특구 출범. 산업통상자원부(보도자료). 2024. 6. 20.
- 지역이 주도하는 지역 맞춤형 교육개혁 -교육발전특구 시범지역 1차 지정 결과 발표. 교육부(보도자료). 2024. 7. 30.

☐ 학교를 위험하게 하는 것들_ '위험사회론'으로 본 학교. 김영식

- 강윤재(2020). 구성된 위험과 위험의 사회학의 새로운 모색: 불확실성과 시민과학을 중심으로. 사회와이론, 7-37.
- 김홍중(2017), 『마음의 사회학』, 문학동네.
- 울리히 벡, 홍성태 옮김(2007), 『위험사회: 새로운 근대성을 향하여』, 새물결.
- 이혁규(2011). 『학교의 탄생』, 휴머니스트.
- 임미원(2014). 벡의 위험사회론에 대한 기초적 고찰. 법학논총, 31(1), 197-217.
- 정창호(2014). '위험사회' 에서의 교육의 책임과 역할에 대한 성찰. 교육의 이론과 실천, 19(2), 1-22.
- 홍찬숙(2021). 「팬데믹 위험사회와 돌봄의 사회적 의제화」, 『사회와 이론』, 39.
- 홍찬숙(2024). 아도르노의 부정변증법과 벡의 위험사회 사회학. 사회와이론,, 39-75.

☐ 평균이 사라진 교실, 모두를 품는 학교를 위한 학생맞춤통합지원 _최지윤

- 『경계선 지능 학생 실태 및 지원 방안 연구』, 인천광역시교육청 교육정책연구소, 2024. https://edubook.ice.go.kr/20241209_103233/?utm_source=chatgpt.com.
- 『공부상처』, 김현수, 2015 .에듀니티.
- 『수업시간에 자는 아이들』, 성열관, 2018. 학이시습.
- 『2024년 교육복지우선지원사업 및 교육복지안전망 운영 현황 조사 결과』, 한국교육개발원, 2025.
- 『2024 청소년백서』, 여성가족부, 2025.
- 「공존의 교실을 위한 다문화 교육의 오늘과 내일」, 박에스더, 『대한민국교육트랜드 2025』, 에듀니티.
- 「우수사례 고찰을 통해 살펴본 북한배경 교육 활성화 방안」, 강구섭, 탈북청소년지원센터 온라인 뉴스레터 2024 Vol.37.
- 「중학교 수학 학습격차 분석」, 정연준, 한천우, 오택근, 교육과정평가연구, 2022; 25(3):173-191
- 「코로나19를 전후한 고등학생 수학 성취도 변화: 실태 및 영향요인」, 김경근, 심재휘, 임혜정, 교육과정평가연구, 2022; 25(4):63-88
- 「정서행동위기학생, 긍정적행동지원을 위한 다층의 지원체계로」, 김영식, 『대한민국교육트랜드 2024』, 에듀니티.
- 「청소년에 대한 바른 이해: 고정관념을 깨자」, 이찬승, https://21erick.org/column/12685/, 2024,5,16.

- 「2024, 대한민국 아이들 진단」 김현수, 『대한민국교육트랜드 2024』 에듀니티.
- 「2024년 학교 밖 청소년 규모 추정」 하형석, 한국청소년정책연구원 ISSUE 통계, 2025년도 제 1호.
- 경계선 지능인 지원방안, 교육부, 2025.7.3.
- 경계선 지능인 지원 동향, 나라살림연구소, 2024.7.22.
- 2025년도 학생정서행동특성검사 결과 통계(사전정보공표자료), 경기도교육청, 2025.6.30.
- 2025 청소년 미디어 이용습관 진단조사, 여성가족부, 2025.6.18.
- 2025 청소년 통계, 여성가족부(보도자료), 2025.5.27.
- 2024 교육기본통계 주요 내용, 교육부, 2024.8.29.
- 2024 마약류 오남용 실태, 국가통계연구원.
- 2024년 사회조사 결과(통계표), 통계청(보도자료), 2024.11.12.
- 2024 청소년 건강행태조사 결과, 질병관리청, 2024.11.22.
- 2024 청소년 매체이용 경향, 여성가족부, 2025.4.1.
- 2024 청소년백서, 여성가족부, 2025.7.2..
- 2024 초중고 사교육비 조사 결과, 통계청
- 2024 특수교육통계, 교육부, 국립특수교육원, 2024.6.28.
- 2023년 학교 밖 청소년 실태조사 결과(보도자료), 2024.5.9.
- 학업중단율, 청소년정책분석평가센터

□ 핀란드 교육, 신뢰의 힘과 위기의 그림자 _김은지

- World Happiness Report 2025. UN Sustainable Development Solutions Network. 2025.
- Finland named as happiest country for eighth year. BBC. 2025.3.20.
- Venäjän hyökkäys Ukrainaan. 핀란드 외교부. 보도자료. 2022.2.24.
- 「Finland: Political Developments and Data in 2022: Geopolitical Change Brings Consensus for NATO Membership」 PALONEN, E. European Journal of Political Research. Political Data Yearbook, 62(1), 156-166. 2023. https://doi.org/10.1111/2047-8852.12428
- Global uncertainty and trade risks slow Finland's economic recovery. Helsinki Times. 2025.3.27.
- Yhdysvaltain kauppapolitiikan epävarmuus huolettaa suomalaisyrityksiä. YLE. 2025.6.25.
- Trade War Escalation Poses Significant Risk for Finnish Economy. Bank of Finland Bulletin. 핀란드 중앙은행. 2025.6.30.

- A strong and committed Finland: Programme of Prime Minister Petteri Orpo's Government 20 June 2023. 핀란드 정부. 2023.6.20.
- Purra tulevista leikkauksista: "Miljardi löytyy, eikä ole edes kovin vaikeaa. YLE. 2025.6.20.
- 「러시아의 우크라이나 침공 이후 핀란드 외교안보정책 노선의 변화: 패러다임 전환과 새로운 정치적 합의의 탄생?」 서현수. 스칸디나비아 연구, (29), 145-176, 2022.
- Presidentti Niinistö osallistui Naton huippukokoukseen Madridissa. 핀란드 대통령실. 2022.6.30.
- Education and Training Monitor 2024. European Commision.
- EUR 8.45 billion budget proposal for the Ministry of Education and Culture for 2025. 핀란드 교육문화부. 2024.9.23.
- Ministry of Finance publishes its draft budget for 2026. 핀란드 내부무. 2025.8.8.
- Tässä ovat Purran budjettiehdotuksen tärkeimmät päätökset ja luvut. YLE. 2025.8.6.
- 「핀란드의 극우 포퓰리즘 정당에 관한 연구: 핀란드인당(Finns Party)를 중심으로」 서현수. 유럽연구, 42(2), 111-138. 2024.
- 「Populist radical right parties in the Nordic region: A new and distinct party family?」 Jungar, A.-C., & Jupskås, A. R. Scandinavian Political Studies, 44(2), 134-158. 2021. https://doi.org/10.1111/1467-9477.12187
- Laki Opetushallituksesta (EV 76/2025 vp, voimaan 1.1.2026)
- 핀란드 국회 결정문(Eduskunnan vastaus hallituksen esitykseen, HE 31/2025 vp) 및 대통령 재가문. 2025.7.4.
- Tyytymättömyys opetushallitukseen kasvaa - jo osa alan ammattilaisistakin näyttää vihreää valoa organisaation lakkauttamiselle. Suomen Uutiset. 2025.8.12.
- Peruskoulussa pitäisi kilpailla enemmän, sanoo tutkija. Helsingin Sanomat. 2025.8.11.
- Kuntaliitto: Riikka Purran esitys leikkaa talouskasvun edellytyksiä - Ovatko koulutus ja sivistys tosiaan valtion toissijaisia menoja?. Kuntalehti. 2025.8.7.
- Miltä Opetushallituksen lakkautusehdotus näyttää tosiasioiden ja hyvän hallinnon kulmasta?. Mikael Mantila. 핀란드 국가교육위원회. 블로그. 2025.8.20.
- Mitä tapahtui tieteen, tutkimuksen ja opetuksen vapaudelle?. 핀란드 교원노조연합. 블로그. 2025.4.17.
- SAMOK's and SYL's statement on the report on student financial aid: Now the government has the opportunity to repair and to not just cut. 핀란드 전국 대학생 연합회. 2025.1.30.

- Suomen on hyödynnettävä osaamista ja luonnonvaroja tuottavuuden kasvun ja vihreään teollisuuteen siirtymisen vauhdittamiseksi. OECD. 보도자료. 2025.5.23.
- Yle poll: Government support slumps to lowest level since taking office. YLE. 2025.8.7.
- 「The Eduskunta and the parliamentary system in Finland」. Raunio, T., & Wiberg, M., 289-306. Oxford University Press. 2014.
- 기본교육 Basic education. 핀란드 교육문화부. https://www.oph.fi/fi/koulutus-ja-tutkinnot/perusopetus
- Uusi lukuvuosi on alkamassa: vahvasta koulutususkosta on pidettävä kiinni. 핀란드 국가교육위원회. 2025.8.1.
- Nuorten tulevaisuusraportista. 청소년 기업가정신·경제교육 협회 NYT. 2025.4.14.
- Nuorisobarometristä 2024. 국가 청소년위원회. 2025.3.19.
- Lasten ja nuorten hyvinvointi - Kouluterveyskysely 2023:Tytöistä yli kolmannes ja pojista joka viides kokee terveydentilansa keskinkertaiseksi tai huonoksi. 핀란드 보건복지연구소. 2023.9.21.
- Mitä on tulossa kasvatuksessa ja koulutuksessa syksyllä 2025?. 핀란드 국가교육위원회. 2025.8.1.
- [핀란드 교육] 현직 교사 재교육 및 신규 교사 양성 과제-학습 어려움을 지원할 책임과 의무(특수교육과 통합교육). 김은지. 교육을바꾸는사람들. 2023.9.19.
- Opetushallituksen mediatilaisuus. 핀란드 국가교육위원회. 발표자료. 2025.4.30.
- Perusopetukseen lisää aikaa opiskella äidinkieltä ja kirjallisuutta sekä matematiikkaa. 핀란드 국가교육위원회. 2025.8.1.
- 「Kasvatuksen ja koulutuksen digitalisaation linjaukset 2027」. 핀란드 교육문화부. 2023.4.14. http://urn.fi/URN:ISBN:978-952-263-963-9
- 「Varhaiskasvatuksen, esi- ja perusopetuksen digitalisaation tavoitetila」. 핀란드 교육문화부. 2023.11.9. http://urn.fi/URN:ISBN:978-952-263-929-5
- 「Esi- ja perusopetuksen digitalisaation tilannekuva 2025」. 핀란드 교육문화부. 2025.5.19. http://urn.fi/URN:ISBN:978-952-415-288-4
- AI시대의 교육 변혁을 위한 핀란드 디지털화 전략. 한국교육과정평가원. 2024.7.18.
- Yhdenvertaisuuden edistäminen vaatii tekoja. Katarina Murto. 2025.6.23.
- Peruskoulun tulevaisuustyö -hanke 1.2.2024-31.12.2025. 핀란드 교육문화부. 2024.
- 변화와 혁신의 경계에서: 핀란드 종합학교 미래 프로젝트. 김은지. 교육을바꾸는사람들. 2025.2.19.

에듀니티가 펴낸
주제별 추천 도서

□ 교사들을 위한 '마음 회복', '관계 맺기', '교직 성찰', '교사리더십'을 위한 책

관계의 정석	이우경	매 순간 아이들을 직면하는 교사에게 전하는 이우경 선생님의 실천적 처방.
완벽하지 않을 용기	우치다 타츠루	일본의 교육자이자 사상가 우치다 타츠루의 교육론. "교육이란 결코 실패할 수 없는 일입니다."
로봇은 교사를 대체할 것인가?	닐 셀윈	디지털 시대, 교실을 둘러싼 교육현장의 모든 고민과 논점들. 인공지능과 로봇 기술이 장악하는 교실은 옳은가?
잠자는 거인을 깨워라	메릴린 캐천마이어 외	교사리더십 촉진 및 교사리더가 될 사람들을 위한 최고의 책.
훌륭한 학교는 어떻게 팀이 되는가	김명희 외	팀으로서의 학교, 팀리더십을 고민하는 교사를 위한 최고의 활동 프로토콜!!
바쁜 부모를 위한 긍정의 훈육	제인 넬슨 외	일하고 육아하느라 바쁜 부모의 질문에 '긍정의 훈육'이 전하는 구체적인 솔루션.
학교에 사람꽃이 피었습니다	김현진	교권과 학생인권 사이에서 혼란스러운 동료 교사들을 위한 인권 가이드.
다문화 시대, 공존의 교실	이승희	다문화 학생이 과반수인 학교, 다르지만 다르지 않은 교실 속 아이들. 곧 다가올 우리의 미래학교.
선생님의 안부를 묻습니다	강은우 외	'나다움'과 '교사다움' 그 사이에서, 교사로 살아가기 위해 필요한 것들.
교실심리	김현수	아이들은 왜 학교에 올까? 교사는 무엇을 어떻게 가르쳐야 할까?

□ 특별한 수업을 위한 추천 도서.
그림책, 음악놀이, 낭독극, 교육연극, 프로젝트수업, 토론, 슬로리딩, 잔소리의 미학까지.

일 년 열두 달 그림책 환경 기념일 수업	그림책 수집가	달마다 재미있게 배우는 그림책 환경 수업 이야기.
그림책 생각대화	구은복	17가지 그림책 대화법과 활동지를 활용한 선물 같은 시간.
우당퉁탕 프로젝트 수업	배움의 숲 나무학교	5가지 주제로 만나는 15편의 살아있는 프로젝트 수업.
그림책으로 마주하는 아이 마음	최유라	유라쌤 교실에서 활짝 피어난 24가지 그림책 수업 이야기.
깃털쌤의 이야기가 있는 교육연극 수업	박병주	교육연극으로 삶을 노래하는 우리 반 수업을 소개합니다.
다 함께 놀자, 음악 놀이터	한승모 외	몸도 마음도 들썩들썩 신나는 교실.
우아한 잔소리	홍은채	아이들의 자율을 존중하는 잔소리의 미학.
토론이 좋아요	김정순 이영근	어린이를 위한 토론 책, 담담하게 생각을 나누는 민주시민이 되기 위한 첫걸음.
슬로리딩, 교육과정을 품다	김원겸 이형석	한 학기 한 권 읽기를 뛰어넘어, 즐거운 배움이 일어나는 슬로리딩 수업의 이론과 실천.

□ 신규교사 저경력 교사, 복직교사의 긴장과 초조함을 설렘으로 바꿔줄 책

2022 개정 교육과정과 깊이 있는 수업	배움의 숲 나무학교	개정 교육과정의 키워드와 연계한 16편의 수업 사례와 성찰.
신규교사 살아남기	김수정 최보민	물어보자니 부끄럽고, 혼자 하려니 너무 어려운 학교생활 적응하기!
교사 119 이럴 땐 이렇게	송형호 왕건환	교사로서 부딪히게 될 고민과 갈등을 지혜롭게 해결할 수 있는 집단지성의 힘과 따뜻함을 담은 책.
여학생이 사는 세계	김미연	소녀들에게 신뢰받는 지지자가 되기 위한 어른의 기술.
학급긍정훈육법	제인 넬슨 외	친절하고 단호한 교사의 원칙과 민주적인 교실을 위한 PDC 기술.
학급긍정훈육법_ 활동편	테레사 라살라 외	'학급긍정훈육법'을 실제 교실과 학교에서 학생들과 함께 실천할 수 있는 구체적인 활동안(Activity).

관계의 정석	이우경	매 순간 아이들을 직면하는 교사에게 전하는 이우경 선생님의 실천적 처방.
교실 심리	김현수	교실 속 만남에 관한 가장 기본적이면서도 다급한 질문과 해답.
교사 상처	김현수	성장을 꿈꾸기에 아픈 교사들, 고단한 교사들을 위한 치유 심리학.
대한민국 교육트렌드 2025	교육트렌드 집필팀	한국 교육을 움직이는 20가지 쟁점과 길을 잃은 한국 교육의 든든한 길잡이.

□ 학교 팀리더십, 학교 민주주의, 학교교육과정, 학교자치를 위한 추천 도서 목록

훌륭한 학교는 어떻게 팀이 되는가	김명희 외	팀리더십으로 탄생하는 새로운 학교. 팀으로서의 학교, 팀리더십을 고민하는 교사를 위한 최고의 활동 프로토콜.
민주주의 위기 시대, 교육의 응답	이혁규 외	민주주의의 위기 앞에서, 교육은 어떻게 응답해야 하는가?
학교 퍼실리테이션이 온다	윤재환 외	학교 변화의 디딤돌. 학교 현화를 돕는 36가지 실전 레시피.
KIS 교육은 무엇이 특별한가	손성호 외	한국과 같으면서도 다른 특별한 교육. 도대체 왜 한국에서는 어려운 교육이 호치민시한국국제학교에서는 가능하게 되었을까?
미래학교는 역량을 가르친다	장계영 외	2022 개정 교육과정이 요구하는 기초소양과 역량 교육을 앞서 실천한 학교교육과정 이야기.
잠자는 거인을 깨워라	메릴린 캐천마이어 외	학교 현장에서 지금 바로 활용할 수 있는 교사리더십의 이론과 실제.
학교자치를 말하다	백원석 외	교사들이 들려주는 학교자치 현장의 이야기.
마을의 가치, 학교와 같이	전남마을 교육공동체 활동가 모임	9인 9색, 전남마을교육공동체 이야기.
학교는 어떻게 학교가 될까	전남 학교혁신 집필팀	인생 대부분의 시간을 학교에서 보내는 교직원, 학부모와 지역사회에 학교는 어떤 곳이어야 할까?
학교에 사람꽃이 피었습니다	김현진	김현진의 학교 인권 이야기.

□ 편안하게 읽고, 깊이 있게 회복하고, 설레는 마음으로 준비하는 새 학기

교실심리	김현수	아이들은 왜 학교에 올까? 교사는 무엇을 어떻게 가르쳐야 할까? 교실 속 아이들의 심리 A to Z.
관계의 정석	이우경	매 순간 아이들을 직면하는 교사에게 전하는 이우경 선생님의 실천적 처방.
다문화 시대, 공존의 교실	이승희	다문화 학생이 과반수인 학교, 곧 다가올 우리의 미래학교와 학급살이.
교사 119 이럴 땐 이렇게	송형호 왕건환	교사로서 부딪히게 될 고민과 갈등을 지혜롭게 해결할 수 있는 집단지성의 힘과 따뜻함을 담은 책.
여학생이 사는 세계	김미연	소녀들에게 신뢰받는 지지자가 되기 위한 어른의 기술.
다시 즐거운 학교 상담	유인선 외	학생들을 마음으로 마주하며 진심을 전달하고 싶은 선생님과 학생 모두가 안전하게 마음을 나누는 특별한 방법.
초등 상담교사의 마음수업	이진희 외	초등학교에서 상담교사가 가장 많이 듣는 질문, "선생님은 누구세요?" 초등학교 상담실과 상담교사에 관한 모든 것.
학급긍정훈육법	제인 넬슨 외	친절하고 단호한 교사의 원칙과 민주적인 교실을 위한 PDC 기술.
학급긍정훈육법_ 활동편	테레사 라살라 외	'학급긍정훈육법'을 실제 교실과 학교에서 학생들과 함께 실천할 수 있는 구체적인 활동안(Activity).
사례와 판례로 풀어가는 학교폭력	황태륜 외	교육청 변호사, 장학사, 학교폭력 심의위원이 해설하는 학교폭력 사안 처리 사안 처리 과정과 250여 개의 Q&A와 해설.

대한민국 교육트렌드 2022

[서문] 사회 변화, 교육 변화 읽는 교육트렌드 _성기선

1부. 회고
성장의 그늘 속 눈먼 자들의 각축전 _김성근

2부. 변화

1. 세대의 변화
사회 변화와 교육: 사회 변화를 알아야 내 아이의 교육이 보인다 _김두환
MZ세대 교사: 나다움과 교사다움, 그 사이에서 _김차명
코로나19와 학교교육: 변화와 도전의 방아쇠가 당겨졌다 _최병호
기후변화와 환경교육: 이미 시작했어도 벌써 늦었다 _최종순
요즘 아이들과 학부모: 흩어진 관계, 깊어진 고립, 절실한 대화 _천경호

2. 학교의 변화
돌봄: 양적 확대를 넘어 양질을 도모하다 _정성식
학교 형태의 다양화: 사회 전체가 거대한 학교가 된다 _서영선
학교공간혁신: 공간이 교육을 묻다 _김태은
기초학력: 모두를 위한 교육, 여기에서 시작하자 _김영식
미디어 리터러시: 미디어의 시대, 소유에서 접속으로 _김차명
원격교육과 에듀테크: '교육'에서 '학습'으로, 축의 이동 _유재
유아교육 공공성 강화: 유보통합, 더는 미룰 수 없다 _송대헌
교육불평등: '경쟁교육'이 발행한 청구서가 도착했다 _서용선
혁신교육지구와 마을교육공동체: 진화하는 교육거버넌스 _김태정
학교자치와 민주학교: 교육생태계의 새로운 질서 _김성천

3. 정책의 변화
국가교육위원회의 탄생: 국민참여형 교육정책의 실현 _성기선
교육재정: 마음을 얻는 자가 재정을 가져간다 _유재
교원양성체제: 미래의 교사를 위한 집중과 선택 _성기선
고교학점제: 고등학교 캠퍼스가 열린다 _전대원
교육과정: 경계를 허물고 빗장을 풀다 _최지윤

3부. 미래사회를 위한 교육 담론
위기 속에 빛나는 미래 향한 여정 _김성근, 김진경

대한민국 교육트렌드 시리즈: 한국 교육을 움직이는 20가지 키워드

대한민국 교육트렌드 2023

[여는 글] 눈이 어두운 자는 먼 곳만 살피다 돌부리에 걸려 넘어진다 _김진경

1부. 2022 교육 진단

편견과 혐오의 늪 아이들을 거짓뉴스로 이끄는 사회 _김성근
정서·행동 위기학생 긍정적행동지원을 위한 다층적 지원체계로 _김영식
코로나19 세대 특별한 상황은 특별한 대책으로 _유재
인구 절벽 교대 가도 될까요? _홍인기
교사 기피시대 그럼에도 희망은 교사 _김차명
교육의 데이터화 증거기반의 교육정책이 가능할까? _김용
산업구조와 노동시장의 변화 평생학습사회로의 전환 _채창균
글로벌 교육거버넌스 교육을 통한 협력과 연대, 사회변혁 _김은영

2부. 2023 학교의 과제

정치하는 청소년, 정치 못 하는 교사 기본권 보장인가, 교실의 정치화인가? _정성식
학부모 교육의 파트너가 될까? _박재원
에듀테크 AI 교육, 메타버스는 교육의 미래인가? _정훈
학교문화예술교육 산업화 성공을 위한 도구인가? _한승모
혁신학교와 혁신교육 성과와 과제는 무엇인가? _김성천

3부. 2023 교육 전망

대통령, 교육감 선거 2023년 교육은 무엇이 달라질까? _이광호
IB 뜨거운 감자 IB는 대안인가 유행인가? _최종홍
유보통합 30년간 미뤄온 결과 - 위기의 폭발 _송대헌
지역교육과정 미래교육을 향한 이정표 _최지윤
2028 대학입시 미래형 입시제도는 어떻게 바뀔까? _성기선

[좌담] 대한민국 교육 현안 점검 _유은혜 이광호 김용 김차명

대한민국 교육트렌드 시리즈: 한국 교육을 움직이는 20가지 키워드

대한민국 교육트렌드 2024

[여는 글] 국가와 교육의 아노미 현상과 새로운 사회적 합의 _김진경

1부. 미래교육과 세계

세계의 교육트렌드 분석 _임선빈
챗GPT와 생성형 AI, 교육의 미래일까, 유행일까? _김차명
학생 수 감소와 미래의 교육 _양희준
미래를 위한 교육, 생태전환교육 _정대수

2부. 지금 교실 현장

2024, 대한민국 아이들 진단 _김현수
교육이 두려운 교사, 교사 책임주의? _한희정
대한민국 학부모의 현주소 _이윤경
학교폭력의 현실과 학교폭력예방법, 그리고 학교가 가야 할 방향 _이상우

3부. 학교와 정책 진단

유보통합의 진행 상황과 과제 _송대헌
IB라는 환상, KB가 답일까? _유재
2022 개정 교육과정과 자율화 전망 _온정덕
고교학점제, 교육혁신과 입시개혁의 마중물이 될 수 있을까? _이상수
2028 대입제도, 과연 미래교육을 준비하고 있는가? _성기선

4부. 정치와 정책 전망

윤석열 정부 교육정책에 대한 비판적 진단 _김성천
교육자유특구, 과연 특별할까? _김용
지방교육재정교부금을 둘러싼 논란과 평가 _이혜진
교육감선거제도 전망과 민선 4기 1년 _이재남

[닫는 글] 어린이해방선언 100주년, 그 의미와 전망 _이주영

대한민국 교육트렌드 시리즈: 한국 교육을 움직이는 20가지 키워드

대한민국 교육트렌드 2025

1부. 2024년 한국 교육을 되돌아보다
통계로 본 2024년 한국 교육 _김성식
정책으로 본 2024년 한국 교육 _이광호

2부. 오늘의 대한민국 교육 현장
복잡해진 교육생태계, 학교문화의 현주소 _최지윤
교육공동체 회복의 실마리, 학부모 _채송화
공존의 교실을 위한 다문화교육의 오늘과 내일 _박에스더
교육계의 화두, 교사 교(육)권과 학생 인권 논란 _이장원

3부. 2025년 한국 교육의 변화와 전망
2025년 유보통합은 실현 가능한가? _박창현
2025년 늘봄학교 진단 _정성식
AI 디지털교과서란 선택, 교실을 혁명시킬 것인가? _김차명
2025년 고교학점제 전면 도입, 무엇이 달라지는가? _이상수
의대 입학정원 확대와 무전공 입학이 가져올 2025학년도 입시 변화 _장승진
위기의 지방교육재정교부금, 사회적 조정이 필요한 때 _이혜진
교육자치제도와 교육감 선거는 어떻게 변화할 것인가? _김성천
21대 국회 성찰과 22대 국회 교육 관련 과제 _강민정

4부. 논쟁과 담론
특구 전성시대, 교육은 어떻게 될까? _김용
대학의 위기, 대학 체제는 어떻게 바뀌고 있는가? _홍창남
국가교육위원회, 2년의 평가와 제언 _류방란
글로벌 환경 속 독일 교육: 도전과 혁신 방향 _송경오
인구소멸 1호 국가, 저출산 정책과 교육의 미래 _이쌍철

[특별 아카이브] 5·31 교육 개혁 30년, 한국 교육을 어떻게 바꾸었는가? _김성근

대한민국 교육트렌드 시리즈: 한국 교육을 움직이는 20가지 키워드